esotera
Taschenbuch
im Verlag Hermann Bauer

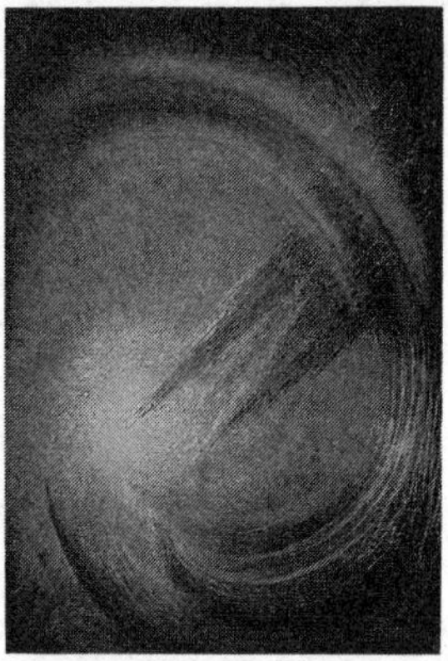

Das Gemälde *Triumph des Lichtes* stammt aus einer Sammlung von zwölf Kunstkarten, die ähnlich einer Parabel den *Weg ins Licht* erzählen, wie ihn der 1927 in München geborene Künstler *Roland Frey* selbst erlebt hat.

Dr. phil. Erlendur Haraldsson, 1931 in Island geboren, studierte Deutsch und Philosophie. Während dieser Zeit war er zunächst als freier Journalist in Berlin, Indien und im Mittleren Osten tätig. Es folgte das Studium der Psychologie in Freiburg, wo er 1972 promovierte (mit *Prof. H. Bender*). Danach arbeitete er im Forschungsbereich an verschiedenen Instituten und Universitäten: *Institute for Parapsychology in Durham, American Society for Psychical Research, University of Iceland, Department of Psychiatry at the University of Virginia Medical School.*

Dr. phil. Karlis Osis wurde 1917 in Riga in Lettland geboren. Als wissenschaftlicher Mitarbeiter des *Parapsychology Laboratory* an der *Duke Universität* arbeitete er von 1951 bis 1957 mit *J. B. Rhine* zusammen. Von 1962 bis 1975 war Osis Forschungsdirektor bei der *American Society for Psychical Research* in New York. Während dieser Zeit führte er eine Anzahl bahnbrechender Untersuchungen in der Parapsychologie durch. Heute ist er Präsident und Mitglied verschiedener Organisationen, die mit der Untersuchung der parapsychologischen Phänomene und der menschlichen Persönlichkeit befaßt sind.

Karlis Osis und Erlendur Haraldsson

Der Tod – ein neuer Anfang

Visionen und Erfahrungen an der Schwelle des Seins

Mit einer Einführung
von Elisabeth Kübler-Ross

Verlag Hermann Bauer
Freiburg im Breisgau

Die Deutsche Bibliothek – CIP-Einheitsaufnahme

Osis, Karlis:
Der Tod – ein neuer Anfang : Visionen und Erfahrungen an der Schwelle des Seins / Karlis Osis und Erlendur Haraldsson. Mit einer Einf. von Elisabeth Kübler-Ross. [Ins Dt. übers. von Wolfgang Harlacher]. – Taschenbuchausg., 7. Aufl., 36.–40. Tsd. – Freiburg im Breisgau : Bauer, 1994
(esotera-Taschenbuch)
Einheitssacht.: At the hour of death ⟨dt.⟩
ISBN 3-7626-0633-1
NE: Erlendur Haraldsson:

Die amerikanische Originalausgabe erschien 1977 unter dem Titel *At the Hour of Death* bei Avon Books, New York.

Ins Deutsche übersetzt von Wolfgang Harlacher.

Die vorliegende Taschenbuchausgabe im Rahmen der Reihe *esotera-Taschenbuch* ist ein Nachdruck der deutschen Originalausgabe, die zuletzt 1989 im Verlag Hermann Bauer KG, Freiburg im Breisgau, erschien.

Die Reihe *esotera-Taschenbuch* erscheint im Verlag Hermann Bauer KG, Freiburg im Breisgau.

7. Auflage 1994 – 36.–40. Tsd.

Umschlag: Wehrle Repro, Freiburg im Breisgau
Umschlagfoto: Roland Frey
Druck und Bindung: Clausen & Bosse, Leck
Printed in Germany

ISBN 3-7626-0633-1

Inhalt

Danksagung 7
Hinweise für den Leser 9
Einführung von Dr. Elisabeth Kübler-Ross 11
Vorwort zur zweiten Auflage 13

1 Das Mysterium des Todes: Was wir glauben und was wir wissen 19
2 Ist die Vorstellung von einem Weiterleben nach dem Tod nachprüfbar? 28
3 Die Erforschung von Visionen auf dem Sterbebett: Vergangenheit und Gegenwart 36
4 Die erste Umfrage: Ein sehr ermutigender Beginn 50
5 Was die Sterbenden sehen 57
6 Sein oder Nichtsein: Der Test für ein allgemeines Modell der Visionen auf dem Sterbebett 72
7 Erscheinungen: Halluzinationen von Personen bei Patienten im Endstadium 81
8 Allgemeine Merkmale der Erscheinungen bei Patienten im Endstadium 90
9 Die Ursachen der ersten Form von Erlebnissen mit Erscheinungen 111
10 Die Ursachen der zweiten Form von Erlebnissen mit Erscheinungen 136

11 Von Depression und Schmerz zu Frieden und Heiterkeit . . 158
12 Sie kehrten zurück: Berichte von Patienten, die dem Tode nahe waren 187
13 Visionen von einer anderen Welt: Das Leben nach dem Tod aus der Sicht der Sterbenden 203
14 Die Bedeutung des Todes: Erfahrungen, die wir aus dieser Untersuchung gewonnen haben 228

Epilog 259
Die Autoren 261
Anhang I: Fragebogen 265
Anhang II: Tabellen 269
Anmerkungen 287
Bibliographie 289
Index 293

Danksagung

Die Forschungen, die in diesem Buch geschildert sind, waren durch die Hilfe mehrerer Organisationen und vieler Einzelpersonen möglich, denen wir unseren Dank aussprechen möchten. Die vorliegenden Erhebungen wurden unter der Schirmherrschaft der American Society for Psychical Research durchgeführt. Wir richten daher unseren wärmsten Dank an die gesamte Organisation der ASPR, an deren Mitarbeiter und besonders an Dr. Gardner Murphy – der zur damaligen Zeit ihr Präsident war – und an den jetzigen Präsidenten, Dr. Montague Ullman. Dankbare Erwähnung sollen auch das aufrichtige Interesse und die Ermutigungen seitens des verstorbenen Chester F. Carlson und seiner Frau finden, die ebenso wie ihre großzügige Hilfe durch die Shanti- und Code-Stiftungen für das Projekt von entscheidender Bedeutung waren. Dankbar sind wir auch der Parapsychology Foundation für die Erlaubnis, aus ihren Veröffentlichungen zu zitieren. Die Parapsychology Foundation Inc. unterstützte die Voruntersuchung; dafür sind wir der verstorbenen Eileen Garrett und Frances P. Bolton zu tiefstem Dank verpflichtet. Mit dem fürsorglichen Vermächtnis von James Kidd wurde der größte Teil der Umfrage in Indien finanziert. Die Universität von Island war so entgegenkommend, für Erlendur Haraldsson besondere Regelungen zu treffen, damit er Zeit für die vorliegende Untersuchung hatte. Wir danken weiterhin der Gruppe der indischen Psychologen aus dem psychologischen Büro in Uttar Pradesh, besonders Dr. Yamuna Prasad und Parmashwar Dayal, die uns bei der Umfrage in Indien entscheidend unterstützten.

Die amerikanische Gruppe, die sich um die Interviews und die Verarbeitung der Daten bemühte, bestand aus: Fern Cederberg, Dorothy C. Donath, Mary Leslie, Donna McCormick, Marion L. Nester, Theresa O'Rourke, Saija Osis, Wally Pearlman, Dr. Thomas Todd, Sarah van Steenburgh und anderen. Ihrer hingebungsvollen Arbeit verdankt das Projekt seinen Erfolg.

Für hilfreiche Gespräche in verschiedenen Phasen der Forschungsarbeit sind wir folgenden Doktoren dankbar: Walter H. Clark, Jan Ehrenwald, William Gardner, Hornel Hart, Herbert H. Hyman, Davis Kahn, Gardner Murphy, Humphrey Osmond, Yamuna Prasad, Ian Stevenson, Thomas Todd, Malcolm Turner, Montague Ullman und anderen.

John White leistete als Verleger unseres Manuskripts einen wertvollen Beitrag; dafür danken wir ihm. Am allermeisten jedoch gilt unser tiefempfundener Dank den Ärzten und Krankenschwestern, die uns über ihre Erfahrung mit sterbenden Patienten berichteten. Wir stehen tief in der Schuld von den Chefärzten und Leitern der einzelnen Abteilungen indischer Krankenhäuser, die uns das Zusammentreffen mit den Ärzten und Krankenschwestern ihres Personals ermöglichten. Unsere besondere Wertschätzung gilt: Prof. H. S. Baijpai, Dr. M. P. Mehrotra, Dr. Mittal, Dr. Kedar Nath, dem Kollegen M. Tajudin, Prof. K. N. Udupa, Dr. H. Vaishnava und anderen.

Hinweise für den Leser

Unser Buch ist in vielen Ländern der Erde erschienen: Deutschland, Frankreich, Indien, Island, Italien, Japan, Kanada, Niederlande, Norwegen, Portugal, Schweden und Spanien.

Dieses Buch schildert unsere erste wissenschaftliche Untersuchung auf internationaler Ebene. Es könnte jedoch noch viel mehr getan werden. Wir bitten daher unsere Leser, uns Berichte über Visionen auf dem Sterbebett und andere Erfahrungen aus diesem Bereich zukommen zu lassen, da dieses Material für die weitere Forschung wertvoll sein kann. Auch alle anderen konstruktiven Überlegungen und Hinweise für zukünftige Forschungsprojekte werden dankbar akzeptiert. Bitte schreiben Sie an:

Dr. Karlis Osis
c/o American Society for Psychical Research,
5 West 73rd Street, New York, N. Y. 10023.

Dr. Erlendur Haraldsson
Faculty of Social Science
University of Iceland
101 Reykjavik/Iceland

Einführung

Der Tod – ein neuer Anfang von Dr. Karlis Osis und Dr. Erlendur Haraldsson ist ein Buch über die paranormalen Erfahrungen Sterbender, wie sie von Ärzten und Krankenschwestern beobachtet wurden. Es sollte in erster Linie von allen Forschern und Wissenschaftlern gelesen werden, die sich mit den Fragen und Problemen der in jüngster Zeit vielfach publizierten Sterbeforschung (Moody, Kübler-Ross) befassen.

Man muß Dr. Osis und Dr. Haraldsson seine Hochachtung aussprechen für die jahrelange harte, geduldige und hingebungsvolle Arbeit, die sie in einem Bereich geleistet haben, der noch vor ein paar Jahren, als ihre Untersuchung begann, tabu war. Von der diesseitig orientierten und skeptischen Welt, in der sie leben, konnten sie wenig Unterstützung erwarten. Ebensowenig von einer Gesellschaft, die zwar die Mittel hat festzustellen, ob es Leben auf anderen Planeten gibt, die aber andererseits so wenig über das Leben und den Tod auf dem Planeten Erde weiß.

Die Arbeit der beiden Autoren ist still und unauffällig getan worden; ich bin sicher, daß nur ein kleiner Prozentsatz unserer Bevölkerung überhaupt von ihnen weiß. Leuten wie ihnen, die »im Stillen wirken« und Jahre ihres Lebens bewußt der sorgfältigen Untersuchung des sterblichen Endes des Menschen widmen, ist es zu verdanken, daß wir schließlich verstehen werden, daß der Tod nicht ein Ende, sondern ein neuer Anfang ist – ein Übergang in eine höhere Form des Bewußtseins.

In Hunderten von Fällen haben die Autoren die Erfahrungen von Hindus und Christen in Indien und Amerika untersucht, um über die subjektiven Erlebnisse, die die Patienten an der Pforte des Todes hatten, genaue Daten zu sammeln. An diesem Punkt angelangt, ähneln sich die menschlichen Erfahrungen und unterscheiden sich im Hinblick auf ihre religiösen oder kulturellen Hintergründe kaum. Weit mehr werden sie von der Tiefe und Echtheit eines vorhandenen Glaubenssystems beeinflußt, was sich bei unseren eigenen Untersuchungen bestätigt hat.

Jeder, der am Leben nach dem Tod interessiert ist, sollte sich die Zeit nehmen, dieses Buch zu lesen. Die Tiefe und sorgfältige Ausarbeitung seines Inhalts gibt uns einmal mehr die Bestätigung für ein Leben nach dem »Tod«. Vielleicht ebenso wichtig ist, daß hier die Tatsache belegt wird, daß bei der Geburt und im Tod alle Menschen gleich sind. Es ist die Art unseres religiösen Engagements – und nicht der konfessionelle Stempel –, die wohl eine grundlegende Bedingung für unseren eigenen, friedvollen Übergang in das Reich Gottes darstellt.

Dr. med. Elisabeth Kübler-Ross
Autorin des Buches *Interviews mit Sterbenden*

Vorwort zur zweiten Auflage

Der Tod – ein neuer Anfang unterscheidet sich von vielen anderen in diesem Jahrzehnt veröffentlichten Büchern, die sich mit Nachtodeserlebnissen befassen. Es behandelt das Thema vom Leben nach dem Tode, direkt basierend auf der wissenschaftlichen Auswertung einer großen Anzahl von Daten (1000 Fälle), die in den Vereinigten Staaten und in Indien gesammelt wurden. Seit der Erstveröffentlichung dieses Buches haben sich andere Forscher mit diesem Thema befaßt, und eine öffentliche Zurkenntnisnahme ist nicht ausgeblieben. Wir haben in dieser aktuellen Ausgabe versucht, die neuen Ergebnisse und Stellungnahmen zu beleuchten.

Viele Fernsehsendungen und Illustriertenartikel brachten in die amerikanischen Wohnzimmer Interviews mit Männern und Frauen, die fast gestorben waren und wiederbelebt wurden und die sich an außerordentliche Erlebnisse erinnerten. Mitglieder unterschiedlicher wissenschaftlicher und akademischer Richtungen haben in zahlreichen Talkshows über das Für und Wider, ihren Glauben und ihren Unglauben gesprochen. Profunde Einsichten wurden dargeboten, aber auch profane Vulgarisierungen eines Themas, das für die Menschheit ein geheiligtes Mysterium war – das Überleben der menschlichen Persönlichkeit nach der Todesstunde. Welcher Versuch auch immer gemacht wurde, die Vorstellung vom Tode zu verdrängen – ob mit Worten, Abstraktionen oder mit glänzenden Phrasen – der Tod ist noch immer ein Mysterium, das real und unvermeidlich ist. Verzweiflung und Kummer, die uns beim Herannahen unseres eigenen Todes oder dem eines geliebten Wesens befallen, reißen uns aus Oberflächlichkeiten heraus und können das Herz anrühren, die tiefsten Wurzeln seines Daseins zu fühlen. Elisabeth Kübler-Ross (1969, 1974, 1975, 1983) und andere haben überzeugend dargelegt, wieviel Kraft und Hilfe wir benötigen, wenn wir dem Tod gegenüberstehen. Wenn sich das Ende nähert, brauchen wir vielleicht menschliche

Wärme und Verständnis, eine geistige Hoffnung oder pharmakologische Linderungsmittel für Schmerzen und Unbehagen. Die Kenntnis davon, was geschieht, wenn wir sterben, was wir zu erwarten haben, und was wir vernünftigerweise erhoffen können, bildet einen wichtigen Bestandteil einer solchen Hilfe. Möglicherweise könnte unser Buch auf diese Weise für jene nützlich sein, die dem Tod gegenüberstehen, sowie für jene, die unheilbar Kranke und Hinterbliebene betreuen.

Diese Ausgabe von DER TOD – EIN NEUER ANFANG – spiegelt den Fortschritt der Forschung auf diesem Gebiet seit dem ersten Erscheinen des Buches im Jahre 1977 wider. Obwohl unsere Daten und Auswertungen natürlich die gleichen sind, werden wir unsere Erkenntnisse zu einigen der jüngeren Forschungen, die von anderen durchgeführt wurden, in Beziehung setzen. Welches sind die wichtigsten Thesen, die in dieser letzten Dekade aufgestellt wurden, und wo behandeln wir sie in dieser neuen Ausgabe?

BRENNPUNKT-VERSCHIEBUNGEN

In dieser Studie konzentrierten wir uns auf Erlebnisse in Todesnähe ungeachtet dessen, ob der Patient starb (was meistens der Fall war) oder genas. Im letzten Jahrzehnt hat sich der Brennpunkt der Forschung ganz auf Überlebende gerichtet, die fast tot waren, das heißt auf solche, die wiederbelebt worden sind und weiterlebten und die über ihre Erlebnisse in Todesnähe berichten konnten. Visionen von Patienten, die tatsächlich starben, wurden in jüngsten Studien nicht berücksichtigt. Dadurch ergibt sich eine sehr einseitige Datenauswahl, da nur die Angaben von Patienten, die nicht tatsächlich starben, untersucht wurden; die wahre Unvermeidbarkeit des Todes könnte ein Faktor sein, der übersehen wurde. Zum Beispiel konzentrierten sich der Psychiater R. Noyes und der Psychologe D. J. Slymen auf Unfallopfer, bei denen die Todesdrohung echt, die physischen Verletzungen gering oder nicht vorhanden waren. Noyes und Slymen behaupten, daß »es bei Studien dieser Art wichtig erscheint, zwischen Personen, die körperlich dem Tode nahe waren und jenen, die ihm nur psychologisch gegenüberstanden, zu unterscheiden. Antworten einer kleinen Gruppe von befragten Personen, die behaupteten, schwer krank oder sogar ›tot‹ gewesen zu sein, fielen ganz verschieden aus.« (1984, Seite 26). Auf der anderen Seite hatten wir den Eindruck, daß die Erlebnisse Überlebender aus Todesnähe ähnliche, aber weniger klare Charakteristika aufwiesen als die jener Patienten, die starben (siehe Kapitel 12). Warum ist das so? Wir können nicht sicher sein, aber wenn die Hypothese vom Leben nach dem Tode stimmt, dann könnten die Erlebnisse von Überlebenden als Fälle von falschem Alarm angesehen werden, die »von der anderen Seite« nicht die ganze Antwort brauchen.

In neueren Untersuchungen gewannen auch Belange Lebender an Bedeutung, wie etwa Lebensrückblicke und präkognitive Einblicke in die Zukunft. Bei unserer Forschungsarbeit konzentrierten wir uns auf Phänomene, die deutlich auf das Eintreten in ein Leben nach dem Tode hinwiesen, und daher ein Überleben nach dem Tode anzeigen könnten. Forschungsergebnisse des Kardiologen M. Sabom und auch die Arbeit des Psychologen K. Ring, der das Leben nach dem Tod erforschte, erbrachten Informationen über das Vorkommen außerkörperlicher Phänomene bei Nahtodeserlebnissen (1980, 1982). Diese Forschungsarbeiten über außerkörperliche Phänomene sind ein wichtiger Beitrag zur Erweiterung des Wissens über Erlebnisse in Todesnähe, den unsere Datensammlungsmethoden nicht enthüllen (siehe Kapitel 14).

Es ist nicht alles Gold was glänzt

Woraus setzt sich ein Nahtodeserlebnis zusammen? Nur einige wenige Erlebnisse, die sterbende Patienten gemacht haben, geben uns Aufschluß über das Mysterium des Todes. Auf der Basis des Wissens, das sich nach einem Streit von über hundert Jahren in der Parapsychologie und aus religiösen Studien herauskristallisiert hat, konzentrieren wir uns auf einige wenige ausgewählte Aspekte von Phänomenen, die von sterbenden Patienten erlebt wurden, zum Beispiel Erlebnisse mit Erscheinungen. Die neu dazugekommenen Erforscher von Erlebnissen in Todesnähe befaßten sich mit viel mehr Aspekten, und eine wertvolle Wahl war die Untersuchung außerkörperlicher Erfahrungen. Weniger wichtige Aspekte der Phänomene in Todesnähe, mit denen man sich in jüngerer Zeit beschäftigt hat, sind das Hören eines summenden Geräusches, das Reisen durch einen dunklen Tunnel und das Sehen von Farben. Der Bestseller von Raymond Moody: Life After Life legte besonderes Gewicht auf Begegnungen mit einem »Lichtwesen, das weder eine menschliche Form noch Erscheinung hatte. Es gab nur Licht.« (1975, Seite 59). Das »Lichtwesen« taucht auch in vielen anderen zeitgenössischen Beschreibungen auf (zum Beispiel Ring, 1984), erschien aber nicht in unseren Untersuchungsergebnissen, die vor Moodys Buch zusammengestellt wurden. In unserer Übersicht gab es nur sehr wenige Erlebnisse mit Licht ohne Form, und sie wurden nicht als personifizierte Wesen gedeutet. Religiöse Erscheinungen wurden so beschrieben, als ob sie eine menschliche Form der einen oder anderen Art hätten. Vielleicht schuf Moody einen neuen Mythos, oder er lieferte ein neues, attraktiveres Vokabular zur Beschreibung religiöser Erscheinungen in unserem Raumzeitalter.

Dies verdeutlicht ein Grundprinzip: Was wir bei Erlebnissen in Todesnähe »sehen« und wie wir es mit Worten ausdrücken, hängt zum großen Teil von unserem kulturellen Hintergrund ab. Die subjektiven und die objektiven Seiten sind kompliziert ineinander verwoben, aber sie scheinen bis zu einem gewissen Grad durch Vergleiche zwischen extrem verschiedenen Kulturen trennbar zu sein. Das Vergleichen der Visionen von amerikanischen und indischen Patienten gab uns eine gewisse Sicherheit, echtes Gold gefunden zu haben und nicht nur der glänzenden Illusion von Katzengold hinterhergejagt zu sein. Die Leser werden gebeten, unsere vergleichenden kulturellen Auswertungen genau zu studieren – sie sind wesentlich. Manchmal mögen unsere Tabellen und Statistiken äußerst ermüdend erscheinen, aber das ist es auch, wenn man Goldkörner aus dem Sand waschen muß. Wie sonst könnten wir hoffen, die vielen sich widersprechenden Glaubenssysteme bei unseren Versuchen zu transzendieren? Der Glaube ist wertvoll im Leben, aber er muß transzendent gemacht werden, damit man wissenschaftliche Erkenntnisse gewinnen kann.

Neue Ansätze in vielen Wissensgebieten

Forschungen über Erlebnisse in Todesnähe haben viele Fachleute aus Medizin, Psychiatrie, Psychologie, Soziologie, Meinungsforschungsinstituten sowie aus der Religionswissenschaft angezogen. Sie haben aus verschiedenen Blickwinkeln zu den Untersuchungen über Nahtodeserlebnisse beigetragen; das hat diese Forschung sehr bereichert. Wir wollten wissen, bis zu welchem Grad diese Erlebnisse durch bestimmte medizinische, psychiatrische, psychologische und kulturelle Faktoren beeinflußt sind, einschließlich dem der religiösen Erziehung. Obwohl diese neuen Ansätze aus vielen Fachgebieten unser Wissen über Erlebnisse in Todesnähe wesentlich bereichert haben, haben sie nicht viel Einsicht in das Kernstück gebracht: die Relevanz von Erlebnissen in Todesnähe für die Hypothese vom Leben nach dem Tode. Obwohl oft Urteile über dieses Thema abgegeben werden, beziehen sie für gewöhnlich nicht die Erkenntnisse früherer Untersuchungen über Phänomene, die auf ein Weiterleben hindeuten, mit ein. Die Unkenntnis über empirisches Material und Interpretationen, die sich in langen Debatten herauskristallisiert haben, verletzen die Grundregeln von Gelehrsamkeit und wissenschaftlicher Methodik. In Kapitel 14 werden wir die neuen Beiträge dieser vielen Fachrichtungen diskutieren und unsere grundsätzlichen Erkenntnisse aus früheren empirischen Studien der Phänomene in Bezug zur Hypothese vom Leben nach dem Tode setzen.

Philosophische Neutralität

Das wissenschaftliche Ideal ist die philosophische Neutralität, das heißt, fragliche Themen sollten auf der Grundlage objektiver Beobachtungen und Erfahrungen behandelt werden. Überall arbeiten Wissenschaftler auf solche Ideale hin. In Grenzgebieten jedoch, die Phänomene in bezug auf philosophische Interpretationen betreffen, ist Objektivität nicht alles (Collins, 1985). Wenn man sich mit parapsychologischen Themen wie ASW und der Hypothese vom Leben nach dem Tode befaßt, könnte die philosophische Einstellung die Beurteilung beeinflussen (McClenon, 1984). »Wissenschaftlichkeit«, die Philosophie, die in elitären wissenschaftlichen Kreisen dominiert, ist sehr einflußreich. Die ontologischen Komponenten der Wissenschaftlichkeit (wie der reduktionistische Standpunkt, der für alles materialistisch-mechanische Erklärungen verlangt), kollidieren offensichtlich mit jeder positiven Idee über ein Leben nach dem Tode.

Wissenschaftlichkeit hat die jüngere Literatur über Erlebnisse in Todesnähe auf zwei Arten beeinflußt. Zuerst einmal ist da der Reduktionismus: Erlebnisse in Todesnähe werden gewaltsam auf physiologischen, pharmakologischen und psychiatrischen Grundlagen interpretiert (zum Beispiel Siegel, 1980). Wir sehen auch im taktischen Agnostizismus offenkundige Wissenschaftlichkeit, wobei man sich oft folgender List bedient: Erlebnisse in Todesnähe können keinen Beweis für ein Leben nach dem Tode erbringen, jedoch bin ich persönlich davon überzeugt, und das sind fast alle meiner Interviewpartner.

Wir versuchten bei unserer Arbeit, philosophische Tricks und Einseitigkeiten zu vermeiden, indem wir gleichermaßen einen Beweis für beide Hypothesen verlangten, nämlich für die Hypothese, die die Vorstellung von einem Leben nach dem Tod akzeptiert und für die, die sie verwirft. Unser Modell (siehe Kapitel 6) gibt Beobachtungen, die auf ein nachtodliches Überleben hinweisen, das gleiche Gewicht wie jenen, die den Tod für die endgültige Zerstörung der Persönlichkeit halten. Wir werteten unsere Daten entsprechend aus und behalten unsere Schlußfolgerungen, wie wir sie zu einem früheren Zeitpunkt postulierten, bei. Der Wert dieses Buches liegt in seiner Information, nicht in seiner Philosophie.

Wie wir schon früher sagten, ist das Mysterium des Todes sehr persönlich: wie die Liebe, ist es nicht nur ein kognitives Problem. DER TOD – EIN NEUER ANFANG bietet Informationen und vermittelt auch das subjektivere »Gefühl für das Erlebnis« durch Patientengeschichten. Wir hoffen, daß diese Ausgabe wiederum denen nützliche Hilfe bringen wird, die dem Tod direkt gegenüberstehen oder indirekt bei nahestehenden geliebten Menschen, oder denen, die auf die eine oder andere Weise mit diesem tiefsten Mysterium der Menschheit in Berührung gekommen sind.

I

Das Mysterium des Todes: Was wir glauben und was wir wissen

Keine Wahl bleibt unbeeinflußt von der Art, wie die Persönlichkeit des Menschen ihr Schicksal sieht und der Körper seinen Tod. Wenn man der Sache auf den Grund geht, ist es unsere Vorstellung vom Tod, die über unsere Antworten auf alle Fragen, die uns das Leben stellt, entscheidet ... Auch von daher besteht die Notwendigkeit, sich auf ihn vorzubereiten.

Dag Hammarskjöld

Wohl der wichtigste Bereich der menschlichen Erfahrung, den wir untersuchen können, ist unser unvermeidliches Ende im Tod. Der vorherrschenden wissenschaftlichen Weltsicht gemäß ist dies ein hartes Ende. Die medizinischen Schriften lehren uns mit deutlichen Worten, daß etwa innerhalb einer Vietelstunde, nachdem das Herz aufgehört hat, das Blut in Bewegung zu halten, das Gehirn nicht mehr ernährt wird und rapide zu verfallen beginnt. Zu diesem Zeitpunkt, so behaupten die Lehrbücher, gibt es die Persönlichkeit des Patienten einfach nicht mehr. Sie wird unwiderruflich zerstört. Das Individuum hört auf zu existieren.

Jahrhundertelang haben die medizinischen Schulen den Ärzten und Krankenschwestern diese grausame und kompromißlose Vorstellung eingeimpft – denjenigen, die uns helfen sollen, wenn wir sterben. Aber ist diese Ansicht von der menschlichen Natur wirklich so einwandfrei bewiesen, daß sie keinen Zweifel zuläßt? Ist sie eine solide Wahrheit, auf die wir uns in allen Situationen verlassen können?

Überraschenderweise widersprechen die Erfahrungen der Sterbenden selbst häufig der allgemein akzeptierten medizinischen Ansicht. Welche Einsichten können uns die Sterbenden vermitteln? Was erleben sie wirklich? Was »sehen« sie, wenn es zu Ende geht? Selbst Ärzte beginnen sich mittlerweile zu fragen: »Ist der Tod, so wie sie ihn sehen, düstere Vernichtung oder ein neuer Anfang?«

Obgleich die meisten Patienten offenbar in das Vergessen gleiten, ohne sich dessen bewußt zu sein, gibt es einige, die bis zum Schluß bei klarem Bewußtsein und in der Lage sind, ihre Erfahrungen zu berichten, bevor sie sterben. Sie sehen die Erscheinungen von verstorbenen Verwandten und Freunden. Sie sehen religiöse und mythologische Figuren. Sie sehen unirdische Welten, die sich durch Licht, Schönheit und intensive Farben auszeichnen. Diese Erfahrungen wirken verändernd. Sie bringen Heiterkeit, Frieden, freudige Erregung und religiöse Empfindungen mit sich. Im völligen Gegensatz zu der üblichen Düsternis und dem Elend, was gemeinhin vor dem Sterben erwartet wird, sterben die Patienten einen »guten Tod«. Obwohl andere Patienten auf dem Sterbebett nicht von Visionen berichten, erfahren sie nichtsdestoweniger die gleiche Veränderung, was manchmal sogar den körperlichen Schmerz verschwinden läßt.

Unabhängig voneinander wurde unsere Aufmerksamkeit im Laufe unserer Arbeit als Forscher im Bereich des Paranormalen und Medialen auf diese bemerkenswerten Fälle von Visionen auf dem Sterbebett gelenkt. Beide waren wir zutiefst beeindruckt von der Gleichartigkeit der Einzelheiten in den anekdotischen Berichten. Da wir beide in gleicher Richtung interessiert waren, war es nicht besonders merkwürdig, daß uns die Umstände schließlich zusammenbringen sollten, um eine langfristige Studie auf der Suche nach den Antworten auf die obengenannten Fragen fertigzustellen: eine Untersuchung der Menschen auf dem Sterbebett, die während der letzten Stunden ihres Lebens bei vollem Bewußtsein waren.

Wir haben von unseren Untersuchungen den Eindruck, daß sie die erste wirklich wissenschaftliche Forschungsarbeit über die Erfahrungen der Sterbenden in der Stunde ihres Todes ist. Zum einen haben wir eine gewaltige Menge von Daten durch die umfassenden Beobachtungen von Ärzten und Krankenschwestern gesammelt, die beim Sterben zugegen waren. Zum anderen waren unsere Forschungen interkulturell insofern, als sie sich auf medizinisches Personal in Amerika und Indien erstreckten. Zum dritten sind unsere Daten mit Hilfe von modernen Stichprobentechniken einschließlich Fragebögen und eindringlichen Interviews sorgfältig und systematisch gesammelt worden. Viertens wurden diese Daten komplizierten statistischen Prüfmethoden und einer Inhaltsanalyse durch eine Auswertung mit Computern unterzogen.

Obwohl wir an diese Forschungen den Maßstab wissenschaftlicher Genauigkeit anlegten, haben wir auch den direkten Zugang zur persönlichen Erfahrung des Einzelnen, wie sie in unseren Befragungen enthalten ist, nicht außer acht gelassen. Das Problem des Todes und des Sterbens kann man nicht nur verstandesmäßig erfassen. Vielmehr sollte es mit der ganzen Tiefe unseres Seins erfaßt werden. Deshalb haben wir versucht, es sowohl objektiv als auch subjektiv zu untersuchen. Wir ließen uns die unmittelbaren Aussagen der Sterbenden mitteilen, wo immer es möglich war. Das versetzte uns in die Lage, mit dem, was wirklich in den Krankenzimmern geschah, in direkten Kontakt zu treten.

Was wir herausgefunden haben, ist ebenso überraschend wie hoffnungsvoll. Dieses Buch bietet neues Beweismaterial zur Frage eines Weiterlebens nach dem Tod. Es beruht auf den Beobachtungen von mehr als tausend Ärzten und Krankenschwestern. Um unsere Schlußfolgerungen vorwegzunehmen, wollen wir hier festhalten, daß dieses Beweismaterial in hohem Maße für ein Leben nach dem Tod spricht. Keine andere Hypothese ist ebensogut imstande, eine Erklärung für die vorliegenden Daten zu liefern. Die Visionen im Sterbebett können weder durch medizinische noch durch psychologische noch durch kulturelle Bedingungen wegdisputiert werden. Zudem sind sie relativ unabhängig vom Alter, vom Geschlecht, von der Erziehung, von der Religion und von der sozialen Stellung der Betreffenden. Wenn wir mit einem kurzen Blick das übrige Beweismaterial aus anderen kompetenten Forschungen zu dieser Frage streifen und es mit unseren Ergebnissen zusammen betrachten, so gelangen wir zu der Überzeugung, daß die Gesamtheit der vorliegenden Informationen einen auf Tatsachen beruhenden, rationalen und damit realistischen Glauben an ein Leben nach dem Tod ermöglicht.

Allerdings möchten wir in diesem Zusammenhang betonen, daß unsere Ergebnisse nicht als abschließende Antworten auf das in Frage stehende Problem betrachtet werden sollten. Tatsächlich sind wir der Meinung, daß es anmaßend und falsch wäre, unsere Forschungen als endgültige Feststellungen zu diesem Thema hinzustellen. Nichtsdestoweniger zeichnet das gesamte bisherige Beweismaterial ein in sich stimmiges, wenn auch vorläufiges Bild von einem Leben nach dem Tode. Nach unserem Dafürhalten haben unsere Untersuchungen unbekannte Tatsachen aufgedeckt und uns Einzelheiten und ein neues Verständnis dessen vermittelt, was bislang »das große Unbekannte« genannt wurde.

Man betrachte beispielsweise die zwei folgenden Fälle. Sie sind weitgehend typisch für die mehr als tausend Fälle dieser Art, die wir gesammelt haben.

Eine siebzigjährige Patientin hatte ihren verstorbenen Ehemann schon mehrere Male gesehen, als sie schließlich ihren eigenen Tod ankündigte. Sie sagte, daß ihr Mann am Fenster erschienen sei und ihr bedeutet hätte, aus dem Haus herauszukommen. Der Grund für seine Besuche war, daß sie sich ihm anschließen sollte. Zu diesem Zeitpunkt waren ihre Tochter und ihre Verwandten bei ihr. In deren Anwesenheit kündigte sie ihren eigenen Tod an, holte ihre Sterbekleidung aus dem Schrank, legte sich für ein Nickerchen hin und verschied etwa eine Stunde später. Sie erschien ruhig in ihren Tod ergeben, und sie wollte auch wirklich sterben. Sie hatte nie von ihrem bevorstehenden Ende gesprochen, ehe sie die Erscheinung ihres Mannes gehabt hatte. Ihr Arzt war dermaßen über diesen plötzlichen Tod, für den es keine ausreichende medizinische Erklärung gab, überrascht, daß er überprüfte, ob sie sich nicht selbst vergiftet hatte. Er fand aber dafür keinerlei Anzeichen und keine entsprechenden Arzneimittel im Haus.

Typisch ist auch der folgende Fall einer sechzigjährigen Frau, die an Darmkrebs litt. Der Arzt berichtet:

Plötzlich öffnete sie ihre Augen. Sie rief ihren (verstorbenen) Mann bei seinem Namen und sagte, daß sie im Begriff sei, zu ihm zu kommen. Sie hatte das friedlichste und schönste Lächeln auf dem Gesicht, geradeso, als würde sie in die Arme eines Menschen eilen, an den sie ständig dachte. Sie sagte: »Guy, ich komme«. Sie schien nicht zu bemerken, daß ich anwesend war. Es war fast, als wäre sie in einer anderen Welt. Es war, als wenn sich ihr etwas Wunderschönes offenbart hätte; sie erlebte in diesem Augenblick etwas Wundervolles und Herrliches.

Man kann von einem solchen Fall für sich genommen nicht sagen, daß er irgend etwas beweist. Halluzinationen können auf vielfache Art und Weise erklärt werden. Wenn wir jedoch all diese Fälle mit Hilfe des Computers auf ihre besonderen Merkmale hin überprüfen, dann läßt sich daraus vielleicht ersehen, ob sie die Vorstellung eines Weiterlebens unterstützen oder für eine Zerstörung der Persönlichkeit am Ende des Lebens sprechen.

Im Laufe unserer Forschungen sind wir ziemlich häufig Berichten begegnet, die von einem plötzlichen Aufschwung in der Gemütsverfassung der Patienten kurz vor ihrem Tod sprechen. »Sie fangen an zu strahlen«, wurde häufig berichtet. Andere erzählen: »Unerklärlicher Friede und Heiterkeit überkommen sie.« Warum geschehen solche Dinge wohl? Etwa, weil die sterbenden Patienten sich in einem Vernichtungsprozeß befinden – sozusagen auf dem elektrischen Stuhl der Natur sitzen? Offensichtlich nicht! Die inneren Wandlungen bei den Patienten sind in manchen Fällen so tiefgehend, daß sie einige der medizinischen Beobachter erschrecken und bei anderen eine Änderung in ihrem Leben hervorrufen. Besonders schockierend war die folgende Erfahrung. Ein Arzt aus Boston wurde zu einem seiner Patienten gerufen, dessen Herz plötzlich zu schlagen aufgehört hatte. Der Patient wurde unter großen Anstrengungen und durch die Verwendung moderner Wiederbelebungstechniken ins Leben zurückgerufen. Natürlich erwartete der Arzt, daß der Zurückgeholte für das neu geschenkte Leben dankbar sein würde. Statt dessen öffnete er die Augen und machte dem Arzt ärgerlich Vorwürfe, indem er sagte: »Warum haben Sie mich zurückgeholt, Doktor? Es war so schön!« Offenbar war diese Sterbeerfahrung so beglückend, daß sie den stärksten Instinkt aufwog, den wir vermutlich haben: den Willen zu leben.

Können wir solche Hinweise auf die Unsterblichkeit für bare Münze nehmen? Das wäre naiv. Wir können sie nicht richtig deuten, ohne mehr über die medizinischen, psychologischen und kulturellen Hintergründe des Patienten zu wissen. Beispielsweise bekommen viele Patienten im Endstadium zur Linderung der Schmerzen Morphiuminjektionen. Derartige Drogen können bizarre Wahrnehmungen hervorrufen; deshalb können wir die Geschichten der Patienten weder ohne weiteres annehmen noch ablehnen, ohne sie zunächst kritisch mit wissenschaftlichen Methoden zu untersuchen. Sonst würden wir lediglich den vielen, bereits bestehenden widersprüchlichen Meinungen über das Leben nach dem Tod – die Ärzte sagen nein, die Geistlichen ja und die Patienten sind völlig verwirrt – eine weitere hinzufügen. Alle, Ärzte, Geistliche und Patienten gleichermaßen, müssen die Tatsachen herausfinden helfen. Sie müssen prüfen, ob die Tatsachen in einer sinnvollen Beziehung zueinander stehen, was dann die Hypothese von einem Leben nach dem Tod entweder belegt oder widerlegt. Dieses Buch ist ein Versuch, genau das zu tun.

Selbstverständlich begann die Erforschung des Todes nicht erst mit den modernen Untersuchungen. In fast allen Kulturen hat man mehr oder weniger an ein Leben nach dem Tod geglaubt. Mindestens seit die Neandertaler vor einigen hunderttausend Jahren anfingen, ihre Toten zu begraben und sie mit rötlicher Erde einzureiben, scheint die Vorstellung von einem Weiterleben nach dem Tod bestanden zu haben. Solche primitiven Bestattungsbräuche waren stets mit einer gewissen Form von Religion verbunden, zum Beispiel mit dem Glauben an ein Leben nach dem Tod. Sie sind das stumme Zeugnis dafür, daß unsere menschlichen Vorfahren nicht durch und durch materialistisch waren.

Auch die Menschen heute sind es nicht. Aus einer Umfrage, die das Gallup-Institut für Meinungsforschung 1975 machte (allgemein als Gallup-Umfrage bekannt), geht hervor, daß 69 Prozent aller Amerikaner glauben, daß es ein Leben nach dem Tod gibt. Die Umfrage zeigt weiterhin, daß 20 Prozent nicht daran glauben, während 11 Prozent sagten, sie wüßten es nicht. Dieses Ergebnis wird durch eine 1973 erstellte Roper-Umfrage bestätigt, die festgestellt hatte, daß 70 Prozent der Amerikaner an ein Leben nach dem Tod glaubten.

Je nachdem, ob derjenige, der glaubt, eine vernünftige Grundlage für seinen Glauben hat, kann Glaube rational oder irrational sein. Eine bloße Meinung ist wertlos, unabhängig davon, wie allgemein verbreitet sie ist oder welche Autorität dahintersteht, sei es eine kirchliche Behörde oder eine medizinische Lehrmeinung. Wahres Wissen ist weit schwieriger zu erlangen als eine Meinung oder übernommene Glaubenshaltungen. Der rationale Glaube gründet sich auf Wissen, auf Tatsachen. Er wächst aus einer Erfahrung, die den Test der logischen Überprüfung und, soweit möglich, der wissenschaftlichen Untersuchung bestanden hat.

Die Gründe für den Glauben an ein Überleben zerfallen in drei Kategorien: die philosophische, die mystisch-religiöse und die wissenschaftliche. Der philosophische Ansatz zum Problem des Todes beinhaltet einige traditionelle Argumente zugunsten der Lehre von einem persönlichen Überleben nach dem körperlichen Tod. Sie sind auf folgende Art und Weise sinnvoll zusammengefaßt worden:[1]

1. *Das ontologische Argument*, das die Unsterblichkeit mit der Unkörperlichkeit und der Unwandelbarkeit der seelischen Substanz begründet.
2. *Das teleologische Argument*, das die Vorstellung vom Schicksal und der Funktion des Menschen einbringt, von seiner Anlage, sich selbst mehr und mehr aus den Bedingungen von Raum und Zeit zu befreien und seine intellektuellen und moralischen Fähigkeiten voll zu entwikkeln, was unter den Bedingungen des irdischen Lebens unmöglich ist.
3. *Das ethische Argument*, nämlich die moralische Forderung nach dem endgültigen Ausgleich von persönlich erfahrenen Ungerechtigkeiten oder Vorteilen, für die es im Leben keinen Ausgleich gibt.
4. *Das historische Argument*, das heißt die Tatsache, daß dieser Glaube uralt und weitverbreitet ist, was beweist, daß er tief in der menschlichen Natur verwurzelt ist.

Obgleich diese Argumente jahrhundertelang eindringlich vertreten worden sind, ist es offensichtlich, daß sie nicht von allen akzeptiert werden. Warum? Vielleicht einfach deshalb, weil sie eher intellektueller Natur sind und nicht auf praktischer Erfahrung beruhen. Die klassischen Werke von R. M. Bucke *Cosmic Consciousness* und William James *Die religiöse Erfahrung in ihrer Mannigfaltigkeit* bieten Dutzende von Beispielen mystischer Erfahrung, die das rationale Argument und die intellektuelle Auseinandersetzung unterlaufen. Für die Mystiker ist die traditionelle Furcht vor dem Tod nur Schall und Rauch. Das ist jedoch nicht das Ergebnis logischer Überlegungen, sondern der Tatsache, daß sie die Furcht als eine Illusion durchschaut haben. Sie sprechen davon, den Kosmos als lebendige Gegenwart erfahren zu haben, als ein Ganzes, in dem ein Sein jenseits des körperlichen Todes als gewiß erscheint.

Aber ebenso, wie Logik und Vernunft für sich allein bislang nicht ausgereicht haben, um ein sicheres Wissen über ein Leben nach dem Tod zu gewährleisten, haben es auch die unmittelbaren Erfahrungen der Mystiker nicht vermocht, allgemein überzeugend zu wirken. Aber gibt es eine andere Möglichkeit, mit deren Hilfe wir sowohl die Inhalte der Logik als auch die der Erfahrung auf ihre Wirklichkeit hin überprüfen können? Schließlich kann man auch – wie schon vielfach geschehen – großartige logische Gebilde, die ohne jeden Bezug zur Wirklichkeit auf reiner Phantasie beruhen, einfach erfinden, wie zum Beispiel im paranoiden Wahn. Ebenso können halluzinatorische Erfahrungen als wirklich erscheinen, obgleich sie nur auf einer Eigenart eines kranken Gehirns beruhen. Was ist also zu tun, um den Wirklichkeitsgehalt unserer logischen Strukturen und überzeugenden Erfahrungen zu prüfen? Kann man irgend etwas tun, um die Behauptungen, welche die Philosophie und die Mystik zu diesem Thema aufstellen, nachzuprüfen?

Unserer Meinung nach ist die Wissenschaft die Antwort. Damit meinen wir nicht unbedingt die vorherrschende Meinung der Wissenschaftler, sondern die *Methode der Wissenschaft*. Wir halten uns an das empirische Vorgehen. Weder die Philosophie noch die Autorität des Establishments gelten für uns als Richtlinien der Erkenntnis. Viel eher würden wir es einem in sich stimmigen Tatsachenmaterial zugestehen, festzulegen, was es tatsächlich gibt, was es nicht gibt und was es möglicherweise geben könnte.

Was hat uns also die Wissenschaft zum Problem des Todes und eines möglichen Lebens danach zu sagen, wenn man von diesen Voraussetzungen ausgeht?

Was uns die Wissenschaft offenkundig über ein Leben nach dem Tod darlegt, kann in fünf Hauptkategorien aufgeteilt werden. Jede dieser Kategorien enthält eigenständig abgeleitete Daten, und keine davon hängt von irgendeiner der anderen ab. Die Kategorien sind:

1. Mediumismus
2. Erscheinungen, besonders solche, die von mehreren Beobachtern gesehen werden
3. Reinkarnationserinnerungen
4. Seelenexkursionen
5. Beobachtungen am Sterbebett

Die letzte Kategorie ist das Thema dieses Buches. Die anderen sind in mehr als einem Jahrhundert der Forschung durch kompetente Parapsychologen entstanden. Wir werden diese Kategorien kurz im Kapitel 3 untersuchen und dabei eine neue parapsychologische Perspektive in die Untersuchung des Todesproblems einbringen. Nun wollen wir jedoch zu der Frage zurückkehren, was uns die Wissenschaft – abgesehen von der Parapsychologie – über den Tod zu sagen hat.

Die wissenschaftliche Untersuchung des Todes und des Sterbens wird Thanatologie genannt. Psychologen und Psychiater, die mit der Beratung von Sterbenden und ihren Familien befaßt waren, haben in den letzten zehn Jahren als Pioniere damit begonnen. Die Thanatologen versuchten, die Ärzte und Krankenschwestern zu lehren, wie man sterbenden Patienten hilft, ihren bevorstehenden Tod in den Griff zu bekommen und wie man mit dem Problem des Schmerzes bei den Hinterbliebenen umgeht. Sie haben – und tun es immer noch – mit großem Eifer daran gearbeitet, die Sterbenden zu befragen und sie bei ihrem Umgang mit dem Krankenhauspersonal und ihren eigenen Verwandten zu beobachten. In der Folge wissen wir nun vieles über die psychologischen Prozesse, die bei Sterbenden ablaufen, und über ihr Verhalten.

Die Thanatologie ist von großem Nutzen gewesen aufgrund der Erforschung der physiologischen, psychologischen und sozialen Aspekte des Todes, die sie geleistet hat. Aber sind diese Forschungen auch tief genug in die Materie eingedrungen? Wir sind nicht dieser Ansicht.

Die Arbeit der Thanatologen beruht fast ausnahmslos auf der stillschweigenden Annahme, daß der Tod das Ende der menschlichen Existenz sei. Dabei wird es für gewöhnlich als Aufgabe der sozialen Berufe betrachtet, den Patienten zu lehren, dieses Ende zu akzeptieren.

Aber was ist es genau, das die Sterbenden akzeptieren sollen? In der sogenannten wissenschaftlichen Weltanschauung, von der die medizinische Lehre, wie oben erwähnt, zutiefst geprägt ist, gilt für das Ende des menschlichen Geschicks die endgültige Zerstörung als gesichert. Wir wagen es jedoch zu fragen, warum die Gemeinschaft der Mediziner so sicher ist, daß alle Antworten auf diese Frage längst gegeben sind.

Hat die Wissenschaft ohne jeden Zweifel ihr letztes Wort gesprochen? Ist der Glaube an ein Leben nach dem Tod durch die moderne Wissenschaft längst überholt oder gibt es eine tatsächliche Basis für eine solche Überzeugung? Was wir wirklich brauchen, sind zuverlässige Informationen über Tod und Sterben, die allerdings nur mit Hilfe einer wissenschaftlichen Methodologie gewonnen werden können. Daher sind wir im Geiste der wissenschaftlichen Untersuchung das Problem dort angegangen, wo die Thanatologie stehengeblieben ist.

In diesem Zusammenhang ist es interessant, daß eine hervorragende Thanatologin, Doktor Elisabeth Kübler-Ross, Autorin des Bestsellers *Interviews mit Sterbenden*, die Annahme einer völligen Zerstörung als unhaltbar erkannt hat. Ihrer Ansicht nach wird in den Geschichten der Sterbenden, die sie selbst gehört hat, eine gewisse Art von Leben nach dem Tod offenbar.

Können solche Erscheinungen anhand von wissenschaftlichen Methoden untersucht werden, wenn Fachleute davon Kenntnis erhalten? Das ist in keiner Weise selbstverständlich, sondern hängt von der Wahl geeigneter Methoden ab. Die Methodenfrage werden wir im Kapitel 3 untersuchen. Zunächst möchten wir gerne genauer darlegen, wie wir dazu gekommen sind, uns diesen Forschungen zu widmen.

2

Ist die Vorstellung von einem Weiterleben nach dem Tod nachprüfbar?

»Doktor, würden Sie etwa versuchen, einen Schmetterling in einer Bärenfalle zu fangen?« fragte ein Medium nach einem Rundgang durch unser parapsychologisches Laboratorium. In der Tat ist damit ein entscheidender Punkt berührt. Ein Teil der psychischen Forschung – aber nicht die ganze – wurde derartig ungeschickt betrieben. Die Erscheinungen, die wir erforschen, sind äußerst heikler Natur, schwer faßbar und ebenso schwierig zu beobachten aufgrund der Spontaneität ihres Auftretens. Die Forschung kann durch ungeeignete Methoden behindert und sogar zum Stillstand gebracht werden. Wir wollen also klar unterscheiden, was man tatsächlich tun kann, was unrealistische Erwartungen und was utopische Ideale sind.

Es hat bisher mehrere, je nach dem »Ursprungsort« der Kritik verschiedene grundsätzliche Einwände gegen die Erforschung des Lebens nach dem Tod gegeben.

1. Der naturwissenschaftlichen Weltanschauung gemäß ist das Universum eine ausschließlich materielle Wirklichkeit, die lediglich aus Materie und Energien besteht, die der Physik bekannt sind. Geist und Bewußtsein sind reine Nebenprodukte des physischen Organismus (Epiphänomene) und können daher ohne diesen überhaupt nicht existieren. Das ist immer noch der vorherrschende Standpunkt in der Welt der Wissenschaft. Nichtsdestoweniger müssen wir betonen, daß dies tatsächlich Philosophie und nicht Wissenschaft ist. Es ist eine Methodik, die auf die Übernahme bestimmter Vorannahmen und der Ablehnung anderer Vorannahmen über das Wesen der Wirklichkeit beruht, wie sie von anderen philosophischen und religiösen Schulen angeboten werden (von den Philosophen wird sie »materieller Monismus« genannt. [Houston Smith, 1976, 1982]).

2. Eifrige Anhänger des »Law of Parsimony« (Prinzip der Einfachheit) haben die Erforschung des Weiterlebens aus methodischen Gründen

angegriffen. Dieses Prinzip besagt, daß Erklärungen nicht unnötig kompliziert sein müssen und daß der einfachsten Erklärung der Vorzug gegeben werden soll, wenn man zwischen verschiedenen zu wählen hat. Sicherlich ist die Annahme, daß es so etwas wie eine Seele in der menschlichen Persönlichkeit gibt, die den Tod überleben kann, und daß es überdies »eine andere Wirklichkeit« gibt, in der diese Seele weiterhin existieren kann, nicht einfach, sondern stellt eine komplizierte Erklärung dar. Wir sind jedoch der Meinung, daß die Einführung solch eines neuen, grundlegenden Konzepts angesichts eines beträchtlichen zusammenhängenden Tatsachenmaterials, das unter der Annahme dieser Voraussetzungen einen Sinn ergibt, gerechtfertigt ist. Innerhalb der Psychologie sind solche grundlegenden Konzepte des »Geistes« und des »Bewußtseins« durch die strikte Anwendung des Prinzips der Einfachheit ausgerottet worden. Dennoch fand man schließlich heraus, daß sie notwendig waren, und so wurde ihnen in den sechziger und siebziger Jahren erneut große Beachtung zuteil. Wenn also empirisch gewonnene Fakten es so verlangen, ist es jetzt an der Zeit, der Vorstellung von der »Seele« aufs neue Aufmerksamkeit zu widmen.

3. Ohne zu bedenken, wie weit hergeholt und unbeholfen die anderen Erklärungsmöglichkeiten sind, wird häufig gefordert, daß die Erklärung des Phänomens durch ein Weiterleben nach dem Tod alle anderen ausschließen müsse. Einige Parapsychologen waren lange auf der Suche nach dem »Entscheidungs-Experiment«, das »das Überleben beweisen« sollte, so daß es nicht durch die phantasievolle Auslegung anderer Erklärungsmöglichkeiten wegdisputiert werden könnte. Der Erfolg dieses allzu engen Ansatzes bei der Lösung des Problemes war deshalb gering, weil die Erscheinungen des Lebens nach dem Tod wohl zu vielschichtig sind, als daß sie einen so ausschließlichen Beweis ermöglichen würden.

Es gibt ausgezeichnete Forscher, wie zum Beispiel Ian Stevenson und Hornell Hart, die angesichts des Beweismaterials die Hypothese von einem Leben nach dem Tod voll akzeptiert haben (Stevenson, 1974, 1976; Hart, 1959).[2] Andere, beispielsweise der bekannte Parapsychologe J. B. Rhine (1960), haben geltend gemacht, daß dieses Problem nicht bis zu einem vollkommen schlüssigen Beweis erforscht werden kann, das heißt, daß es außerhalb jener Grenzen liegt, in denen die Wissenschaft mit den vorhandenen Methoden forschen kann. Allerdings schlug Rhine später (1975) eine neue Methode vor, von der er annahm, daß sie erfolgreich sein könnte. Der hervorragende amerikanische Psychologe Gardner Murphy schreibt (1961), daß er sich mit seiner wissenschaftlichen Weltsicht angesichts der parapsychologischen Tatsachen, die für ein Leben nach dem Tod sprechen, wie der sprichwörtliche unbewegliche Stein fühlt, der von einer unwiderstehlichen äußeren Macht zermalmt wird. Dieses langsame Fortschreiten mag den begrenzten Nutzen des in der Forschung herrschenden Paradigmas zeigen, das in seiner Unbeholfenheit sehr gut mit einer Bärenfalle verglichen werden kann.

Wie bereits erwähnt, gibt es eine Vielfalt von vielschichtigen Erscheinungen, die für ein Leben nach dem Tod sprechen. Die meisten dieser Erscheinungen können aber nur im unmittelbaren Leben beobachtet werden, da sie spontan auftreten. Sie sind keine Forschungsobjekte für kontrollierte Experimente. Deshalb kann ihre Wirklichkeit wissenschaftlich nicht in einem sogenannten Entscheidungs-Experiment (experimentum crucis) festgestellt werden. Die Erforschung solcher Erscheinungen ist eher mit den multidimensionalen Problemen zu vergleichen, denen man bei der Forschung innerhalb der Persönlichkeitstheorie gegenübersteht. Ohne Zweifel stellt die Hypothese von einem Leben nach dem Tod eine Persönlichkeitstheorie dar. Unter der Voraussetzung, daß diese Hypothese richtig ist, verlangt die Annahme eines Lebens nach dem Tod tatsächlich ganz neue und radikale Veränderungen der Vorstellung von dem, was »Persönlichkeit« ist. Soviel man weiß, gibt es in der Psychologie kein »Entscheidungs-Experiment« von der Art, wie es für die Erforschung des Weiterlebens nach dem Tod verlangt wird, das wirklich einen »Beweis« für die Skinnersche, Freudsche, Rogersche oder irgendeine andere psychologische Persönlichkeitstheorie darstellen würde. Die wissenschaftlichen Bemühungen um die Erforschung der Phänomene der Persönlichkeit sind in zunehmendem Maße derartig vielschichtig, daß das Vorgehen notwendigerweise jeweils verschieden sein muß. Häufig wird eine Unzahl von Erscheinungen, die den zentralen Problemen angelagert sind, mit Hilfe beobachtender und experimenteller Forschungen aufgespürt. Dann werden die Daten im Hinblick auf die Theorie geordnet. Wenn in dieser Phase ausreichendes Tatsachenmaterial im Rahmen einer besonderen Theorie ineinandergreift, wird es innerhalb der Hauptrichtung der wissenschaftlichen Psychologie für gewöhnlich anerkannt und für gültig gehalten.

Somit scheint es uns ungerechtfertigt, das alles andere ausschließende Entscheidungs-Experiment für den Beweis eines Weiterlebens zu verlangen, wenn diese Forderung bezüglich aller anderen Persönlichkeitstheorien weder erhoben wird noch irgendwo zu finden ist. Es wäre falsch, das

Problem des Weiterlebens von einer wissenschaftlichen Untersuchung einfach aufgrund eines utopischen Kriteriums, das man für einen Beweis festlegt, auszuschließen. Die Erfolge in der Erforschung der Persönlichkeit zeigen klar, wie fruchtbar die Bemühungen bei der Forschung in einem Bereich sind, der so wichtig ist wie das Problem des Lebens nach dem Tod. Der Erfolg bei den umfangreichen Untersuchungen von Phänomenen, die Beweismaterial für ein Leben nach dem Tod erbringen (Visionen auf dem Sterbebett, Erscheinungen, mediale Botschaften, Reinkarnationserinnerungen), zeigt die Fruchtbarkeit von Forschungen auf diesem Gebiet. Unser Projekt hatte sicherlich nicht das Ziel, Beweise für ein Leben nach dem Tod zu liefern, die alles andere ausschließen. Es sollte vielmehr der Untersuchung einer sehr zentralen Gruppe von Phänomenen dienen, mit der man bei jeder Betrachtung des Problems rechnen muß. Wir haben eine Menge Dinge erfahren, von denen wir glauben, daß sie offenkundige und neue Erkenntnisse darstellen. Das Ziel dieses Buches ist, die Welt der Wissenschaft und die breite Öffentlichkeit an diesen Informationen teilhaben zu lassen.

In einem Jahrhundert ununterbrochener Bemühungen und rigoroser Untersuchungen haben die parapsychologischen Forscher eine Fülle von gut beobachteten, auf Tatsachen beruhenden Daten entdeckt, die die Hypothese von einem Leben nach dem Tod unterstützen. Dieses stichhaltige Tatsachenmaterial schlägt der Hypothese von der völligen Zerstörung ins Gesicht, und kein ernsthafter Forscher kann oberflächlich über die Fakten hinweggehen. Es gibt viele hochqualifizierte wissenschaftliche Arbeiten, die sich im Laufe eines Jahrhunderts psychischer Forschung angesammelt haben, so zum Beispiel von berühmten Wissenschaftlern wie William James, Henry Sidgwick, Frederic Myers, Gardner Murphy und C. J. Ducasse. Unglücklicherweise bleiben jedoch die meisten dieser Untersuchungen in der Fachliteratur unerwähnt und sind gewöhnlich den Wissenschaftlern und der Öffentlichkeit gleichermaßen unbekannt. Der Soziologe Hornell Hart von der Duke-Universität gibt in seinem Buch *The Enigma of Survival* (1959) ebenso wie der schwedische Psychiater Nils O. Jacobson in dem Werk *Leben nach dem Tod?* (1971) einen Überblick über die entscheidenden Forschungsergebnisse, zum Beispiel über jene Erscheinungen, die gemeinsam von mehreren Beobachtern wahrgenommen wurden, ferner über mediale Botschaften, die Tatsachen aufdecken, um die nur Verstorbene wußten, über Visionen auf dem Sterbebett, Seelenexkursionen und physikalische Effekte als Botschaften von Toten (Uhren, die stehenblieben, Bilder, die von der Wand fielen, Glockengeläut usw.) Das Buch *Vor der Linie* (1970), an dem auch der berühmte britische Historiker Arnold Toynbee und andere mitwirkten, enthält eine Sammlung verschiedener Anschauungen über den Tod und das Leben danach.

Wirkliche Klassiker, die uns Einblick in die am besten fundierten frühen Forschungen mit Medien vermitteln, sind die zwei Bände von Myers *Human Personality and Its Survival of Bodily Death* (1903) und die Sammlung der Schriften von William James durch Murphy und Ballou (1969). Eine andere Zusammenstellung der ersten britischen Forschungen findet sich bei Salter (1961), und philosophische Betrachtungen im Zusammenhang mit der Frage des Lebens nach dem Tod werden bei Ducasse (1961) diskutiert. Arbeiten über das Beweismaterial für die Reinkarnation hat Stevenson herausgegeben (1974, 1976, 1977, 1980, 1983). Weiteres Material stellen die sogenannten Kreuz-Korrespondenzen dar, die angeblich Botschaften von verstorbenen Gelehrten waren, wie sie zu Beginn des Jahrhunderts durch verschiedene Medien in Großbritannien, Indien und den Vereinigten Staaten mitgeteilt wurden; sie sind gleichsam verstreute Einzelteile eines Puzzles, die nur dann einen Sinn ergeben, wenn sie zusammengesetzt werden. Dieses Material wird ausführlich von Murphy (1961) und Saltmarsh (1939) dargestellt. Einen detaillierteren Einblick in die britischen Pionierarbeiten mit Medien geben K. und Z. Richmond (1938, 1939). Erscheinungen werden ausführlich von Mac Kenzie (1971, 1982) und Tyrell (1962) diskutiert.

Die ausgewogenste und objektivste Darstellung einiger der besten Versuche mit Medien stammt von dem britischen Psychologen Alan Gauld (1982). In diesem Buch werden alle Erklärungen sorgfältig gegeneinander abgewogen, wobei festgestellt wird, daß die Hypothese eines Lebens nach dem Tod am besten mit den Daten des Berichts übereinstimmt.

Viele noch lebende Personen haben von sogenannten »Seelenexkursionen« berichtet. Bei diesen Erfahrungen haben sie das Gefühl, daß ihr Bewußtsein den Körper verläßt, an einen anderen Ort reist (vielleicht innerhalb desselben Raums, aber oft auch in eine andere Stadt, einen anderen Bundesstaat oder sogar ein anderes Land), sich dort bewegt, beobachtet und handelt – immer außerhalb des Körpers. Einer der beiden Autoren dieses Buches führte eine sorgfältige Laboruntersuchung über außerkörperliche Erfahrungen durch, in der die Gehirntätigkeit während dieses Zustandes untersucht wurde (Osis und Mitchell, 1977), und eine andere Untersuchung, die das Augenmerk auf die Wahrnehmung von und die körperlichen Anzeichen bei außerkörperlicher Anwesenheit richtete (Osis und McCormick, 1980). Erscheinungen solcher aus dem Körper herausgetretener Projektionen sind zwar nicht häufig, aber bei einigen seltenen Gelegenheiten sind sie von mehreren Personen gleichzeitig beobachtet worden (Hart, 1954, 1953–56; Osis und Haraldsson, 1976, unveröffentlicht). Erscheinungen Verstorbener[3] sind ebenfalls von verschiedenen Beobachtern gleichzeitig bezeugt worden (Hart, 1953–56; Tyrell, 1962; Haraldsson, 1985). Medien, Schamanen, Yogis und andere Sensitive in der ganzen Welt haben von Kontakten mit Verstorbenen berichtet. Natürlich gibt es eine Anzahl von Behauptungen bezüglich solcher Phänomene, die einer wissenschaftlichen Überprüfung nicht standhalten. Aber bei sorgfältigen Untersuchungen fand man einige der durch Medien übermittelten Phänomene überaus beeindruckend. Die Kreuz-Korrespondenzen[4] sind dafür ein Beispiel, besonders die berühmten Fälle »Lethe« und »Ear of Dionysius« (Murphy, 1961), in denen äußerst unzugängliche Quellen der klassischen griechischen Literatur angeblich durch eine Frau in Trance und durch andere begabte Medien, die keine klassische Literatur studiert hatten, mitgeteilt wurden. Vermutlich kamen die Botschaften von zwei verstorbenen Humanisten, die in Oxford unterrichtet hatten: A. W. Verrall und S. H. Butcher. Die gründlichen Forschungsarbeiten Stevensons zur Frage der Reinkarnation und Xenoglossie (das Sprechen fremder Sprachen, einschließlich toter Sprachen, die dem Sprecher nicht bekannt sind) tragen ebenfalls zur Unterstützung der Hypothese von einem Weiterleben nach dem Tod bei (Stevenson, 1974, 1976, 1984).

Spontane Erfahrungen mit Kontakten zu Verstorbenen sind überraschend weit verbreitet. Bei einer nationalen Meinungsumfrage, die 1973 von Andrew Greely vom Nationalen Meinungsforschungszentrum der Universität von Chicago durchgeführt wurde, richtete man folgende offene Frage an eine repräsentative Stichprobe von 1 467 Amerikanern: »Haben Sie je das Gefühl gehabt, als seien Sie wirklich mit jemandem in Verbindung gewesen, der gestorben ist?« 27 Prozent der amerikanischen Bevölkerung antworteten mit ja. Greely stellt fest: »Mehr als 50 Millionen Menschen haben solche Erfahrungen; sechs Millionen haben sie häufig.« Wir haben vergleichbare Informationen aus fünfzehn europäischen Ländern, wo durchschnittlich 23 Prozent der Bevölkerung behaupten, auf irgendeine Art und Weise Kontakt mit Verstorbenen gehabt zu haben (Haraldsson, 1985). Witwen und Witwer, die einen geliebten Menschen verloren hatten, berichteten doppelt so häufig von Begegnungen mit ihrem verstorbenen Ehepartner – 51 Prozent (Greely, 1975).

Trotz der großen wissenschaftlichen Qualität dieser Umfrage war es für uns sehr schwierig zu glauben, daß die Hälfte der verwitweten Amerikaner tatsächlich »Verbindung mit Verstorbenen hatten«. Es sah fast so aus, als ob man nicht gerade leicht in den Himmel kommen könne! Aber eine andere Untersuchung in Großbritannien kam zu dem gleichen Ergebnis, obwohl dabei eine völlig andere Methode angewandt wurde. Der Untersucher, W. D. Rees, nahm Kontakt mit allen Witwen und Witwern auf (81 Prozent), die er in ausgewählten Gemeinden erreichen konnte, und erhielt im wesentlichen die gleichen Resultate. 47 Prozent hatten zu einer gewissen Zeit die Erfahrung des Kontaktes mit ihren verstorbenen Ehepartnern gemacht. Davon fühlten 39 Prozent deren Anwesenheit, 14 Prozent sahen und 13 Prozent hörten sie, während 12 Prozent sogar mit ihnen sprachen. Zudem wurden 3 Prozent der Befragten von ihren verstorbenen Partnern berührt (Rees, 1971).

Berichten nun die Leute wirklich offen über solche Erlebnisse? Die Antwort ist ein klares »Nein«! Lediglich 28 Prozent dieser Witwen und Witwer, die den Interviewern bei der britischen Umfrage von solchen Erfahrungen berichteten, hatten diese jemand anders anvertraut. Der am meisten verbreitete Grund, die Erfahrung für sich zu behalten, war die Angst, sich lächerlich zu machen. Darüberhinaus sprach kein einziger von ihnen darüber mit seinem Arzt (Rees, 1971)! Offenbar werden den Medizinern in Großbritannien solche Erfahrungen nicht gerade bereitwillig anvertraut. Umgekehrt mag das wohl mit zur Bestätigung der bei den Ärzten herrschenden Meinung von solchen »nicht-existenten« Phänomenen beitragen. Das Mißtrauen der Patienten ist aller Wahrscheinlichkeit nach einer der Gründe dafür, daß viele Ärzte in langen Jahren der Praxiserfahrung weder von Patienten noch von Verwandten etwas über Phänomene gehört haben, die für ein Leben nach dem Tod sprechen. Für die uneingeschränkte Beobachtung solcher Erscheinungen braucht es so warme, aus sich herausgehende und zutiefst engagierte Fachleute wie Doktor Kübler-Ross, Doktor Charles Garfield (Garfield, 1975, 1982) und Doktor Michael Sabom.

Später veröffentlichte George Gallup (Direktor des Gallup Instituts für Meinungsumfragen) mit William Practor (Schriftsteller) eine umfassende Studie (1982). Drei repräsentative Gruppen von Amerikanern bildeten die Stichprobe: die Durchschnittsbevölkerung der USA, führende Wissenschaftler und führende Mediziner, die man aus dem *Who's Who In Amerika* ausgesucht hatte. Diese Studie liefert zahlreiche Informationen (und Meinungen) darüber, wie die Amerikaner zu Fragen über das Leben nach dem Tod stehen. Allein die statistischen Tabellen der Meinungsumfrage füllen 37 Seiten. Die Frage »Glauben Sie an ein Leben nach dem Tod oder nicht?« wurde zu 67 Prozent positiv beantwortet; 27 Prozent der Antworten lauteten »Nein« und 6 Prozent »keine Meinung«. Wer also sind die Skeptiker? Erstaunlicherweise entstammte der größte Teil der »Nein-Sager« einer Bevölkerungsgruppe, die sich durch folgende Kriterien auszeichnete: nicht-weiß, ohne höhere Bildung (Grundschule), niedere Einkommensgruppe, in Städten mit über einer Million Einwohner oder mehr lebend.

Gallup fragte auch nach Nahtodes-Erlebnissen. 15 Prozent der Amerikaner sagten aus, sie »haben sich an der Schwelle des Todes befunden oder seien dem Tod sehr nahe gewesen«. Gallup schreibt weiter: »Dieser Befund legt nahe, daß nicht weniger als acht Millionen Amerikaner oder etwa ein Drittel derer, die Nahtodes-Erlebnisse hatten, die Anwesenheit irgendeines Wesens gefühlt haben oder sonst eine positive Erfahrung einer anderen Welt gemacht haben könnten« (Seite 14). Es ist erstaunlich, daß acht Millionen derartiger Erlebnisse bis vor kurzem unbeachtet bleiben konnten.

3

Die Erforschung von Visionen auf dem Sterbebett: Vergangenheit und Gegenwart

Visionen auf dem Sterbebett hat es schon immer gegeben. Man kann sie in den Biographien und in der Literatur eines jeden Zeitalters finden. Unabhängig davon fehlt es jedoch an wissenschaftlichen Untersuchungen. Zwei Pioniere der psychischen Forschung, der britische Humanist Frederic Myers und der Philosoph James H. Hyslop von der Columbia-Universität, beschrieben mehrere Visionen auf dem Sterbebett, doch unternahmen sie keine gezielten Nachforschungen. So blieben derartige Visionen in wissenschaftlichen Kreisen praktisch unbekannt, bis sie in der Wohnung von Sir William Barrett, Professor der Physik am Royal College of Science in Dublin, in Erscheinung traten.

In der Nacht vom 12. Januar 1924 eilte Barretts Frau, eine auf Geburtshilfe spezialisierte Ärztin, aufgeregt vom Krankenhaus nach Hause, um ihrem Mann von einem Fall zu erzählen, in den sie verwickelt worden war. Es scheint, daß Lady Barrett zur Entbindung einer gewissen Doris (ihr Familienname bliebt in dem geschriebenen Bericht unerwähnt) gerufen worden war und daß Doris im Sterben lag, obgleich ihr Säugling wohlauf war. Lady Barrett beschrieb die Situation folgendermaßen:

> Plötzlich sah sie aufgeregt in eine Ecke des Zimmers, während ein strahlendes Lächeln ihren Gesichtsausdruck erhellte. »Oh, wie schön, wie schön«, sagte sie. »Was ist schön?« fragte ich sie. »Das, was ich sehe«, erwiderte sie in verhaltenem, leidenschaftlichen Ton. »Was sehen Sie?« »Eine wunderschöne Helligkeit – allerliebste Geschöpfe.« Es ist schwer, den Eindruck der Wirklichkeit zu beschreiben, die bei ihr durch die starke Versenkung in die Vision hervorgerufen wurde. Dann, während sie ihre Aufmerksamkeit noch intensiver einem bestimmten Punkt zuwandte, stieß sie eine Art fast glücklichen Schrei aus und rief: »Wirklich, es ist mein Vater! Oh, er ist so froh, daß ich komme; er ist so froh. Wie schön wäre es, wenn W. (ihr Mann) auch käme.«

Ihr Säugling wurde gebracht, damit sie ihn sehen konnte. Sie betrachtete ihn aufmerksam und sagte dann: »Glauben Sie, daß ich um des Babys willen bleiben sollte?« Dann wandte sie sich wieder der Vision zu und sagte: »Ich kann nicht, ich kann nicht bleiben; wenn du sehen könntest, was ich mache, würdest du wissen, daß ich nicht bleiben kann.«

Offenbar »sah« die junge Frau etwas so Reales, so Befriedigendes, so Wertvolles, daß sie ihr Leben und ihr eigenes Kind aufgeben wollte.

Aber dann wandte sie sich ihrem Mann zu, der hereingekommen war, und sagte: »Du wirst das Baby niemandem überlassen, der es nicht liebt, nicht wahr?« Dann schob sie ihn sanft beiseite und sagte: »Laß mich das liebliche Licht sehen.«[5]

Konnte dies alles lediglich die Erfüllung eines Wunschdenkens in Form einer Halluzination gewesen sein? Barrett erwog eine derartige Erklärung, verwarf sie jedoch, da unter den Erscheinungen der Toten jemand gewesen war, den Doris nicht zu sehen erwartet hatte. Ihre Schwester Vida war drei Wochen zuvor gestorben. Doris war jedoch wegen ihres angegriffenen Gesundheitszustandes nicht davon unterrichtet worden. Aus diesem Grunde war Doris ein wenig verwundert, als das Folgende geschah.

Sie sagte zu ihrem Vater: »Ich komme«, während sie sich gleichzeitig zu mir umwandte, indem sie sprach: »Oh, er ist so nah.« Wieder mit dem Blick auf die gleiche Stelle sagte sie mit einem ziemlich verwunderten Gesichtsausdruck: »Er hat Vida bei sich«, und, indem sie sich wieder mir zuwandte, bemerkte sie: »Vida ist bei ihm.« Schließlich sagte sie: »Du möchtest mich wirklich bei dir haben, Vater? Ich komme.«[6]

Barret war derartig beeindruckt von der Erscheinung Vidas, daß er alle Fälle sammelte, derer er habhaft wurde, und sie sorgfältig in einem kleinen Büchlein mit dem Titel *Death-bed Visions* (1926) darstellte.

Es war die erste systematische Untersuchung dieser Art. Barrett stellte fest, daß die Sterbenden in ihren Visionen verstorbene Personen sehen, die gekommen sind, um sie zu einem »himmlischen Wohnsitz« zu holen. Er entdeckte auch, daß solche Visionen vielfach auftreten, wenn das Bewußtsein des Patienten klar und ungetrübt ist, und daß sie manchmal etwas enthalten, was die Patienten nicht erwarten. Kinder zum Beispiel waren verwundert, Engel ohne Flügel zu sehen. In mehreren von Barretts Fällen wurden die Erscheinungen zudem mit begeisterten Gefühlen oder mit Gemütsbewegungen wie Heiterkeit und Frieden aufgenommen. Er berichtete auch von Fällen, in denen es schien, als ob ein anwesender Verwandter oder eine Krankenschwester an den Visionen, die der Patient von Verstorbenen hatte, teilhätte.

Dreißig Jahre später regte Barretts Buch einen von uns (Osis) dazu an, unter Verwendung von modernen Erhebungsmethoden, die erst seit kurzer Zeit verfügbar sind, eine systematische Untersuchung von Sterbebett-Erlebnissen vorzunehmen. Osis war von der Tatsache überrascht, daß parapsychologische Forscher es mit Ausnahme von Barrett völlig unterlassen hatten, die Erfahrungen der Sterbenden selbst zu betrachten. Stattdessen hatten sie besonderen Wert auf die Erscheinungen von Toten gelegt, welche die Verwandten während oder nach dem Tod des Patienten gehabt hatten. Warum sollte man nicht die eigenen Erfahrungen der Patienten sammeln, dachte er, und zwar in ausreichender Anzahl und mit allen Einzelheiten, um sie wissenschaftlich zu analysieren?

Osis bemerkte auch, daß die Berichte des professionellen medizinischen Personals in Barretts Buch objektiver und unvoreingenommener waren als die Darstellungen von Geistlichen oder Verwandten, die während des Hinscheidens anwesend waren. Osis meinte, daß die erstere Gruppe, wie im Falle von Lady Barrett, zuverlässige Zeugen abgeben würde. Er beschloß deswegen, eine größere Untersuchung durchzuführen, in deren Verlauf Tausende von Ärzten und Krankenschwestern über die Visionen, die ihre Patienten im Sterbebett hatten, befragt werden sollten.

Eine sachgemäß durchgeführte Befragung erfordert viele Hilfsmittel, insbesondere qualifizierte Mitarbeiter und finanzielle Mittel. Glücklicherweise waren die Umstände für eine solche Erhebung günstig. Zu dieser Zeit war Osis Forschungsdirektor der Parapsychology Foundation in New York, deren Präsident Eileen Garrett war. Diese bemerkenswerte Frau war eines der begabtesten Medien ihrer Zeit. Sie war auch Schriftstellerin und Herausgeberin verschiedener Werke. Sie lebte buchstäblich zwischen zwei Welten, da sie fähig war, identifizierbare Erscheinungen von verstorbenen Verwandten der Besucher ihres Büros um sie herum zu sehen, während sie in der normal-körperlichen Welt uneingeschränkt weiter wirken konnte. Dennoch stellte Eileen Garrett oft die Wirklichkeit von dem, was sie sah, in Frage. Sie hatte Sir William Barrett persönlich gekannt, und so war sie ohne weiteres mit Osis' Forschungsprojekt einverstanden. Die Foundation wurde von einer berühmten Frau aus dem Kongreß unterstützt, Frances P. Bolton, die zu den Familien Whitney und Paine gehört. Die geplante Umfrage zu Beobachtungen am Sterbebett beeindruckte sie als ein wissenschaftliches Abenteuer im Bereich des Spiritualismus. Freunde der Foundation, der hervorragende Schriftsteller Aldous Huxley und der wohlbekannte, in der Forschung tätige Psychiater Dr. Humphrey Osmond, waren hilfreich und begeistert von dem Vorhaben. Einige medizinische Berater jedoch waren äußerst skeptisch und prophezeiten, daß der Fragebogen völlig abgelehnt würde. Der Fragebogen rief auch einige sarkastische Kommentare hervor. »Warum verbringen Sie Ihre Zeit nicht mit etwas Besserem – Schnitzen zum Beispiel?« – »Ich glaube nicht an außersinnliche Empfängnis.« Andere Ärzte antworteten begeistert und erzählten beeindruckende Geschichten darüber, wie Beobachtungen am Sterbebett ihre eigene Ansicht über Leben und Tod verändert hatten.

Die Untersuchung, die von 1959 bis 1960 durchgeführt wurde, war ein Erfolg und brachte 640 Fragebogen zurück. Die Antworten derer, die sie ausgefüllt hatten, beruhten auf Beobachtungen bei 35 000 sterbenden Patienten. Sie besagten, daß in 700 Fällen ein Stimmungsaufschwung der Patienten vor ihrem Tod registriert wurde, daß in 900 Fällen Visionen auftraten und in 1 300 Fällen Erscheinungen. 190 der Antwortenden wurden gründlichst befragt und lieferten dabei ausreichende Daten für eine gültige wissenschaftliche Analyse. 1961 war das Projekt schließlich abgeschlossen. Ein Bericht darüber wurde von der Parapsychology Foundation unter dem Titel *Deathbed Observations by Physicians and Nurses*[7] als Monographie veröffentlicht.

1961 wurde Osis Forschungsdirektor bei der American Society for Psychical Research. Die ASPR, die 1885 gegründet worden war, hat im Laufe der Jahrzehnte umfangreiche Forschungen im Bereich der ASW, der Psychokinese, des Mediumismus und anderer parapsychologischer Phänomene durchgeführt. In seiner neuen Position entwarf Osis eine zweite Umfrage zu Beobachtungen am Sterbebett in Zusammenarbeit mit Fachleuten der Medizin, Psychiatrie und Umfragenplanung. Das Ziel war, die früheren Ergebnisse zu bestätigen oder zu widerlegen. Der Plan sah so aus: Eine systematische Umfrage bei 5 000 zufällig aus den fünf Staaten im Bereich um New York ausgewählten Ärzten und Krankenschwestern.

Dieser Plan war ein kostspieliges Projekt. 1962 waren die Unternehmungen der ASPR auf einem solchen Tiefpunkt angelangt, daß es so aussah, als könne die Sache nicht finanziert werden. Da erschien Chester F. Carlson, der legendäre Erfinder des Xerox-Geräts, auf der Szene. Er war Arzt und hatte zunächst die materialistische Weltsicht seiner Kollegen geteilt. Als er aber mit Tatsachen spiritualistischer und parapsychologischer Art konfrontiert wurde, änderte er seine Ansicht. Seine eigenen Experimente mit seiner medial begabten Frau Doris überzeugten Carlson davon, daß es mehr Wirklichkeiten gibt, als die Wissenschaft gewöhnlich zugesteht.

Als Osis ihm zum ersten Mal seine Pläne für eine Umfrage über Beobachtungen am Sterbebett darlegte, war sich Carlson durchaus der Tatsache bewußt, daß nach Meinung der wissenschaftlichen Welt ein Leben nach dem Tod unmöglich ist. Allerdings wurde er, als er seine Erfindung der Xerographie vorlegte, demselben Urteilsspruch unterworfen. Zwanzig größere Unternehmen hatten Carlsons Vorschlag abgelehnt. So beschloß er nach sorgfältiger Überprüfung des Projekts, daß das Unmögliche wieder einmal möglich gemacht werden könnte.

Mit einem bewußt ironischen Schachzug finanzierte er dieses »unmögliche« Unternehmen mit den Einkünften von seiner Erfindung des ebenso »unmöglichen« Geräts. Carlson war erfreut, als er sah, daß die Mitglieder der medizinischen Berufe die Fragebögen über die Beobachtungen am Sterbebett nun williger beantworteten. Insgesamt gingen 1 004 Antworten ein, denen etwa 50 000 Beobachtungen bei sterbenden Patienten zugrunde lagen.

Osis hatte nun genügend Daten, um Analysen der medizinischen und psychologischen Bedingungen im Umfeld der Beobachtungen am Sterbebett auszuarbeiten. Die Analyse der kulturellen Bedingungen aber war an einem toten Punkt angelangt. Das Problem war einfach, daß die Amerikaner einander zu ähnlich sind; sie haben alle denselben Hintergrund der biblischen Religion. Osis und seinen Mitarbeitern wurde klar, daß diese Visionen auf dem Sterbebett mit anderen aus einer Kultur verglichen werden mußten, in der die Bibel keine Rolle in der religiösen Erziehung der Bevölkerung spielt. Wo sonst, so überlegten sie, konnten sie feststellen, ob die Visionen auf dem Sterbebett die Geschichten der Bibel widerspiegeln, das heißt, eine Art Wiederholung dessen sind, was die Amerikaner in ihrer Akkulturation lernen? Der Präsident der ASPR, Gardner Murphy, schlug Japan vor. Carlson war für Indien. Nach Erwägung sämtlicher Umstände fiel die Wahl auf Indien.

Unglücklicherweise starb Chester F. Carlson, bevor dieser Teil der Untersuchung finanziell abgesichert werden konnte. Andere größere Stiftungen, die in dieser Angelegenheit angegangen wurden, zeigten sich nicht bereit, etwas derart Unkonventionelles wie dieses Projekt zu fördern. Während die Forschungen zum Thema »Tod als Zerstörung« allgemein unterstützt wurden, war niemand bereit, die Hypothese von einem Leben nach dem Tod überhaupt in Betracht zu ziehen – und das trotz der Tatsache, daß Meinungsumfragen zeigten, daß siebzig Prozent der amerikanischen Bevölkerung daran glaubten. Was auch immer über das Vorgehen bei der Zuteilung öffentlicher Gelder in einem demokratischen Land gesagt werden mag – man kann es in diesem Zusammenhang nur als arrogant bezeichnen, wenn es das Interesse von siebzig Prozent der Bevölkerung vernachlässigt.

Also wurde das Unternehmen »Beobachtungen am Sterbebett« auf Eis gelegt. Es wurde nichts mehr dafür getan, bis 1969 der Fall James Kidd Aufsehen erregte. Kidd war Bergarbeiter in Phoenix in Arizona. Seinen Nachbarn schien er sehr arm zu sein. Er lieh sich sogar die Spitzhacke eines Schürfers, als er in den Superstition-Mountains in Arizona nach Mineralien suchte. Er lebte im billigsten Zimmer, das er mieten konnte, für vier Dollar die Woche.

Am Morgen des 9. November 1949 ging Kidd wieder einmal zum Schürfen, aber dieses Mal kam er nicht zurück. Einige Jahre später wurde er für tot erklärt. Als in einer Douglas-Bank in Arizona ein Bankschließfach geöffnet wurde, weil die dafür zu bezahlende Miete längst überfällig war, fand man eine Menge Wertpapiere. Außerdem entdeckte man ein Testament, das mit Bleistift auf ein Stück Papier gekritzelt war. Es lautete:

> Dies ist mein erstes und einziges Testament, geschrieben am 2. Januar 1946. Ich habe keine Erben und war nie in meinem Leben verheiratet. Wenn alle meine Begräbniskosten und einhundert Dollar für einen Prediger des Evangeliums, der mir an meinem Grab Lebewohl sagt, bezahlt worden sind, dann soll man mein Eigentum, das alles in Bargeld und Wertpapieren bei der Firma E. F. Hutton & Co – ein Teil davon im Bankschließfach – deponiert ist, verkaufen. Dieses restliche Geld soll in ein Forschungsvorhaben oder in die Suche nach einem wissenschaftlichen Beweis dafür investiert werden, daß es eine Seele gibt, die den menschlichen Körper im Tod verläßt. Ich glaube, daß es in einiger Zeit eine Fotografie davon geben kann, wie die Seele den Menschen im Tod verläßt. James Kidd

Man weiß nicht viel über James Kidd[8]. Offenbar lebte er ein sehr einfaches, zurückgezogenes Leben. Ein Bergwerkskamerad nannte ihn einen »Bücherwurm« und sagte: »Man konnte von Jim lernen, denn er hatte immer etwas zu bieten; ich pflegte den anderen Kerlen zu sagen: ›Seid still, trinkt und hört zu, Kumpels, und ihr werdet etwas lernen.‹«[9]

Nach einem langen Streit zwischen 130 Anwärtern wurde das Vermächtnis James Kidds in der Höhe von 270 000 Dollar im Juli 1971 der ASPR zuerkannt, so daß sie in der Lage war, die folgende Hypothese zu prüfen:

> Wir stellen hiermit die Hypothese auf, daß ein Teil der menschlichen Persönlichkeit tatsächlich bei seltenen Gelegenheiten imstande ist, außerhalb des lebenden Körpers zu operieren (exosomatisch), und daß dieser Teil auch nach dem Stillstand der Gehirnfunktionen und dem Absterben des Körpers weiterexistieren kann.

Zwei Drittel dieses Kapitals benutzte die ASPR für ihre eigenen Forschungen, während ein Drittel zur Unterstützung der Arbeit der Psychical Research Foundation in Durham in Nord-Carolina freigegeben wurde, die der Untersuchung der Frage des Lebens nach dem Tod gewidmet ist.

Obgleich James Kidd lediglich Volksschulabschluß hatte, entfachte er so weltweit das Interesse an den Forschungen über die Existenz einer Seele, die den Körper zum Zeitpunkt des Todes möglicherweise verläßt. Die Nachrichtenmedien verbreiteten die klare Botschaft seines letzten Willens über die ganze Welt. Die Zeitungen berichteten ausführlich über die Argumente im juristischen Wettstreit der 130 Anwärter. *Life*, *Reader's Digest* und viele andere Zeitschriften veröffentlichten die Geschichte von James Kidd.

Eine Woche, nachdem der Gerichtsentscheid 1969 bekanntgegeben worden war, kamen vier Fernseh-Teams von verschiedenen Rundfunkanstalten zu der ASPR. Die Welt wollte wissen, ob die Wissenschaft die Wirklichkeit einer seit jeher aufrecht erhaltenen Idee beweisen könne, nämlich die Vorstellung von der Unsterblichkeit der Seele. Hochgebildete Gelehrte haben Bücher über Bücher zu diesem Problem geschrieben. Wie bereits erwähnt, enthält diese Liste den bekannten Historiker Arnold Toynbee, weltberühmte Philosophen wie beispielsweise C. J. Ducasse und H. H. Price, führende Schriftsteller wie Aldous Huxley und den hervorragenden Psychologen Gardner Murphy. Aber keinem von ihnen ist es gelungen, so viel internationale Aufmerksamkeit auf sich zu ziehen wie das einfache Gekritzel des Bergarbeiters James Kidd.

So also wurde eine Finanzierung der Umfrage in Indien möglich. Aber eine Umfrage in Indien bedarf noch anderer Hilfsmittel als nur des Geldes. Zu dieser Zeit schloß sich einer von uns (Haraldsson), der für die indische Umfrage außergewöhnlich qualifiziert war, der Mannschaft der ASPR an. Er hatte zuvor ein Jahr in Indien verbracht, um psychologische Studien an amerikanischen und deutschen Universitäten durchzuführen. Er war vielfach in den Fernen Osten gereist und hatte ein Buch über Kurdistan geschrieben, das in Isländisch und Deutsch veröffentlicht wurde. Haraldsson brachte seine dringend benötigten Erfahrungen, die er unmittelbar im Orient hatte machen können, in das Projekt ein. Somit bildeten wir ein Team, von dem wir den Eindruck hatten, daß es in sich die notwendige Übung mit der entsprechenden Erfahrung für diese größere Untersuchung vereinigte. Darüberhinaus hatten wir mit uns befreundete, hochqualifizierte Psychologen in Indien, die die örtlichen Bedingungen kannten und viele Kontakte mit dem nördlichen Indien hatten. Doktor Jamuna Prasad, der damals Direktor des Büros für Psychologie in Indiens volkreichstem Staat Uttar Pradesh war, zeigte sich von dem Projekt begeistert. Jedoch bekannte er klar, daß unsere amerikanischen Methoden für Indien nicht geeignet waren und bewog uns daher, nach Erwägung sämtlicher Möglichkeiten, unser Vorgehen zu ändern. Mehrere Mitglieder von Doktor Prassads Personal, besonders Parmashwar Dayal, nahmen Kontakt mit medizinischen Autoritäten im ganzen Land auf und lieferten uns die notwendigen Informationen. Doktor Ian Stevenson von der Universität in Virginia war für uns ein äußerst wertvoller Berater. Er selbst war in Indien viel für seine eigenen Forschungen über die Reinkarnationserinnerungen kleiner Kinder gereist. Während unserer ersten Woche dort begleitete er uns und half uns auf vielfältige Art und Weise. Auch Doktor Prasad reiste anfangs mit uns. Später wies er die Mitglieder seines Personals – insbesondere Dayal – an, uns auf unseren Unternehmungen zu begleiten.

In Allahabad glichen wir schließlich nach einer ausführlichen Beratung mit Doktor Stevenson und Doktor Prasad unsere Umfragemethoden den indischen Verhältnissen an. Umfragen per Post und per Telefon wurden in dem neuen Plan durch persönliche Befragungen der Ärzte und Schwestern ersetzt. In Indien wird das Telefon anders benutzt, als es hier im Westen üblich ist. Die maximale Zeitbegrenzung eines Ferngesprächs beträgt nur neun Minuten. Zudem kommen die Verbindungen nur langsam und schlecht zustande. Es dauert bis zu sechs Stunden – und manchmal Tage – bevor eine monotone Stimme die große Neuigkeit verkündet: »Ihre Verbindung nach Allahabad ist da.« Angesichts dieser Situation mußten wir unsere Befragungen persönlich durchführen.

In Indien verlief nichts so, wie wir es uns vorgestellt hatten, aber dennoch ging alles blendend. Die Inder konnten bewundernswert freundlich sein und gleichzeitig Verabredungen nicht einhalten. Das indische Englisch, mit dem Amerikanischen verwandt wie ein Vetter zweiten Grades, ist zunächst sehr schwierig. Beispielsweise könnte man in Indien niemals ein »Coke« bestellen und es auch erhalten, aber man könnte seinen Durst löschen, wenn man ein »Coca-Cola« verlangt.

Eine weitere Schwierigkeit war die, daß wir im Westen keine Anti-Körper zur Abwehr bestimmter indischer Krankheiten entwickelt haben. Gleichgültig, wie durstig man in Indiens drückender Hitze ist – wir haben gelernt, niemals nicht abgekochtes Wasser oder nicht abgekochte Milch zu trinken und niemals zu versuchen, uns mit Eiskrem abzukühlen. Trotz all dieser Vorsichtsmaßnahmen hatten wir dennoch unter dem klassischen Problem der Touristen zu leiden – der Ruhr.

Der Verkehr im nördlichen Indien bildet ein unvorstellbares Durcheinander von Fahrzeugen aus dem zwanzigsten Jahrhundert und solchen aus vergangenen Zeitaltern. Unter ständigem Hupen schlängeln sich die Autos durch eine bunte Vielfalt von Verkehrsteilnehmern, die sich mit der unglaublichen Geschwindigkeit von vier Meilen in der Stunde fortbewegen. Darunter befinden sich Ochsenkarren, von Pferden gezogene Wagen, die als *Tonga* bekannt sind, unzählige Kühe, Lastesel, Ziegenherden, Kamelkarawanen und hie und da auch ein Elefant. Auf diesen Straßen fehlt es auch nicht an Rikschas – das sind besonders konstruierte Dreirad-Fahrzeuge für einen Fahrer und zwei Insassen. Die Rickscha-Fahrer waren sehr erpicht darauf, von uns gemietet zu werden. Schließlich, so stellten sie sich vor, haben diese Fremden keine Ahnung von der inländischen Währung, so daß Sie ebenso gut das Doppelte des normalen Fahrpreises bezahlen könnten, das heißt zehn Cent mehr! Darüberhinaus gab es einige Taxis, die nicht starteten, es sei denn, man stieg aus und schob sie an.

In Indien gibt es eine Schicht von Gebildeten, die etwa fünfzig Millionen Menschen umfaßt, die eine ausgeprägte Kultur und einen modernen westlichen Geschmack haben. Sie leben Seite an Seite mit einer Masse von fünfhundert Millionen Armen, die aussehen, als ob sie aus vergangenen Jahrhunderten stammten.

Die medizinischen Hochschulen in Indien haben einen sehr hohen Standard, wobei der größte Teil der Fakultät entweder in Großbritannien oder in den Vereinigten Staaten ausgebildet worden ist. Die älteren Ärzte haben sich gut etabliert und leben in bequemen Appartments oder Privathäusern. Ein Assistenzarzt oder einer, der im Krankenhaus wohnt, haust dagegen unter Umständen in einem einzigen kargen Raum mit kahlen Betonwänden. Wenn wir ein Krankenhaus besuchten, so pflegte der Chefarzt oder Chefchirurg gewöhnlich sein Personal, bestehend aus zwanzig bis fünfzig Ärzten, für ein Treffen mit uns zusammenzurufen. Im ganzen gesehen waren die indischen Ärzte freundlich zu uns und großzügiger als die Amerikaner mit der Zeit, die sie uns zur Verfügung stellten. Fast alle füllten unsere Fragebögen aus.

Indische Krankenschwestern sind vielfach Christen; die Hindus scheinen dem Beruf der Krankenschwester gegenüber ein Vorurteil zu haben. Der Status einer Krankenschwester in Indien ist niedriger als der in amerikanischen Krankenhäusern. So lauschten uns beispielsweise die Krankenschwestern mit völlig ungläubigen Gesichtern, wenn wir ihnen davon erzählten, daß in Amerika Ärzte oft Krankenschwestern heiraten. Die meisten der christlichen Krankenschwestern kamen aus dem Staat Kerala im Südwesten Indiens. Die Legende berichtet, daß das Christentum von einem direkten Jünger Jesus, dem ungläubigen Thomas, nach Kerala gebracht wurde. Obgleich seine Mission in Kerala sehr erfolgreich war, wurde er auf Geheiß eines Maharadschas nahe der jetzigen Stadt Madras umgebracht.

Vielfach konnten die Krankenschwestern kaum Englisch; deshalb wurden viele von ihnen von unserem indischen Kollegen Dayal befragt. Die Ärzte hatten im allgemeinen gute Englischkenntnisse und waren geradezu beleidigt, wenn sie nicht von uns persönlich befragt wurden. Die Inder sind stolz auf den raschen Aufschwung, den die medizinische Versorgung in den Jahren seit ihrer Unabhängigkeit genommen hat – und das mit Recht. Beispielsweise hat sich die Lebenserwartung innerhalb dieser relativ kurzen Zeit von achtundzwanzig Jahren auf vierundvierzig Jahre erhöht. Wir sind wirklich dankbar für die entgegenkommende Mitarbeit des Ärztestandes in Indien.

In den sechziger und siebziger Jahren standen wir allein mit unserer Arbeit im Bereich der Visionen im Sterbebett. Dann kam in der Mitte der siebziger Jahre eine neue Welle von Interesse an derartigen Forschungen auf, die hauptsächlich durch die Arbeit von Doktor Elisabeth Kübler-Ross und Doktor Raymond A. Moody ausgelöst wurde. Kübler-Ross, die berühmt ist für ihre ausgezeichneten Forschungen über Tod und Sterben, hatte Hunderte von todkranken Patienten befragt. Sie sprachen zu ihr über die gleiche Art von Erfahrungen, die Sir William Barrett fünfzig Jahre früher beeindruckt hatte und uns später ebenso. Während ihre Arbeiten auf diesem Gebiet noch nicht veröffentlicht sind, hat Kübler-Ross öffentlich festgestellt, daß ihre Daten sie »ohne den Schatten eines Zweifels« überzeugten, daß es ein Leben nach dem Tod tatsächlich gibt.

Moody veröffentlichte sein Buch *Leben nach dem Tod* 1975 (in Amerika). Für dieses Buch sammelte er in etwa fünfzig Fällen die Geschichten von Patienten, die dem Tod nahe waren, aber wiederbelebt wurden und überlebten. Das Buch hat im Vergleich zu unserem verschiedene Stärken und Schwächen; es wird als ergänzende Lektüre sehr empfohlen. Die Daten Moodys, die er hauptsächlich nach Vorlesungen über die Forschungen aus dem Bereich des Lebens nach dem Tod gesammelt hat, stammten von Mitgliedern der Zuhörerschaft. Er stellt seine Ergebnisse mit aller Sorgfalt dar; allerdings wurden sie ohne statistische Analyse der Faktoren, die dabei eine Rolle spielen, gewonnen. Seine Fälle sind reicher an Einzelheiten als unsere und beinhalten mehr farbige Beschreibungen von Erfahrungen des Lebens nach dem Tod.

Zum größten Teil stimmen Moodys Ergebnisse mit unseren überein. Seine Patienten beschrieben ihm die Erfahrung eines außerordentlich raschen Rückblicks auf vergangene Ereignisse, vergleichbar einem Film, der vor ihren Augen abläuft. In unserer Voruntersuchung begegneten wir nur wenigen solchen Erfahrungen; in den interkulturellen Befragungen erkundigten wir uns nicht danach. Der Grund war die Tatsache, daß solche panoramatische Rückerinnerungen auch in anderen Situationen auftauchen und nicht nur bei Patienten, die dem Tode nahe sind.

Doktor Charles Garfield, ein klinischer Psychologe an der Universität von Kalifornien in San Francisco, führte eine andere Art von Untersuchungen durch, die auf die Fälle spezialisiert sind, in denen die Patienten sich einer lebensgefährlichen Krankheit gegenübersehen. Die Methode von Doktor Garfield ist es, einen Monat oder länger mit den todkranken Patienten zu arbeiten, ihnen emotionale Unterstützung zu geben und Freundschaft und Vertrauen herzustellen. Während dieser Zeit teilen sie ihm im allgemeinen ihre Erfahrungen mit, und sie tun das viel freier, als sie es bei einem Arzt tun würden, der eine unpersönliche Art hat, mit Kranken umzugehen. Auf diese Weise hat Doktor Garfield sehr detaillierte Beschreibungen dessen gesammelt, was die Sterbenden sehen, und er hat dazu eine tiefgründige Interpretation ausgearbeitet (1975).

Dieses Wiederaufleben der Forschungen über Visionen auf dem Sterbebett ermutigt uns sehr. Wir hoffen, daß sie soweit ausgedehnt werden, daß sie alle grundlegenden Phänomene beinhalten, die für ein Leben nach dem Tod sprechen: kollektiv gesehene Erscheinungen, Seelenexkursionen, Reinkarnationserinnerungen und mediale Botschaften, die angeblich von den Verstorbenen zu uns gelangen. Wenn die aus all diesen Phänomenen gewonnene Erkenntnis unmißverständlich auf denselben Ursprung hinweist – ein Leben nach dem Tod – dann wird die Menschheit, was die Fragen nach dem Leben und nach dem Sterben angeht, eine neue Form des Realismus gewinnen.

In den achtziger Jahren tauchten neue Ansätze für die Untersuchung von Nahtodeserlebnissen auf, als sich Fachleute aus verschiedenen Wissensgebieten für dieses Phänomen zu interessieren begannen. Dr. Michael Sabom, Lehrbeauftragter für Kardiologie, konnte seinen Status als Mediziner dazu benutzen, Patienten in einem Lehrkrankenhaus zu befragen. Während seiner Interviews war es ihm wichtig, eine entspannte und aufgeschlossene Haltung an den Tag zu legen, die in krassem Gegensatz zur Massenabfertigung der Krankenhausroutine stand. »Unser Ziel war es, für die Befragung und Tonbandaufzeichnung eine möglichst private und ungestörte Atmosphäre zu schaffen« (Sabom, 1982, Seite 12). Insgesamt wurden 116 Patienten befragt. 71 davon hatten Erlebnisse gehabt. Sabom brachte in diese Untersuchung sowohl seine medizinischen Kenntnisse als auch die Erfahrung, die er durch seine Anwesenheit bei mehr als 100 Wiederbelebungen gewonnen hatte, ein. Krankenblätter wurden durchgesehen und die Aussagen der Patienten sorgfältig geprüft. Sabom zog auch andere als paranormale Erklärungen in Betracht, wie zum Beispiel pharmakologische Ursachen (Narkotika, Endorphine), Hypoxie (unzureichende Sauerstoffversorgung im Gehirn), Halluzinationen, Träume, Entpersönlichung, frühere Erwartungen und die Möglichkeit, daß die Erzählungen der Patienten Erfindungen aus dem Unterbewußtsein waren. Keine dieser Alternativen reichte aus, um die Phänomene zu erklären. Aus Patienten, die ebenfalls dem Tode nahe gewesen waren, aber keine Nahtodes-Erlebnisse gehabt hatten, wurde eine besondere Kontrollgruppe gebildet. Sabom bat diese Kontrollgruppe, Geschichten von Erlebnissen in Todesnähe zu erfinden, und dann verglich der diese Phantasieprodukte mit seinen Aufzeichnungen echter Erfahrungen in Todesnähe. Er stellte fest, daß die Ergebnisse total verschieden waren – die erfundenen Geschichten enthielten größere Fehler. Die Kenntnis von Fernsehsendungen über medizinische Themen ist daher keine ausreichende

Erklärung für Erlebnisse in Todesnähe. Saboms Buch ist wegen der sorgfältigen Untersuchung von außerkörperlichen Erlebnissen, wie sie im todesnahen Zustand vorkommen, besonders wertvoll. Sabom zieht den vorsichtigen Schluß, »daß Hypothese von den außerkörperlichen Erlebnissen am besten zu den vorhandenen Daten zu passen scheint« (Seite 184).

Der Psychologe Kenneth Ring befragte 102 Patienten, von denen 49 Nahtodeserlebnisse gehabt hatten (Ring, 1980). Er wandte bei dieser kleinen Stichprobe psychologische Bewertungsmethoden an, wie Graduierungs-Skalen, Auswertungen, die auf dem Konsens von »Richtern« (seinen Studenten) basierten und das Bewerten der Erlebnisse von mäßig bis tief. Ring veröffentlichte später ein Buch mit dem Untertitel: *Auf der Suche der Bedeutung von Erlebnissen in Todesnähe* (Ring, 1984). In diese Untersuchung schloß Ring Personen ein, denen er bei seinen Vorlesungen und durch die Akten der *international Association for Near-Death Studies* begegnet war. Dies war eine vorausgewählte Stichprobe interessierter Personen. Während Sabom die Glaubwürdigkeit der Berichte seiner Patienten sorgfältig auswertete, schloß Ring Personen ein, die über ihre Nahtodes-Erlebnisse in öffentlichen Vortragsrunden sprachen, und die ihre eigene Philosophie propagierten. Die Stärke von Rings Untersuchung war die umfangreiche Verwendung von psychologischen Fragebogen und Bewertungsskalen. Sein Buch sprüht von neuen Ideen und spekulativen Interpretationen, die sich in Übereinstimmung mit den »New Age«-Philosophien befinden.

Die Psychiater Glen Gabbard und Steward Twemlow veröffentlichten 1984 ein Buch über außerkörperliche Erfahrungen, worin 34 Personen vorkamen, die gefühlt hatten, daß sie sich außerhalb ihres Körpers befanden, als sie dem Tod nahe waren. Dieses Buch ist relevant für Nahtodesstudien, weil die Autoren sehr sorgfältig die angeblichen außerkörperlichen Phänomene mit Geistesstörungen wie Persönlichkeitszerfall und schizophrenen Grenzstörungen verglichen. Die Erfahrungscharakteristika jeder besonderen Störung werden den Charakteristika der außerkörperlichen Erfahrungen gegenübergestellt, einschließlich jenen, von denen Personen berichten, die sich in Todesnähe befunden hatten. Die Unterschiede zwischen beiden Gruppen sind ganz klar: Die Geistesstörungen sind keine Erklärung für die Erlebnisse in Todesnähe.

Während jedes dieser vier in den achtziger Jahren veröffentlichten Bücher auf empirischen Studien basiert und wichtige Punkte über die betreffenden Prozesse beiträgt, ist *Der Tod – ein neuer Anfang* das einzige

Buch, das die Hypothese vom Leben nach dem Tod zum Hauptthema hat. Wir sind sehr ermutigt durch dieses Wiederaufleben der Forschung über Visionen am Sterbebett. Wir hoffen, daß sie noch erweitert wird, um alle Grundphänomene einzuschließen, die auf ein Weiterleben hindeuten – gemeinsam gesehene Erscheinungen, außerkörperliche Erlebnisse, Reinkarnationserinnerungen und mediale Kommunikationen – die scheinbar von den Toten zu uns kommen. Wenn die Kenntnis die man aus all diesen Phänomenen gewinnt, unmißverständlich auf einen Ursprung hindeutet – ein Leben nach dem Tod –, dann wird die Menschheit eine neue Einstellung zu der Frage gewinnen, wie man lebt und wie man stirbt.

4

Die erste Umfrage: Ein sehr ermutigender Beginn

Wie sah nun unser Vorgehen aus, um die Tatsachen zu erfahren, die hier dargestellt sind? Es wurden drei umfangreiche Erhebungen über die Erfahrungen sterbender Patienten durchgeführt.

1. Eine *Voruntersuchung* nationalen Umfangs, die von Osis von 1959 bis 1960 in den Vereinigten Staaten mit Unterstützung der Parapsychology Foundation durchgeführt wurde. An einigen Stellen wird sie von uns auch als erste amerikanische Umfrage bezeichnet.
2. Eine *Erhebung in den Vereinigten Staaten,* die von Osis in der Zeit von 1961 bis 1964 in fünf verschiedenen Staaten, New York, New Jersey, Connecticut, Rhode Island, und Pensylvania durchgeführt wurde. Wir bezeichnen sie manchmal auch als die zweite amerikanische Umfrage.
3. Eine *Erhebung in Indien,* die von 1972 bis 1973 von uns beiden in Nordindien durchgeführt wurde.

Die Voruntersuchung, die von der Parapsychology Foundation 1961 als Monographie veröffentlicht wurde, trägt den Titel *Deathbed Observations by Physicians and Nurses.* Sie ist in diesem Kapitel zusammengefaßt. Zwar wurde ein fachlicher Beitrag über die Umfragen in den Vereinigten Staaten und in Indien 1977 im *Journal of the American Society for Psychical Research* veröffentlicht, aber hier werden sie zum ersten Mal in aller Ausführlichkeit dargestellt.

Die Umfragen in den Vereinigten Staaten und in Indien wurden in zwei Phasen durchgeführt. In der ersten Phase wurden unsere Zielpersonen, die sich aus Ärzten und Krankenschwestern zusammensetzten, gebeten, einen ersten kurzen Fragebogen auszufüllen. Wenn sie auf diesem Fragebogen von Beobachtungen in sachdienlichen Fällen berichten konnten, wurde mit ihnen zwecks weiterer individueller Befragungen

Kontakt aufgenommen, was die zweite Phase unserer Erhebung darstellte. Nach diesem kurzen Überblick über das gesamte Forschungsprogramm soll nun die Voruntersuchung beschrieben werden. Weitere Kapitel befassen sich mit der zweiten amerikanischen Umfrage und mit der Umfrage in Indien.

Im Spätjahr 1959 wurde an eine geschichtete Zufallsstichprobe von je 5 000 in den Vereinigten Staaten tätigen Ärzten und Krankenschwestern ein Fragebogen per Post versandt. Zu dieser Stichprobe gehörten: 2 000 praktische Ärzte, 1 000 Krankenhausärzte, 1 000 im Krankenhaus wohnende Ärzte, 1 000 Assistenzärzte, 2 500 allgemein tätige Krankenschwestern und 2 500 spezialisierte Krankenschwestern. Der Fragebogen betraf den Umfang ihrer Erfahrungen mit sterbenden Patienten. Wir wollten wissen, wieviele Patienten sie hatten sterben sehen. Wir wollten ihre Beobachtungen in Erfahrung bringen, die sie im Hinblick auf vorkommende Halluzinationen und die Gemütsverfassung der Patienten kurz vor deren Tod gemacht hatten. Diese Fragen wurden ebenfalls bezüglich der Patienten gestellt, die dem Tode nahe gewesen waren, aber sich erholt hatten oder »zurückgekommen« waren. Es wurden spezifische Fragen gestellt über Patienten, die über die Wahrnehmung von Erscheinungen berichtet hatten, wie zum Beispiel die Erscheinung eines lebenden Bruders, einer toten Mutter oder einer religiösen Gestalt (beispielsweise Christus). Außerdem wurden Visionen ermittelt, die in erster Linie die Wahrnehmung einer Umgebung betrafen – wie himmlische Städte oder wundervolle Gärten, die in ein überirdisches Licht getaucht waren. Eine andere Frage befaßte sich mit Beobachtungen von einem plötzlichen Stimmungsaufschwung oder einer Hochstimmung bei sterbenden Patienten. Ein geringerer Teil der Fragen betraf Seelenexkursionen, Vorhersagen von Kranken bezüglich ihres eigenen Todes und panoramatische Erinnerungen in Form eines »Lebens-Films«, der kurz vor dem Tod abläuft.

In den späten fünfziger Jahren waren Vorurteile gegenüber paranormalen Erscheinungen in den Kreisen der Akademiker noch viel stärker verbreitet als heute. Trotz der augenscheinlich vorhandenen Vorurteile sandten 640 ärztliche Beobachter ihre Fragebogen zurück. Diese berichteten insgesamt von 35 540 Beobachtungen bei sterbenden Patienten. Bei einer überraschend großen Zahl von Patienten wurde festgestellt, daß sie bedeutsame Phänomene erlebt hatten: 1 318 Personen hatten Erscheinungen gehabt, 884 berichteten von Visionen und 753 erlebten einen Stimmungsaufschwung kurz vor dem Tod. Augenscheinlich haben die

Sterbenden viele Erlebnisse, die einen Bezug zu der Frage des Weiterlebens nach dem Tod haben, zum Beispiel flüchtige außersinnliche Wahrnehmungen von einem möglichen Leben nach dem Tod.

Einhundertneunzig interessante Fälle wurden mit weiteren Fragebogen und telefonischen Befragungen in Form von Ferngesprächen näher untersucht. Für jede Art von Phänomen wurde ein besonderer Fragebogen zur Anleitung des Interviewers ausgearbeitet. So konnten wir insgesamt einhundertfünfzig Fälle von Erscheinungen zusammenstellen, eine Stichprobengröße, die für eine sorgfältige statistische Auswertung groß genug ist. Die Anzahl der aus den Interviews erhaltenen Antworten bezüglich der anderen Phänomene war vergleichsweise klein: 25 Visionen und 15 Fälle von Stimmungsaufschwung. Das rechtfertigt die Bezeichnung »Voruntersuchung«.

Dadurch, daß sie es möglich machten, sich um eine ausführliche Beschreibung der Phänomene zu bemühen, dienten die Interviews der tieferen Erforschung jedes einzelnen Falles. Die Zielpersonen wurden dabei beispielsweise gefragt: Wen stellte die Erscheinung dar? Bestand die Wahrnehmung der unmittelbaren Krankenhausumgebung beim Patienten während des Erlebnisses weiterhin? Warum erschien der »Besucher«? Wie reagierte der Patient auf die Erscheinung? Wie lange dauerte es nach der Erscheinung bis zum Tod des Patienten? und so weiter.

Weiterhin fragten wir nach medizinischen Gesichtspunkten wie der Diagnose der wichtigsten Krankheit und einer Krankengeschichte, welche auch die halluzinogenen Hintergrundbedingungen enthielt – hohes Fieber, Beruhigungsmittel und medikamentöse Behandlung. All diese Dinge hätten möglicherweise beim Patienten Halluzinationen verursachen können. Außerdem wurden wichtige Informationen zur Person des Patienten gesammelt: Name, Alter, Geschlecht, Lebenslauf, Religionszugehörigkeit, Einstellung gegenüber der Religion und Glauben an ein Leben nach dem Tod.

Alle diese Bedingungen wurden statistisch ausgewertet; ebenso wichtig waren für uns die zwischen ihnen bestehenden Zusammenhänge. Während bei einigen Halluzinationen festgestellt werden konnte, daß sie pathologischen Ursprungs waren – lediglich Fieberphantasien über diesseitige Belange – hatten die Visionen in der größeren Zahl der Fälle nicht den Charakter gewöhnlicher Halluzinationen. Es ist zum Beispiel möglich, daß die sterbende Person durchaus rational eingestellt und in jeder Beziehung bei klarem Verstand ist, aber dennoch daran festhält, daß sie Erscheinungen gesehen hat, die »gekommen waren, um mich wegzuholen« in eine andere Welt. Im allgemeinen waren solche Erfahrungen von kürzerer Dauer, in sich zusammenhängender und eindeutiger auf die Situation des Sterbens und auf ein Leben nach dem Tod bezogen, als die wirren Phantasieprodukte eines kranken Gehirns. Dies bestätigten die früheren Feststellungen in den älteren klinischen Fallbeobachtungen, die Barrett (1926) und Hyslop (1908) gemacht hatten: daß nämlich die Mehrheit der halluzinierten Personen wirklich Erscheinungen in dem Sinne waren, daß lediglich eine Person halluziniert beziehungsweise aufgrund von ASW wahrgenommen wurde, während die Wahrnehmung, die der Patient vom Krankenzimmer und von den anwesenden Ärzten hatte, aufrechterhalten blieb. In unserem Datenmaterial über sterbende Patienten waren 83 Prozent der halluzinierten menschlichen Gestalten Verwandte. Von denen, deren Beziehung zu dem Patienten identifiziert werden konnte, waren fast alle (90 Prozent) nahe Verwandte: Mutter, Vater, Ehepartner, Geschwister und Kinder. Dies steht im krassen Gegensatz zu den Halluzinationen von geistig Kranken, bei denen die Mehrzahl der halluzinierten Personen entweder fremde oder bizarre Gestalten waren.

Wie man es aufgrund der frühen klinischen Studien voraussagen konnte, sahen die Sterbenden tatsächlich doppelt so viele Erscheinungen von verstorbenen Personen (70 Prozent) wie von lebenden. Für Menschen, die bei guter Gesundheit Erscheinungen hatten, ist dieses Verhältnis umgekehrt. Nach Erhebungen, die in Europa und in den Vereinigten Staaten durchgeführt wurden, haben 10 bis 17 Prozent der normalen Bevölkerung Halluzinationen erlebt (Sidgwick, 1894; West, 1948; Palmer und Dennis, 1975). In diesen Halluzinationen waren es doppelt bis fünfmal so viele lebende wie verstorbene Personen.

Was ist nun der Grund für diese überraschend große Anzahl von Erscheinungen Verstorbener, die zu den Sterbenden »kommen«? In der Mehrzahl der Fälle sahen es die Patienten als die Aufgabe der Erscheinung an, sie in eine andere Welt zu holen. Mit anderen Worten: die Sterbenden werden angeblich von verstorbenen Verwandten oder religiösen Figuren mit dem erklärten Ziel besucht, ihnen bei ihrem Übergang in eine andere Form des Seins zu helfen.

Die Frage ist: sind solche Erscheinungen real? Das heißt, werden sie auf dem Wege von ASW empfangen oder werden sie lediglich aufgrund der gestörten Abläufe im Gehirn der Sterbenden halluziniert? Ein Großteil der Auswertung der Daten war der Suche nach Zusammenhängen gewidmet, die in gewisser Weise entweder die Hypothese von einem

»kranken Gehirn« oder aber die Hypothese von einem Leben nach dem Tod unterstützen sollten. Die letztere geht davon aus, daß die Erscheinungen real sind. Alle Patienten, die eine Krankengeschichte hatten, die möglicherweise für Halluzinationen verantwortlich sein könnte – zum Beispiel Geisteskrankheit und/oder Gehirnschädigung – wurden in Gruppen zusammengefaßt und mit den übrigen verglichen. Die Gruppe mit den krankhaften Halluzinationen sah nicht mehr verstorbene Verwandte als die anderen auch. Aber ihre Halluzinationen waren unzusammenhängender und wirrer, und sie betrafen Dinge dieser Welt wie beispielsweise wiederauflebende alte Erinnerungen oder Unterhaltungen mit imaginären Besuchern des Krankenhauses. Während die Mehrzahl der Patienten, die nicht in der Gruppe der krankhaften Halluzinationen waren, Erscheinungen sahen, die kamen, um sie in eine andere Welt zu holen, schrieb nur ein Drittel der Patienten mit halluzinogenen Krankheiten den Erscheinungen diese Absicht zu. Hohes Fieber und Beruhigungsmittel wie Morphium oder Demerol erhöhten die Häufigkeit von jenseitigen Erscheinungen nicht. Dasselbe gilt auch für den Bewußtseinszustand des Patienten. Osis schreibt in seiner Monographie *Deathbed Observations:* »Patienten auf dem Sterbebett haben häufiger Erscheinungen, wenn sie bei vollem Bewußtsein sind, eine klare Wahrnehmung haben und die Fähigkeit, auf ihre Umgebung zu reagieren, als bei einer Schädigung der Wahrnehmung und der Kommunikation«[10].

Darüberhinaus »zeigt« die Auswertung »deutlich, daß ein vorhandenes Delirium nicht die Grundlage für die Art von Erscheinungen am Sterbebett ist, die für die Hypothese von einem Leben nach dem Tod sprechen«[11]. Persönlichkeitsunterschiede im Hinblick auf das Geschlecht oder auf das Alter spielten keine Rolle. Bei beiden Geschlechtern war der Anteil von Erscheinungen des Vaters oder der Mutter gleich. Während gewöhnliche Halluzinationen von der Persönlichkeit abhängig sind, hatte dieser Faktor auf die Visionen der Sterbenden keinen Einfluß. Anstatt reine Projektionen von Wunschgedanken oder unerfüllten Wünschen zu sein, schien es, daß die Erscheinungen ihren Ursprung außerhalb der Persönlichkeit hatten.

90 Prozent aller Erscheinungen, die als Verwandte erkannt wurden, waren besonders nahe verwandt: Vater, Mutter, Ehepartner, Geschwister, Kinder. Wenn wir von der Hypothese eines Weiterlebens nach dem Tod ausgehen, würden wir erwarten, daß die nächsten Verwandten diejenigen wären, die am meisten am Patienten interessiert sind und ihn deshalb auch am wahrscheinlichsten aufsuchen. Eine enge Verbindung

könnte allerdings für den Patienten auch ein Grund sein, die betreffende Person zu halluzinieren, ohne daß sie paranormal anwesend ist. Derartige Halluzinationen können natürlich ebensogut Lebende wie Verstorbene zum Inhalt haben. Wenn es so ist, daß die nahen Verwandten in der Mission kommen, den Patienten in eine andere Form des Seins zu holen, dann wären das natürlich die Verstorbenen. In der Tat gab es einen viel größeren Anteil von Erscheinungen der Verstorbenen, wenn es sich um nahe Verwandte handelte (83 Prozent) als von anderen Verwandten (50 Prozent) oder Leuten, die nicht mit dem Patienten verwandt waren (43 Prozent).

Hatte nun die Gegenwart der Erscheinung, die mit der Absicht kam, den Patienten wegzuholen, irgendeinen Einfluß auf den Prozeß des Sterbens? Es gab einige Unterschiede, die darauf hinweisen. 76 Prozent von denen, die fast unmittelbar (innerhalb von 10 Minuten) nach Wahrnehmung der Erscheinung starben, sagten, daß die Erscheinung gekommen war, um »sie zu holen«. Bei denjenigen, die nach einem Zeitraum von einer Stunde oder mehr starben, schwankte dieser Prozentsatz zwischen 44 und 25 Prozent. Sollte diese eindrucksvolle Differenz bedeuten, daß die Erscheinungen den Patient »holen«, das heißt, den Prozeß des Sterbens beschleunigen? Unter der Voraussetzung, daß die Erscheinung eine Botschaft aus einer anderen Welt darstellt, ergibt sich noch eine andere Frage: Ist dieses Erlebnis mit den für alle Arten von Begegnungen mit der anderen Welt typischen Gefühlen verbunden wie dem »Frieden, der jenseits allen Verstehens liegt«, von dem die Mystiker berichten? Die Fragen waren nicht so exakt formuliert, aber etwa die Hälfte der Patienten (46 Prozent) wurden durch die Erscheinung beruhigt. Das beinhaltete auch den so oft berichteten »strahlenden Frieden«. Zudem tritt ein Gefühl des Friedens und der Ruhe bei den Patienten mit klarem Bewußtsein viel häufiger auf (66 Prozent) als bei den anderen.

Man kam zu dem Schluß, daß diese und andere Hinweise aus der Voruntersuchung für die Hypothese von einem Leben nach dem Tod sprechen. Da es die erste Umfrage dieser Art war, bestand kein Zweifel darüber, daß die äußerst interessanten Ergebnisse einer weiteren Nachprüfung bedurften. Nur eine neue Umfrage konnte erweisen, ob die betreffenden Phänomene tatsächlich auf einer vorübergehenden außersinnlichen Wahrnehmung des Jenseits beruhten und nicht nur auf ungewöhnlichen Zufällen. Aber verschiedene Umstände verhinderten, daß unmittelbar nach der ersten Erhebung eine zweite durchgeführt werden konnte. Nichtsdestoweniger wurden die zweite amerikanische Umfrage und ihr interkulturelles Gegenstück, die Umfrage in Indien, schließlich beendet. Das nächste Kapitel ist einer allgemeinen Darstellung dessen gewidmet, was die Sterbenden sehen.

5

Was die Sterbenden sehen

Visionen auf dem Sterbebett sind ihrer Natur nach unmittelbare Erfahrungen. Wir bitten deshalb den Leser, diese Erlebnisse so zu betrachten, wie sie uns berichtet wurden – um ein Gefühl davon zu bekommen, worum es sich dabei handelt. Auf diese Weise werden unsere Auswertung und Diskussion der statistischen Daten einleuchtender sein. Selbstverständlich wird es später unbedingt notwendig sein, klar, theoretisch zu denken und scharf zu analysieren, um das, was wirklich ist, von den Phantasien und Tagträumen zu trennen. Aber niemand gelangt zum Weizen, der nicht vorher die Spreu weggedroschen hat. Deswegen werden wir zuerst einige Fälle vorstellen, wie sie uns bei der zweiten amerikanischen und bei der indischen Erhebung berichtet worden sind.

Es wäre falsch zu glauben, daß es sich jedesmal um eine Erscheinung handelt, wenn ein Patient jemanden »sieht«, der für den Arzt unsichtbar ist. Es gibt eine Menge unzusammenhängender, verworrener Halluzinationen, bei denen der Patient in seinem Wachtraum etwas vor sich hin murmelt, das für den ärztlichen Beobachter keinen Sinn ergibt. Wir haben solche Fälle in unserer Auswertung nicht berücksichtigt.

Außerdem hatten nicht alle Erscheinungen, die zusammenhängend genug für eine Auswertung waren, irgendeine Beziehung zur Todessituation. Manche waren so diesseitig wie nur irgend möglich. Ein dreißigjähriger indischer Uhrmacher zum Beispiel rächte sich an seinem Feind, der ihn in die Schulter und in die Brust geschossen hatte, indem er die Rache halluzinierte. In der Halluzination brannte er den Laden seines Gegners auf dem Markt nieder.

Manchmal dient die Halluzination lediglich dazu, die gesellschaftliche Isolation auszugleichen, die durch das Alleinsein in einem abgesonderten Krankenzimmer bedingt ist. Eine amerikanische Krebspatientin, 58 Jahre alt, hatte regelmäßig einen vornehmen »Besucher«.

Jeden Abend, wenn ich vom Abendessen zurückkam, erzählte sie mir, daß der Rabbi bei ihr gewesen sei. Ich dachte, daß vielleicht ein wirklicher Rabbi sie besuchte; aber ich fragte auf dem Stockwerk, und es stellte sich heraus, daß niemand je ihr Zimmer betreten hatte. Fast jeden Abend erzählte sie die gleiche Geschichte. Anscheinend fühlte sie sich dadurch wohler.

Manchmal dienen Halluzinationen einem bettnässenden Patienten sogar dazu, sich von äußerst weltlichen Pflichten fernzuhalten, wie in dem Falle eines armen indischen Dorfbewohners, der an einer Herzkrankheit litt.

Er hatte entweder jeden Morgen oder mitten in der Nacht Halluzinationen. Er pflegte zu sagen, daß er diese oder jene Person in seinem Dorf gesehen hatte (lebend). Manchmal urinierte er in das Bett. Wenn er dann daraufhin angesprochen wurde, sagte er gewöhnlich: »Ich habe es nicht getan; der Soundso ist gekommen, hat mich aus dem Bett gestoßen, sich hineingelegt und das gemacht.« Er mochte diese Leute nicht. Manchmal drehte er ihnen den Rücken zu, um sie nicht zu sehen. Er bedeckte sich sogar mit einem Laken, wobei er sagte: »Der Soundso kommt gerade.«

Beim Sichten der Fälle mußten wir auf Halluzinationen achten, die krankhafter Art waren. Es gab viele Beispiele, in denen das Bewußtsein zu verfallen schien, während die körperlichen Funktionen langsam zum Stillstand kamen. Nehmen wir dazu den Bericht einer herzkranken amerikanischen Siebzigerin:

Am Anfang hatte sie Halluzinationen von Leuten, die nicht lange vorher gestorben waren. Nach einiger Zeit betrafen die Halluzinationen Personen, die schon lange tot waren. Mit jeder Halluzination kehrte sie auf eine frühere Altersstufe zurück, bis sie schließlich in ihrem Säuglingsalter angelangt war – gugu, dada – und starb, zusammengerollt in der embryonalen Haltung. Wenn die Patientin sich mit einer der halluzinierten Person unterhalten hatte, wandte sie sich ihr nie wieder zu. Sie pflegte zur nächsten überzugehen und wurde selbst dabei entsprechend immer jünger.

Diese Fälle sind natürlich leicht mit Hilfe der Hypothese der Zerstörung erklärbar, die annimmt, daß die Vernichtung der Persönlichkeit mit einem Verfall und dem schließlichen Ende der Gehirnfunktionen einhergeht. In diesem Zusammenhang wollen wir mit aller Klarheit feststellen, daß es im Hinblick auf Tod und Sterben viele Tatsachen gibt, die sich in die medizinische Ansicht einfügen, daß der Tod die endgültige Form der Zerstörung sei; sie sind jedoch nicht Gegenstand unserer Diskussion. Wir versuchen dagegen, die Aufmerksamkeit auf die beträchtliche Menge der Erscheinungen zu lenken, die für ein Leben nach dem Tod sprechen, wie sie weiter oben in einem kurzen Überblick dargestellt sind. Wir sind der Überzeugung, daß die erwähnten Daten sinnvoll in einen größeren Zusammenhang eingeordnet werden können, ohne die Möglichkeit eines Lebens nach dem Tod zu verneinen.

Um auf die Auswahl unserer Fälle zurückzukommen: Fälle von zusammenhängenden Halluzinationen, die offensichtlich diesseitsorientiert waren, haben wir keineswegs außer acht gelassen. Tatsächlich gaben sie einen äußerst wichtigen Hintergrund für einen Vergleich mit den anderen Halluzinationen ab. Wir haben die Vorkommnisse, bei denen die Halluzinationen einen diesseitigen Inhalt hatten, sorgfältig gesichtet und untersucht, um zu sehen, ob die Nachtod-Visionen sich davon irgendwie unterscheiden. Im Falle, daß die Nachtod-Visionen dem gleichen Muster folgen würden wie die diesseitig orientierten, würden wir davon ausgehen, daß alle Halluzinationen denselben Ursprung haben, nämlich schwer gestörte Abläufe des Gehirns oder schizoide Reaktionen angesichts des Todes. Das wäre das Ende unserer Untersuchung gewesen. Aber wir fanden entscheidende Unterschiede zwischen Halluzinationen mit diesseitigem Inhalt und den Nachtod-Visionen, wie in den folgenden Kapiteln noch gezeigt werden wird.

Etwa die Hälfte unserer Daten betrifft Patienten im Endstadium (Personen, die danach starben), die um sich herum Personen »sahen«, die die ärztlichen Beobachter nicht sehen konnten. Diese Fälle nennen wir »Erscheinungen« oder »Halluzinationen von Personen«. Viele Patienten, die hellwach und bei vollem Bewußtsein waren, berichteten über Halluzinationen, die in gewisser Weise für die Existenz einer anderen Welt zu sprechen schienen. Ein sterbendes, sechzehnjähriges amerikanisches Mädchen war soeben aus dem Koma erwacht. Ihr Bewußtsein war äußerst klar, als sie folgendes zu dem Arzt sagte:

> »Ich kann nicht aufstehen«; sie öffnete die Augen. Ich half ihr ein wenig auf, und sie sagte: »Ich sehe ihn – ich sehe ihn – ich komme«. Sie starb unmittelbar danach mit strahlendem Gesicht, voll Freude und geradezu frohlockend.

Was könnte ein sechzehnjähriges Mädchen, das im Begriff ist, ein noch nicht gelebtes Leben aufzugeben, »frohlockend« und »strahlend« machen? Die Tatsache, daß ihr nur so wenige Jahre geschenkt waren, schien für sie keine Rolle zu spielen. Diese gleiche unerklärliche Begeisterung für ein unsichtbares »Etwas« wird uns im folgenden immer wieder begegnen. Es schien, als ob die gleichen Patienten, die erst Schmerzen hatten, unglücklich und erschreckt waren, auf einmal einen flüchtigen Blick in die Wirklichkeit der »anderen Welt« taten und anfingen, »zu frohlocken« und »zu strahlen« – und sie waren begierig, dorthin zu gelangen. Das erwähnte junge Mädchen erzählte nicht, wen es sah. Aber in vielen Fällen ist uns das bekannt, wie zum Beispiel in dem folgenden einer zuckerkranken indischen Frau.

> Sie gab ständig Worte von sich. Ich hörte zu, da ihre Verwandten dachten, daß sie mir etwas erzählen wollte. Sie erzählte mir, daß ihre Mutter, die viele Jahre vorher gestorben war, gekommen war und sie aufforderte, sie in das Reich Gottes zu begleiten. Als ich das ihren Verwandten mitteilte, baten sie mich, ihr zu sagen, daß sie nicht gehen solle; sie sahen das als böses Omen dafür an, daß sie im Sterben läge und man nichts dagegen tun könne. Die Patientin aber sagte, daß sie im Begriff wäre zu gehen und schien glücklich darüber zu sein. »Ich gehe, meine Mutter ruft mich gerade. Ich gehe jetzt in das Reich Gottes ein.« Das waren ihre letzten Worte. Vor diesem Erlebnis hatte die Patientin erwartet, wieder gesund zu werden.

Aber dieses Phänomen galt nicht nur für Frauen. Ein fünfundsechzig Jahre alter Mann, der an Magenkrebs litt, schien jedesmal vollkommen klar zu sein und rational zu denken, wenn ihm folgendes widerfuhr:

> Er schaute meistens in die Ferne; dann erschienen ihm gewöhnlich diese Dinge, und sie schienen für ihn völlig real zu sein. Er starrte immer die Wand an; seine Augen und sein Gesicht leuchteten auf, als ob er jemanden sähe. Er pflegte dann von Licht zu sprechen, von Helligkeit, und er sah Menschen, die anscheinend für ihn wirklich waren. Gewöhnlich sagte er dabei: »Hallo« und: »Da ist meine Mutter«. War die Vision vorbei, schloß er die Augen und schien voller Frieden. Er machte mit ausgestreckten Händen Gebärden. Vor der Halluzination war er sehr krank und unleidlich, danach war er heiter und friedlich.

In diesem Fall überkam den Patienten nicht nur der »Friede, der jenseits allen Verstehens liegt«, sondern seine Vision hatte auch die dem Jenseits eigenen Merkmale des Lichtes und der Helligkeit, von denen auch vielfach in der religiösen Literatur die Rede ist.

In manchen Halluzinationen wirkt die Erscheinung für den Kranken so real, daß er die Anwesenheit des Besuchers aus der anderen Welt und die eigenen diesseitigen Belange miteinander vermengt. So war es in dem Fall eines Mannes in den Siebzigern, eines Herzpatienten, der zu Hause starb. Er war bei vollem Bewußtsein, hatte kein Fieber und hatte auch keine schmerzstillenden Mittel erhalten.

> Er schaute direkt hinter mich und rief ihr (seiner verstorbenen Frau) zu: »Mary, wie wäre es, wenn du zu der rückwärtigen Veranda gingest und mir dort ein paar von den frischen Tomaten holen würdest?« Am Ende dieser Unterhaltung mit seiner Frau wandte er sich mir zu und sagte: »Vermutlich denken Sie, daß ich nicht ganz richtig im Kopf bin, weil ich gerade mit meiner Frau sprach, aber ich sah sie tatsächlich«.

So überzeugend und real wirkte das alles auf den Patienten. Nur in ganz seltenen Fällen bezweifelt ein Patient die Wirklichkeit dieser Art von Erscheinung.

Manchmal ist die Erscheinung eine völlige Überraschung.

> Ein fünfzigjähriger Mann mit einer Erkrankung der Herzkranzgefäße sah einen alten Freund, der schon eine ganze Zeit lang tot war. »Was ist los (indem er den Namen des Betreffenden nannte), was tust du hier?« Das waren die letzten Worte, die er sprach, bevor er starb.

Offenbar »sah« er, was er nicht zu sehen erwartete.

Während unserer Untersuchung begegneten wir auch einigen äußerst interessanten Fällen, in denen der Patient eine Erscheinung »sah«, und obwohl sein Gesundheitszustand in gar keiner Weise lebensbedrohlich war, starb er dennoch. Im folgenden Fall scheint es so zu sein, daß die Ankündigung des Todes sich entgegen der ärztlichen Prognose bewahrheitete. Der Fall wurde von einem Arzt des großen Ervin-Krankenhauses in Delhi berichtet; er ereignete sich ungefähr drei Jahre vor unserer Befragung. Ein drei- oder vierjähriges Mädchen wurde von ihren Eltern in das Krankenhaus gebracht. Drei Tage zuvor hatte sie begonnen, ihren Eltern ständig zu erzählen, daß ein Gott sie riefe und daß sie bald sterben würde. Das Mädchen war voller Furcht und Angst. Die Eltern brachten es ins Krankenhaus, da sie sehr besorgt über sein Verhalten waren, obgleich das Kind über keinerlei Krankheit klagte. Der Arzt sagte, daß er es persönlich untersucht und für absolut gesund befunden hatte. Aber das Mädchen rief geradezu stereotyp: »Gott ruft mich, und ich werde sterben.« Man versuchte seine Aufmerksamkeit auf etwas anderes zu lenken, aber nach ein paar Minuten pflegte es die gleichen Worte zu wiederholen. Zwischendurch machte das Kind einen vollkommen normalen Eindruck. Offenbar hörte es etwas und sah es auch, aber beschrieb es nicht. Obgleich es dafür keinerlei Grund zu geben schien, behielt man das Mädchen auf Drängen der Eltern im Krankenhaus. Am Tag darauf war der Arzt, der uns das berichtete, maßlos überrascht, als er von dem diensthabenden Arzt erfuhr, daß das Mädchen an einem allmählich fortschreitenden Kreislaufkollaps gestorben war, der keine offensichtliche Ursache hatte. Dieser Fall verblüffte den Betreffenden mehr als alles, was er je in seiner Berufslaufbahn erlebt hatte.

Es gibt zwei Möglichkeiten, diesen Fall zu erklären:

1. Das Kind erhielt auf dem Wege der ASW einen Ruf in den Tod, der seinen Ursprung außerhalb hatte.
2. Es starb infolge einer Autosuggestion.

Autosuggestion könnte in diesem Fall eine vernünftige Erklärung für die Todesursache sein, aber wo kam dann die Suggestion ursprünglich her? Offenbar hatten weder die Eltern des Kindes noch sein Arzt die leiseste Idee, warum ein dreijähriges Kind, dessen Vorstellung vom Tod noch äußerst undeutlich ist, sich so etwas einreden sollte. Wenn der »Ruf« tatsächlich einen äußeren Ursprung hatte, wäre es schwierig für uns, diesen zu identifizieren. Warum bezeichnete das Kind zum Beispiel diese autoritäre Stimme als »Gott«? Warum nicht mit dem Namen eines anderen männlichen Wesens mit ähnlich befehlendem Auftreten wie dem eines verstorbenen Großvaters?

Die Identität der betreffenden religiösen Figur war auch bei den Erwachsenen ein ziemliches Problem. Wenn ein Patient einen strahlenden, in Weiß gekleideten Mann sieht, der ihm ein unerklärliches Erlebnis der Harmonie und des Friedens vermittelt, kann er die Erscheinung auf verschiedene Arten *deuten:* Als einen Engel, als Jesus oder Gott; oder, wenn er Hindu ist, als Krishna, Shiwa oder Deva.

Obwohl es sehr selten geschieht, kommt es bei einigen Kranken vor, daß sie sich scheuen, der Identität der religiösen Figur ihre eigene Deutung zu verleihen. Das gilt auch für den folgenden Fall, der uns von einem indischen Arzt berichtet wurde. Er ereignete sich kurz vor unserem Interview mit ihm.

> Der Patient (ein Kaufmann zwischen dreißig und vierzig), der an einem akuten Magendurchbruch litt, redete davon, daß er helles Licht und einige neue Gesichter sähe, die in der Halluzination so aussahen, als wollten sie, daß er sich ihnen anschließe. Der Patient dachte anscheinend, daß er nun sterben würde. Davor hatte er erwartet, wieder zu gesunden.

Raymond Moody, Psychiater an der Universität von Virginia, der das Buch *Leben nach dem Tod* geschrieben hat, nennt solche Erscheinungen einfach »Lichtgestalten« – ein Ausdruck, der diese Wesenheiten wohl viel besser beschreibt als die Namen der Gottheiten, die ihnen von unseren Patienten gegeben werden.

Darüberhinaus schienen die Kranken vom jenseitigen Ursprung dieser Erscheinungen selbst dann überzeugt zu sein, wenn sie deren Absicht nicht teilten. In einem unserer Fälle sah ein neunzehnjähriges Mädchen ihren verstorbenen Vater, wie er zu ihr kam, außerdem noch *strahlende Lichter* und weitere Personen. Trotz der Lichterfahrung, die typisch ist im Zusammenhang mit den Besuchern aus der anderen Welt, war das Mädchen sehr erschrocken. Es rief die Krankenschwester: »Edna, halt mich fest!« Dann starb es in deren Armen. Hier hatten offenbar die Erscheinung und die Patientin einander entgegengesetzte Ziele, da das Mädchen nicht gehen wollte. Das sieht gewiß nicht nach irgendeiner Art von Autosuggestion oder Wunscherfüllung aus.

In all den beschriebenen Fällen war der Erscheinungscharakter der Halluzination offensichtlich. Aber, wie bereits weiter oben festgestellt, haben wir auch Beispiele von »Total-Halluzinationen«. Das sind Fälle, in denen der Patient entweder seine Umgebung nicht mehr wahrnimmt oder aber so spricht, als ob er in zwei Welten zugleich wäre. Bei einigen dieser Total-Halluzinationen stellten wir folgendes fest: Anstatt daß die Erscheinung zu dem Patienten in sein Krankenzimmer »kam«, erlebte sich der Betreffende selbst als einen, der »ging« – das heißt, der plötzlich auf der Reise zum Aufenthaltsort der Erscheinung war. Im anderen Falle fand er sich einfach dort wieder. So war es auch im folgenden Fall eines indischen Patienten in den Vierzigern, der an einem Leberleiden litt.

Er bekam keine Beruhigungsmittel, hatte nur leichtes Fieber, und erschien verwirrt, das heißt, er konnte nur mit Schwierigkeiten auf Fragen antworten, obgleich er sich seiner Umgebung und der Leute um ihn herum bewußt zu sein schien. Er beschrieb sein Erlebnis sowohl während es stattfand als auch danach. Der Kranke erzählte, wie er sich selbst durch die Luft in eine andere Welt fliegen oder bewegen fühlte, wo er Götter sah, die dort saßen und ihn riefen. Er wollte dorthin gehen und bat die Leute, die um ihn herum waren, ihn doch gehen zu lassen. »Laßt mich allein, ich sterbe«, sagte er. Der Patient war sehr glücklich, als er diese Götter sah. Er hatte diese Halluzination zweimal und bestand darauf, daß es keine Halluzination, sondern ein wirkliches Erlebnis gewesen sei. Nach dieser Erfahrung war er freudig erregt, und er sagte, daß dies die Welt wäre, in der er leben wollte. Vor der Halluzination hatte er nicht sterben wollen. Er beschäftigte sich ständig mit seiner Krankheit und damit, daß die Ärzte ihm helfen sollten. Nach der Halluzination hatte er keine Angst mehr vor dem Sterben. Er sah besser aus und fühlte sich sehr glücklich über sein Erlebnis. Ein oder zwei Stunden später fiel er in ein tiefes Koma und erlangte das Bewußtsein nicht mehr wieder. Zwei Tage danach starb er.

Total-Halluzinationen unterscheiden sich grundlegend von Halluzinationen, bei denen die Erscheinung das einzige ist, was der Patient sieht und was der Beobachter nicht auch sehen kann. Häufig ist das Wesen einer solchen Vision nur angedeutet. Ein etwa zwanzigjähriger Mann, der an einer Reihe von Bauchschüssen starb, sah Jesus. Er sagte: »Wenn es das ist, wohin ich gehe, dann habe ich keine Angst vor dem Sterben«. Seine Gemütslage änderte sich: an Stelle von Furcht traten Heiterkeit und eine bejahende Einstellung.

Da unsere ärztlichen Beobachter nicht auf die feinen Unterschiede geachtet haben, die es möglich gemacht hätten, zwischen den Total-Halluzinationen und den Seelenexkursionen zu unterscheiden, ist es im allgemeinen schwierig, die beiden Erscheinungen voneinander zu trennen. Die andere Welt und ihre Bewohner können dem Patienten zum Beispiel blitzartig erschienen sein, wie es bei außersinnlichen Wahrnehmungen oft der Fall ist. Andere Patienten, wie der oben erwähnte Inder mit dem Leberleiden, hatten den Eindruck, als ob sie in die andere Welt »transportiert« würden, wie das auch bei Seelenexkursionen geschieht. Wie dem auch sein mag, es scheint, daß die feineren Einzelheiten der Bilder aus der anderen Welt je nach dem persönlichen Hintergrund des

Patienten verschieden sind. Allerdings sieht es so aus, als ob die Hauptinhalte – helle, satte Farben, Friede, Harmonie und außergewöhnliche Schönheit – in all diesen Bildern vorherrschen, gleichgültig, ob der Patient Christ, Hindu, Jude oder Moslem ist.

Solche Bilder müssen ihren Ausdruck nicht unbedingt immer in Symbolen finden, die aus der Religion des Patienten stammen. Gelegentlich werden sie durch die alten Mythologien gestaltet, die der Patient in der Schule gelernt hat. Um ein Beispiel zu nennen: ein Mann sah seine Frau neben einem Fluß stehen und auf ihn warten. Es schien sich dabei um den »Fluß des Vergessens« zu handeln, der zwischen den beiden Welten fließt, wie es in der griechischen Sage vom Fluß Lethe berichtet wird.

In den Fällen, die wir in Indien untersucht haben, waren die Visionen mehr von der indischen Vorstellung des Himmels geprägt als von der christlichen Vorstellung von den zwölf Himmelstoren und den goldenen Straßen. Bei den Indern ist es so, daß der Betreffende gewöhnlich autoritär gerufen wird oder sogar mit Gewalt weggeholt wird. In den Vereinigten Staaten wird die Absicht der halluzinierten Person ziemlich häufig durch Zuwinken ausgedrückt, dadurch, daß sie den Patienten bei der Hand nimmt oder ihn darüber belehrt, wohin er zu gehen hat. Darüberhinaus sind die zwischenmenschlichen Beziehungen zwischen dem Patienten und der Figur der Erscheinung (verstorbener Verwandter) in vielen Fällen so herzlich, daß sie alles andere – wie zum Beispiel die Belehrung oder das Hinüberführen – überlagern. In einem Fall sah der Patient seine verstorbene Jugendliebe, die bei einem Autounfall umgekommen war, bevor sie heiraten konnten. Er sagte zu ihr: »Ich habe gewartet und gewartet. Ich wußte, daß du zu mir kommen würdest.«

Manchmal gibt es eine richtige Unterhaltung. Beispielsweise fragte eine Mutter ihren verstorbenen Sohn nach den Umständen, unter denen er im Zweiten Weltkrieg getötet worden war. Ein solches Gespräch kann auch ziemlich ausführlich sein. Einer von jenen, die unseren Fragebogen beantworteten, erzählte die folgende Geschichte über eine etwa fünfzigjährige Frau, die Unterleibskrebs hatte.

> Als ich in das Krankenzimmer kam, führte sie gerade eine sehr lebhafte Unterhaltung mit ihrem Mann. Ich blickte zu ihrem Sohn hinüber, der neben ihrem Bett saß, und er sagte zu mir: »Sie denkt, sie unterhält sich mit meinem Vater, der seit siebzehn Jahren tot ist.« Die Augen der Patientin waren geöffnet, aber sie schien in Trance zu sein. Sie sprach mit monotoner Stimme: »Die Kinder sind wohlgeraten – wir haben

Enkelkinder«. Es schien, als ob sie ihn über den neuesten Stand des Familiengeschehens informieren würde, das er seit seinem Tod versäumt hatte. Sie beantwortete auch verschiedene Fragen, die ihr Mann an sie richtete.

Solche Vorkommnisse beeindruckten die Beantworter unseres Fragebogens tief. Aber es gab bei ihnen auch stark negative Reaktionen auf Visionen dieser Art, die wiederum die Wirklichkeit und die Herzlichkeit dieser zwischenmenschlichen Beziehungen deutlich machen. Eine neunundsechzigjährige Frau war im Begriff, an Krebs zu sterben.

Mit einer sehr sanften Stimme, mit einem Lächeln auf dem Gesicht, führte sie eine zärtliche Unterhaltung darüber, wie sehr sie ihn (ihren Mann) liebte, wie sehr sie ihn vermißt hatte und wie bestimmt sie wußte, daß sie ihm nachfolgen würde. Sie sagte: »Es wird jetzt nicht mehr lange dauern, bis ich bei dir bin«. Und indem sie die Arme ausstreckte, als ob sie seine Hand fühlte: »Du siehst gesund und wohlbehalten aus«.

Die Krankenschwester erzählte uns mit grimmiger Stimme von den Gefühlen, die sie dabei hatte.

Es war eine schreckliche Erfahrung, eines der schrecklichsten Dinge, die ich je erlebt habe. Es war entnervend. Mein Glaube ist nicht sehr stark, aber wenn ich jemanden sehe, bei dem ich absolut sicher bin, daß Drogen keine Rolle gespielt haben – da muß etwas dran gewesen sein. Ihr Gesichtsausdruck war . . . ich wünschte, ich hätte eine Kamera gehabt! Aus ihrem Gesicht waren alle Runzeln verschwunden. Sie lächelte, war heiter und schien keine Beschwerden zu haben.

Eine andere Krankenschwester sagte: »Es war irgendwie unheimlich«.

Leider war es in keinem der von uns untersuchten Fälle so, daß die Patienten die Persönlichkeit der Erscheinung näher untersucht hätten. Auch die Erscheinung versuchte nie, sich selbst eindeutig zu beweisen. Vielleicht müßte einer ein Parapsychologe sein, um von seiner eigenen Mutter Beweise zu verlangen.

Die westlichen Patienten sahen in ihren Visionen keine Personifikationen des Todes. Aber bei ziemlich vielen Indern war das der Fall. In der indischen Mythologie ist Yama der Gott des Todes. Die Yamduts sind seine Boten, die zu den Sterbenden kommen, wie die indische Sage berichtet. Einige glauben, daß diese Boten viele verschiedene Formen annehmen können, wenn sie kommen, um die Menschen in das Reich der Toten zu holen; dabei soll die Form ihrer Erscheinung abhängig sein von der Art des Lebens, das der Betreffende geführt hat. Bei der folgenden Halluzination trat ein Yamdut auf. Ungewöhnlich daran ist, daß es eine rein akustische war.

> Eine gebildete Dame zwischen sechzig und siebzig Jahren wurde zu einer gründlichen Untersuchung ins Krankenhaus gebracht, da es in ihrem Fall keine eindeutige Diagnose gab. Ich untersuchte sie sorgfältig. Sie hatte leichtes Fieber, schien ansonsten jedoch gesund zu sein. Ich erinnere mich, wie sie nach der Untersuchung zu mir sagte: »Ich werde wieder gesund«. Ich antwortete: »Ganz ohne Zweifel, sie haben lediglich Fieber; nach der Untersuchung können Sie nach Hause gehen«. Etwa zwanzig Stunden später erzählte sie Verwandten, die bei ihr zu Besuch waren, daß jemand ihr ins Ohr flüstern würde: »Deine Zeit ist um, komm mit mir«. Die Verwandten fragten sie, wer es gewesen sei. Die Antwort war: »Ein Yamdut«. Die Patientin sprach noch zwei- oder dreimal davon, danach war sie ruhig und entspannt, wurde halb bewußtlos und starb zwei oder drei Stunden später.

In diesem Fall scheint sich der Yamdut lediglich durch die Bezeichnung von Erscheinungen religiöser Figuren im Westen zu unterscheiden.

Aber ein Yamdut ist nicht immer friedlich. Ein erfahrener Krankenpfleger berichtete über folgendes Ereignis:

> Der Patient, ein Hindu, ungefähr vierzig Jahre alt, von Beruf Polizist, litt an Lungentuberkulose. Zu diesem Zeitpunkt hatte er niedriges Fieber; man mußte ihn leicht berühren oder schütteln, bevor er auf Fragen antwortete. Plötzlich sagte er: »Ein Yamdut kommt, um mich wegzuholen! Nehmt mich vom Bett herunter, damit der Yamdut mich nicht findet!« Er zeigte nach draußen und nach oben. »Da ist er«. Das Krankenzimmer lag zu ebener Erde. Draußen, an der Mauer des Gebäudes, stand ein großer Baum mit einer Vielzahl von Krähen, die auf den Ästen saßen. Im Augenblick, als der Patient die Vision hatte, flogen alle Krähen plötzlich mit viel Lärm von dem Baum auf, als ob jemand ein Gewehr abgefeuert hätte. Wir waren davon sehr überrascht und rannten durch eine offene Tür hinaus, aber wir sahen nichts, was die Krähen hätte stören können. Gewöhnlich waren sie sehr friedlich;

> deshalb prägte es sich allen Anwesenden tief ein, als die Krähen mit lautem Gekrächze genau in dem Moment davonflogen, als der Patient seine Vision hatte. Es war, als ob auch sie irgend etwas Schreckliches wahrgenommen hätten. Als das geschah, fiel der Patient in ein Koma und starb ein paar Minuten später.

Von einem anderen Fall, in dem ein physikalischer (psychokinetischer) Effekt auftrat, berichtete uns eine christlich getaufte Krankenschwester in Indien. Die betreffenden Erscheinungen wurden hier als »Engel« bezeichnet. Der Kranke war ein Mann zwischen vierzig und fünfzig Jahren und litt ebenfalls an Lungentuberkulose. Die Krankenschwester kannte ihn schon mehrere Jahre, da er eng mit ihrer Familie befreundet war.

> Er hatte keine Beruhigungsmittel erhalten, war bei vollem Bewußtsein und hatte nur leichtes Fieber. Er war ein ziemlich religiöser Mensch und glaubte an das Leben nach dem Tod. Wir erwarteten, daß er sterben würde, und das war wohl auch der Fall, da er uns bat, für ihn zu beten. In dem Raum, wo er lag, gab es eine Treppe, die in den zweiten Stock hinaufführte. Plötzlich rief er aus: »Schaut, die Engel kommen die Treppe herunter! Das Glas ist heruntergefallen und zerbrochen!« Wir alle, die sich im Raum befanden, schauten zur Treppe hin, wo auf einer der Stufen ein Trinkglas stand. Während wir noch schauten, sahen wir, wie das Glas ohne jede erkennbare Ursache in tausend Stücke zersprang. Es fiel nicht – es explodierte einfach. Die Engel sahen wir natürlich nicht. Über das Gesicht des Patienten legte sich ein glücklicher und friedlicher Ausdruck, und im nächsten Augenblick starb er. Sogar nach seinem Tod blieb dieser heitere, friedfertige Ausdruck auf seinem Gesicht.

Die seltsamen physikalischen Erscheinungen, die mit den Halluzinationen kurz vor dem Tod der beiden geschilderten Patienten zusammentrafen, hinterließen bei den Beantwortern unseres Fragebogens einen tiefen Eindruck. Visionäre Erlebnisse ähnlicher Art sind in unserer Stichprobe häufig, aber die möglichen psychokinetischen Effekte sind selten. Wir führen sie hier auf, weil sie zahlreichen physikalischen Phänomenen gleichen, die innerhalb der parapsychologischen Forschung festgestellt worden sind (Rhine, 1961). Dabei handelt es sich um Erscheinungen, die gewöhnlich an einem von dem Sterbenden weit entfernten Ort in der

Nähe eines von ihm geliebten Menschen im Augenblick seines Todes auftreten. Als zum Beispiel Thomas A. Edison starb, standen die Uhren, die zwei seiner Mitarbeiter gehörten, im Augenblick seines Todes still. Die Uhr seines eigenen Großvaters stand ein paar Minuten später ebenfalls still.

Wir wollen nun die Fälle betrachten, in denen die Erscheinung einen eigenen Willen hat, den sie ganz entgegen den Neigungen des Patienten »durchsetzt«.

> Eine katholische Frau, einundsechzig Jahre alt, hatte Krebs im Endstadium. Sie sah die Erscheinung ihrer Mutter und eine Vision von Gott, der in dieser Vision den Zeitpunkt ihres Todes festgelegt zu haben schien; es sollte der erste Freitag des Monats sein, ein verheißungsvoller Tag in der alten katholischen Tradition. Die Patientin hatte sich jedoch im Datum geirrt. Da sie dachte, daß der nächste Tag dieser erste Freitag wäre, sagte sie zu dem Priester: »Ich möchte, daß Sie morgen um zehn vor acht Uhr zu mir kommen.« Um diese Zeit erwartete sie zu sterben. Was tatsächlich geschah, war folgendes: Sie starb entgegen ihren Erwartungen eine Woche später um 7.50 Uhr; dies war in Wirklichkeit der erste Freitag im Monat, wie es in der Vision angekündigt worden war.

Der nächste Fall scheint nahezulegen, daß zwischen dem Patienten und der Erscheinung Abmachungen getroffen werden können. Die betreffende Krebspatientin (60 Jahre alt) war eine Schwester der Krankenschwester, die uns davon berichtet hat. Sie sah ihren verstorbenen Mann in drei aufeinanderfolgenden Nächten.

> Er rief sie. Er wollte, daß sie zu ihm käme. Sie sagte zu ihm, daß sie noch nicht bereit wäre zu gehen, nicht bevor man sich um Agnes (die Krankenschwester) gekümmert hätte. Es schien, daß sie bereit dazu war, als sie sich schließlich dessen sicher sein konnte: »Nun bin ich bereit zu gehen, ich kann gehen«.

Und das tat sie auch. Sie starb innerhalb von vierundzwanzig Stunden. Die Krankenschwester war tief beeindruckt. »Einige Halluzinationen werden durch Drogen verursacht, aber andere, wie im Falle meiner Schwester – bei ihr war es anders; sie war in der Lage, Dinge hellseherisch wahrzunehmen oder vorauszusagen, was ich nie konnte«.

Solche Erlebnisse können auch Kranken widerfahren, die überzeugt sind, daß sie wieder gesund werden und die überhaupt nicht bereit sind »zu gehen«. Ein Herzpatient, ein sechsundfünfzig Jahre alter Mann, der bei vollem Bewußtsein war, sah die Erscheinung einer Frau, die gekommen war, um ihn zu holen.

> Er starrte auf einen Blumenstrauß. Er schien von ihr (der Erscheinung) nicht direkt abgestoßen zu sein, nur ein wenig erschreckt. Er deutete auf sie und sagte: »Da ist sie wieder, sie greift nach mir«. Er beschrieb ihre Hand und auch die Blumen, die im Raum waren. Er wollte nicht gehen, aber er machte auch kein großes Aufhebens davon. Er wurde ruhiger, das Erlebnis machte ihn heiter. Einen Tag später starb er.

Der Patient schien zunächst mit der Absicht der Erscheinung nicht einverstanden zu sein. Aber dann brachte ihm die Begegnung mit der »anderen Welt« Heiterkeit, Frieden und Bejahung seines Geschicks. Manchmal allerdings befindet sich ein Kranker im tiefen Widerstreit mit der Erscheinung. Ein Inder, der die höhere Schule besucht hatte und zwanzig Jahre alt war, erholte sich gerade von einer Mastoiditis (Entzündung des hinter dem Ohr befindlichen Warzenfortsatzes). Es ging ihm sehr gut.

> Er sollte an diesem Tag entlassen werden. Plötzlich, um 5.00 Uhr morgens, schrie er: »Hier steht jemand in weißen Kleidern! Ich werde nicht mit dir gehen!« Innerhalb von zehn Minuten war er tot.

Sowohl der Patient als auch sein Arzt hatten eine endgültige Gesundung erwartet.

Im folgenden Fall handelt es sich um eine Hindu-Frau zwischen dreißig und vierzig, die an Verbrennungen zweiten Grades litt. Zuerst sah sie in der Absicht der Erscheinung, sie wegzuholen, eine grausame Entführung. Sie flehte die Krankenschwester an:

> »Bitte Schwester, retten Sie mich! Da kommen vier weißgekleidete Männer auf mich zu; sie wollen, daß ich sie begleite«. Sie empfand es so, als ob die vier Männer im Begriff seien, sie wegzuziehen.

Die Frau war in Panik. Aber nach zehn Minuten sagte sie zu der Schwester:

»Dann habe ich einen großen Baum gesehen. Auf jedem Ast stand zu lesen: Ram, Ram (der Name einer hohen indischen Gottheit)«.

Nun war sie bereit zu sterben. Hatte sie wirklich eine flüchtige außersinnliche Wahrnehmung vom Leben nach dem Tode empfangen und dabei seinen Wert erkannt?

6

Sein oder Nichtsein: Der Test für ein allgemeines Modell der Visionen auf dem Sterbebett

Bei der Voruntersuchung sammelten wir eine Menge wichtiger Erfahrungen. Unter Zuhilfenahme anderer Informationsquellen wie der Parapsychologie, der Psychologie und der Medizin stellten wir die daraus gewonnenen Ergebnisse in einen übergreifenden Zusammenhang. Dadurch wurde es möglich, eine Anzahl von Hypothesen darüber aufzustellen, wie die Erfahrungen der Sterbenden auszusehen hätten, wenn man davon ausgeht, daß es tatsächlich ein Leben nach dem Tod gibt. Ein solcher Satz von Hypothesen wird im allgemeinen als Modell bezeichnet. Architekten konstruieren Modelle von Gebäuden, bevor diese dann gebaut werden; Wissenschaftler erstellen theoretische Modelle, die »getestet« werden können, das heißt deren Richtigkeit durch systematische Untersuchungen festgestellt werden kann. In ähnlicher Weise entwickelten wir ein Modell, von dem wir erwarteten, daß es die betreffenden Verhaltensweisen der Sterbenden richtig beschreiben und voraussagen würde. Dabei handelt es sich um ein bipolares Modell in dem Sinn, daß es zwei Konzepte gegeneinanderstellt, die sich gegenseitig ausschließen: einerseits die Hypothese von einem Leben nach dem Tod, andererseits die Zerstörungshypothese. Wenn innerhalb eines solchen Modells eine Hypothese durch spätere Erkenntnisse untermauert wird, widerlegt das zugleich die andere Hypothese. Das bedeutet für unsere Untersuchung, daß sie zu vorläufigen Schlußfolgerungen hinsichtlich der Frage eines Weiterlebens nach dem Tod führen soll.

Im folgenden wollen wir einen Überblick über das Modell unserer grundlegenden Hypothesen geben. Darin sind unsere grundsätzlichen Annahmen bezüglich der Visionen auf dem Sterbebett als Beweise für das Weiterleben enthalten, aber auch die Möglichkeiten einer Widerlegung dieser Argumente durch die Zerstörungshypothese.

TAFEL 1

MODELL DER ZWEI GRUNDLEGENDEN HYPOTHESEN ÜBER VISIONEN AUF DEM STERBEBETT

ÜBERLEBEN	ZERSTÖRUNG
Der Tod ist ein Übergang in eine andere Form des Seins.	Der Tod ist die endgültige Zerstörung der menschlichen Persönlichkeit.

1. Ursachen der Visionen auf dem Sterbebett

Außersinnliche Wahrnehmung	*Krankheit des Gehirns und krankhafte Reaktionen*
Es gibt Visionen, die auf ASW beruhen und nicht von gestörten Funktionen des Nervensystems und des sterbenden Gehirns verursacht werden.	
a) Telepathisch empfangene Eindrücke von Besuchern aus der anderen Welt, beispielsweise von verstorbenen Verwandten und religiösen Figuren.	a) Die Visionen der Sterbenden werden von gestörten Funktionen des Nervensystems und des sterbenden Gehirns verursacht.
b) Flüchtige hellseherische oder präkognitive Wahrnehmungen der Existenzform, in der sich das Leben nach dem Tod abspielt.	b) Die Visionen sind schizoide Reaktionen, die die starke Belastung und die gesellschaftliche Isolation im Krankenhaus durch eine Flucht in bildhafte Vorstellungen zu einer anderen Welt erleichtern sollen.

2. Der Einfluss medizinischer Faktoren auf die Visionen auf dem Sterbebett

Gestörte Gehirnfunktionen, medikamentöse Behandlung, zum Beispiel mit Morphium, Harnvergiftungen, hohes Fieber, halluzinogene Krankengeschichte.

Relativ unabhängig

a) Das Vorhandensein von halluzinogenen Faktoren erhöht die Häufigkeit von Erscheinungen, die mit einem Leben nach dem Tod verbunden sind, nicht.
b) Umstände, die der ASW abträglich sind, verringern die Häufigkeit dieser Erscheinungen.

Abhängig von medizinischen Bedingungen

Das Vorhandensein halluzinogener Faktoren vermehrt die Häufigkeit der Erscheinungen, die mit einem Leben nach dem Tod verbunden sind; je gestörter die Gehirnfunktionen, desto zahlreicher die Phantasien von einer anderen Welt.

3. Inhalte der Visionen auf dem Sterbebett

Wahrnehmungen

Die Inhalte der Visionen sind von zweierlei Art: entweder Halluzinationen oder echte Wahrnehmungen einer äußeren Wirklichkeit auf dem Wege von ASW!
a) Halluzinationen sind unzusammenhängend, verworren, sie drükken Belange dieses Lebens aus: Erinnerungen, Wünsche, Konflikte.
b) Echte Wahrnehmungen sind zusammenhängender und auf die Situation des Sterbens und den Übergang in eine andere Welt gerichtet. Sie beinhalten das Auftreten von Sendboten aus der anderen Welt und eine Umgebung, von der wir keine Vorstellung haben.

Halluzinationen

Die Inhalte aller Visionen sind Halluzinationen und spiegeln keine Kenntnisse wieder, die nicht bereits im Gehirn gespeichert sind. Sie drücken lediglich die Erinnerungen, Erwartungen, Wünsche, Konflikte und Befürchtungen des Individuums aus, außerdem dessen kulturelle Prägung durch die Familie, die Gesellschaft und die religiösen Einrichtungen.

4. Der Einfluss psychologischer Faktoren auf die Visionen auf dem Sterbebett

Klarheit des Bewußtseins, Glaube an ein Leben nach dem Tod, Glaube an eine »andere Welt« (Religion), Erwartungen des Patienten, ob er sterben oder wieder gesund werden wird.

Bedingungen für Wahrnehmungen von einer anderen Welt	*Bedingungen für Halluzinationen von dieser Welt oder für Phantasien von einer anderen Welt*
a) Klarheit des Bewußtseins. Ein normaler Bewußtseinszustand oder veränderte Bewußtseinszustände, bei denen der Bezug zur Wirklichkeit intakt ist, erleichtern Wahrnehmungen von einer anderen Welt und ihren Sendboten, wohingegen Bewußtseinszustände, in denen der Wirklichkeitsbezug nicht vorhanden ist, solche Wahrnehmungen erschweren.	a) Klarheit des Bewußtseins. Ein normaler Bewußtseinszustand oder veränderte Bewußtseinszustände, in denen der Wirklichkeitsbezug intakt ist, führen in viel geringerem Maße zu allen Arten von Halluzinationen als Bewußtseinszustände, in denen der Wirklichkeitsbezug nicht vorhanden ist.
b) Offenheit für und der Glaube an ein Leben nach dem Tod und an eine andere Welt (Religion) begünstigen Visionen auf dem Sterbebett, insbesondere die, welche unabhängig sind von individuellen, nationalen und kulturellen Unterschieden.	b) Offenheit für und Glaube an ein Leben nach dem Tod und an eine andere Welt begünstigen Halluzinationen von einer anderen Welt, die aber typisch sind für den Glauben des Individuums und für seine Kultur.
c) Die Erwartungen des Patienten bezüglich einer Gesundung beeinflussen das Auftreten von Visionen auf dem Sterbebett nicht.	c) Die Erwartungen des Patienten bezüglich einer Gesundung begünstigen Halluzinationen von diesem Leben, wohingegen die Erwartung des Todes Halluzinationen und Phantasien von einer anderen Welt verursacht.
d) Große Belastungen, wie sie sich durch die Gemütslage des Patienten vor den Halluzinationen ausdrücken, verursachen keine außer-	d) Große Belastungen lösen schizoide Reaktionen zu deren Bewältigung aus und vergrößern so die Häufigkeit von Halluzinationen,

sinnliche Wahrnehmung und beeinflussen daher die Häufigkeit der Wahrnehmungen von Erscheinungen aus dem Bereich des Lebens nach dem Tod nicht.

die sich mit dem Leben nach dem Tod befassen.

5. Verschiedenheit der Inhalte beim Einzelnen und innerhalb der verschiedenen Kulturen

Geringe Verschiedenheit. Wahrnehmungen, die grundlegende Merkmale der anderen Welt zum Inhalt haben, sind im wesentlichen bei weiblichen und männlichen, jungen und alten, gebildeten und ungebildeten, religiösen und nicht religiösen Personen gleich, ebenso bei Amerikanern und Indern, Christen und Hindus. Es werden nur geringe Unterschiede erwartet.

Große Verschiedenheit. Im Gegensatz zu echten Wahrnehmungen haben Halluzinationen nur wenig oder gar keinen Bezug zur äußeren Wirklichkeit. Sie unterscheiden sich je nach der Disposition, der Dynamik und dem kulturellen Hintergrund des Individuums. Halluzinationen von einem Leben nach dem Tod stellen das Glaubenssystem des Patienten dar, ob es nun auf der Bibel oder den Veden fußt.

Die Vorgehensweise bei der interkulturellen Untersuchung

Sowohl die zweite amerikanische Umfrage als auch die Umfrage in Indien wurden auf die der Sache angemessene gleiche Art und Weise durchgeführt; das geschah mit dem Ziel, Daten zu erhalten, die für genaue Vergleichsanalysen geeignet sein sollten. In beiden Ländern wurde der gleiche Fragebogen verwendet, und die Interviewfragen waren nahezu alle gleich, abgesehen von kleinen Veränderungen, die zur Erfassung bedeutungsvoller Unterschiede in Indien eingeführt wurden (zum Beispiel Religion, Tropenkrankheiten usw.). Die Sammlung der Daten mußte in Indien aufgrund der örtlichen Umstände zwangsläufig anders vor sich gehen. In den Vereinigten Staaten konnten wir uns eine Zufallsstichprobe sichern, indem wir unsere Fragebogen mit der Post versandten; aber in Indien mußten wir alle Ärzte und Krankenschwestern, die in den Krankenhäusern erreichbar waren, persönlich aufsuchen.

Die Dienstleistungen der Post und des Telefons waren für unsere Erfordernisse einfach unzureichend.

Der erste Fragebogen

In diesem Fragebogen wurden unsere Zielpersonen nach ihren Erfahrungen mit Sterbenden befragt (Der vollständige Fragebogen findet sich im Anhang I). Wir fragten, wieviele Male sie tatsächlich beim Tod eines Patienten anwesend waren und wieviele Patienten sie während des Endstadiums ihrer Krankheit gepflegt und behandelt hatten. Weiter wurden sie über die Halluzinationen befragt, die sie bei Patienten mit einer tödlichen Krankheit registriert hatten, Halluzinationen von Personen (lebende, verstorbene oder mythologische Wesen) oder Halluzinationen von Umgebungen (entweder von der »anderen Welt« oder von der natürlichen Umgebung). Dieselben Fragen wurden auch im Hinblick auf Patienten gestellt, die sich wieder erholt hatten, aber dem Tode nahe gewesen waren. Eine weitere Frage betraf Beobachtungen hinsichtlich eines plötzlichen Stimmungsaufschwungs bei den sterbenden Patienten bis hin zu Heiterkeit und Glücksempfinden.

Bei der amerikanischen Umfrage wurde der Fragebogen an eine geschichtete Stichprobe von 2 500 Ärzten und 2 500 Krankenschwestern in den Staaten Connecticut, New Jersey, New York, Pennsylvania und Rhode Island verschickt. Diejenigen, die nicht antworteten, erhielten einen weiteren Brief mit der Bitte um Antwort. Die Planung der Umfrage in Indien mußte an die dortigen Gewohnheiten und Umstände angepaßt werden. Aufgrund der dort herrschenden erheblichen Einschränkungen der telefonischen und postalischen Kommunikationsmöglichkeiten hat man uns geraten, von der Übermittlung der Fragen per Post oder Telefon abzusehen. Statt dessen nahmen wir im Bemühen um die Antworten auf unsere Fragebogen jeweils persönlich den Kontakt mit den Betreffenden auf. Die Umfrage wurde in Indiens volkreichstem Staat durchgeführt, in Uttar Pradesh im nördlichen Indien. Wir arbeiteten dabei hauptsächlich in den großen Universitätskliniken der folgenden Städte: Delhi, Meerut, Agra, Allahabad, Kanpur, Farrukhabad, Aligarh und Varanasi (Benares). Gewöhnlich war es so, daß der Chefarzt und der Chefchirurg ein Treffen mit dem Krankenhauspersonal organisierten, bei dem wir die Betreffenden kurz informierten; dann wurden die Fragebogen verteilt und ausgefüllt.

In den Fragebogen stellten wir Fragen über die Beobachtungen von folgenden Phänomenen, denen wir dann durch zusätzliche Interviews auf den Grund gingen:

1. Halluzinationen von *Personen* bei
   a) Patienten *im Endstadium* – das sind diejenigen, die dann gestorben sind.
   b) *Nicht im Endstadium* befindlichen Patienten – das sind Kranke, die dem Tode nahe waren, sich aber wieder erholt haben.
2. Halluzinationen von *Umgebungen* bei
   a) Patienten *im Endstadium*
   b) *Nicht im Endstadium* befindlichen Patienten
3. Positive Veränderungen der Gemütslage – plötzlicher Stimmungswandel zu Glücksempfinden oder Heiterkeit bei sterbenden Patienten.

In den Vereinigten Staaten verschickten wir den Fragebogen an 5 000 Ärzte und Krankenschwestern; davon sandten 1 004 einen ausgefüllten Fragebogen zurück. In Indien füllte praktisch jedes Mitglied des medizinischen Personals, das wir direkt ansprachen, einen Fragebogen aus; insgesamt waren es 704. Nur wenige lehnten ab. So erhielten wir ein Gesamt von 1 708 brauchbaren Fragebogen. Etwa die Hälfte der Befragten berichtete von Fällen, denen wir dann in 877 ausführlichen Interviews nachgingen.

Interviews

In Amerika wurden diejenigen, die über zweckdienliche Fälle berichteten, per Telefon interviewt. In Indien mußte der telefonische Kontakt durch Interviews vor Ort ersetzt werden; sie fanden hauptsächlich in den Krankenhäusern statt, aber auch bei den Betreffenden zu Hause.

Wir entwickelten drei getrennte Fragebogen für die verschiedenen Phänomene: Halluzinationen von Personen, Halluzinationen von Umgebungen und positive Veränderungen der Gemütslage. Jeder bestand aus 69 Fragen, nach denen dann auch die Interviews ausgerichtet wurden.

Wir verwendeten sogenannte offene Fragen, zum Beispiel: »Welcher Art war das Verhalten des Patienten oder der Patientin, das dafür sprach, daß er/sie Halluzinationen erlebten?« Wir benutzten auch Alternativfragen, beispielsweise: »Wurde der Patient/die Patientin durch die Halluzination beruhigt oder er/sie dadurch aufgeregt oder gab es keine offensichtliche Wirkung?« Wenn wir dann nach den Einzelheiten der Beobachtungen fragten, benutzten wir die Methode der eingehenden Befragung.

Die Fragen umfaßten folgende Bereiche: 1. Persönliche Merkmale des Patienten wie Geschlecht, Alter, Bildung, religiöser Glaube und dessen Intensität und Glaube an ein Leben nach dem Tod; 2. Medizinische Faktoren wie Diagnose, Krankengeschichte, medikamentöse Behandlung und Fieber; 3. Daten des Beantworters des Fragebogens wie zum Beispiel Zeitpunkt des Schulabschlusses in der Berufsschule, akademischer Grad und religiöse Glaubenshaltung. Der größte Teil des Fragebogens war Einzelheiten der berichteten Phänomene gewidmet, beispielsweise, wie der Patient die halluzinierte Person beschrieben hatte. Die Daten wurden nacheinander codiert und auf Computerkarten abgelocht.

Wie auch in der Voruntersuchung waren die meisten der untersuchten Fälle (471) Patienten im Endstadium, die Halluzinationen von Personen sahen: 216 in den Vereinigten Staaten und 255 in Indien. Es gab 120 Patienten, die zwar nicht gestorben waren, aber dem Tode sehr nahe gewesen waren und die ebenfalls über Halluzinationen von Personen berichteten: 56 in den Vereinigten Staaten und 64 in Indien. Insgesamt hatten wir eine umfangreiche Stichprobe von 591 Fällen von Erscheinungen oder Halluzinationen von Personen.

Visionen, die vor allem Umgebungen zum Inhalt hatten, waren Gegenstand von 112 Interviews: 69 Patienten im Endstadium (46 in den Vereinigten Staaten, 23 in Indien) und 43 Patienten, die nicht starben (18 in den Vereinigten Staaten und 25 in Indien).

Es gab auch eine große Gruppe, von der ein positiver Stimmungswandel zu Heiterkeit oder Hochstimmung berichtet wurde. Wir führten in 174 solcher Fälle Interviews durch: 106 in den Vereinigten Staaten und 68 in Indien.

Insgesamt 877 Fälle also bildeten die Daten, die der Computerauswertung unterzogen wurden. Außer den Häufigkeitsauszählungen für jede Frage erstellten wir auch Analysen darüber, wie die einzelnen Bedingungen miteinander zusammenhingen, indem wir alle entscheidenden Daten miteinander korrelierten, Prozentränge und Chiquadrat-Werte errechneten. (Für den Laien sei an dieser Stelle erklärt, daß der Chiquadrat-Test ein statistischer Test ist, in dem tatsächliche Häufigkeiten mit den Häufigkeiten verglichen werden, die man aufgrund von reinen Zufallsverteilungen erhalten würde).

Nachdem wir nun so das Bild der Geschichte und der Vorgehensweise unserer Untersuchung grob umrissen haben, können wir dazu übergehen, unsere Ergebnisse darzustellen. Im weiteren Verlauf und insbesondere bei den Schlußfolgerungen werden wir versuchen, die Ergebnisse zu interpretieren. Zunächst sollen die Resultate der allergrößten Anzahl von Fällen dargestellt werden, der Fälle nämlich, in denen die sterbenden Patienten Erscheinungen oder Halluzinationen von Personen sahen.

7

Erscheinungen: Halluzinationen von Personen bei Patienten im Endstadium

Am häufigsten war in allen drei Untersuchungen folgende Bedingung zu finden: Die sterbenden Patienten sehen Personen, die andere um sie herum nicht sehen können. Bei der Voruntersuchung stellte Osis fest, daß diese Halluzinationen im allgemeinen von dreierlei Art sind:

1. Weitschweifig, verworren, ohne Bezug zur Gegenwart.
2. Zusammenhängend und thematisch mit dem diesseitigen Leben befaßt.
3. Zusammenhängend und bezogen auf die aktuelle Situation des Sterbens als Übergang in ein Leben nach dem Tod.

Die weitschweifigen, unzusammenhängenden Halluzinationen kamen für unsere Untersuchung nicht in Betracht. Dagegen waren zusammenhängende Halluzinationen von Personen, deren Inhalt keinen Bezug zur Sterbesituation hatte, für einen Vergleich mit der Art von Erlebnissen von Bedeutung, die auf das Leben nach dem Tod ausgerichtet waren. Man kann solche Halluzinationen in zwei Unterkategorien aufteilen:

1. Eine Art Wachtraum: Beispielsweise glaubte sich ein indischer Dorfbewohner von seinem Hauswirt, dem er Geld schuldete, verfolgt und angegriffen.
2. Wiederauflebende Erinnerungen aus der Vergangenheit: In einem anderen Fall halluzinierte ein ehemaliger Marineoffizier eine Erinnerung daran, wie er ein Schlachtschiff den Hudson stromaufwärts steuerte.

Wiederauflebende Erinnerungen sind sicherlich in keinem Fall Neuschöpfungen der Vorstellungskraft, wie das bei anderen halluzinatorischen Erlebnissen der Fall ist. Deshalb sind sie häufig nicht mit anderen

Halluzinationen vergleichbar. Beispielsweise sind darin augenscheinlich keine Gesichtspunkte enthalten, die die gegenwärtige Situation des Patienten betreffen. Vergleiche stellen wir in den meisten Fällen nur zwischen Erscheinungen an, die das Diesseits betreffen, und solchen, die am Jenseits orientiert sind; wiederauflebende Erinnerungen berücksichtigen wir nicht.

Viele Beispiele wurden uns berichtet, bei denen die Halluzinationen nicht nur in völligem Einklang mit der Situation des Sterbens waren, sondern auch Merkmale zeigten, die sich in die Bedingungen der Hypothese von einem Weiterleben nach dem Tod einzufügen schienen. Ein typisches Beispiel:

> Sie sagte kein Wort, aber ich sah, wie sie nach etwas oder nach jemandem schaute, der nicht da war, und wie sie lächelte. Es war ihr unmittelbar davor ausgesprochen schlecht gegangen. Sie erzählte mir (danach), daß sie gerade ihre (verstorbene) Schwester gesehen hätte, die zu ihr gekommen sei. Sie erkannte, daß sie sterben müßte, aber es schien ihr nichts auszumachen. Es schien sie zu erleichtern (daß sie ihre verstorbene Schwester gesehen hatte); ein angenehmes Erlebnis.

Erlebnisse, bei denen der Patient eine Art Sendboten aus der anderen Welt »sieht«, bezeichnen wir als »jenseitsbezogene Halluzinationen«. *Halluzination* ist vielleicht gar nicht das richtige Wort, da die Möglichkeit besteht, daß es sich dabei um eine tatsächliche Wahrnehmung einer verstorbenen Person handelt, deren Erscheinung in diesem oder jenem Sinne anwesend ist. Einer der Befragten war beispielsweise bei der folgenden Vision eines zweieinhalb Jahre alten Jungen überzeugt, daß sie mehr als eine Halluzination gewesen sein müsse, da das Kind ganz offensichtlich zu jung war, als daß es irgendeine Vorstellung vom Tod hätte haben können.

> Er lag sehr ruhig da. Er richtete sich nur auf, streckte seine Arme aus und sagte: »Mama«; dann fiel er zurück (tot).

Die Mutter des Kindes war gestorben, als es zwei Jahre alt gewesen war. Außerdem zeigte es vor dem beschriebenen Ereignis nie ein ähnliches Verhalten, das heißt erst in den Augenblicken vor dem Tod. Es ist in diesem Zusammenhang überflüssig zu erwähnen, daß ein Einzelfall noch lange kein eindeutiger Beweis für ein Weiterleben nach dem Tod ist. Aber solche Fälle liefern uns wertvolles Forschungsmaterial, dessen sorgfältige Analyse klarere Beweise entweder für oder gegen ein Weiterleben erbringen könnte.

Halluzinationen und Erscheinungen

Die ärztlichen Beobachter unterscheiden Halluzinationen von Erfahrungen der Wirklichkeit, weil sie die ersteren lediglich als Symptome betrachten, die für die Diagnose und die Behandlung der Patienten von Interesse sind. Ihrer Ansicht nach sind Halluzinationen Anzeichen für Störungen der Gehirnfunktionen und für »Psychische Desorientiertheit«, das heißt für den Verlust des Wirklichkeitsbezugs.

Dieser Erklärungsansatz ist für einige, aber nicht für alle Halluzinationen richtig. Nichtsdestoweniger haben Psychologen und Psychiater diese theoretische Perspektive vielfach kritiklos übernommen und sie bei *allen* Halluzinationen angewandt. Die Ergebnisse der Parapsychologie stehen im deutlichen Widerspruch zu dieser Interpretation. Sie zeigen nämlich klar, daß *einige* Halluzinationen die äußere Wirklichkeit fast ebenso stark, lebhaft und wirksam vermitteln können wie die Sinneswahrnehmungen. Meistens ist es jedoch bei den außersinnlichen Wahrnehmungen so, daß die Wirklichkeit nur teilweise getreu wiedergegeben wird. Ebenso wie das Bild, das ein Künstler von einer Landschaft oder von Menschen malt, weisen sie in einer merkwürdigen Verflechtung mit der Phantasie einige Verzerrungen, Verschiebungen, Verdichtungen, Umformungen und symbolische Inhalte auf (L. E. Rhine, 1953; Green und McCreery, 1975).

Unsere Erhebung umfaßt Hunderte von Beobachtungen, aus denen hervorgeht, daß die betreffenden Halluzinationen der Patienten im Endstadium anscheinend auf ein Weiterleben nach dem Tod bezogen waren. Die Frage ist: Sind diese Bilder vollkommen subjektiver Natur oder aber sind sie Anzeichen einer »anderen Welt«, von der wir so gut wie gar nichts wissen? Das ist der zentrale Gegenstand unserer Untersuchung. Aber bevor wir damit fortfahren, dürfte es wünschenswert sein, genau zu definieren, was eigentlich mit dem Begriff *Halluzination*[12] gemeint ist.

Halluzinationen sind eine Art von geistigen Bildern (Trugwahrnehmungen), die ähnlich einer tatsächlichen Wahrnehmung den Charakter von Sinneseindrücken haben, aber keine durch die Sinne vermittelten Eindrücke sind (was die normale Grundlage für Bilder ist, die aufgrund einer tatsächlichen Wahrnehmung entstehen). Es gibt auch viele andere

Arten von geistigen Bildern, die nicht als Halluzinationen bezeichnet werden, zum Beispiel Tagträume, Wachrufen von Erinnerungen und Traumbilder. Aber was Halluzinationen von allen anderen Formen der geistigen Bilder unterscheidet, ist die Tatsache, daß die Betreffenden während deren Auftreten bei vollem Bewußtsein sind und bezüglich der Halluzination dieselbe Wirklichkeitsempfindung haben wie bei der Wahrnehmung realer Objekte. Das Wirklichkeitserleben ist ein grundlegender Bestandteil aller Wahrnehmungsprozesse. Aus der Psychopathologie weiß man sehr wohl, daß Trugwahrnehmungen nicht nur aufgrund bestimmter Geistesstörungen entstehen, sondern auch als Folge von körperlichem und seelischem Stress wie zum Beispiel Schlafentzug. Andererseits können Bilder, die nicht aufgrund von tatsächlichen Sinneswahrnehmungen zustandekommen, außerordentlichen Wirklichkeitscharakter erlangen, wie das Arthur Deikman für Meditationserfahrungen beschrieben hat (Deikman, 1963) und Sidney Cohen für Bilderwelten, wie man sie bei durch Drogen veränderten Bewußtseinszuständen findet (Cohen, 1964). Deshalb kann man sagen: *Halluzinationen sind von einem falschen Wirklichkeitsempfinden begleitete Vorstellungen.*

Dagegen ist bei den Halluzinationen, die auf außersinnlicher Wahrnehmung beruhen, ein Wirklichkeitsempfinden insofern angemessen, als sie eine Art von äußerer Wirklichkeit betreffen, die nicht im Bereich unserer normalen Wahrnehmungsmöglichkeiten liegt. Um ein Beispiel zu nennen: Jemand hat eine Vision von einem tausend Kilometer entfernten Unfall, von dem später festgestellt wird, daß er sich tatsächlich zu der Zeit, als der Betreffende die Vision hatte, ereignet hat. Bilder aus der Erinnerung sind im allgemeinen mit einem anderen Wirklichkeitsempfinden behaftet, einer Form von Wiedererkennen von etwas Vertrautem, was schon einmal gesehen, gehört oder mit anderen Sinnen wahrgenommen worden ist. Darüberhinaus erweist sich das Wirklichkeitsempfinden bei Erinnerungen gewissermaßen als von der Zeit unabhängig, indem es sich auf die Wirklichkeit bezieht, die einmal war, und nicht auf die gegenwärtige. Außersinnliche Wahrnehmung allerdings reicht nicht nur in die Vergangenheit zurück und in die Gegenwart hinein, sondern auch bis in die Zukunft. Beispielsweise haben präkognitive Bilder häufig Wirklichkeitscharakter, und sie sind auch wirklich, da sie Ausschnitte von Begebenheiten des tatsächlichen zukünftigen Lebens zeigen.

Die jenseitsbezogenen Halluzinationen der Sterbenden sind ebenfalls Bilder, die mit einem eindeutigen Wirklichkeitsempfinden verbunden sind. Nur in sehr wenigen Fällen zweifelt der Patient an dem, was er sieht.

Aber der Hauptinhalt der Visionen auf dem Sterbebett – das Leben nach dem Tod und sein Vertreter in der Halluzination (zum Beispiel die Erscheinung einer verstorbenen Mutter) – kann nicht direkt nachgeprüft werden, wie das bei einem ASW-Traum möglich ist; dieser hat entweder einen Bezug zu einem Ereignis aus dem wirklichen Leben oder nicht. Es wäre lächerlich, wenn man vorschlagen wollte, daß jemand in »die andere Welt« geht und Zeugenbefragungen vornimmt, Zeitungsberichte sichtet usw. Die Methoden, die man für die Überprüfung von ASW-Fällen ausgearbeitet hat, sind hier offensichtlich nicht angebracht; ebensowenig die Methoden, die man gewöhnlich benutzt, um Sinneswahrnehmungen oder Bilder aus der Erinnerung zu prüfen.

Muß aber die mangelnde Möglichkeit einer direkten Überprüfung jegliche Forschung ausschließen? Oder sollten wir deshalb annehmen, daß das subjektive Wirklichkeitserleben bei den Visionen auf dem Sterbebett genauso ohne jeden realen Bezug ist wie bei den pathologischen Halluzinationen? Das ist nicht notwendig. Es gibt andere Möglichkeiten der Realitätsprüfung außer der Technik der direkten Überprüfung, wie sie gewöhnlich bei der Erforschung von außersinnlichen und normal-sinnlichen Vorgängen eingesetzt wird. Selbst ein Gericht arbeitet mit indirekten Beweisen. Genau das tut auch die Wissenschaft. In der Astrophysik beruht die Kenntnis von Galaxien, die eine Million Lichtjahre entfernt sind, auf Lichtstrahlen, die vor einer Million Jahren ausgesandt wurden. Derartige Erkenntnisse sind sehr indirekter Natur; dennoch sind der Astronomie erstaunliche Durchbrüche gelungen. Beispielsweise können Teilerkenntnisse, die zunächst nicht recht zueinander passen wollen, langsam in einen Zusammenhang eingeordnet und sinnvoll werden, wenn wir die Annahme der Astronomen akzeptieren, daß die Vorstellung von sogenannten »schwarzen Löchern« (Materie von extremer Dichte im Universum) Gültigkeitswert hat.

Jedenfalls haben wir im Lauf der Jahre große Anstrengungen unternommen, um Methoden für die systematische Untersuchung der Halluzinationen von Personen zu entwickeln, wie sie die Sterbenden sehen. Es folgt nun das Resultat unserer Bemühungen.

Die Ursachen der Erlebnisse mit Erscheinungen

Unsere Voruntersuchung erbrachte ausreichend Daten, die es uns erlaubten, einen Satz von Hypothesen zu entwickeln, mit dessen Hilfe wir, wie oben beschrieben, ein Modell zu dem Weiterleben nach dem Tod erstellten. Dieses Modell ist gleichsam eine Landkarte: Es dient unserer Orientierung und gibt uns die Möglichkeit, nicht nur vorläufige Festellungen darüber zu treffen, wie die Phänomene in Erscheinung treten müßten, wenn es wirklich ein Leben nach dem Tod gibt, sondern auch über die andersgearteten Grundmuster, die man erwarten würde, wenn die Zerstörungshypothese zutreffend wäre. Im folgenden Abschnitt versuchen wir, dieses Modell auf die Wahrnehmung von Erscheinungen bei Patienten im Endstadium anzuwenden.

Was ist nun die Grundkonzeption, die die verschiedenen Aspekte der Erscheinungsphänomene in unserem Modell zum Weiterleben nach dem Tod vereinigt? In der Voruntersuchung fanden wir folgende grundlegende Merkmale der Erlebnisse, die die Sterbenden mit Erscheinungen hatten.

1. In der Mehrzahl (zwei Drittel) der Erscheinungen treten Verstorbene auf. Das Gegenteil gilt für Halluzinationen, wie sie normalgesunde Personen haben.
2. Anscheinend ist es das Hauptziel der Erscheinungen, die Patienten in eine andere Form des Seins zu holen. Diese Absicht zeigen ausschließlich Erscheinungen von Verstorbenen und religiösen Figuren. Innerhalb der Voruntersuchung gab es keine einzige Erscheinung von einem lebenden Menschen, von der behauptet wurde, daß sie mit dieser Absicht gekommen wäre.
3. Die vorherrschende Reaktion der Kranken bei der Wahrnehmung von Erscheinungen, die angeblich die Aufgabe haben, sie wegzuholen, ist im allgemeinen Heiterkeit und innerer Friede, religiöse Empfindungen und »jenseitige« Gefühle; sie ähneln denjenigen, von denen die Mystiker im Hinblick auf die von ihnen behaupteten Begegnungen mit einer »transzendentalen Wirklichkeit« sprechen.

Unserem Modell gemäß würde jedes dieser drei Merkmale, je nach dem Ursprung der Halluzination verschieden, von medizinischen, psychologischen und kulturellen Bedingungen beeinflußt. Wenn sie auf einem tatsächlichen Kontakt mit der anderen Welt beruhen, werden die Wechselwirkungen anderer Art sein als bei Halluzinationen, die von gestörten Funktionen eines kranken Gehirns verursacht sind. Deshalb werden uns also die Visionen auf dem Sterbebett die Hilfsmittel liefern, mit denen wir Belege entweder für die Unterstützung oder für die

Zurückweisung der Hypothese von einem Leben nach dem Tod sammeln können. Mit anderen Worten: Unsere Methode ist so strukturiert, daß sie die Ursachen der Halluzinationen feststellt, die entweder im diesseitigen Bereich liegen oder aber auf ASW-Erfahrungen fußen, die den Kranken von hypothetischen Wesenheiten aus der Nachtod-Welt vermittelt werden.

Nach unserem Modell dürfte die Erscheinung dann häufiger Verstorbene oder religiöse Figuren darstellen, wenn praktisch keine medizinischen Ursachen vorhanden sind, die eine Eintrübung des Bewußtseins hervorrufen könnten. Umgekehrt dürfte die Erscheinung in Fällen, in denen eindeutig halluzinogene Störungen vorliegen, den Eindruck einer lebenden Person vermitteln und diesseitige Ziele haben, die keinen Bezug zum Tod oder zum Sterben haben. Das sind beispielsweise Fälle von Geisteskrankheiten, Harnvergiftungen, oral gemessenen Temperaturen von über 39,4 Grad Celsius oder Drogen, die eine bewußtseinsverändernde Wirkung haben (wie zum Beispiel Morphium). Wenn die Erscheinungen Jenseitiger von halluzinogenen Faktoren wie den eben erwähnten begleitet werden, wird das für gewöhnlich Grund genug für die Vermutung sein, daß sie tatsächlich auch davon verursacht werden. Wenn das nicht der Fall ist, wird dadurch gleichermaßen die Hypothese von einem Leben nach dem Tod untermauert. Um es ohne Umschweife zu sagen: je krankhafter die Gehirnprozesse, desto verwirrter und bizarrer die Erlebnisse einschließlich der Phantasien von einer anderen Welt und von himmlischen Wesen und Totengeistern.

Einige psychologische Faktoren können ebenfalls natürliche Erklärungsmöglichkeiten für diese Erscheinungen nahelegen. Man weiß sehr wohl, daß Halluzinationen häufig Projektionen von inneren Konflikten, Problemen, Bedürfnissen, Erwartungen, Befürchtungen, Wünschen usw. sind (Siegel und West, 1975). Wenn das so ist, sind die Visionen auf dem Sterbebett Projektionen dessen, was im Innenleben der Patienten vor sich geht und haben insofern überhaupt keine Verankerung in der äußeren Wirklichkeit. Wenn man dieser Gegenhypothese folgt, sind die Halluzinationen der Sterbenden eng verbunden mit den Erwartungen, Stimmungen, Besorgnissen, Belangen und Wünschen der Patienten vor dem Eintreten der Halluzination. Wenn aber diese Bezüge fehlen, würde das für eine tatsächliche äußere Ursache der Visionen auf dem Sterbebett sprechen, mit anderen Worten dafür, daß sie Botschaften aus einer anderen Welt sind. Das wiederum ist überprüfbar.

In allen Kulturen finden wir Beispiele für Erscheinungen, die William

James als »die religiöse Erfahrung in ihrer Mannigfaltigkeit« bezeichnete. Einige Denker der Religionspsychologie betrachten solche Erfahrungen als Ergebnis einer Begegnung mit dem Transzendentalen, dem Göttlichen und dem Übernatürlichen. Andere erklären diese Phänomene, ohne auf derartige Annahmen zurückzugreifen. Rudolf Otto und andere haben versucht, die gefühlsmäßigen Bestandteile dieser Erlebnisse herauszuarbeiten (Otto, 1963; Huxley, 1962; Smith, 1958; Tart, 1975; Maslow, 1970; Greely, 1975). Die Berichte von jenseitigen, mystischen Erfahrungen sind häufig gekennzeichnet von Aussagen über Lichterfahrungen, strahlende Farben, Harmonie, Heiterkeit und den »Frieden, der jenseits allen Verstehens liegt«. Es hat auch Berichte über ein Gefühl der sprichwörtlichen Majestät Gottes und der Ehrfurcht vor ihm gegeben, einer Macht, die unendlich viel größer und stärker ist, als wir Menschen es sind (Otto, 1963). Die Menschen, die solche Erlebnisse hatten, halten daran fest, daß derartige Gefühle nicht einfach Erweiterungen des weltlichen Bereichs sind, sondern einzigartige Spiegelungen von etwas Außergewöhnlichem. Eine Untersuchung von Meditationserfahrungen durch Osis und Bokert (1973) untermauert die Behauptung hinsichtlich der Einzigartigkeit dieser Gefühle.

Obwohl wir hinsichtlich metapsychologischer Probleme keinen eindeutigen Standpunkt beziehen können, gilt doch folgendes: Wenn es eine »andere Welt« gibt, könnten derartige Erlebnisse unseren Zugang dazu bilden. Zu heuristischen Zwecken wollen wir also annehmen, daß ein Individuum, das nicht bei voller Gesundheit ist, in solchen Phänomenen eine Wirklichkeitsebene erfährt, die in gewisser Weise derjenigen ähnlich ist, die man bei den »jenseitigen« Erlebnissen von sterbenden Patienten gefunden hat. Wenn dem so ist, dann müßten die Gefühlsqualitäten in beiden Situationen ähnlich sein. Wir werden unsere Daten sorgfältig auf die entsprechenden Beweise hin untersuchen, ob solche »jenseitigen« Gefühle mit Visionen auf dem Sterbebett einhergehen.

Entsprechend unserem Modell könnten kulturelle Faktoren die Ursache für einige Visionen auf dem Sterbebett sein. Visionen vom Jenseits könnten einfach durch entsprechendes Material gestaltet werden, das der Patient durch vorhergehende Lernvorgänge übernommen hat, wie zum Beispiel durch religiöse Erzählungen, die Heilige Schrift und durch gesellschaftliche Glaubenssysteme, kurz aus seinem ganzen kulturellen Hintergrund. In diesem Fall wären die Halluzinationen ausschließlich Phantasien, die bar jeder Grundlage durch eine äußere Wirklichkeit wären. Sie müßten dann je nach dem Glaubenssystem der Gesellschaft, in der der Patient lebt, verschieden sein, und ebenso je nach den individuellen, nationalen und rassischen Unterschieden.

Andererseits, wenn es eine andere Form des Seins gibt, dann würden wir erwarten, daß alle Patienten im wesentlichen die gleichen Dinge sehen. Deshalb sollte den Kranken, die einen unterschiedlichen kulturellen Hintergrund haben, die andere Welt in ihren grundsätzlich gleichen Wesensmerkmalen erscheinen. Das heißt, daß die wesentlichen Dimensionen eines Lebens nach dem Tode sich in den Erfahrungen aller Menschen in ähnlicher Weise spiegeln müßten, gleichgültig ob es Männer oder Frauen, Amerikaner oder Inder, Personen mit oder ohne Hochschulbildung sind.

Das liefert uns die Möglichkeit für einen Test. Innerhalb so relativ verschiedener Kulturen wie den Vereinigten Staaten und Indien müßten die Unterschiede zwischen den Visionen auf dem Sterbebett minimal sein, wenn es eine andere Welt tatsächlich gibt, und sie müßten äußerst groß sein, wenn es sie nicht gibt. Wenn man dem kulturellen Unterschied einen gewissen Einfluß zugesteht, dann würden wir erwarten, daß die Inder das Jenseits in einer etwas anderen Färbung wahrnehmen als die Amerikaner. Aber die grundlegenden Merkmale der Welt, die sie beide sehen, müßten über die Unterschiede in den Einflüssen des kulturellen Milieus hinweg erkennbar sein, ebenso wie wir den gleichen Berg erkennen, ob ihn nun ein amerikanischer oder ein indischer Künstler gemalt hat. Ausgehend von unserem Modell werden wir nun beginnen, die allgemeinen Merkmale der Fälle von Erscheinungen ausführlich zu untersuchen.

8

Allgemeine Merkmale der Erscheinungen bei Patienten im Endstadium

In den von uns untersuchten Phänomenen waren es die Halluzinationen von Personen (Erscheinungen), die am allerhäufigsten bei sterbenden Patienten beobachtet wurden und mehr als die Hälfte unserer Interviews ausmachten. Wir hatten 471 Fälle, von denen uns berichtet wurde, daß dabei Patienten im Endstadium Halluzinationen von Personen gesehen hatten. 216 dieser Fälle wurden von den Ärzten und Krankenschwestern in den Vereinigten Staaten aufgeführt und 250 von der gleichen Berufsgruppe in Indien. Da jeder dieser 471 Fälle 16 Seiten mit Informationen füllt, die in Einzelheiten während der Interviews gewonnen wurden, ist leicht einzusehen, daß diese überaus große Menge an Material – in Verbindung mit dem aus 135 Fällen der Voruntersuchung – uns reichhaltige Möglichkeiten für einen Einblick in die vielen Facetten der Erlebnisse eröffnete, die sterbende Patienten mit Erscheinungen hatten.

Nachdem diese Daten einmal gesammelt waren, war es unsere erste Aufgabe, herauszufinden, wie typisch jeweils die betreffende Erlebnisform war. Wir wollten wissen, welche Erfahrungen am häufigsten vorkamen, welches die ungewöhnlichen Eigenheiten waren und was davon vielleicht einer verzerrten oder irrtümlichen Beobachtung zuzuschreiben war. Es wurden für alle festgestellten Merkmale sorgfältige Häufigkeitsanalysen erstellt. (Anhang II beinhaltet die genaue zahlenmäßige Aufstellung. Tabelle 1 bis 7 sind für Leser aufgeführt, die statistische Vorkenntnisse haben). Im folgenden werden wir einen Überblick über die Auswertung geben. Bei der Sammlung unserer Daten und der Analyse der Häufigkeiten der beobachteten Merkmale verfolgten wir grundsätzlich zwei Gesichtspunkte:

1. *Das Wesen des betreffenden Erlebnisses mit der Erscheinung.* Wie lange dauerte es? Wie groß oder klein war der nachfolgende Zeitraum

vor dem Tod? Was wurde »gesehen«? Welche Absicht hatte die Erscheinung? Welchen Einfluß hatte sie auf den Patienten?
2. *Die Merkmale der Patienten zum Zeitpunkt, da sie ihre Visionen hatten.* Welcher Art war ihre Krankheit? Wie war ihre Temperatur? Die Frage nach Beruhigungsmitteln, Bewußtseinszustand, Geschlecht, Alter, Religion, religiöses Engagement, Glaube an ein Leben nach dem Tod und Bildung?

Das Wesen der Erlebnisse mit Erscheinungen

Wie lange dauerte die Vision?

Die betreffenden Visionen auf dem Sterbebett waren von kurzer Dauer, wie das bei ASW-Erscheinungen gewöhnlich der Fall ist. Ungefähr die Hälfte dauerte nur fünf Minuten oder weniger, wie zum Beispiel in dem folgenden Fall:

> Eine etwa 50 Jahre alte Herzpatientin wußte, daß sie am Sterben war und befand sich in einer mutlosen und deprimierten Stimmung. Plötzlich hob sie die Arme und öffnete die Augen weit; ihr Gesicht leuchtete auf, als ob sie jemanden sähe, den sie lange Zeit nicht mehr gesehen hatte. Sie sagte: »O, Katie, Katie«. Die Patientin war plötzlich aus einem komaartigen Zustand erwacht, sie schien glücklich und starb unmittelbar nach der Halluzination. Es gab mehrere Katies in der Familie dieser Frau: eine Halbschwester, eine Tante und eine Freundin. *Alle* waren bereits gestorben.

Siebzehn Prozent solcher Halluzinationen dauerten sechs bis fünfzehn Minuten und ebenfalls siebzehn Prozent dauerten länger als eine Stunde (s. Tabelle 1, Anhang II).

Wie lange dauerte es vom Auftreten der Vision bis zum Zeitpunkt des Todes?

Eine weitere Bedingung, die wir untersucht haben, war die Zeitspanne zwischen dem Auftreten der Halluzination und dem Tod der Patienten. Obgleich die meisten Kranken nicht unmittelbar nach der Wahrnehmung einer Erscheinung starben, so waren es doch 27 Prozent, die innerhalb einer Stunde starben, und bei 20 Prozent trat der Tod eine Stunde bis sechs Stunden danach ein. In der Mehrzahl der Fälle war es so, daß die Halluzinationen den Eintritt des Todes innerhalb eines Tages ankündigten (s. Tabelle 1, Anhang II). Ein Drittel (38 Prozent) der Patienten starben nach Ablauf eines Tages. Diese Zeitspanne war bei den Kranken besonders lang, deren Halluzinationen weitschweifiger Art waren.

Das Sterben ist oft ein allmählicher Prozeß. Zunächst fällt der Patient in ein Koma, daß heißt, er wird bewußtlos; später steht das Herz still und die körperlichen Prozesse kommen ebenfalls zum Stillstand. Die Dauer des Komas ist in den oben angegebenen Zahlen enthalten. Bei den meisten Patienten war die Zeitspanne zwischen dem Auftreten der Erscheinungen und dem Eintritt der Bewußtlosigkeit beträchtlich kürzer als diejenige zwischen dem halluzinatorischen Erlebnis und dem klinischen Tod.

Wen sahen sie?

Die Frage nach der Persönlichkeit der Erscheinung ist problematisch. Wir konnten die Inhalte der Halluzinationen von Personen in drei Kategorien aufteilen: lebende Personen, Verstorbene und mythologische oder historische Figuren (s. Tabelle 1, Anhang II). Gemäß unserem Modell müßten Halluzinationen von Lebenden für Erlebnisse sprechen, die nichts mit einem Leben nach dem Tod zu tun haben, wohingegen jenseitsbezogene Erscheinungen von Verstorbenen und von religiösen Figuren Merkmale zeigen müßten, die für das Vorhandensein einer anderen Welt sprechen. In der Tat gab es in allen drei Umfragen eine überwiegende Mehrheit von jenseitsbezogenen Erscheinungen in den Erlebnissen der Sterbenden: 77 Prozent in der Voruntersuchung, 83 Prozent in der Umfrage in den Vereinigten Staaten und 79 Prozent in der Umfrage in Indien. Wie auch die Abbildung 1 zeigt, steht dieses Ergebnis in krassem Gegensatz zu den Erlebnissen normalgesunder Personen, die Verstorbene und religiöse Figuren lediglich in 22 bis 33 Prozent aller Fälle von Personenhalluzinationen sahen (Sidgwick u. a., 1894; West, 1948). Die Patienten im Endstadium aus all unseren Untersuchungen sahen offensichtlich jenseitsbezogene Erscheinungen von Verstorbenen und religiösen Wesenheiten dreimal so häufig, wie das bei Menschen, die bei guter Gesundheit sind, der Fall ist. Wir werden derartige Fälle von Erscheinungen später noch im Zusammenhang mit anderen Bedingungen aufgreifen, um ihre Ursachen näher zu bestimmen.

Was den Inhalt der jenseitsbezogenen Erscheinungen angeht, gibt es bedeutsame Zahlenunterschiede zwischen den Vereinigten Staaten und Indien. In den USA halluzinierten die Patienten eine wesentlich größere Anzahl von verstorbenen Personen (meist Verwandte), wohingegen die Halluzinationen der Kranken in Indien sich in erster Linie mit religiösen Figuren befaßten. Aber die Gesamtzahl der jenseitsbezogenen Halluzinationen war für beide Länder nahezu gleich (s. Abb. 1).

Die von uns gesammelten Fälle reichen von einem dramatischen Auftreten der Erscheinung bis hin zu Erlebnissen, bei denen der Kranke das Phänomen eher als gegebene Tatsache nimmt, wie zum Beispiel in dem folgenden:

> Ein fünfundsechzig Jahre alter Amerikaner, Krebspatient, schien klar und rational zu denken, aber er »sah die andere Welt«. Er schaute in die Ferne, dann pflegten ihm diese Dinge zu erscheinen, und sie schienen für ihn völlig real zu sein. Er starrte dann gewöhnlich die Wand an, seine Augen und sein Gesicht leuchteten auf, als ob er jemanden sähe. Er erzählte von Licht und von Helligkeit. Er sah Menschen, die für ihn wirklich da zu sein schienen und sagte: »Hallo« und: »Da ist meine Mutter«. Nachdem es vorüber war, machte er mit ausgestreckten Händen Gebärden, schloß die Augen und schien sehr friedvoll zu sein. Vor der Halluzination war er sehr krank und unleidlich, danach war er heiter und friedlich.

Am häufigsten traten in den Halluzinationen Verstorbene auf, das heißt in etwa der Hälfte aller Fälle (47 Prozent) unserer gesamten Stichprobe. Die große Mehrheit (91 Prozent) der verstorbenen Personen, die identifiziert werden konnten, waren Verwandte des Patienten. 90 Prozent der identifizierten Verwandten waren nahe Verwandte: Mutter, Ehepartner, Kind, Geschwister und Vater (in dieser Reihenfolge in abnehmender Häufigkeit). In einem Fünftel der Fälle war die Identität der Erscheinung nicht auszumachen (s. Tabelle 2, Anhang II). Die zweitgrößte Kategorie innerhalb unserer gesamten Stichprobe war diejenige der religiösen Figuren. Im ganzen gesehen neigten die Christen dazu, Engel, Jesus oder die Jungfrau Maria zu halluzinieren, wohingegen Hindus gewöhnlich am häufigsten Yama (den Gott des Todes) sahen, einen seiner Sendboten, Krishna oder eine andere Gottheit. Der folgende Fall wurde uns von einem indischen Arzt berichtet, der in einem Moslem-Krankenhaus arbeitete.

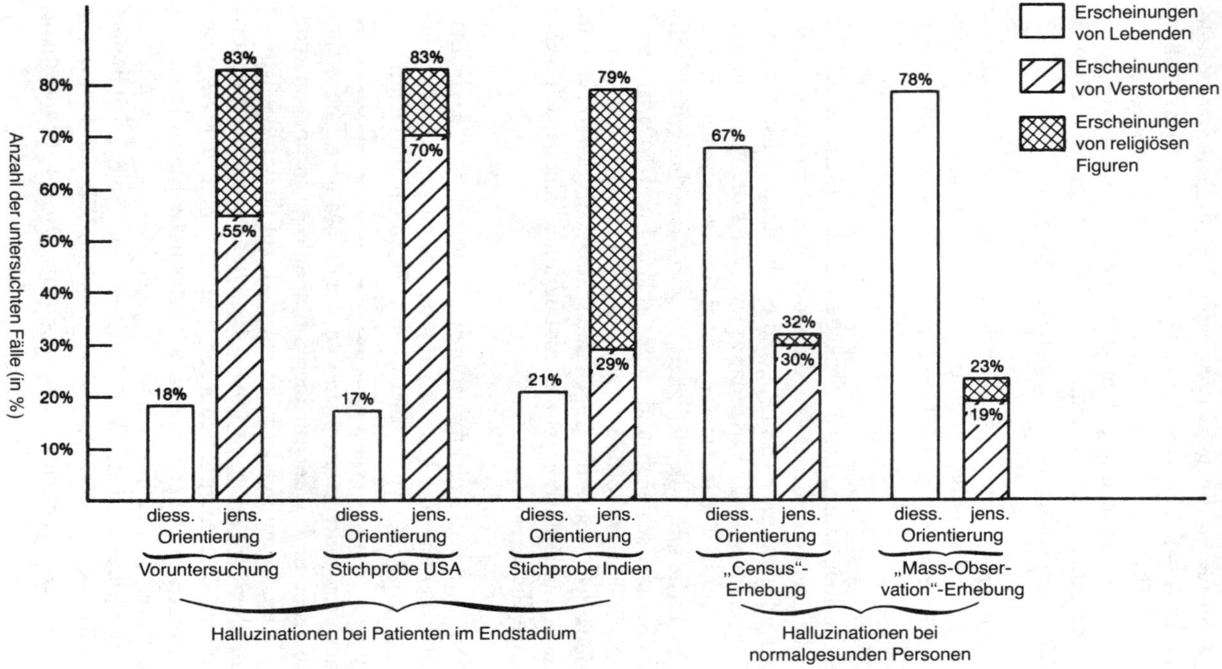

Abb.1 Erscheinungen, die Lebende oder Verstorbene oder religiöse Figuren darstellen, in ihrer Verteilung in Auswahlen von Patienten im Endstadium und normalgesunden Personen.

Ein etwa fünfzig Jahre alter Patient mit Hochschulbildung, christlich getauft, sollte am siebten Tag nach der Operation eines Hüftbruchs entlassen werden. Der Patient war fieberfrei und erhielt keinerlei Beruhigungsmittel. Plötzlich stellten sich bei ihm Schmerzen in der Brust ein, und ich wurde zu ihm gerufen. Als ich kam, sagte er mir, daß er sterben würde. »Warum sagen Sie das? Ein wenig Schmerzen in der Brust bedeuten doch nicht, daß Sie sterben«. Daraufhin erzählte der Patient, wie er unmittelbar nach dem Einsetzen dieser Schmerzen in der Brust eine Halluzination gehabt hatte, aber dennoch bei vollem Bewußtsein gewesen wäre. Er sagte, daß er sich für ein paar Sekunden außerhalb dieser Welt gefühlt hätte. Dabei sah er Christus, wie dieser langsam durch die Luft herabkam. Christus rief ihn und winkte ihm mit der Hand, daß er kommen sollte. Dann verschwand Christus und der Patient war wieder ganz in der Wirklichkeit. Er sagte mir, daß er innerhalb von wenigen Minuten sterben würde. Er schien ganz glücklich und erklärte, daß damit nun sein Lebensziel erreicht wäre, weil Christus ihn gerufen hätte. »Nun gehe ich«, sagte er und verließ diese Welt ein paar Minuten später.

Welche Absicht hatte die Erscheinung?

Es kam sehr häufig vor, daß die Patienten den Beantwortern unseres Fragebogens erzählten, warum die Erscheinung sie aufgesucht hatte. Obleich die Berichte gewöhnlich so lauten, daß die Erscheinung ihre Absicht jeweils selbst zum Ausdruck brachte, war es in einigen anderen Fällen so, daß der Patient oder die Patientin erzählten, wie er oder sie einen solchen Besuch verstanden hätten. In unserem Modell sind zwei verschiedene Absichten dieser Erscheinungen aufgeführt.

1. Wenn man von der Hypothese von einem Leben nach dem Tod ausgeht, kam die Erscheinung, um den Betreffenden bei ihrem Übergang in die andere Welt zu helfen. In diesem Fall würde es sich um die Absicht handeln, »den Patienten wegzuholen«.
2. Die Zerstörungshypothese geht davon aus, daß, abgesehen von Phantasien, die durch bestimmte Formen der religiösen Erziehung bedingt sind, das Ziel der Erscheinung diesseitige Belange betrifft.

Die Voruntersuchung zeigte, daß 50 Prozent der Erscheinungen in der Absicht kamen, den Betreffenden »wegzuholen«. In unseren späteren

Umfragen in den Vereinigten Staaten und in Indien waren es sogar noch mehr Erscheinungen, die eine auf das Überleben bezogene Absicht hatten: 65 Prozent aller Fälle (s. Tabelle 1, Anhang II). Tatsächlich untertreibt diese Statistik ein wenig, insofern als die Kategorie »diesseitige« Absichten auch so zweideutige Bemerkungen beinhaltete wie: »Die Figur kam, um zu trösten«; das könnte in diesem Fall ebensogut ein Besucher aus der anderen wie aus dieser Welt gewesen sein. Fälle von »wiederauflebenden Erinnerungen« wurden ebenfalls in die Gruppe der »diesseitigen Belange« eingereiht, obgleich sie keinerlei mit der Gegenwart zusammenhängende Inhalte aufwiesen. Wenn wir die Fälle mit zweideutigem Inhalt ausschließen, dann stellt sich heraus, daß die Absicht, die Kranken wegzuholen, in drei von vier Fällen zum Ausdruck

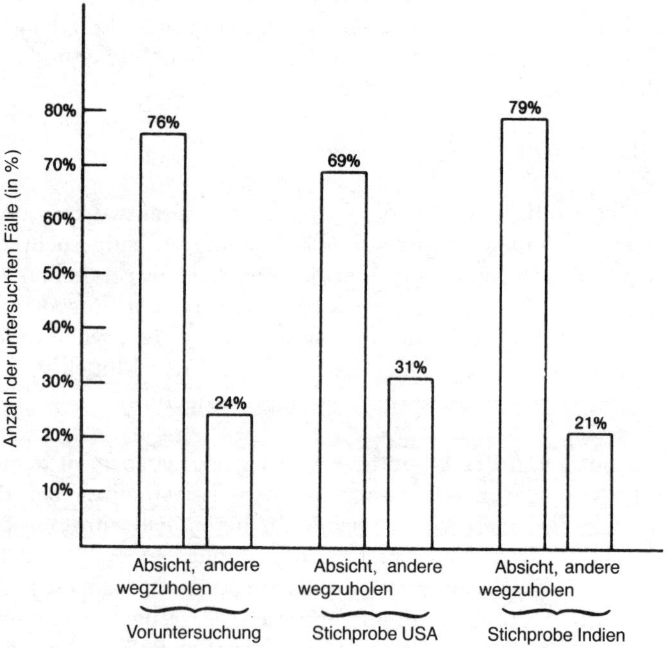

Abb. 2 Anzahl der halluzinatorischen Figuren mit der Absicht, »wegzuholen«, und derjenigen, die entweder für einen Besucher gehalten oder als Bedrohung empfunden wurden (in %).

gebracht wird (Voruntersuchung – 76 Prozent; Vereinigte Staaten – 69 Prozent; Indien – 79 Prozent). Diese Ergebnisse sind in Abbildung 2 dargestellt.

Zusammenfassend läßt sich für die Ergebnisse zu diesem Punkt sagen, daß sich die grundlegenden Resultate der Voruntersuchung bestätigt haben. Die Erscheinungen, die die Sterbenden »sehen«, werden hauptsächlich als Helfer erlebt, die ihnen bei dem Übergang in eine andere Form des Seins beistehen. Ein typisches Beispiel dafür dürfte der folgende Fall eines elfjährigen Mädchens sein, das eine angeborene Herzkrankheit hatte.

> Ihre Krankheit war wieder einmal in einer schlimmen Phase, als sie berichtete, daß sie ihre Mutter in einem hübschen weißen Kleid sah und daß ihre Mutter gerade so ein Kleid für sie hatte. Sie war sehr glücklich, lächelte und bat mich, sie aufstehen und dort hinübergehen zu lassen. Ihre Mutter war bereit, sie mit auf die Reise zu nehmen.

Die Vision dauerte eine halbe Stunde. Sie versetzte das Mädchen in einen heiteren und friedvollen Zustand bis zu ihrem Tod, der vier Stunden später eintrat. Ungewöhnlich an diesem Fall ist die Tatsache, daß das Mädchen seine Mutter nie gekannt hatte, da diese bei seiner Geburt gestorben war. Dadurch hatte es sicherlich keine Möglichkeit, eine enge gefühlsmäßige Beziehung zu seiner Mutter aufzubauen, wie das bei den meisten von uns der Fall ist. Und doch, als seine letzte Stunde herannahte, war die Mutter »da«.

Diejenigen Fälle, in denen die Betreffenden »abgeholt« wurden, bildeten bei weitem die größte Anzahl von Halluzinationen, sowohl in den Vereinigten Staaten als auch in Indien. Darüberhinaus liefen sie im allgemeinen nach dem gleichen Muster ab. Gewöhnlich waren es verstorbene nahe Verwandte, die den Kranken erschienen und ihnen mitteilten, daß sie gekommen seien, um sie in eine himmlische Welt zu holen; manchmal waren es auch religiöse Figuren.

Wie reagierten die Kranken?

Welcher Art waren nun die Reaktionen der Patienten auf den angeblichen »Besuch aus dem Jenseits«? Wollten sie wirklich mitgehen? Wir stellten fest, daß drei von vier Patienten (72 Prozent) den Wunsch hatten, die Erscheinung zu begleiten, während lediglich ein Viertel davon (28

Prozent) es vorgezogen hätten, nicht zu gehen, wenn sie die Möglichkeit gehabt hätten, sich dagegen zu wehren.

Obwohl in beiden Ländern die Mehrheit der Kranken bereit war zu gehen, fanden wir hinsichtlich derjenigen, die nicht dazu bereit waren, große individuelle und nationale Unterschiede. Während nur einer von hundert amerikanischen Patienten nicht gehen wollte, wenn er gerufen wurde, war es in Indien so, daß einer von dreien (34 Prozent), die eine Halluzination erlebt hatten, in der sie weggeholt werden sollten, seine Zustimmung verweigerte. In einem späteren Kapitel werden wir diese Unterschiede genauer analysieren. Unterdessen möge der Leser einfach im Kopf behalten, daß die meisten Patienten bereit waren »mitzugehen«.

Es pflegten nicht alle Patienten frei über ihre Reaktionen auf die Erscheinungen zu sprechen, und es gibt vermutlich viele Fälle, in denen es zu Erscheinungen kam, die nicht in unsere Untersuchung mit eingingen. Eine britische Umfrage (Rees, 1971) zeigte sehr klar, wie zurückhaltend die Kranken darin sind, den Ärzten ihre Erlebnisse mit Erscheinungen anzuvertrauen. Was die Patienten im allgemeinen erleben, könnte oberflächlich lediglich wie ein Gefühlsausbruch aussehen, zum Beispiel ein plötzlicher Freudenausbruch, und selbst das dürfte vielfach durch das sehr reale körperliche Elend der Sterbenden verdeckt sein. Der Hintergrund, auf dem die Gefühlsreaktionen bei Patienten im Endstadium entstehen, bleibt in Wirklichkeit ziemlich im Dunkeln.

Nach unserem Modell müßten die Unterschiede in den Gefühlsreaktionen der Patienten vom Ursprung der Erscheinung abhängig sein. Die Hypothese von einem Leben nach dem Tod geht davon aus, daß Botschafter aus der anderen Welt mit positiven Gefühlen empfangen werden; dabei handelt es sich besonders um Heiterkeit, Frieden, religiöse Empfindungen oder eine plötzliche freudige Erregung, die alle aus einer Atmosphäre hervorbrechen, die normalerweise von Apathie und Düsternis gekennzeichnet ist.

Ein fünfjähriges amerikanisches Mädchen litt an Knochentuberkulose im rechten Knie. Vor der Halluzination war es in einem deprimierten, teilnahmslosen Zustand, aber nachdem das Mädchen die Erscheinung gesehen hatte, war es »entspannt, glücklich, lächelte strahlend und voll Freude«. Drei Stunden später starb das Kind.

Einige Stimmungsveränderungen sind nur sehr geringfügiger Art; dennoch reißen sie den Patienten aus seiner Düsternis. Ein sechsunddreißig Jahre alter Mann, der an einer inneren Blutung litt, schaute plötzlich auf, streckte seine Hand aus und lächelte.

Er sah seine verstorbene Mutter und Schwester und war von ihrem Anblick gleichermaßen überrascht wie erfreut. Ich war verblüfft, als ich erfuhr, daß seine Mutter und Schwester beide gestorben waren. Er verhielt sich ihnen gegenüber so natürlich, daß ich dachte, sie wären wirklich lebendig anwesend. »Hallo, es ist schön, euch zu sehen . . «, sagte er. Danach war er bei völlig klarem Bewußtsein und konnte sich an jede Einzelheit des Besuchs erinnern. Nach der Halluzination war er entspannter und zufriedener.

Tatsächlich reagierten 41 Prozent aller Patienen auf die Erscheinung mit einer positiven Veränderung ihrer Gemütslage (s. Tabelle 1, Anhang II). Von den übrigen zeigten 30 Prozent keine bedeutsamen Veränderungen in ihren Gefühlen, während 29 Prozent negative Gefühle dabei empfanden. Hauptsächlich waren diese negativen Gefühle bei den Patienten in Indien zu finden, die mit einer Einladung ins Jenseits nicht einverstanden waren (ein Drittel). Ein Beispiel: Eine Inderin im achtzigsten Lebensjahr, die an Kehlkopfkrebs litt, lag im Sterben.

Sie sah Leute, die kamen, um sie wegzuholen. Sie wollte gegen sie kämpfen, dableiben und leben. Sie rief laut: »Die Leute kommen und wollen mich holen. Ich will aber nicht gehen! Bitte haltet mich an der Hand fest!« Sie ließ ihre Schwiegertochter, die sie fest an der Hand hielt, nicht los und erlaubte ihr nicht aufzustehen.

In diesem Fall war das beherrschende Gefühl unzweifelhaft Furcht.

Die positiven Gefühlsreaktionen schienen ziemlich gleichmäßig zwischen freudiger Erregung und dem verteilt zu sein, was wir als Heiterkeit und Freude beschreiben. Allerdings waren ein Drittel (35 Prozent) dieser positiven Gefühle religiöser Art (in Antwort auf religiöse Erscheinungen), während Erscheinungen von Verstorbenen ebenfalls häufig eine Art jenseitiges Empfinden verursachten – »der Friede, der jenseits allen Verstehens liegt«. Es ist in diesem Zusammenhang vollkommen verständlich, daß solche Reaktionen für eine ganze Anzahl derjenigen, die unsere Fragebogen beantworteten, ziemlich unbegreiflich waren.

Eine sechzig Jahre alte Frau litt beispielsweise an sehr schmerzhaftem Krebs, der sich in ihrem ganzen Körper ausgebreitet hatte. Sie »sah« ihren verstorbenen Ehemann, der die Sache in die Hand nahm und sie für den Übergang vorbereitete.

Ihr Ehemann gab ihr Anweisungen, und niemand konnte sie ablenken, so lebendig war für sie dieser Vorgang. Sie war wie in einem Halbschlaf, als ob sie zu sich selbst spräche, eine Unterhaltung führte; zum Beispiel, »warte auf mich«. Sie hieß mich ruhig sein. Davor war sie deprimiert darüber, daß es ihr immer schlechter ging. Nach der Halluzination war sie freudig erregt, schien über ihre Schmerzen hinweg zu sein und klagte nicht mehr.

Negative Gefühle waren meist Depressionen, Furcht und Angst. Das galt besonders für die Fälle in Indien, in denen die Erscheinung Yamduts auftrat, des Botschafters des Todes aus der hinduistischen Mythologie. Aber das Auftreten solcher negativen Affekte könnte auch einfach auf die Düsternis des Sterbens zurückzuführen sein. In den Fällen in Indien waren die negativen Gefühle der Patienten gewöhnlich direkt mit der Art der Erscheinung verbunden. Hier die Darstellung des Falles eines Großhändlers aus Neu-Delhi, der die höhere Schule besucht hatte. Er schien sich von einer Operation zu erholen, und sein Bewußtsein war ungetrübt, als er zu dem Arzt sagte:

»Mein (verstorbener) Großvater ist gerade neben meinem Bett. Er ist gekommen, um mich mitzunehmen. Ich will nicht gehen! Bitte, lassen Sie mich nicht allein!« Obgleich die körperliche Verfassung des Patienten ernst war, war er doch bei ziemlich klarem Bewußtsein; er war in der Lage, auf Fragen entsprechend zusammenhängend zu antworten. Aber die Erscheinung ließ ihn erschreckt und mit unangenehmen Gefühlen zurück. Er starb innerhalb einer Stunde.

Medizinischer, psychologischer und kultureller Hintergrund

Um eine so vielschichtige Erscheinung wie die der Visionen auf dem Sterbebett verstehen zu können, ist es notwendig, eine Anzahl von psychologischen Bedingungen und die zwischen ihnen bestehenden Wechselwirkungen genau abzuschätzen. Bevor wir an eine ausführliche Analyse dieser Wechselwirkungen gehen, wollen wir zunächst einen groben Umriß der bei unseren Patienten vorliegenden allgemeinen Merkmale zeichnen.

Entsprechend unserem Modell müßten jenseitsbezogene Erscheinungen relativ unabhängig von medizinischen und psychologischen Bedingungen sein, während andere Halluzinationen einen deutlichen Zusammenhang mit solchen Faktoren aufweisen müßten, da sie von ihnen verursacht werden. Weiter dürfte man dieselbe Art von Beziehung zwischen der Wahrnehmung von Erscheinungen und kulturellen Faktoren erwarten, wie dem Bildungsgrad des Patienten, seinem religiösen und nationalen Hintergrund und seinem persönlichen Glaubenssystem. Deshalb benötigen wir in dieser Untersuchung ausführliche Informationen über die Person des Patienten und ebenso über sein medizinisches Zustandsbild und die Behandlung.

Werden die Visionen auf dem Sterbebett von medizinischen Bedingungen verursacht?

Unser größtes Interesse gilt dem Ursprung der Visionen auf dem Sterbebett. Sind sie lediglich das Ergebnis psychophysiologischer Störungen und kultureller Einflüsse, das heißt von Ursachen, deren Zustandekommen feststellbar ist? Oder fördern sie tatsächlich ein relativ unabhängiges und universelles Merkmal des Menschen zutage? Das letztere würde mit der Hypothese von einem Leben nach dem Tod übereinstimmen. Aber wir müssen auch die gegenteilige Erklärungsmöglichkeit ausführlich überprüfen.

Es gibt in der Tat einige physiologische Bedingungen, von denen man weiß, daß sie in hohem Maße die Wahrscheinlichkeit von Halluzinationen begünstigen. Die Einnahme von Drogen oder Beruhigungsmitteln ist eine dieser Bedingungen. Aber von den 425 Patienten, von denen uns eine medikamentöse Behandlung bekannt war, hatten 61 Prozent überhaupt keine Beruhigungsmittel erhalten. Die Verteilung der Patienten, die keinerlei derartige Behandlung erhalten haben, sieht für die Vereinigten Staaten und für Indien so aus: 49 Prozent in Amerika und 71 Prozent in Indien, wo es überhaupt den Anschein hat, daß mit Beruhigungsmitteln sparsamer umgegangen wird als in den USA. 19 Prozent unserer Patienten hatten so kleine Dosen von leichten Mitteln erhalten, daß die Ärzte irgendeinen psychologischen Einfluß nicht ernsthaft in Betracht zogen (20 Prozent in den Vereinigten Staaten, 17 Prozent in Indien). So gesehen waren also 80 Prozent der Patienten im Endstadium, die Erlebnisse mit Erscheinungen gehabt hatten, während ihrer Krankheit nicht unter dem Einfluß solcher Drogen. Das bedeutet, daß lediglich für ein Fünftel eine Beeinflussung durch medikamentöse Behandlung berücksichtigt werden muß. Davon bildeten diejenigen die größte Gruppe, die nur »leicht beeinflußt« waren (11 Prozent), eine Kategorie, in der es wahrscheinlich ist, daß die Droge nicht die Hauptursache der Halluzination war. Lediglich ein Prozent der Patienten stand unter starkem Einfluß von Beruhigungsmitteln und acht Prozent unter mäßigem Einfluß. Deshalb erscheint es gerechtfertigt, den Schluß zu ziehen, daß die meisten der visionären Erfahrungen unserer Patienten nicht von einem Einfluß durch Drogen verursacht waren.

Ein weiterer physiologischer Faktor, der Halluzinationen hervorrufen könnte, ist hohes Fieber, da erhöhte Temperaturen dafür bekannt sind, daß sie manchmal eine Form des Deliriums zur Folge haben. Bei 442 von insgesamt 471 Patienten liegen uns Informationen über die Körpertemperatur vor. Davon hatten 58 Prozent normale Temperatur und 34 Prozent niedriges Fieber bis zu 39,4 Grad Celsius (oral gemessen). 8 Prozent der Kranken hatten hohe Temperaturen von 39,4 Grad und mehr. Deshalb scheint es nur bei einem geringen Anteil des Patientengutes möglich, daß die Erscheinungen vom Fieber hätten verursacht werden können.

Wir fragten zudem nach dem Bewußtseinszustand, in dem sich die Patienten zur Zeit ihrer visionären oder halluzinatorischen Erlebnisse befanden. In 86 Prozent der Fälle war es möglich, darüber eindeutige Kenntnisse zu erhalten, wenn man die ungewissen, »fluktuierenden« Bewußtseinszustände ausschließt, und bei diesen 86 Prozent war etwa die Hälfte der Betreffenden in einem klaren Bewußtseinszustand, der es ihnen ermöglichte, ihre Umgebung deutlich wahrzunehmen (59 Prozent in den Vereinigten Staaten und 41 Prozent in Indien; s. Tabelle 3, Anhang II). Das Bewußtsein von etwa einem Drittel war leicht getrübt, aber man konnte sich noch mit ihnen unterhalten; bei weniger als einem Fünftel der Patienten waren die Bewußtseinsfunktionen so ernsthaft eingeschränkt, daß nur eine geringe oder gar keine Kommunikation mit ihnen möglich war. Dem Urteil der Ärzte und Krankenschwestern nach, die wir interviewt haben, war somit also die Mehrheit der Patienten, die visionäre Erlebnisse hatten, in einem normalen, wachen Bewußtseinszustand.

Manchmal sind Halluzinationen auch die Folge von Geisteskrankheiten oder Krankheiten, die das Gehirn angreifen. Die Diagnosen unserer Patienten waren sehr verschieden, und wie zu erwarten war, gab es auch beträchtliche Unterschiede zwischen den Kranken in den Vereinigten Staaten und in Indien, was die Todesursache anbelangt. Während Krebs und Herzkrankheiten den Tod in 66 Prozent aller Fälle in der amerikanischen Stichprobe verursachten, waren sie nur für 27 Prozent der Todesfälle in der indischen Auswahl verantwortlich, wo Infektionskrankheiten, Verletzungen und Krankheiten der Atmungsorgane ganz oben auf der Liste standen. Beide Länder zusammengenommen sieht es so aus, daß von den Patienten, deren Diagnose bekannt war, mehr an Krebs starben (23 Prozent) als an irgendeiner anderen Krankheit. Herzkrankheiten waren die zweithäufigste Todesursache (22 Prozent), während die Prozentsätze für andere Krankheitsgruppen noch viel kleiner waren; beispielsweise kam die Gruppe der halluzinogenen Krankheiten – Schlaganfall, Gehirnverletzung und urämische Krankheiten – nur auf 12 bis 13 Prozent in den Vereinigten Staaten und auf 11 Prozent in Indien. Somit litt also nur eine kleine Gruppe von Patienten, die während der Endphase ihrer Krankheit Erlebnisse mit Erscheinungen hatten, an Krankheiten, die möglicherweise, aber nicht notwendigerweise halluzinogene Wirkungen gehabt haben könnten.

Der markante Unterschied zwischen den beiden Haupttodesursachen in der Stichprobe der Vereinigten Staaten und in der Gesamtbevölkerung dort versetzte uns in ziemliches Erstaunen. Der Anteil von Herzpatienten in unserer Stichprobe lag bei 29 Prozent, während er für die Gesamtbevölkerung der USA nach den U. S. Vital-Statistiken von 1972 38 Prozent betrug. Aber bei näherer Überlegung stellen wir fest, daß diese Diskrepanz verständlich ist. Der plötzliche Tod, wie er als Folge von vielen Herzattacken auftritt, dürfte seiner ureigenen Natur nach die Patienten daran hindern, über das Auftreten von irgendwelchen visionären Erlebnissen zu berichten. Aber beim Krebs, dem langsamen Mörder, ist dieser Unterschied sogar noch größer: 37 Prozent in unserer Stichprobe im Vergleich zu 18 Prozent in der allgemeinen Bevölkerung. Offenbar begünstigt ein langsamer Tod solche Erlebnisse eher, oder er bewirkt eine gewisse Neigung der Patienten, darüber zu berichten. Es ist auch so, daß im allgemeinen langzeitige Patienten ihre Ärzte und Krankenschwestern besser kennen und ihnen daher mit größerer Wahrscheinlichkeit solch ungewöhnliche Erlebnisse anvertrauen.

Unsere Kenntnis beschränkte sich nicht nur auf die Primärdiagnose unserer Patienten, sondern wir sammelten auch Informationen über sekundäre Krankheiten und den Verlauf von früheren Krankheiten, die in einigen Fällen möglicherweise halluzinogener Art hätten gewesen sein können: Geisteskrankheiten, Alkoholismus, Harnvergiftungen und jede Form von organischen Gehirnkrankheiten (einschließlich Schlaganfall). Die Häufigkeiten dieser Hintergrunddiagnosen wurden mit den Primär-Diagnosen kombiniert, die in dieselbe Kategorie fielen. Dabei ist es wichtig, zu berücksichtigen, daß in den halluzinogenen Kategorien auch

Diagnosen enthalten sind, die in einigen Fällen Halluzinationen hätten verursachen können, aber in anderen dagegen nicht. Um es deutlicher zu machen: Nur sehr wenige Schlaganfall-Patienten halluzinieren tatsächlich. Aber da es eine Art von organischer Gehirnkrankheit ist, nahmen wir es in diese Kategorie mit auf. Aufgrund der Primärdiagnose war es häufig so, daß die Ärzte eine Harnvergiftung als Sekundärkrankheit lediglich vermuteten. Obgleich solche diagnostischen Erwägungen vielfach irrtümlich sein können, nahmen wir sie mit Rücksicht auf die Skeptiker in unsere Aufstellung auf. In den Fällen, in denen wir sachdienliche Kenntnis darüber erhielten, hatten 25 Prozent der Patienten aus der gesamten Stichprobe in den Vereinigten Staaten und in Indien Hintergrunddiagnosen, die möglicherweise halluzinogene Faktoren hätten beinhalten können: 33 Prozent in den USA und 18 Prozent in Indien.

Wie zuvor beschrieben, war es auch Inhalt unserer Untersuchung, als ursächliche Bedingungen für die berichteten Halluzinationen die Möglichkeiten von Beeinflussung durch Arzneimittel, durch Fieber und durch entsprechende Krankheiten in Betracht zu ziehen. Dabei stellten wir fest, daß zur Zeit des visionären oder halluzinatorischen Erlebnisses nur ein kleiner Teil der Auswahl dieser Patienten in einem halluzinogenen Zustand war, der durch eine bekannte Leidensursache hervorgerufen wurde. Wir bildeten einen statistischen »halluzinogenen Index« für jeden Patienten, indem wir über medizinische Faktoren, die (wenn auch nicht notwendigerweise) Halluzinationen hätten verursachen können, alle möglichen Informationen zusammentrugen; diese Faktoren sind: Krankheiten oder Verletzungen des Gehirns, Harnvergiftungen, Krankengeschichten, die halluzinogene Ursachen nahelegen, Fieber von über 39,4 Grad Celsius und medikamentöse Behandlung, die persönlichkeitsverändernd wirkt. Dieser Index ist ein zu strenges Maß, da er Bedingungen miteinschließt, die nur in einem geringen Verdacht stehen, für Halluzinationen verantwortlich zu sein, zum Beispiel Schalganfall-Patienten, Fälle, in denen die medikamentöse Behandlung die Psyche nur minimal beeinflußte usw. Solche Bedingungen sind nur in 38 Prozent unserer Fälle vorhanden. Die Mehrzahl (62 Prozent) ist davon frei. Die medizinischen Faktoren sind in der Tabelle 3 im Anhang II zusammenfassend dargestellt.

Aus dem vorher Gesagten gelangen wir zu dem allgemeinen Eindruck, daß die Visionen auf dem Sterbebett von medizinischen Bedingungen relativ unbeeinflußt sind, was mit den Ergebnissen der Voruntersuchung übereinstimmt und die Hypothese von einem Leben nach dem Tod untermauert.

Sind die Visionen auf dem Sterbebett vom Geschlecht und vom Alter abhängig?

Frühere Untersuchungen an der normalen Bevölkerung haben gezeigt, daß Frauen häufiger über halluzinatorische und PSI-Erlebnisse berichten als Männer (Rhine, 1961; Haraldsson, 1976). Das scheint jedoch in unserer Erhebung nicht der Fall zu sein. In der Stichprobe in den Vereinigten Staaten war die Anzahl der halluzinatorischen Erlebnisse für beide Geschlechter etwa gleich (99 Männer, 117 Frauen). In Indien jedoch waren es mehr als zweimal soviel männliche Patienten (175) wie weibliche (80). Dieser Unterschied kann darauf beruhen, daß in Indien mehr Männer als Frauen Zugang zu Krankenhäusern haben. Bedauerlicherweise haben wir keine genauen Zahlen, was die Verteilung von Männern und Frauen in indischen Krankenhäusern angeht.

Erlebnisse mit Erscheinungen traten durch alle Altersgruppen hindurch auf, bei Kindern ebenso wie bei Leuten im mittleren Lebensalter. Da sich die Grundgesamtheit der Sterbenden natürlicherweise zum größten Teil aus älteren Leuten zusammensetzt, sind sie in unserer Stichprobe häufiger vertreten. Das Durchschnittsalter lag bei unseren amerikanischen Patienten bei 62 Jahren. In Indien lag es bei 44 Jahren, was die großen Unterschiede in der Lebenserwartung zwischen beiden Ländern widerspiegelt. Dieser Unterschied wird sehr deutlich, wenn man bedenkt, daß in Indien nur 35 Prozent der Betreffenden über 50 Jahre alt wurden, während es in den Vereinigten Staaten 81 Prozent der Patienten waren (s. Tabelle 4, Anhang II). Aber der allgemeine Eindruck, den unsere Daten vermitteln, ist der, daß weder das Geschlecht noch das Alter bestimmende Faktoren für die Visionen auf dem Sterbebett sind. Wie es die Hypothese von einem Leben nach dem Tod voraussetzt, liegen die Ursachen dieser Erscheinungen jenseits der allgemeinen Geschlechts- und Altersunterschiede.

Werden die Visonen auf dem Sterbebett von der Religion und dem Glauben beeinflußt?

Die Religion ist ein bedeutender Faktor und muß bei jeder Untersuchung von Tod und Sterben sorgfältig in Betracht gezogen werden. Tatsächlich war der eigentliche Grund für die Durchführung unserer Erhebung in zwei Ländern mit vollkommen verschiedenen Kulturen, daß wir feststellen wollten, ob religiöse Glaubenshaltungen und nicht ein Weiterleben nach dem Tod die Hauptursache für die Visionen auf dem Sterbebett wären. Deshalb bewerteten wir in besonderer Weise die *Art* der Religion, zu der die Patienten gehörten, und den *Grad* ihrer Religiosität, das heißt ihr religiöses Engagement.

Die Religionszugehörigkeiten in unserer gesamten Stichprobe zerfielen in zwei größere Gruppen von etwa dem gleichen Umfang: 48 Prozent Hindus und 43 Prozent Christen. In Übereinstimmung mit der Verteilung der Religionszugehörikeit in der Gesamtbevölkerung der USA hatten wir dort 51 Prozent Protestanten, 36 Prozent Katholiken, 6 Prozent Juden und 7 Prozent ohne oder mit einer anderen Religionszugehörigkeit. 6 von 7 unserer indischen Patienten waren Hindus (85 Prozent), 10 Prozent waren Christen und 5 Prozent waren Moslems (s. Tabelle 4, Anhang II). Wir nahmen die christlich getauften Inder nicht mit den Christen in den Vereinigten Staaten zusammen, aufgrund der großen kulturellen Unterschiede zwischen den beiden Ländern. Deshalb bildeten sie in unserer Auswertung eine besondere Gruppe. Die eben genannten Zahlen der Religionszugehörigkeiten repräsentieren im großen ganzen die Verteilung der religiösen Gruppen in den Bereichen, wo die Erhebung durchgeführt wurde. Von daher sieht es so aus, als ob die Art der Religionszugehörigkeit kein entscheidender Faktor für das Auftreten dieser Phänomene war.

Obschon wir auch versuchten, Daten über das religiöse Engagement unserer Patienten zu sammeln, wußten (oder erinnerten sich) die beobachtenden Ärzte und Krankenschwestern nur in 58 Prozent der Fälle von dem religiösen Engagement (68 Prozent in den Vereinigten Staaten und 50 Prozent in Indien). Es ist wohl auch so, daß die Patienten, die sich weniger um diese Dinge kümmerten, sie einfach nicht erwähnten. Ein gewisses religiöses Engagement herrschte bei den Patienten sowohl in den USA als auch in Indien vor. Nur 5 Prozent derjenigen, von denen wir entsprechende Informationen hatten, wurden als in gar keiner Weise religiös engagiert bezeichnet. 14 Prozent waren wenig engagiert und 33 Prozent mäßig. Die größte Gruppe allerdings (47 Prozent) war stark religiös engagiert. Darüberhinaus war diese Zahl für beide Länder etwa gleich: 44 Prozent in den Vereinigten Staaten und 51 Prozent in Indien. Leider haben wir keine verläßlichen Zahlen über das allgemeine religiöse Engagement in den betreffenden Ländern.

Es scheint jedoch in unserer Stichprobe so zu sein, daß der Grad des religiösen Engagements denjenigen der allgemeinen Bevölkerung nicht nur in den Vereinigten Staaten, sondern auch in Indien übersteigt. Das wäre in viel geringerem Maße der Fall, wenn wir in den Fällen, in denen wir keine Informationen darüber haben, annehmen würden, daß das religiöse Engagement gering oder nicht vorhanden gewesen sei. Deshalb hat es also den Anschein, als ob das religiöse Engagement, unabhängig von der Konfession, das Auftreten der Visionen auf dem Sterbebett zwar nicht bestimmt, aber dennoch leicht begünstigt. In einem späteren Kapitel werden wir dieses Problem anhand der eingehenden Überprüfung der Wechselwirkungen zwischen Religion und verschiedenen anderen Faktoren näher untersuchen. Zudem werden wir nach einer zuverlässigen Antwort auf die Grundfrage suchen: Haben die Leute diese Erlebnisse aufgrund ihres Glaubens und ihrer Erwartungen oder macht sie ein religiöses Engagement – wenn wir diese Hypothese für den Augenblick annehmen – offener für jenseitige Erfahrungen?

Eng verbunden mit religiösen Überzeugungen ist der Glaube an ein Weiterleben nach dem Tod. Deshalb fragten wir die Beantworter unseres Fragebogens nach dem Glauben oder Unglauben der Patienten an ein Überleben. Dabei mußten wir feststellen, daß die meisten Patienten über derartige Glaubenshaltungen mit ihren Ärzten und Krankenschwestern nicht gesprochen hatten; nur in 32 Prozent der Fälle konnten wir darüber Informationen erhalten. Von dieser Gesamtzahl wurde für die Vereinigten Staaten und Indien zusammen von 92 Prozent Patienten berichtet, die an ein Leben nach dem Tod glaubten, während 8 Prozent nicht daran glaubten (s. Tabelle 4, Anhang II). Augenscheinlich waren fast alle Kranken, die über ein Weiterleben gesprochen hatten, auch davon überzeugt.

Nach einer 1968 durchgeführten Gallup-Umfrage glauben 73 Prozent aller Amerikaner an ein Leben nach dem Tod[13]. Obgleich zwischen dieser Zahl und den 92 Prozent unserer Stichprobe ein erheblicher Unterschied besteht, so ist er sehr wahrscheinlich doch darauf zurückzuführen, daß diejenigen, die nicht an ein Leben nach dem Tod glaubten, auch nicht mit dem medizinischen Personal darüber gesprochen haben. Auch diesen Punkt werden wir bei der Analyse der Wechselwirkungen noch näher untersuchen.

Sehen die weniger Gebildeten mehr?

Das Bildungsniveau variierte beträchtlich. Es gab darunter sowohl Ungebildete als auch Patienten mit Hochschulbildung. Ungefähr 21 Prozent unserer Stichproben hatten keine Schulbildung (darin sind

Kinder im Vorschulalter enthalten) und die überwiegende Mehrheit davon waren indischer Abstammung. Wenn man die Zahlen für beide Länder zusammennimmt, dann hatten 27 Prozent lediglich die Grundschule besucht; die Gruppe derer, die es bis zum Abschluß einer höheren Schule gebracht hatten, lag bei 32 Prozent, und ungefähr 20 Prozent unserer Patienten hatten das College besucht. Wie die Tabelle 4 (Anhang II) zeigt, war das Bildungsniveau der Stichprobe in den Vereinigten Staaten wesentlich höher als in der Auswahl in Indien, was die nationalen Unterschiede im Bildungssystem widerspiegelt. Unsere Erhebung in den Vereinigten Staaten wurde 1963 durchgeführt, zu einer Zeit, wo die Fälle durchschnittlich etwa drei Jahre zurücklagen und das Durchschnittsalter der Patienten 62 Jahre war. Diese Personengruppe hatte das College um 1920 herum besucht, ein Jahr, in dem lediglich 8 Prozent aller achtzehn- bis zwanzigjährigen höhere Bildungseinrichtungen besuchten. Dennoch ist in unserer Stichprobe der amerikanischen Patienten diese Zahl dreimal so hoch: Darin sind es nämlich 24 Prozent, die das College besucht haben. Das Übergewicht derer, die auf einem College waren, ist in Indien sogar noch größer, wo von 16 Prozent die Teilnahme an einem College bekannt ist. Die Umfrage in Indien wurde 1973 durchgeführt, das Durchschnittsalter der Patienten lag bei 44 Jahren, und die Fälle lagen durchschnittlich zwischen einem und zwei Jahren zurück. Somit waren die meisten Patienten 1928 geboren und besuchten das College etwa 1948. Obgleich wir keinerlei Vergleichszahlen für dieses Jahr haben, übersteigen diese 16 Prozent doch bei weitem den Prozentsatz der Personen in Indien, die zur damaligen Zeit das College besuchten.

Es gibt zwei Faktoren, die für diese erhebliche Abweichung vom allgemeinen Bildungsniveau der indischen Bevölkerung verantwortlich sein könnten. Einer davon ist, daß unsere Erhebung hauptsächlich in den Kliniken der großen indischen Städte durchgeführt wurde, wo die College-Teilnehmer zahlreicher sind als in ländlichen Gebieten. Zweitens erscheint es uns wahrscheinlich, daß College-Absolventen möglicherweise mehr Aufmerksamkeit durch das Klinikpersonal erfahren als weniger Gebildete. Je mehr Zeit für einen Patienten aufgewendet wird, desto wahrscheinlicher ist es, daß Ärzte und Krankenschwestern Zeugen von Halluzinationen werden. Aber man muß in diesem Zusammenhang auch im Auge behalten, daß die meisten der von uns besuchten Krankenhäuser von der Regierung unterstützt werden, also »Arme-Leute-Krankenhäuser« waren, wie einer der Chefärzte sie nannte. Das wiederum macht es ziemlich unwahrscheinlich, daß die beiden eben genannten Faktoren unsere Stichprobe sehr verzerrt haben. Jedenfalls scheint es durchaus gerechtfertigt zu sein, wenn man die Schlußfolgerung zieht, daß die Anzahl derjenigen, die eine höhere Schule oder ein College besucht hatten, in unserer Stichprobe größer ist als in der vergleichbaren Altersgruppe der Gesamtbevölkerung. Von daher kann ein positiver Bezug zwischen Bildung und der Häufigkeit der Erscheinungen auf dem Sterbebett bestehen. Wenn die Annahme gilt, daß Bildung in einem umgekehrten Bezug zu Aberglauben und tatsächlich unbegründeten Glaubenshaltungen steht, dann widersprechen unsere Ergebnisse der Hypothese, die die Erscheinungen auf dem Sterbebett mit Aberglauben erklärt.

Es wurden auch Daten über die Berufe der Patienten im Endstadium gesammelt, die visonäre Erlebnisse hatten. Arbeiter, Bauern und Hausfrauen bildeten etwa die Hälfte unserer Stichproben in den USA und in Indien, während die Zahl der Akademiker, Manager und Geistlichen insgesamt 30 Prozent ausmachte. Es ist offensichtlich, daß unter denen, die Erscheinungen »gesehen« hatten, viele Leute waren, die ehemals verantwortliche Positionen innehatten.

Zusammenfassung

Unsere Häufigkeitsanalysen gründeten wir auf die Tendenzen, die wir in der Voruntersuchung festgestellt hatten und in unserem Modell zum Weiterleben nach dem Tod ausformuliert hatten. Die grundlegenden Ergebnisse der Voruntersuchungen wurden bestätigt. Die Halluzinationen der Patienten im Endstadium stellen dreimal so häufig auf das Weiterleben beziehbare Erscheinungen dar, das heißt Erscheinungen von Verstorbenen und religiösen Figuren, als die Halluzinationen von normalgesunden Personen, wie aus den zwei oben erwähnten britischen Stichproben hervorgeht. In 77 Prozent der unzweideutigen Fälle war es die angegebene Absicht der Erscheinung, »den Patienten wegzuholen« in eine andere Form des Seins.

Ein großer Teil unserer Daten (41 Prozent) zeigt, daß die Gefühlsreaktionen der Kranken beim Auftreten einer Erscheinung positiv waren und somit der Begegnung mit der »anderen Welt« angemessen, während die Patienten in 29 Prozent der Fälle, vor allen Dingen in Indien, auf eine negative Art und Weise reagierten. Die Ergebnisse hinsichtlich der emotionalen Reaktionen verlangen eine eingehende Analyse, bevor man irgendwelche vernünftigen Interpretationen geben kann. Das soll im nächsten Kapitel geschehen.

Die Häufigkeitsanalysen zeigen deutlich, daß die Mehrzahl der Fälle nicht ohne weiteres durch medizinische Faktoren wie hohe Temperatur, halluzinogene Krankheiten, Anwendung von Arzneien, die Halluzinationen verursachen könnten – zum Beispiel Morphium und Demerol – oder durch halluzinogene Bedingungen in der Krankengeschichte des Patienten erklärt werden können. Das Phänomen der Wahrnehmung von Erscheinungen kurz vor dem Tod geht anscheinend quer durch die allgemeinen persönlichen Unterschiede in Alter, Geschlecht, Bildung und Religion hindurch. Allerdings scheint das religiöse Engagement unabhängig von der Konfession solche Erlebnisse leicht zu begünstigen.

Im ganzen gesehen bestätigen diese allgemeinen Richtungen in unseren Ergebnissen die Feststellungen aus der Voruntersuchung. Darüberhinaus stimmen sie mit dem Modell eines Weiterlebens nach dem Tod überein und passen nicht in die Rahmenbedingungen der Zerstörungshypothese. Aber es ist eine nähere Untersuchung der *Wechselwirkungen* zwischen den verschiedenen Faktoren notwendig, bevor wir zu irgendwelchen endgültigen Schlußfolgerungen kommen können. Die Analyse der Wechselwirkungen – zum Beispiel: reagieren die Patienten in größerem Maße mit »jenseitigen« Gefühlen, wenn die Erscheinung ein verstorbenes und nicht ein lebendes Wesen darstellt? – bildet das Rückgrat unserer Untersuchung; im nächsten Kapitel wollen wir mit einer Beschreibung dieser Analyse beginnen.

9

Die Ursachen der ersten Form von Erlebnissen mit Erscheinungen

1. Die Wechselwirkungen zwischen verschiedenen Faktoren

Vor nicht allzu langer Zeit wurde Osis in einer Talk-Show, die im ganzen Land ausgestrahlt wurde, von Skeptikern bezüglich der hier dargestellten Ergebnisse herausgefordert. »Doktor«, wurde Osis gefragt, »können Sie als moderner Mensch wirklich glauben, daß diese Visionen nicht durch andere Ursachen erklärbar sind? Möglicherweise könnten Drogen wie Morphium den Patienten dazu bringen, daß er die Inhalte seines eigenen Glaubens in den Visionen wie in einem Traum projiziert«.

Wenn Osis anhand der Informationen, die wir bis hierher aufgeführt haben, auf diese Frage hätte antworten müssen, dann wäre das sicherlich nicht genug für eine klare Antwort gewesen. Aber wir hatten aus vielfältigen Untersuchungen, den sogenannten Interaktionsanalysen, zusätzliche Informationen gewonnen. Diese Untersuchungen zeigten, daß Drogen und religiöse Glaubenssysteme die Visionen von einer anderen Welt nicht beeinflussen. Die Interaktionsanalysen gaben Osis die Möglichkeit, dem Frager eine deutliche Antwort zu geben: »Ja, ich kann tatsächlich glauben, daß diese Visionen nicht durch andere Ursachen erklärbar sind, weil wir selbst bereits erfolglos versucht haben, solche Erklärungen zu finden.«

Wir wollen nun die Zusammenhänge beleuchten, die hinter den bisher einzeln untersuchten, verschiedenen medizinischen, psychologischen und kulturellen Faktoren liegen; zum Beispiel: »In wie vielen Fällen war die medikamentöse Behandlung des Patienten eine mögliche Ursache der Halluzination?« Obwohl die vorhergehenden Analysen angemessen waren und uns halfen, die nicht aufbereiteten Daten mit unserem Modell in Einklang zu bringen, macht dieses stückweise Vorgehen nicht die ganze Untersuchung aus. Die wichtigsten Fragen sind noch nicht beantwortet.

Denn gerade die Wechselwirkung zwischen vielen Faktoren formt das vielfältige pulsierende Gefüge des Lebens. In diesem und dem folgenden Kapitel wollen wir versuchen, ein Bild dieser vielschichtigen Wechselwirkungen zu zeichnen. Die Darstellung ist in einigen Punkten technischer Art, aber sie ist unbedingt erforderlich zur Charakterisierung unserer Untersuchung, bei der wir geeignete wissenschaftliche Methoden benutzen, um zum Kern der Sache vorzustoßen. Der Laie unter den Lesern mag dieses Kapitel schwieriger als die anderen finden. Aber wir glauben, daß auch das, was er den folgenden Darlegungen oberflächlich entnehmen kann, ihn mit einigen interessanten Einzelheiten belohnt, die auf dem Wege zum Ursprung der Erlebnisse in der Stunde des Todes von großer Bedeutung sind.

Bei der Voruntersuchung wurde uns klar, daß die Erfahrungen der Sterbenden sehr viel aufschlußreicher sind, wenn man die medizinischen Faktoren im Zusammenhang mit dem Hintergrund der Erziehung und der Kultur, des Glaubens und der gesamten Lebenseinstellungen des Patienten sieht. Deshalb ist es möglich, Fragen, die nicht durch die Untersuchung eines einzelnen Faktors geklärt werden können, durch eine Betrachtung der Zusammenhänge der verschiedenen Bedingungen zu beantworten; zum Beispiel die Bedeutung der Gefühlsreaktionen des Patienten auf die Wahrnehmung einer Erscheinung. Hier stellt sich die Frage, ob das Gefühl des Friedens einfach deshalb über den Betreffenden kam, weil er resigniert und die Unausweichlichkeit des Todes akzeptiert hatte, und nicht aufgrund einer Begegnung mit der anderen Welt. Das ist bisher tatsächlich die vorherrschende Ansicht der Thanatologen gewesen. Wie noch gezeigt werden wird, lieferten die Interaktionsanalysen die Antwort auf diese Frage. Frieden, Heiterkeit und Freude traten nur sehr selten als Folge von Visionen diesseitiger Bilder von lebenden Verwandten auf, sie erfüllten aber die Patienten, die Botschafter aus einer anderen Welt sahen.

Eine Krankenschwester berichtete den folgenden Fall einer intelligenten 76jährigen Frau, die einen Herzanfall erlitten hatte:

> Ihr Bewußtsein war äußerst klar – keine Beruhigungsmittel, keine halluzinogene Krankengeschichte. Sie war voller Heiterkeit und vertraute darauf, daß sie wieder gesund werden und zu ihrer Tochter zurückkehren würde, die sie zu Hause dringend brauchte. Plötzlich streckte sie die Arme aus, lächelte und rief nach mir: »Können Sie dort nicht auch Charlie (ihren verstorbenen Ehemann) mit offenen Armen

sehen? Ich wundere mich, daß ich nicht schon vorher zu ihm zurückgekehrt bin«. Und indem sie die Vision beschrieb, sagte sie: »Was für ein wunderschöner Ort mit all den Blumen und der Musik. Hören Sie sie nicht? O, Mädchen, seht Ihr denn Charlie nicht?« Sie sagte, daß er auf sie warten würde. Ich hatte den Eindruck, daß sie tatsächlich ihren Ehemann sah.

Die Patientin war nach dieser Vision von tiefer Zufriedenheit erfüllt; eine Art von religiösem Frieden und Heiterkeit überkam sie. Während der Vision war sie in jeder Hinsicht klar bei Verstand und führte sowohl mit der Krankenschwester als auch mit ihrer Familie Unterhaltungen. Dieser Fall fügt sich offensichtlich sehr gut in unser Modell von jenseitsbezogenen Erlebnissen ein.

Ein anderer Bericht betrifft eine Frau mit College-Bildung aus einer kleinen Stadt im nördlichen Teil des Staates New York, die die Hüfte gebrochen hatte. Sie war Ende siebzig, ein wenig senil und wurde mit Demerol behandelt. Die Klarheit ihres Bewußtseins schwankte. Eines Tages wurde eine Krankenschwester Zeugin eines Gespräches, das die schwerkranke Patientin mit ihrem verstorbenen Bruder und ihrer ebenfalls verstorbenen Schwester führte.

Es war, als ob sie Ereignisse heraufbeschwor, die vor ein paar Jahren in einer anderen Umgebung geschehen waren. Sie winkte mit der Hand und hieß die beiden, zu ihr zu kommen und mit ihr zu sprechen. Sie schien sich der Tatsache, daß ich anwesend war, nicht bewußt zu sein.

In diesem Fall wurde die Absicht, mit der die Erscheinung »kam«, nicht deutlich. Es gab keine Gefühlsreaktionen oder irgendeine Besserung im Befinden der Patientin. Nachdem sie die Vision gesehen hatte, änderte sie auch ihre Einstellung zum Tod nicht.

In beiden beschriebenen Fällen sahen Frauen von etwa 70 Jahren verstorbene Verwandte. In diesem Sinne könnten sie als jenseitsbezogene Erscheinungen gelten, aber die nähere Betrachtung der weiteren Bedingungen macht einen entscheidenden Unterschied klar, denn die zweite Vision kann durch medizinische Ursachen erklärt werden. Die Halluzinationen waren einfach eine Wiederaufbereitung von Erinnerungen aus dieser Welt und hatten kein besonderes Ziel und auch keine Wirkung auf die Persönlichkeit der Kranken. Aber der erstgenannte Fall entsprach völlig einer Begegnung mit dem Jenseits.

2. Die Analysen

Obgleich die Analysen äußerst vielschichtig sind, wurden sie dennoch so einfach wie möglich gehalten. In einer Korrelationsmatrix ordneten wir jede dafür brauchbare Variable so an, daß sie mit allen anderen jeweils korreliert wurde; dann berechneten wir die Häufigkeiten und die Prozentränge jeder Korrelation und verglichen die Verteilungen anhand von Chiquadrat-Statistiken (für den Laien: der Chiquadrat-Test ist eine Form der statistischen Analyse, bei der tatsächliche Häufigkeiten mit erwarteten Häufigkeiten, wie sie aufgrund von Zufallsverteilungen zustandekommen, verglichen werden). Diese Methode wurde zunächst für jedes einzelne Land angewendet und dann für die Vereinigten Staaten und Indien zusammen, indem wir die kombinierten Daten benutzten.

Aber vielfach war es nicht ratsam, unsere beiden Stichproben aus den verschiedenen Ländern zusammenzunehmen, da die besonderen Aspekte dieser Auswahlen nicht gleichartig waren; zum Beispiel sterben sehr viel mehr Inder als Amerikaner in jungen Jahren. Deshalb stellten wir bei den interkulturellen Vergleichen häufig fest, daß es viel angebrachter war, die Daten zu vergleichen, als sie in der Auswertung zusammenzunehmen. Aufgrund einiger methodischer Einschränkungen in unserer Erhebung entschieden wir uns gegen eine noch ausführlichere statistische Auswertung. Darüber hinaus versuchten wir, die Analysen von hochfliegenden Abstraktionen freizuhalten und so nahe wie möglich an der Grundlage unserer Rohdaten zu bleiben. Um der Übersichtlichkeit willen können wir lediglich die Wahrscheinlichkeitswerte (p) aufführen, die mit dem Chiquadrat-Test zusammenhängen. Wir werden die Darstellung unserer Interaktionsanalysen mit dem Phänomen beginnen, das für die Frage des Überlebens von zentraler Bedeutung ist, nämlich die angebliche Absicht der Erscheinung. Ob die entsprechende halluzinatorische Figur kam, um den Patienten in eine andere Form des Seins zu holen oder nicht. Für den Fachmann, der nähere Einzelheiten erfahren möchte, sei an dieser Stelle auf Osis und Haraldsson, 1977, verwiesen.

3. Die Absicht der halluzinatorischen Figur: Warum kam die Erscheinung?

In zwei Drittel der Interviews, die wir mit den Befragten durchführten, wurde uns berichtet, daß die Patienten die Absicht mitgeteilt hatten, in der ihnen die halluzinatorische Figur erschien. Die meisten der auf diese Weise identifizierbaren Erscheinungen (65 Prozent) wollten den Patienten angeblich durch Rufen, Winken, Aufforderungen usw. in eine Nach-Tod-Existenz holen.

Befreundete Psychologen fragten uns vielfach: »Könnte die Erscheinung nicht tatsächlich Inhalte vertreten, die der Patient selbst in einer Art Wunscherfüllung hervorgebracht und dann in die Form der Erscheinung gekleidet hat?« Sie bezogen sich dabei auf die wohlbekannte Neigung des Menschen, Gefühle und Einstellungen in eine Bilderwelt zu projizieren. Die folgenden Seiten werden zeigen, wie wir die Antwort auf diese Fragen fanden.

Die Rolle der medizinischen Faktoren

Wir wollen zunächst überlegen, ob die jenseitsbezogenen Ziele der Erscheinungen einfach durch medizinische Faktoren erklärt werden können. In Kapitel 8 haben wir festgestellt, daß die Visionen auf dem Sterbebett relativ unabhängig von medizinischen Bedingungen wie medikamentöser Behandlung, hohem Fieber und Störungen der Gehirnfunktionen waren. Außerdem traten die Visionen weniger häufig auf, wenn derartige medizinische Faktoren bei Patienten im Endstadium vorhanden waren. Wenn man von der Hypothese eines Lebens nach dem Tod ausgeht, wie sie in unserem Modell dargestellt ist, dann sind diese medizinischen Faktoren nicht dazu angetan, die jenseitsbezogene Seite dieser Erscheinungen zu fördern, sondern sie wirken ihr entgegen; zum Beispiel verringern sie die Häufigkeit der Erscheinungen, die die Absicht hatten, den Betreffenden wegzuholen. Wofür sprechen aber nun unsere Daten? Für diese Hypothese oder für die Theorie, daß der Tod das absolute Ende allen Lebens ist?

In unserer von 1959 bis 1960 durchgeführten Voruntersuchung konnten wir beobachten, daß die Patienten in viel zahlreicheren Fällen friedvoll ins Jenseits weggeholt wurden, wenn sie *keine* Krankheiten des Gehirns, Nierenentzündungen oder halluzinogene Krankengeschichten hatten. Beide darauffolgenden Erhebungen in Amerika und in Indien zeigten wiederum, daß Störungen des Gehirns in keiner Weise häufiger Erscheinungen zur Folge hatten, die den Betreffenden friedlich wegholten, als das bei den Patienten der Fall war, die von den obengenannten halluzinogenen Faktoren frei waren. Im Gegenteil, die Patienten mit Störungen der Gehirnfunktionen sahen solche Erscheinungen weniger häufig[14]. Im ganzen gesehen untermauert diese Tendenz die Hypothese von einem Leben nach dem Tod, wie es unser Modell fordert.

Weiterhin untersuchten wir die Auswirkungen, die der Bewußtseinszustand der Kranken hatte. Die Patienten, die bei klarem Bewußtsein waren, sahen etwas mehr Erscheinungen friedlichen Charakters, die die Absicht hatten, sie wegzuholen, als diejenigen mit getrübtem Bewußtsein. In der Voruntersuchung war dieser Unterschied statistisch signifikant. In den beiden neueren Erhebungen jedoch war er so wenig ausgeprägt, daß er lediglich eine entsprechende Wechselwirkung ausschloß. Mit anderen Worten, der Bewußtseinszustand spielte keine Rolle.

Die medizinischen Bedingungen sind im ganzen ziemlich unbedeutend, abgesehen von den tatsächlich halluzinogenen Faktoren (Krankheiten des Gehirns, Nierenentzündung und in Indien Leberleiden). Die letztgenannten scheinen nämlich den Patienten nicht nur in seinem psychischen Gleichgewicht zu stören, sondern auch die Anzahl der wohlmeinenden Erscheinungen erheblich zu reduzieren, die als Helfer für einen Übergang in eine andere Form des Seins erlebt wurden. Die Antwort auf die Herausforderung durch die Frage in der erwähnten Talk-Show wird nun deutlich: *Medizinische Faktoren verursachen keine Erlebnisse mit Erscheinungen, die »den Patienten wegholen« in eine andere Welt.*

Die Rolle der psychologischen Faktoren

Nun kommen wir auf die entscheidende Frage zurück, die uns Psychologen häufig stellen: Erleben die Patienten Frieden und Heiterkeit, weil sie es aufgegeben haben, um ihr Leben zu kämpfen, und nicht aufgrund einer Begegnung mit der »anderen Welt«? Die Voruntersuchung ergab, daß diejenigen Patienten häufiger Frieden und Heiterkeit erfuhren, die Erscheinungen mit dem offensichtlichen Ziel, sie wegzuholen, gesehen hatten. Dies war in viel geringerem Maße der Fall bei Patienten, die Erscheinungen mit anderen Absichten erlebten. Unsere beiden darauffolgenden Erhebungen bestätigten diese Tendenz vollends. 51 Prozent der amerikanischen Patienten, deren Erscheinungen die Absicht hatten, sie wegzuholen, reagierten mit Heiterkeit und Frieden, während nur 7 Prozent auf Erscheinungen mit anderen Absichten so reagierten ($p = .00001$). Die Zahlen für unsere indische Stichprobe waren 33 Prozent gegenüber 10 Prozent ($p = .009$). In beiden Ländern reagierten 30 Prozent der Betreffenden mit religiösen Gefühlen auf Erscheinungen, die in der friedlichen Absicht gekommen waren, sie in eine andere Welt zu holen, während lediglich 5 Prozent in Indien und keiner der Kranken in den Vereinigten Staaten auf halluzinatorische Figuren mit anderen Absichten in ähnlicher Weise reagierten. Es ist die Art der Erscheinung, die allein die Gefühlsreaktion des Patienten bestimmt; diese Erkenntnis läßt wenig Spielraum für andere Erklärungen. Die Kranken reagierten auf Botschafter aus der anderen Welt mit religiösen Gefühlen oder einem »Frieden, der jenseits allen Verstehens liegt«. Die etwa 60jährige Frau eines Bergarbeiters starb unter großen Schmerzen an Darmkrebs. Ihr Bewußtsein war vollkommen klar, als sie zu der Krankenschwester sagte: »Die Mutter Maria! Wie wunderschön!« Sie war von religiösen Empfindungen tief bewegt. »Sie schien in Ekstase zu sein und machte einen überaus glücklichen Eindruck.«

Das eben Dargestellte fügt sich dann in einen Sinnzusammenhang ein, wenn wir die Existenz einer anderen Welt annehmen. Aber es paßt kaum zu der Hypothese von einem »kranken Gehirn«, da man bei derartig klar verlaufenden und folgerichtigen Ereignissen wohl nicht davon ausgehen kann, daß sie das Ergebnis von gestörten Gehirnfunktionen sind. Sie sprechen im Gegenteil für die Tatsache einer Begegnung mit etwas, was außerhalb des Patienten zu suchen ist, etwas, das seine eigenen besonderen Merkmale hat. In unserem Modell ist festgelegt, daß Erscheinungen von jenseitigen Besuchern auch jenseitsbezogene gefühlsmäßige Reaktionen hervorrufen, ähnlich denen, wie sie von den Mystikern berichtet werden. Wir haben den Eindruck, daß dieser Gesichtspunkt des Modells bestätigt ist.

Sind Erlebnisse mit Erscheinungen nur schizoide Reaktionen zum Ausgleich von schwerem Streß?

Manchmal treten Halluzinationen in Situationen von sozialer Isolierung und schwerem Streß auf (Siegel und West, 1975; West, 1962); ein bekanntes Beispiel dafür ist die Fata Morgana. Für Patienten im Endstadium ist nicht nur die Besuchserlaubnis häufig sehr eingeschränkt, sie durchleben gleichermaßen auch Situationen äußerster seelischer und körperlicher Belastung einschließlich der akuten Schmerzen, mit denen sie leben müssen. Könnte von daher also die Grundlage für ihre Visionen Streß und soziale Isolierung sein und nicht die außersinnliche Wahrnehmung von Besuchern aus einem anderen Bereich des Seins? Um darauf eine Antwort zu finden, analysierten wir psychologische und kulturelle Faktoren, um festzustellen, ob sie Einfluß auf die Phänomene haben.

Wir fanden dabei heraus, daß weder das Alter noch das Geschlecht der Patienten einen bedeutsamen Zusammenhang mit den hauptsächlichen phänomenologischen Aspekten der Erlebnisse mit Erscheinungen aufwiesen. Diese Aspekte sind: 1.) Erscheinungen, die Lebende, Verstorbene oder religiöse Figuren darstellen, 2.) die Absicht der Erscheinung und 3.) die emotionalen Reaktionen des Patienten. Zudem haben wir Kenntnis von den indirekten Anzeichen für Streß, nämlich von der Gemütslage des Betreffenden am Tag vor dem Auftreten der Halluzination. In diesem Zusammenhang gingen wir von der Annahme aus, daß negative Stimmungen wie Angst, Ärger oder Depressionen eher für Streß sprechen müßten als positive Stimmungen, die von den Beantwortern unseres Fragebogens als »normal« oder »durchschnittlich« eingestuft wurden, wie zum Beispiel im folgenden Fall. Ein 89jähriger jüdischer Direktor eines Industriekonzerns war »ein sehr ruhiger Mensch, nicht launisch und in seine Krankheit ergeben«. Er hatte seine Religion viele Jahre lang nicht mehr ausgeübt.

> Er war ruhig und ausgeglichen, als er plötzlich zu seiner Tochter sagte: »Dort ist ein Engel.« Sie war sehr überrascht. Ich bemerkte, daß der Patient für etwa eine Stunde ein anderes Aussehen hatte: Er sah aus, als wenn er weit weg wäre, und er hatte einen seltsamen Ausdruck auf dem Gesicht. Plötzlich veränderte er sich und war wieder wie immer. Eindeutiger Wandel des Gesichtsausdrucks und der Stimmung.

Es gab keine statistisch signifikanten Wechselwirkungen zwischen der Gemütslage der Patienten am Tag vor ihrer Halluzination und dem, was die Erscheinungen darstellten (Lebende, Verstorbene oder religiöse Figuren). Wir fanden diesbezüglich auch keine nennenswerte Interaktion mit den Gefühlsreaktionen der Patienten, die sie bei den Erlebnissen mit den Erscheinungen zeigten. Weder in der amerikanischen noch in der indischen Stichprobe stand die Absicht der Erscheinung in einem merklichen Zusammenhang mit der Gemütslage des Patienten am Vortag. Nahm man jedoch die Daten aus den Vereinigten Staaten und Indien zusammen, so war diese Beziehung jedoch signifikant ($p = .0015$). Sie ging in eine Richtung, die der Hypothese, daß Streß ein bestimmender Faktor für Erlebnisse mit Erscheinungen ist, eindeutig widerspricht. Es waren nämlich mehr Personen mit einer normalen Stimmungslage, die Erscheinungen erlebt hatten mit der friedlichen Absicht, sie wegzuholen (54 Prozent), als solche, die entweder in einer positiven Stimmung (31

Prozent) oder in einer negativen Stimmung (27 Prozent) waren. Typisch ist der Fall einer etwa 60 Jahre alten Hausfrau aus Pennsylvania. Sie hatte einen Herzanfall erlitten, schien aber voller Hoffnung auf eine Genesung zu sein. Sie war wirklich ruhig und ausgeglichen, willig und nicht ängstlich. In einem bestimmten Moment schaute sie an die Decke und sagte: »Ich sehe einen Engel. Er kommt zu mir.« Danach war sie noch ruhiger und heiterer. Bald darauf wurde sie bewußtlos und starb am nächsten Tag. Vor diesem Ereignis zeigte sie weder für Religion noch für ein Leben nach dem Tod Interesse. Wir können aus unserem Datenmaterial den Schluß ziehen, daß der Streß, wie er von Patienten im Endstadium erlebt wird, zwar andere Arten von Halluzinationen verursacht haben mag, daß es aber unwahrscheinlich ist, daß er Erscheinungen beeinflußt hat, die auf ein Weiterleben nach dem Tod bezogene Absichten gezeigt haben.

Die Wünsche, Erwartungen oder »Wunschvorstellungen« eines Patienten können mögliche Ursachen für Halluzinationen sein. Beispielsweise wäre es möglich, daß ein durstiger Reisender mitten in der Wüste eine Fata Morgana des ersehnten Wassers »sieht«. Wir forderten die Ärzte und Krankenschwestern dazu auf, festzustellen, wen die Patienten am Tag vor dem Auftreten der Visionen zu sehen gewünscht hatten, um dadurch herauszufinden, ob die Erscheinungen unabhängig von den Wünschen und den Erwartungen der Patienten auftreten. Bei manchen war ein starkes Verlangen vorhanden, einen weit entfernt lebenden lieben Menschen zu sehen, zum Beispiel einen fernen Sohn. Nur ein unbedeutender Teil unserer Fälle (3 Prozent) konnte durch Halluzinationen von jenen Menschen erklärt werden, die der sterbende Patient zu sehen wünschte und die ihn nicht besucht hatten. Es gab insgesamt 13 Fälle dieser Art. Lediglich 9 Halluzinationen beinhalteten Personen, die den Patienten besucht *hatten.* Derartige Wünsche verursachten offensichtlich also nicht die große Mehrheit der Erscheinungen. Zudem gab es in den Daten keinerlei Hinweise darauf, daß Personen, die die Kranken vor kurzem gesehen hatten, auch häufig in ihren Erscheinungen auftraten. Weiterhin fragten wir nach den Dingen, die den Patienten am Tag vor der Erscheinung am meisten beschäftigt hatten oder die ihm Sorgen bereitet hatten. Wie weiter oben beschrieben, können Ängste und innere Konflikte in Form von Halluzinationen nach außen projiziert werden. Aber weder in der amerikanischen noch in der indischen Stichprobe waren die Wahrnehmungen von Erscheinungen in bedeutsamer Weise mit dem verbunden, was die Patienten beschäftigt oder besorgt gemacht hatte.

Ein anderer gewichtiger Faktor, der die Halluzinationen möglicherweise formen könnte, ist die Erwartung der Betreffenden, entweder zu sterben oder sich von ihrer Krankheit zu erholen. Wir stellten die Überlegung an, daß diejenigen, die zu sterben erwarteten, sich jenseitigen Phantasien hingeben könnten, um ihre Furcht vor dem Tod zu lindern. Was die Patienten anbetrifft, die eine Gesundung erwarten, ist es klar, daß die Wahrnehmung einer Erscheinung, die kommt, um sie in das Reich der Toten zu holen, absolut im Gegensatz zu ihren Erwartungen steht. Deshalb würden wir bei ihnen in diesem Fall keine Halluzinationen von einer anderen Welt erwarten. Nichtsdestoweniger zeigten beide Stichproben, daß diese Erwartungen nicht signifikant mit dem Inhalt der Erscheinungen zusammenhingen. *Es sieht so aus, als ob die Erscheinungen eine eigene Absicht zeigen, die zu den Erwartungen der Patienten im Widerspruch steht.* Das wiederum bekräftigt die Tatsache, daß sie nicht nur nach außen verlagerte Projektionen der Psyche des Patienten sind.

Mehrere medizinische Beobachter zeigten äußerstes Erstaunen und Überraschung, wenn sie mit Fällen konfrontiert wurden, in denen die Patienten trotz guter medizinischer Prognosen starben, nachdem sie eine Erscheinung gesehen hatten, die sie rief. Um ein Beispiel zu nennen: Ein Hindu zwischen 60 und 70 war aufgrund seines Bronchialasthmas im Krankenhaus. Die Prognose seines Arztes sagte eine endgültige Wiederherstellung voraus. Auch der Patient selbst erwartete und wünschte weiterzuleben. Plötzlich rief er aus: »Es ruft mich jemand!« Danach versicherte er seinen Verwandten noch: »Macht euch keine Sorgen, ich werde gesund.« Aber der »Ruf« schien mächtiger gewesen zu sein, als er selbst dachte; der Patient starb innerhalb von zehn Minuten. Bei der Konstruktion unseres Fragebogens ahnten wir noch nichts von derartigen Fällen; wir haben deshalb keine angemessenen Statistiken (außer denen über den Zeitraum zwischen dem Auftreten der Erscheinung und dem Tod) über die Beziehung von solchen Fällen zu den entsprechenden ärztlichen Prognosen.

Bei der Voruntersuchung stellten wir fest, daß Erscheinungen, die die Absicht hatten, den Patienten wegzuholen, häufiger bei den Kranken vorkamen (76 Prozent), die gleich nach dem Erlebnis starben (innerhalb von 10 Minuten), als bei denen, deren Tod erst nach einer längeren Zeitspanne eintrat. In der Tat bemerkte einer der Ärzte, daß die Erscheinung wirklich »die Sache erledigte« und den Tod beschleunigte. Dieses Ergebnis bestätigte sich auch in den Daten der Erhebung in den USA. In Amerika berichteten 87 Prozent derer, die innerhalb einer Stunde starben, von solchen Erscheinungen im Vergleich zu 76 Prozent, die nach einem längeren Zeitraum starben. Diese Tendenz war in Indien schwächer und statistisch nicht signifikant. Sie konnte nur bezüglich der Patienten festgestellt werden, die sich gegen das »Wegholen« durch die Erscheinung wehrten. Wir behaupten nicht, Beweise dafür zu haben, daß Besucher aus dem Jenseits den Medizinern in den Vereinigten Staaten »ins Handwerk pfuschen«, aber der dargestellte Zusammenhang fügt sich sinnvoll in den Rahmen der Überlebenshypothese ein.

Besonders dramatisch verliefen die Fälle, in denen die Erscheinungen einen Patienten zum Übergang in die andere Welt riefen und der Betreffende, der unter keinen Umständen diesem Ruf folgen wollte, um Hilfe rief oder sich zu verstecken versuchte. Es wurden 45 solcher Fälle von »Nicht-Übereinstimmung« beobachtet, fast alle in Indien. Derartige Vorkommnisse können kaum als Halluzinationen interpretiert werden, die das Ergebnis einer projizierten Wunscherfüllung sind; sie sind dann sogar noch eindrucksvoller, wenn die Voraussage des Todes durch die Erscheinung nicht nur zutrifft, sondern tatsächlich im Gegensatz zur medizinischen Prognose steht.

Weiter oben haben wir die Frage gestellt, ob die Visionen auf dem Sterbebett lediglich nach außen verlagerte Projektionen der Psyche des Patienten sind. Die eben aufgeführten Daten haben gezeigt, daß Patienten im Endstadium in ihren Visionen nicht die Menschen sahen, die sie zu sehen gewünscht hatten; auch schienen ihre Visionen nicht in einer direkten Beziehung zu irgendwelchen Anzeichen von Streß zu stehen, zu ihren Stimmungen oder Sorgen. Zudem stellten wir fest, daß Visionen auf dem Sterbebett auch bei denjenigen auftraten, die nicht ans Sterben dachten. In vielen Fällen schien sich die Absicht der Erscheinung von der des Patienten zu unterscheiden. Diese Besonderheiten bei den Visionen auf dem Sterbebett untermauern die Hypothese, daß einige Erscheinungen durchaus unabhängige Wesenheiten sind und nicht nur nach außen verlagerte Projektionen der Psyche des Patienten.

4. Die Absicht der Erscheinung: ein interkultureller Vergleich zwischen Indien und den Vereinigten Staaten

Die Stichprobe in Indien vermittelt in viel größerem Maße Informationen über das Ziel der halluzinatorischen Figuren als die amerikanische. Wir haben von den 216 amerikanischen Patienten, die Erscheinungen sahen, nur in 98 Fällen Kenntnis von der Absicht der Erscheinung. Aber in der 255 Patienten umfassenden indischen Stichprobe haben wir die betreffende Information in 203 Fällen. Wir haben den Eindruck, daß die Ärzte und Krankenschwestern in Amerika im ganzen mehr Schwierigkeiten mit der Frage nach der Absicht der halluzinatorischen Person hatten, wohingegen die indische Kultur anscheinend für einen Hintergrund sorgt, auf dem diese Frage leichter gehandhabt werden konnte. Wenn man nicht ganz eindeutige Daten ausschließt, dann wurde die Absicht, den Patienten in eine andere Seinsform zu holen, in 69 Prozent der amerikanischen und in 79 Prozent der Fälle in Indien zum Ausdruck gebracht (s. Kapitel 8).

Somit stellen wir also eine bemerkenswerte Ähnlichkeit in der Häufigkeit der Erscheinungen fest, die die Absicht haben, den Patienten wegzuholen, und zwar für Patienten im Endstadium sowohl in den Vereinigten Staaten als auch in Indien. Die Reaktionen aber, die die Patienten auf die Erscheinung zeigten, waren nicht immer die gleichen. Während bis auf einen alle amerikanischen Patienten die Aufforderung akzeptierten, sogar mit Heiterkeit und Freude, leisteten ihr etwa ein Drittel der Patienten in Indien (34 Prozent) Widerstand. Der tatsächliche Unterschied im Hinblick auf die beiden Länder besteht also in den Fällen, in denen der Patient nicht einverstanden war, sondern sich fürchtete oder sich sogar gewaltsam weggeholt fühlte (53 in Indien und nur einer in den Vereinigten Staaten). Nichtsdestoweniger reagierte die Mehrheit der indischen Patienten (66 Prozent) ebenso wie die Amerikaner. Sie wollten »gehen« und zeigten häufig die gleiche Heiterkeit und Freude. Läßt sich dieser Unterschied auf andere Besonderheiten in den beiden Stichproben zurückführen? Obgleich in der amerikanischen Auswahl die Anzahl der weiblichen Patienten gegenüber der indischen überwiegt, traten Erscheinungen mit dem Ziel, die Betreffenden wegzuholen, mit etwa derselben Häufigkeit bei beiden Geschlechtern auf. Mehrere Ärzte in Indien gaben zu bedenken, daß der Grund dafür, daß so viele Patienten sich dem Willen der Erscheinungen nicht beugen wollen, darin liegen könnte, daß die Inder in einem jüngeren Alter sterben. Ganz unabhängig von den Aussichten, die ein Leben nach dem Tod bietet, könnte der Mensch in jungen Jahren, wenn das Leben noch unerfüllt ist, ihm mehr anhängen als im Alter, wenn das Leben wirklich gelebt worden ist. Glücklicherweise haben wir Daten über das Alter der Patienten. In den USA gab es aufgrund des Alters keine Unterschiede. Es war keine bemerkenswerte Wechselwirkung zwischen dem Alter der Patienten und der Absicht der Erscheinung festzustellen. Obgleich in Indien ältere Personen ein wenig häufiger Erscheinungen mit dem Ziel, sie wegzuholen, sahen ($p = .09$), gab es keine Beziehung zwischen der Wahrnehmung von aggressiven Erscheinungen und dem Alter. 24 junge Inder, die nicht älter als dreißig waren, akzeptierten die Absicht der Erscheinung, die sie abholen wollte. In einem dieser Fälle handelte es sich um eine etwa 20jährige Hindu-Frau, die mit Tetanus in ein großes Krankenhaus in Delhi eingeliefert worden war. Sie war bei vollkommen klarem Bewußtsein, als sie ihrer Krankenschwester mitteilte, daß sie eine Gottheit mit dem Namen Murti sähe, die zu ihr sprach: »Ich bin gekommen, um dich zu holen.« Sie sagte zu ihren Verwandten, daß sie mit diesem Gott gehen würde und lehnte alle Arzneien ab, die das vielleicht hätten verhindern können. Das Mädchen war überzeugt, daß es in wenigen Minuten sterben würde; innerhalb einer Viertelstunde geschah dies dann auch. Offenbar bildet das Alter nur zu einem geringen Teil eine Erklärung für Erscheinungen, die kommen, um den Patienten zu holen, aber es erklärt in gar keiner Weise all die Fälle, in denen die Patienten – wie teilweise geschildert – nicht gehen wollten.

Ist es möglich, daß die Zugehörigkeit zur Hindu-Religion einige der Patienten zögern ließ? Wir untersuchten die Möglichkeit, daß abwehrende Reaktionen eventuell aufgrund von nationalen und religiösen Hintergründen zustandekommen könnten. Fälle von Nicht-Übereinstimmung gab es in den Vereinigten Staaten, einer vorherrschend christlichen Kultur, fast nicht; sie waren aber in Indien, einer Kultur, in der der Hinduismus die Hauptrolle spielt, relativ verbreitet. Es gibt jedoch eine kleine christliche Minderheit in Indien; innerhalb dieser Gruppe war die Häufigkeit von Fällen, in denen sich die Betreffenden wehrten, weggeholt zu werden, etwa halb so groß (14 Prozent) wie bei den Hindus (29 Prozent). Es bleibt ein beträchtlicher Rest, für den die Religion keine Erklärung darstellt. Offenbar hängen die Fälle von Nicht-Übereinstimmung teilweise von nationalen und teilweise von religiösen Unterschieden ab. Die indischen Sagen über den König des Todes, Yama oder Yamaraj, und seine Boten, die Yamduts, könnten ein Grund dafür sein, daß die Inder sich dagegen wehren, dem Ruf der Erscheinung Folge zu leisten, die kommt, um sie wegzuholen. Man glaubt, daß die Yamduts am Bett des Sterbenden erscheinen, um ihn zu ihrem Herrn, Yamaraj, zu bringen. Die Erscheinungsform der Yamduts hängt vom Karma des Patienten ab. Wenn er viel Gutes getan hat, erscheint ein angenehmer Yamdut, aber wenn er sich während seines Lebens nicht richtig verhalten hat, dann könnte ein schrecklicher Yamdut kommen. Im folgenden Fall war die Erscheinungsform des Yamdut neutral. Er erschien einem Hindu, der die höhere Schule besucht hatte und mit einer Blutvergiftung im Krankenhaus lag. Er hatte über 39,4 Grad Fieber, stand unter leichtem Einfluß von Betäubungsmitteln, aber der Krankenschwester schien er bei klarem Bewußtsein, als er ausrief:

> »Dort steht jemand! Er führt einen Karren mit sich, also muß es ein Yamdut sein. Er muß gekommen sein, um jemand zu holen. Er belästigt mich damit, daß er *mich* mitnehmen will! Aber Mama, ich will nicht gehen; ich will bei dir bleiben!« Dann rief er, daß jemand ihn aus dem Bett herauszöge. Er flehte: »Bitte, haltet mich fest, ich will nicht gehen!« Seine Not nahm noch zu, und er starb.

Natürlich ist der Tod auch in der europäischen Mythologie als schreckliche graue Gestalt oder Skelett personifiziert (McClelland, 1967). Aber er tauchte in den Halluzinationen der amerikanischen Patienten nie in dieser Form auf, während 18 indische Patienten, von denen die meisten nicht bereit waren, zu »gehen«, Yamduts sahen. Vielleicht sind solche Todessymbole in den Vereinigten Staaten nicht wirksam, aber in der Seele des Inders lebendig.

Das religiöse Engagement eines Patienten beeinflußte die Absicht der halluzinatorischen Figur nicht statistisch signifikant. Sowohl in Indien als auch in den USA war in fast allen Fällen, in denen die Erscheinungen kamen, um den Patienten zu holen, der Glaube an ein Leben nach dem Tod vorhanden, soweit der Glaube des Patienten bekannt war. Leider haben wir nur wenige Informationen über die Patienten, die nicht an ein Überleben glaubten, und von daher ist ein Vergleich nicht möglich. Es bestand keine Korrelation zwischen der Dauer der Halluzination und dem angeblichen Ziel der Erscheinung.

5. Die Identität der Erscheinung: Lebende, Verstorbene oder religiöse Figuren

Wir stellten fest, daß die halluzinatorische Figur entweder eine lebende Person darstellen konnte oder jemanden, der gestorben war, eine Gestalt aus der Religion oder ein mythologisches Wesen. Halluzinationen von Lebenden stehen in keiner Beziehung zur Hypothese vom Leben nach dem Tod. Tatsächlich sind sie viel wahrscheinlicher das Ergebnis von Störungen der Gehirnfunktionen. Auch in unseren Erhebungen standen wir solchen Erlebnissen gegenüber, und ihre Häufigkeit war in den Vereinigten Staaten und in Indien nahezu gleich groß. Aber wir fanden keinen einzigen Fall, in dem die Absicht, den Betreffenden wegzuholen, der Erscheinung einer lebenden Person zugeschrieben wurde. In beiden Ländern hatten die Erscheinungen von Verstorbenen die Absicht, den Patienten zu holen (USA 82 Prozent; Indien 71 Prozent). Praktisch alle Erscheinungen von religiösen Figuren, deren Absicht bekannt war, waren gekommen, um den Patienten in eine andere Form des Seins zu führen. Ein Beispiel: Ein zehn Jahre altes Mädchen lag in einem Krankenhaus in Pennsylvania und erholte sich gerade von einer Lungenentzündung. Das Fieber war gesunken, sie schien die Krise überwunden zu haben.

> Die Mutter sah, daß ihr Kind zusehends verfiel und rief uns (die Krankenschwestern). Sie sagte, das Mädchen habe ihr gerade erzählt, daß es einen Engel gesehen habe, der es bei der Hand genommen habe – und wirklich starb das Kind im nächsten Augenblick. Wir konnten das einfach nicht begreifen, da es keinerlei Anzeichen eines bevorstehenden Todes gegeben hatte. Sie war so ruhig und heiter – und dem Tod so nahe! Wir waren alle tief betroffen.

Gemäß unserem Modell sind Erscheinungen von Verstorbenen und religiösen Figuren Boten aus einer anderen Welt und für die Überlebenshypothese von Bedeutung. Und in der Tat sah die große Mehrheit der Patienten aus allen drei Erhebungen diese Art von Erscheinungen. Die Zahl der jenseitsbezogenen Halluzinationen (von Verstorbenen und religiösen Figuren) ist überraschenderweise auf beiden Seiten des Erdballs fast gleich groß; 78 Prozent in den Vereinigten Staaten und 77 Prozent in Indien. In diesem Sinne ist das Phänomen von Besuchen bei Sterbenden durch Wesenheiten aus dem Jenseits unabhängig von kulturellen Unterschieden.

Obgleich also diese Erscheinungen in beiden Stichproben vorherrschen, ist das Verhältnis von denen, die Verstorbene, und denen, die religiöse Figuren darstellen, in beiden Ländern umgekehrt. Die Amerikaner hatten fünfmal so viele Halluzinationen von Verstorbenen wie von religiösen Figuren (66 Prozent gegenüber 12 Prozent), andererseits halluzinierten die Inder religiöse Figuren viel öfter als Verstorbene (28 Prozent gegenüber 48 Prozent). Offenbar bestimmen also Nationalität und Kultur die Häufigkeit von jenseitsbezogenen Erscheinungen nicht, aber sie beeinflussen die Art der Erscheinung. Christlich getaufte

Patienten in Indien erlebten ebenfalls in viel geringerem Maße Halluzinationen von Verstorbenen als von religiösen Figuren. Somit scheint die Wurzel des Unterschiedes eher in der Nationalität als in der Religion zu liegen.

Vielleicht ist die grundlegende Erfahrung von Sterbenden, die Boten aus einer anderen Welt sehen, in allen Kulturen verbreitet. Aber in den einzelnen Kulturen besteht möglicherweise eine verschieden große Empfänglichkeit für diese oder jene Art von Erscheinung. Eine kulturbedingte Hemmung gegenüber einer der beiden genannten Arten von Halluzinationen könnte ebenfalls für den Unterschied verantwortlich sein. Beispielsweise schienen weibliche halluzinatorische Figuren in Indien selten zu sein und daher kulturell gehemmt. Während es in der Stichprobe der USA 61 Prozent Erscheinungen weiblichen Charakters gab, waren es in Indien nur 23 Prozent. Deshalb kann ein »kulturelles Verbot« der Wahrnehmung von Erscheinungen weiblicher Verwandter die Anzahl der Erscheinungen Verstorbener um 40 Prozent vermindert haben, indem es nur männliche Besucher aus der anderen Welt »zuläßt«. Bei Männern ist diese kulturelle Hemmung in Indien verbreiteter. Von daher erwarteten wir, daß Männer weniger Erscheinungen von Verstorbenen in ihren Visionen sehen würden; das war auch tatsächlich der Fall. 13 Prozent weniger Inder als Inderinnen hatten solche Erscheinungen. Die Tendenz bei den Indern, junge Personifikationen in ihren Visionen von Erscheinungen, die sie wegholen wollten, auszuschließen, könnte ihrerseits den Anteil von Verstorbenen in diesen Visionen um ein weiteres vermindern.

Zusätzlich zu einer negativen Verzerrung der Wahrnehmung weiblicher Erscheinungen Verstorbener könnte auch eine posititve Verzerrung zugunsten von religiösen Figuren eine Rolle spielen. Die Inder scheinen vielfach ihre Gottheiten sehr vertraut und persönlich zu erleben und bringen den Statuen ihrer Götter Lebensmittel und Blumen als Opfer dar. Die Amerikaner, besonders die, die einer liberalen, protestantischen Konfession angehören, neigen häufig dazu, das Göttliche als eine abstrakte, spirituelle Kraft zu deuten.

Wir schließen daraus, daß kulturelle Zwänge anscheinend stark genug sind, um die Patienten in ihrer Wahrnehmung für bestimmte Arten von Erscheinungen mehr oder weniger empfänglich zu machen, aber sie ändern nichts an der überraschend hohen Zahl (drei von vier) der Erscheinungen, die als aus einer anderen Welt kommend erlebt werden. Trotz der offensichtlich vorhandenen, kulturell bedingten jeweiligen

Form der Erscheinungen haben wir, was ihre grundsätzlichen Aspekte angeht, hier wiederum eine bemerkenswerte interkulturelle Stabilität festgestellt.

In beiden Ländern waren es in den Fällen, in denen Übereinstimmung mit der Absicht der Erscheinung herrschte, hauptsächlich Erscheinungen von nahen Verwandten: Mutter, Vater, Ehegatte, Geschwister, Kinder. Wir haben in Kapitel 8 im einzelnen ausgeführt, warum die Hypothese von einem Leben nach dem Tod voraussagt, daß überall dort, wo es sie gibt und sie der Aufgabe entsprechen können, nahe verstorbene Verwandte den Patienten bei dem Übergang in ein Leben nach dem Tod helfen werden. Aber bei der folgenden Analyse wollen wir einmal den Advocatus Diaboli spielen und unterstellen, daß die Erscheinung nichts anderes als eine reine Halluzination war, eine Art Wiederholung des kulturellen Programms, das uns während unserer Kindheit und Jugend eingehämmert wurde. Dieser kulturellen Programmierung entsprechend würden wir die traditionellen Mittler zwischen uns und der anderen Welt zu sehen erwarten, Leute wie Geistliche, Brahmanen und Rabbis, die überall dort zugegen sind, wo es um Bestattungsrituale und andere Anrufungen der spirituellen Kräfte geht. Aber es gab keinen einzigen Fall, in dem ein verstorbener Geistlicher als Botschafter des Jenseits für sein sterbendes Pfarrkind auftrat. Zudem waren es in der gesamten indischen Stichprobe nur fünf Patienten, denen »Gurus« begegneten. Es hat also den Anschein, als ob auch tiefverwurzelte Traditionen solche Erscheinungen nicht heraufbeschwören und ihnen die Absicht zukommen lassen, den Betreffenden wegzuholen.

Bei der Untersuchung eines anderen kulturellen Zwangs machten wir eine Entdeckung: In Indien besteht ein großer Respekt, ja geradezu eine Verehrung für ältere Menschen, und zwar in einem Ausmaß, das in den Vereinigten Staaten ungewöhnlich ist. Würden deshalb in Indien mehr Patienten von diesen hochgeschätzten Älteren empfangen als in dem Jugend-begeisterten Amerika? Tatsächlich war es gewöhnlich so. In den Vereinigten Staaten gehörten 41 Prozent der friedlichen Erscheinungen, die die Patienten wegholten, zur älteren Generation, während es in Indien 66 Prozent waren. Erscheinungen von Angehörigen der Generation des Patienten machten 44 Prozent der Fälle in den USA und 29 Prozent in Indien aus, während Verwandte aus der nächstjüngeren Generation in 15 Prozent der Fälle in Amerika und nur in 5 Prozent in Indien erschienen. Obwohl in den Vereinigten Staaten 14 Prozent der Erscheinungen verstorbene Söhne oder Töchter darstellten, schienen derartig junge

Menschen in Indien nicht mit der Aufgabe betraut zu sein, die Sterbenden hinüberzuführen.

Kommen verstorbene Verwandte auch in Fällen, in denen der Patient nicht gehen will? Nein, es ist fast immer ein Fremder oder ein entfernter Bekannter, der dann in dieser Mission auftritt. Es ist charakteristisch, daß es nur einen einzigen Fall gab, in dem die Erscheinung eines Elternteils »kam«, um die Patientin gegen ihren Willen zu holen. Das ist im Zusammenhang mit einem Überleben des Todes ziemlich verständlich. Analog wäre es in dieser Welt für einen Polizisten sehr ungewöhnlich, eine Mutter oder einen Vater dazu aufzufordern, ihren eigenen Sohn unter Anwendung unmittelbaren Zwangs zu verhaften. Natürlich sind auch andere Erklärungen möglich.

Wir stellten bei unseren Analysen fest, daß das Alter der Patienten nicht ausschlaggebend war, ob die Erscheinungen einen Lebenden, einen Verstorbenen oder eine religiöse Figur darstellten. Das galt trotz der Tatsache, daß die meisten Verwandten der älteren Patienten bereits verstorben waren, während die der jüngeren noch lebten. Wir untersuchten auch den Bildungsgrad des Kranken als mögliche Einflußvariable. Dieser Faktor rief in unserer Stichprobe in Indien nicht den geringsten Unterschied hervor. Es gab diesbezüglich einen bedeutsamen Unterschied in den Vereinigten Staaten, aber der war auf eine besonders kleine Gruppe von analphabetischen Patienten zurückzuführen, die keine Schule besucht hatten. Diese Gruppe sah mehr Halluzinationen von Lebenden als von Verstorbenen oder religiösen Figuren. Wir fanden keinen wesentlichen Unterschied zwischen Patienten, die mehr oder weniger Schulbildung hatten, zum Beispiel zwischen denen, die lediglich die Grundschule besucht hatten, und denen, die aufs College gegangen waren. Wenn die Wahrnehmung von jenseitigen Boten nur auf Aberglauben beruhten, hätten wir eine gegenteilige Tendenz erwartet: derart, daß Personen mit einem höheren Bildungsgrad weniger Erscheinungen von Verstorbenen oder religiösen Figuren sehen würden.

Außer dem Alter des Patienten und dem Bildungsgrad untersuchten wir auch die Möglichkeit, daß das religiöse Engagement die Art der Erscheinung beeinflussen könnte. Wir fanden keine signifikante Beziehung zwischen dem religiösen Engagement und den drei Arten von Erscheinungen. Darüber hinaus erschienen helfende jenseitige Besucher auch den Patienten, die kein Interesse am Leben nach dem Tod oder an der Religion hatten. Ein 62jähriger Ex-Mariner lag aufgrund von Prostatakrebs in New York im Sterben. Er sagte seinem Arzt, daß er Atheist wäre.

Zur Überraschung des Arztes hatte der Patient in seinem Krankenzimmer eine Vision von Christus, die wenige Minuten dauerte. Es sieht so aus, als ob das Auftreten der Erscheinung nicht von den Verdiensten oder Unterlassungen des Patienten im offenkundigen Umgang mit der Religion abhängt. Keine der Erscheinungen fragte zum Beispiel: »Johann, warum hast du aufgehört, in die Kirche zu gehen?« oder stellte dem Patienten eine Rechnung über seine sexuellen Ausschweifungen auf. Wenn diese Erscheinungen tatsächlich eine andere Welt repräsentierten, hatten sie sicherlich weit mehr Verständnis, als es sich Hölle und Verdammnis predigende Priester vorgestellt haben. Sie schienen auch nicht das schlechte Gewissen des Patienten, das moderne psychiatrische Pendant des Höllenfeuers und der Verdammnis, zu symbolisieren.

Im ganzen gesehen konnten wir also wieder den gleichen Verlauf wie in unserer Voruntersuchung feststellen. *Die Kern-Phänomene in den Erlebnissen der Sterbenden werden von individuellen, nationalen und kulturellen Faktoren nicht maßgeblich beeinflußt.* Das stimmt mit unserem Modell der Hypothese von einem Leben nach dem Tod überein, in dem festgelegt ist, daß Erscheinungen aufgrund von außersinnlicher Wahrnehmung und nicht aufgrund von Halluzinationen gesehen werden. Bevor wir nun unsere Aufmerksamkeit der Erörterung der emotionalen Auswirkungen auf die Patienten widmen, wollen wir zunächst untersuchen, welche Rolle die körperliche Verfassung des einzelnen für die Art der Erscheinung spielt, die er voraussichtlich sieht.

In den Vereinigten Staaten standen die medizinischen Diagnosen in keinerlei Zusammenhang mit einer der drei Arten von Erscheinungen, die die Patienten sahen. In Indien jedoch bestand eine statistisch signifikante Beziehung ($p = .04$). Herz- und Kreislaufkrankheiten einerseits, Nierenentzündungen und Krankheiten des Gehirns auf der anderen Seite sind die beiden Gruppen, in denen die Patienten etwa zweimal soviele Erscheinungen von Verstorbenen haben wie die Patienten in den übrigen diagnostischen Kategorien (44 Prozent gegenüber 19 Prozent). Zudem erlebten die Patienten dieser beiden Kategorien etwas weniger Halluzinationen von religiösen Figuren. Diese überraschende Tendenz wird jedoch unbedeutend, wenn wir die jenseitsbezogenen Erscheinungen betrachten, die die friedliche Absicht hatten, den Betreffenden wegzuholen. Wir fanden darunter nämlich nur drei solcher Fälle. Die restlichen hatten keinen Bezug zu jenseitigen Inhalten. Hier einer der letztgenannten Fälle:

Eine Hindu-Frau von etwa 70 Jahren erlitt einen Schlaganfall. Sie war halb im Koma und im Delirium. Sie sah in ihren Halluzinationen nur

Menschen, die sie während ihres Lebens betrogen hatte; beispielsweise sah sie ihre verstorbene Schwester, die die Patientin anklagte, sie um Geld betrogen zu haben. Der Arzt war der Ansicht, daß sie an einem Schuldkomplex litt, den sie in Halluzinationen abreagierte.

In beiden Stichproben, sowohl in Amerika als auch in Indien, hatten die Patienten mit halluzinogenen Krankengeschichten den gleichen Anteil von Erscheinungen von Lebenden, Verstorbenen und religiösen Figuren. Dasselbe gilt für den Bewußtseinszustand der Kranken. Zudem war für unseren umfassenden Maßstab von halluzinogenen Krankheiten, den halluzinatorischen Index, kein Einfluß auf die Häufigkeit der drei Arten von Erscheinungen festzustellen. Alles in allem können wir also sagen, daß medizinische Faktoren die Häufigkeit von jenseitsbezogenen Erscheinungen anscheinend nicht bestimmen, was mit unseren vorhergehenden Ergebnissen übereinstimmt.

6. Erscheinungen bei verschiedenen Generationen: Die »Quote der Verstorbenen«

In unserer Voruntersuchung stellten wir überraschende Unterschiede zwischen den jüngeren und den älteren Patienten fest. Die jüngeren sahen mehr Erscheinungen von Verstorbenen aus der älteren Generation, während die älteren meistens Erscheinungen von Gleichaltrigen sahen. Das ist im Zusammenhang mit der Überlebenshypothese durchaus sinnvoll. Wir zitieren [15]:

> In der jüngeren Gruppe dürften die meisten der in Frage kommenden Personen aus derselben Generation noch am Leben sein, während in der älteren Gruppe sehr viele Gleichaltrige wohl bereits gestorben sind. Wenn das Verhältnis von Lebenden und Verstorbenen unabhängig vom Alter ist, dann müßte die jüngere Gruppe ihre »Quote« von Verstorbenen hauptsächlich mit Personen aus der älteren Generation erreichen, während die ältere Gruppe in ihrer eigenen Generation viele in Frage kommende verstorbene Personen haben müßte. Daraus folgt, daß die Gruppe der Jüngeren mehr Angehörige der älteren Generation sehen müßte als die ältere Gruppe. Das ist tatsächlich der Fall. In Prozentzahlen ausgedrückt sieht die jüngere Gruppe etwa doppelt so viele Halluzinationen von Angehörigen der älteren Generation wie die ältere Gruppe – 62,5 % : 33,3 %. Das Verhältnis ist hinsichtlich der

Halluzinationen von Angehörigen derselben Generation genau umgekehrt – 20,8 % : 45,4 %. Halluzinationen der nächstjüngeren Generation waren in den Gruppen der jüngeren und älteren Patienten gleich verteilt.

Wir führten dieselben Analysen für unsere neuen Daten durch, indem wir den Anteil von Erscheinungen verglichen, die entweder dieselbe oder die vorhergehende Generation darstellten bezüglich der Visionen von jungen und alten Patienten. In beiden Ländern ging das Verhältnis in die vorausgesagte Richtung, obgleich statistisch nicht signifikant. Aber die jungen Amerikaner in unserer Stichprobe sahen 56 Prozent Erscheinungen der älteren Generation, während lediglich 40 Prozent solcher Erscheinungen bei den älteren Patienten vorkamen. In Indien ist der Unterschied zwischen den Ergebnissen dieser Analysen stärker ausgeprägt: 44 Prozent gegenüber 22 Prozent (das heißt junge und alte). Die Anteile der Erscheinungen von Verwandten derselben Generation standen in einem umgekehrten Verhältnis zueinander. Die älteren Patienten sahen in beiden Ländern eine größere Anzahl von Erscheinungen aus derselben Generation (44 Prozent gegenüber 32 Prozent in den USA; 47 Prozent gegenüber 33 Prozent in Indien). Daher konnten wir also zu einer vollen Übereinstimmung mit den früheren Schlußfolgerungen gelangen [16]:

> In unserer Stichprobe ist die Konstanz des Verhältnisses von Halluzinationen Verstorbener zu Halluzinationen von lebenden Personen trotz der Verschiebungen bezüglich ihrer Generationszugehörigkeit sehr bemerkenswert. Sie beweist, daß das Verhältnis von Lebenden zu Verstorbenen in den Halluzinationen auf dem Sterbebett eine eigenständige Erscheinung ist und kein Artefakt, das durch das Vorherrschen von älteren Patienten in der Stichprobe bestimmt ist.

Die Voruntersuchung erbrachte sogar noch mehr Beweise für die Hypothese von einem Überleben des Todes. Überraschenderweise waren viele der nahen Verwandten in den Halluzinationen Verstorbene. Beispielsweise waren etwa 98 Prozent der Väter, Mütter und Geschwister bereits gestorben, während verstorbene Ehegatten und Kinder insgesamt 70 Prozent ausmachten.

Obgleich man natürlich erwarten würde, daß die Anzahl der verstorbenen Verwandten aus der älteren Generation größer ist als die aus der jüngeren, überstiegen die Verhältnisse der Erscheinungen zueinander, die wir in unseren Analysen errechneten, diese Erwartung noch. Auch in unseren neuen Daten schien das über die Erwartungen hinausgehende gleiche Übergewicht von Erscheinungen der Verstorbenen zu bestehen. Die Zahlenverhältnisse für die Vereinigten Staaten und Indien sehen demgemäß so aus: verstorbener Vater: 93 Prozent – 94 Prozent; verstorbene Mutter: 93 Prozent – 77 Prozent. Es gab eine überraschend hohe Anzahl von verstorbenen Ehepartnern (79 Prozent) und Geschwistern (85 Prozent) in den Vereinigten Staaten, obwohl man als selbstverständlich annehmen würde, daß die gleichaltrige Generation hinsichtlich der Lebenden und Verstorbenen in den Erscheinungen gleich verteilt sein müßte, da die durchschnittliche Lebenserwartung für unsere Patienten ebenso wie für ihre Verwandten aus derselben Generation die gleiche sein dürfte. Das war in Indien tatsächlich der Fall: Ehegatten 50 Prozent, Geschwister 43 Prozent. Noch beeindruckender war der ungewöhnlich hohe Anteil von verstorbenen Kindern in den Vereinigten Staaten (50 Prozent), diese Zahl betrug in Indien nur 19 Prozent. Man kann mit Sicherheit sagen, daß die Hälfte der Kinder in den Vereinigten Staaten nicht vor ihren Eltern starben.

Die Hypothese von einem Leben nach dem Tod, wie sie in unserem Modell formuliert ist, unterstellt, daß sehr viel mehr Verstorbene, die erscheinen, nahe Verwandte sind, da sie natürlicherweise die Aufgabe haben müßten, den Betreffenden zu holen. Tatsächlich stellten wir ein starkes Übergewicht von sehr nahen verstorbenen Verwandten bei den Erscheinungen fest, die die Patienten im Endstadium gesehen hatten: Mütter und Väter in beiden Ländern ebenso wie Ehepartner, Geschwister und Kinder in den Vereinigten Staaten. Das kann im Sinne der Hypothese von einem Leben nach dem Tod erklärt werden, die davon ausgeht, daß nahe Verwandte sich mehr um die Angehörigen kümmern und deshalb auch häufiger für eine Erscheinung in der Stunde des Todes der Betreffenden in Frage kommen. Diese Tendenz ist in Indien weniger deutlich, wo die Szene mehr von Erscheinungen religiöser Figuren als von solchen verstorbener Verwandter beherrscht wird. Im letzten Kapitel werden wir einige dafür mögliche Ursachen erörtern, wie zum Beispiel das autokratischere Familiensystem in Indien.

In den Erlebnissen auf dem Sterbebett sind jenseitige Erscheinungen, die Verstorbene und religiöse Figuren darstellen, anscheinend ein allgemeines Phänomen, das relativ unabhängig ist von medizinischen Faktoren, individuellen Besonderheiten und nationalen und kulturellen

Unterschieden. Dieses Phänomen erscheint als etwas Objektives, wie ein Berg, der aus dem Nebel verschwommener Subjektivität herausragt.

7. Das Geschlecht der Erscheinung

Obwohl das Geschlecht der halluzinatorischen Figur für die Hypothese von einem Leben nach dem Tod nicht von Bedeutung ist, waren wir der Ansicht, daß es von Interesse sein würde, das Ausmaß zu betrachten, in dem solche Bilder durch kulturelle Hintergründe und Sitten geformt sein könnten. Deshalb bezogen wir diesen Faktor in unsere interkulturelle Analyse der Erhebungen in Indien und Amerika mit ein. Wir stellten fest, daß es entscheidende Unterschiede gab. Im ganzen schienen die Amerikaner weibliche Erscheinungen zu bevorzugen (61 Prozent), während die Inder sie vermieden (23 Prozent). Wie schon vorher festgestellt, ist Indien mehr eine »Männerwelt« als die Vereinigten Staaten, was dieses Ergebnis erklären mag.

Wir untersuchten auch, ob es zwischen männlichen und weiblichen Patienten im Hinblick auf das Geschlecht der Erscheinungen, die sie sahen, irgendeinen Unterschied gab. Dabei fanden wir heraus, daß bedeutend mehr amerikanische Männer als Frauen Erscheinungen von Frauen sahen (71 Prozent gegenüber 51 Prozent), während die Männer in Indien solche Erscheinungen nur in ganz geringem Maße hatten (17 Prozent). Selbst die indischen Frauen sahen doppelt so viele männliche (64 Prozent) wie weibliche Erscheinungen. Offenbar wiegen die kulturellen Faktoren in diesem Fall sogar Geschlechtsunterschiede auf.

Wir wollen nun auf die Fälle zurückkommen, in denen die Erscheinung praktisch immer männlicher Natur war, nämlich dort, wo die Patienten sich dagegen wehrten, weggeholt zu werden. Anscheinend sind gewaltsame Aktionen, genau wie in dieser, auch in der anderen Welt eher den Männern vorbehalten.

Wer hatte aber nun welche Erscheinung bei den friedlich verlaufenden Übergängen in die andere Welt? Wurden männliche Patienten von weiblichen Erscheinungen in Empfang genommen oder abgeholt, oder war es umgekehrt? Die weiblichen Patienten beider Länder wurden von etwa gleich vielen männlichen wie weiblichen Erscheinungen in Empfang genommen. Aber in dieser Beziehung gab es einen entscheidenden Unterschied zwischen amerikanischen und indischen Männern. Die amerikanischen Männer wurden im allgemeinen von Frauen in Empfang genommen (83 Prozent), wogegen fast alle indischen Männer Angehörige ihres eigenen Geschlechts als Führer auf dem Weg in die andere Welt hatten (89 Prozent).

In dem folgenden Fall, der sich in Indien zugetragen hat, erlebte ein Mann, möglicherweise aufgrund einer starken gefühlsmäßigen Bindung, wie er von seiner Mutter weggeholt wurde. Ein junger Hindu, der gerade mit dem Besuch der höheren Schule begonnen hatte, lag mit Leukämie im Sterben. Seine Mutter war gestorben, als er zwei oder drei Jahre alt gewesen war. Er konnte sich kaum an sie erinnern, war sich aber der Tatsache, keine Mutter zu haben, sehr wohl bewußt.

> Er sprach oft über sie und über das, was er von seinen Brüdern und Schwestern gehört hatte. Er erzählte mit großer innerer Bewegung über sie und seinen Vater. An dem Tag, als er starb, hatte er kein Fieber, sagte aber zu seinem Vater: »Meine Zeit ist um. Meine Mutter ruft mich. Sie steht dort mit ausgebreiteten Armen.« In diesem Augenblick war sein Bewußtsein völlig klar. Er war sich seiner Umgebung bewußt und sprach bis zum letzten Moment mit seinem anwesenden Vater. Dann sagte er, indem er mit einer Hand seinen Vater festhielt und mit der anderen dorthin deutete, wo er seine Mutter sah: »Kannst du meine Mutter nicht sehen? Schau! Meine Mutter ruft mich.« Dann starb er, wobei er sich seiner Mutter entgegenstreckte und dabei fast aus dem Bett fiel. Er war so glücklich, daß er sie sah!

Wir untersuchten daraufhin, welche Auswirkungen das Alter der Patienten auf das Geschlecht der Erscheinung hatte. Junge Amerikaner sahen mehr weibliche Figuren als ältere amerikanische Patienten (71 Prozent gegenüber 58 Prozent). Die Jugend in Indien sah etwas mehr weibliche Erscheinungen, als das bei den älteren Kranken der Fall war (29 Prozent gegenüber 20 Prozent). Was auch immer der hemmende Faktor in Indien sein mag, er scheint im Alter noch ein wenig stärker zu werden. Aber könnte es sein, daß solche Hemmungsfaktoren mit einer zunehmenden Verwestlichung der Lebensart abnehmen?

Um diese Möglichkeit zu überprüfen, verglichen wir Fälle aus jüngerer Zeit mit denen, die fünf oder mehr Jahre zurücklagen. In den Vereinigten Staaten konnten wir keine diesbezügliche Veränderung feststellen, aber der Anteil weiblicher Erscheinungen nahm in den Fällen aus jüngerer Zeit in Indien statistisch signifikant ab. Tatsächlich verminderte sich der Prozentsatz um die Hälfte von 39 Prozent auf 18 Prozent. Es sieht so aus, als ob die psychologischen Bedingungen, die die Wahrnehmungen von femininen Erscheinungen bei den Indern beeinflussen, in den vergangenen Jahren eine noch stärkere und nicht eine geringere Ausprägung erfahren haben.

Abgesehen von den nationalen Unterschieden schien die Religion des Patienten eine untergeordnete Rolle zu spielen. Hindus sahen 22 Prozent weibliche Erscheinungen in Indien, während Patienten anderer Religionen dort 33 Prozent sahen. Der Unterschied zwischen amerikanischen Protestanten und Katholiken war nicht von Bedeutung. Darüber hinaus hatte das religiöse Engagement in beiden Ländern keinen bemerkenswerten Unterschied zur Folge. Deshalb kann man annehmen, daß die Hemmung indischer Patienten, Frauen zu halluzinieren, nichts mit der Religion zu tun hat. Auch die amerikanischen Bevorzugungen scheinen weltliche Gründe zu haben. Die Mehrzahl der amerikanischen Patienten, die nicht religiös engagiert waren, zogen weibliche Erscheinungen vor, wohingegen die stark engagierten keine Bevorzugung eines Geschlechts zeigten.

Medizinische Bedingungen schienen nur einen sehr geringen Einfluß auf das Geschlecht der Erscheinungen zu haben. Lediglich in Indien sahen die Patienten mit Krankheiten des Gehirns oder Nierenentzündungen mehr Frauen (37 Prozent) als andere Patienten. Es ist nicht verwunderlich, daß sich die indischen Moralvorstellungen und Hemmungen bei Patienten mit getrübten Bewußtseinsprozessen langsam auflösen und verschwinden.

Um diesen Aspekt der Erlebnisse mit Erscheinungen zusammenzufassen: In Amerika sind die Erscheinungen dreimal so häufig weiblicher Natur wie die halluzinatorischen Figuren, die die Inder sehen. Obwohl außerdem das Geschlecht der Erscheinung das betreffende Erlebnis verändert, beeinflußt es die Kern-Phänomene nicht. Die Mehrheit der Fälle ist immer noch die, in denen die Erscheinung die Absicht hat, den Betreffenden wegzuholen, und vorherrschend verstorbene nahe Verwandte auftreten.

10

Die Ursachen der zweiten Form von Erlebnissen mit Erscheinungen

1. Erscheinungen – diesseitig oder jenseitig: Eine kritische Betrachtung

Indem wir kritische Fragen stellten, drangen wir noch tiefer zu den Ursachen der Erlebnisse mit Erscheinungen vor. Welche Art von Erscheinung weist direkt auf einen jenseitigen Ursprung hin und welche auf diesseitige Ursachen? Sind transpersonale Gefühle zuverlässige Hinweise auf den jenseitigen Ursprung einer Erscheinung? Können die vorgefaßten Meinungen und Vorstellungen der Ärzte und Krankenschwestern die angeblichen Jenseitserlebnisse erklären? In diesem Kapitel werden wir das Material aus unseren Interviews untersuchen, um darauf objektive Antworten zu finden.

2. Erlebnisse mit Erscheinungen und Total-Halluzinationen

Halluzinationen von Personen sind nicht immer gleich. In unserer Fallsammlung unterschieden wir zwei Arten:

1. Halluzinationen von Erscheinungen – der Patient halluziniert lediglich eine Person, während seine Wahrnehmung von der Umgebung, wie zum Beispiel dem Krankenzimmer, intakt bleibt.
2. Total-Halluzinationen – der Patient halluziniert alles, was er sieht und erlebt sich selbst irgendwo anders, zum Beispiel in einer anderen Welt oder in dem Bereich wiederauflebender Erinnerungen an eine vergangene Umgebung.

Sind beide Arten gleichermaßen wichtig für unsere Untersuchung der Visionen auf dem Sterbebett? Es gibt einen Unterschied. In der

Voruntersuchung entdeckten wir, daß Halluzinationen von Erscheinungen ASW-Erlebnissen mit wirklichkeitsbezogenen Halluzinationen gleichen, die tatsächliche Informationen enthalten. In Fällen von ASW sind die Halluzinationen gewöhnlich so beschaffen, daß sie naturgetreu sind in der Weise, daß sie eine große Ähnlichkeit mit einer wirklichen Person haben und häufig die Absicht, auf diese oder jene Art eine Botschaft zu übermitteln; z. B. daß ein Mensch meilenweit entfernt einen Autounfall hatte. Die Erscheinungen auf dem Sterbebett waren ebenfalls zusammenhängend, naturgetreu und mit der Situation des Todes befaßt. Im allgemeinen überbrachten sie dem Patienten eine Botschaft von einem Leben nach dem Tod, in das er eingehen sollte.

Andererseits bilden die Total-Halluzinationen ein »Sammelsurium«. Obwohl sie Visionen von einer anderen Welt einschlossen, die selbstverständlich für unsere Untersuchung von Bedeutung sind, waren viele unzusammenhängend, weitschweifig und entsprachen der Situation des Sterbens nicht. Beispielsweise ist in dem Beitrag *Deathbed Observations* aufgeführt, daß einige Patienten »völlig aus ihrem normalen System der Orientierung in Raum und Zeit ausgebrochen waren und in einer vergangenen Zeit an einem vergangenen Ort lebten«[17]. Die Voruntersuchung zeigte, daß eine große Anzahl solcher Halluzinationen von Patienten erlebt wurde, die halluzinogene Diagnosen hatten, wie zum Beispiel Harnvergiftung. Dennoch kam in einer Minderheit von Total-Halluzinationen die Absicht, den Patienten wegzuholen, zum Ausdruck. So auch in dem folgenden Fall:

> Ein 86 Jahre alter Mann erlitt einen Herzanfall. Er sah, wie seine Mutter und Jesus zu ihm kamen. Er unterhielt sich mit ihnen und streckte die Hände nach ihnen aus. Er schien nicht zu bemerken, daß ich da war. Der Patient redete mit seiner verstorbenen Mutter, als ob sie gerade da wäre. Er sagte: »Jesus, verlaß mich nicht.« Er schloß die Augen und schien zu schlafen. Er begann wieder zu sprechen: »Ich sehe dich, ich komme.« Dann wandte der Kranke sich um, als ob er nach jemandem schaute: »Mutter, ich bin hier.« Schließlich schlief er ein. Der Patient wurde ruhig, verlor das Interesse am Leben und starb 24 Stunden später.

In anderen Fällen von Total-Halluzinationen glauben die Patienten, im Himmel zu sein und dort verstorbene Verwandte zu sehen. Aber solche Visionen können auch den Eindruck von Seelenexkursionen erwecken, bei denen jemand selbst das Gefühl hat, in andere Umgebungen zu »fliegen«.

Ein Hindu, ein Bauer im 40. Lebensjahr, litt an einem Leberleiden. Er erzählte (seinem Arzt), daß er durch die Luft in eine andere Welt geflogen sei, wo er Götter sitzen sah, die ihn riefen. Er glaubte auf dem Weg zu einem Treffen mit diesen Göttern zu sein; er wollte dort sein und sagte zu den Anwesenden: »Laßt mich gehen.« Verwandte versuchten ihm das auszureden; er wäre doch in Ordnung und sollte nicht gehen. Aber der Patient war sehr glücklich, diese Götter zu sehen, und bereit zu sterben. Kurze Zeit später versank er in ein tiefes Koma und starb nach zwei Tagen. Während er beschrieb, was er »sah«, war er bei klarem Verstand und sprach zusammenhängend.

Bei diesem Erlebnis war die gesamte Szene halluziniert. Anstatt daß jenseitige Boten in das Krankenhaus kamen, fühlte sich der Patient zu ihnen in die andere Welt transportiert, während er gleichzeitig das Gefühl hatte, als ob er sich außerhalb seines Körpers befände. Wir werden uns mit derartigen Erlebnissen im Kapitel 12 beschäftigen.

Zwei Drittel der Patienten in beiden Stichproben zusammen hatten Erscheinungserlebnisse. Das letzte Dittel bestand aus Total-Halluzinationen. In diesem Punkt gab es einen Unterschied zwischen den beiden Ländern. Fast alle indischen Patienten (83 Prozent) hatten nach Angaben der Befragten Halluzinationen von Erscheinungen, wogegen das nur bei 47 Prozent der amerikanischen Patienten der Fall war. In 29 Prozent der Halluzinationen in der Stichprobe der USA ließen sie lediglich Erinnerungen wiederaufleben. Da diese Halluzinationen für eine völlige Desorientierung sprechen, sind sie für die Erforschung des Überlebens nicht von Bedeutung. In Indien stießen wir nur auf einen Fall, in dem der Patient wiederauflebende Erinnerungen sah; in Amerika hatten wir dagegen 26 solcher Fälle.

Der Unterschied könnte aber auch auf die Art, wie wir unsere Interviews durchführten, zurückzuführen sein. Bei den Interviews, die wir in Indien von Angesicht zu Angesicht durchführten, konnten wir genauere Anweisungen geben, als es uns bei den Telefongesprächen in den Vereinigten Staaten möglich war. Wenn wir die Fälle wiederauflebender Erinnerungen von der Stichprobe in den USA abziehen, dann sind zwei Drittel (66 Prozent) der übrigen Fälle ihrer Natur nach Erscheinungen, was der Häufigkeit der Halluzinationen von Erscheinungen in der indischen Stichprobe nahekommt (83 Prozent). Das entspricht dann einem Resultat, das mit den Ergebnissen aus der vorhergehenden Untersuchung übereinstimmt: Die Mehrzahl der Visionen auf dem Sterbebett entspricht ASW-Halluzinationen von der Art der Erscheinungen.

In seltenen Fällen schienen die Halluzinationen von Erscheinungen offensichtlich in Verbindung mit ungewöhnlichen ASW-Fähigkeiten der Sterbenden aufzutreten. Eine 64jährige Frau war mit einem Verschluß der Herzkranzgefäße ins Krankenhaus gekommen. Die Krankenschwester, die zugleich ihre Tochter war, erzählte uns:

> Sie war ein Mensch, der mit beiden Beinen auf der Erde stand; ruhig, in keiner Weise launisch, und eine strenggläubige Lutheranerin. Ich selbst heiratete einen Mann mit einem anderen Glauben. Damals verursachte die Heirat mit einem Katholiken Spannungen; meine Eltern waren dagegen. Und sie (die Erscheinung) kam, als wolle sie meiner Mutter ihren Seelenfrieden wiedergeben.
>
> Ich saß an ihrem Bett, mein Mann hatte mich gerade von Harrisburg nach Reading gebracht. Sie sagte: »Ted (der Ehemann der Krankenschwester) wird in Kürze zurück sein, da hier eine Menge Leute um das Bett versammelt sind, die zusammen singen (vermutlich verstorbene Verwandte). Wenn er zurückkommt, dann werden sie zusammen beten, und dann werden die Dinge anders aussehen.« So sagte ich: »Mutter, er wird nicht bald zurück sein, denn er ist gerade gegangen.«
>
> Etwa zwanzig Minuten oder eine halbe Stunde später schaute ich auf, und Ted stand im Türrahmen. Für mich war das ein ziemlicher Schock. Ich rief: »Liebling, was hat dich zurückgebracht?«, »Ich weiß nicht«, sagte er, »ich war auf dem Heimweg und ertappte mich plötzlich dabei, wie ich nach Reading zurückfuhr; ich dachte: Nun gut, ich bin näher an Reading als an Harrisburg. Ich werde zurückfahren und sehen, wie die Lage dort ist.« Er hatte keine andere Erklärung. Dann bat Mutter um der Versöhnung willen Ted, für sie zu beten. Es war eine ungeheure Erleichterung. Es war auch für mich eine große Befriedigung und für uns alle von Bedeutung. Danach kamen Heiterkeit und Friede über sie.

Beim nächsten Schritt unserer Analyse fragten wir: »Beeinflussen medizinische Faktoren die Erscheinungsnatur der Halluzinationen?« Wir stellten fest, daß in beiden Ländern die Halluzinationen von Erscheinungen und die Total-Halluzinationen nicht durch die Art der Krankheit beeinflußt wurden. Das galt mit einer Ausnahme: Patienten mit Krankheiten des Gehirns oder Nierenentzündung sahen signifikant weniger Erscheinungsfiguren (35 Prozent in den USA, 65 Prozent in Indien) als Patienten, die andere Krankheiten hatten (47 Prozent in den USA, 80 Prozent in Indien). Wir können deshalb die Feststellung treffen, daß halluzinogene Krankheitsformen eher dazu führen, die Möglichkeit der Wahrnehmung von Erscheinungen zu verringern als zu verursachen.

Unser kombinierter Maßstab für medizinische Bedingungen, die zu Halluzinationen führen, den wir als halluzinogenen Index bezeichnet haben, stand in einer statistisch signifikanten Beziehung zu den indischen Patienten, die weniger Halluzinationen von Erscheinungen hatten. Derartige medizinische Bedingungen beeinflußten die Erlebnisse mit Erscheinungen, wie sie die amerikanischen Patienten hatten, nicht. Augenscheinlich war unser Modell richtig: Medizinische Faktoren können unter Umständen einige der Total-Halluzinationen erklären, aber sie schränken das Phänomen in keiner Weise in den Fällen ein, in denen die Erscheinung gesehen wird und die Wahrnehmung des Patienten von seiner Umgebung intakt bleibt.

Es gibt eine sehr interessante Beziehung zwischen dem Bewußtseinszustand des Kranken und der Häufigkeit, mit der er eine Erscheinung sieht. In der Abbildung 3 ist dargestellt, daß die große Mehrheit der Patienten mit klarem Bewußtsein (Vereinigte Staaten 62 Prozent; Indien 94 Prozent) Erscheinungen in der natürlichen Umgebung ihrer Krankenzimmer sahen. Zudem sahen Patienten mit mäßig getrübtem Bewußtsein weniger solche Erscheinungen (Vereinigte Staaten 47 Prozent; Indien 83 Prozent); während diejenigen, deren Bewußtsein stark getrübt war, sie nur selten erlebten (Vereinigte Staaten 17 Prozent; Indien 8 Prozent).

Diese Effekte sind statistisch hochsignifikant. Obgleich eine mäßige Einschränkung der Bewußtseinsfunktionen Patienten nicht daran hindert, Halluzinationen vom Typ der Erscheinungen zu sehen, ist das bei einer starken Einschränkung der Fall. In der Tat hatten fast alle Angehörigen der letzteren Gruppe Total-Halluzinationen. Deshalb scheint eine Wahrnehmung und eine gewisse Form der Zuwendung zur äußeren Wirklichkeit wesentlich für das Auftreten der Halluzinationen von Erscheinungen zu sein. Sie können sicherlich nicht als von einem Koma oder Delirium herrührend interpretiert werden.

Bei dem Versuch, herauszufinden, welche anderen Faktoren dafür bestimmend sein könnten, ob Halluzinationen von der Art der Erscheinungen sind oder total, analysierten wir die Wechselwirkung zwischen der Häufigkeit, mit der sie gesehen wurden, und anderen Faktoren, wie zum Beispiel der Bildung. Die Rolle der Bildung war nicht von Bedeutung. Die Art der Religion spielte ebenfalls in beiden Ländern eine geringe Rolle. In dieser Hinsicht unterschieden sich in den Vereinigten Staaten weder Protestanten von Katholiken noch Hindus und andere religiöse Gruppen in Indien sehr voneinander. Aber während der Grad des religiösen Engagements der Patienten in der amerikanischen Stichprobe keine signifikanten Auswirkungen hatte, war das in Indien der Fall (p = .02). Religiös stark engagierte Inder sahen eine größere Zahl Halluzinationen von Erscheinungen (93 Prozent) als die weniger religiösen (74 Prozent). Wir können diesen Unterschied nicht erklären.

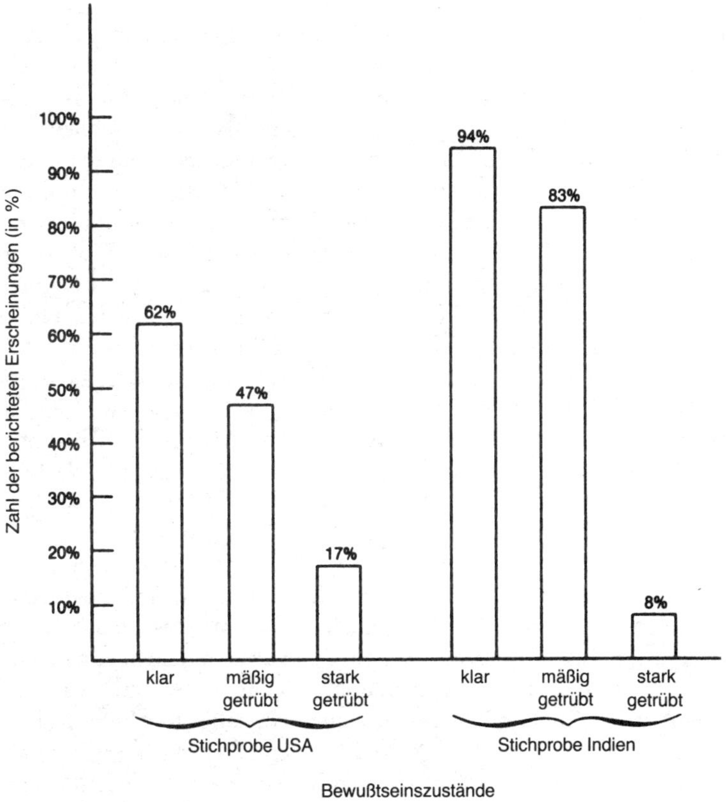

Abb. 3. Anteile der Erscheinungen, die je nach Bewußtseinszustand unter intakter Wahrnehmung der Umgebung gesehen wurden (in %).

Obgleich wir der Ansicht waren, daß der Glaube an ein Leben nach dem Tod ebenfalls ein Faktor sein könnte, der für die Wahrnehmung von Erscheinungen von Bedeutung ist, waren wir aufgrund von Begrenzungen unserer Stichprobe nicht in der Lage, diese Möglichkeit zu überprüfen. Es gab nämlich nur 12 »registrierte Ungläubige«, eine Gruppe, die nicht groß genug ist, um daraus verallgemeinernde Schlüsse zu ziehen. Um der Vollständigkeit der Darstellung willen wollen wir an dieser Stelle vermerken, daß von den (zwölf) Erscheinungen, die nach den entsprechenden Berichten gesehen wurden, zwei Verstorbene waren, sieben waren Erscheinungen von Lebenden, eine von einer religiösen Figur und zwei wurden von den Patienten, die sie sahen, nicht identifiziert.

Es ist von größtem Interesse, den Einfluß kultureller Unterschiede auf die Art der Halluzination zu beachten. Bei unserer Untersuchung stellten wir fest, daß, obwohl in beiden Ländern religiöse Figuren gesehen wurden, der Hintergrund, auf dem sie erschienen, verschieden war. Amerikaner scheinen einen Hang zu haben, derartige Figuren auf einem Hintergrund zu sehen, den man als Abbild einer »himmlischen« Umgebung bezeichnen kann (Total-Halluzination). Eine überwiegende Mehrheit der indischen Patienten hingegen sah die Erscheinungen direkt in ihrem eigenen Krankenzimmer (Halluzinationen von Erscheinungen). Einer der indischen Ärzte witzelte: »Unsere Gottheiten machen Hausbesuche; eure verlangen, daß man sie in ihrem Büro aufsucht«.

So fragten wir uns, ob dieser Unterschied aufgrund religiöser oder nationaler Verschiedenheiten der beiden Länder erklärt werden kann. Unsere Analyse zeigte, daß der Unterschied offenbar national bedingt ist, da christlich getaufte Patienten in Indien den gleichen Anteil an Erscheinungen von Halluzinationen hatten wie die Hindus. Unabhängig vom Glaubenssystem erleben die Inder – im Gegensatz zu den Amerikanern – die Dimensionen der anderen Welt vielleicht auf eine Art, die unmittelbarer in ihren Alltag, in ihr weltliches Leben eingeht. Jedenfalls ist der Unterschied in diesem Fall hochsignifikant ($p = .0002$).

Unsere Analysen der Wechselwirkungen brachten noch etwas anderes zutage: In beiden Ländern berichteten mehr Krankenschwestern als Ärzte über Patienten, die Halluzinationen von einer Erscheinung hatten. Hätte das unsere Daten verfälschen können? Sicherlich verbringen die Krankenschwestern mehr Zeit mit den Patienten und scheinen mehr mit den Einzelheiten ihrer Erlebnisse vertraut zu sein; das gilt besonders für Privatkrankenschwestern. Man unterstellt den Ärzten aber, daß sie ein klareres Urteil haben, möglicherweise weil ihre Ausbildung mehr intellektueller Art ist. Könnten sie dadurch jedoch nicht auch eher bereit sein, den vorherrschenden Skeptizismus zu teilen, daß Halluzinationen nichts bedeuten? Wir begegneten auch solchen Fällen: »Sie hatte ihn gesehen und mit ihm wie mit dem Heiland gesprochen. Wir waren der Ansicht, daß sie verwirrt war; niemand schenkte ihr Beachtung.«

Bei den Befragten, die stark religiös engagiert waren, erwarteten wir eine weniger skeptische Haltung. Tatsächlich berichteten sie uns eine größere Anzahl von Beobachtungen von Erscheinungshalluzinationen. Natürlich könnte die veränderte Wahrnehmung von solchen Gläubigen die Beobachtungen ebenfalls verzerren. Wir benutzten die Informationen, die wir über Fälle von Visionen auf dem Sterbebett von Patienten zur Verfügung hatten, die entweder Freunde oder Verwandte unserer Zielpersonen waren und von denen wir annehmen konnten, daß ihnen mehr Aufmerksamkeit als gewöhnlichen Patienten zuteil wurde. Die Beantworter unseres Fragebogens berichteten mit einer etwas größeren Häufigkeit über Halluzinationen von Erscheinungen bei diesen stärker beachteten Patienten. Diese Resultate erklären in gewisser Weise die Tatsache, daß von Ärzten und Krankenschwestern, die religiös engagiert waren, eine größere Zahl von Erscheinungshalluzinationen in ihren Berichten aufgeführt wurde.

3. Gefühlsreaktionen auf die halluzinatorischen Figuren

Ein Gefühlsausdruck auf unserem Gesicht oder in unseren Augen sagt oft mehr als Worte. Unserem Modell nach (s. Kapitel 6) könnten die Gefühle, mit den die Patienten die Erscheinungen »empfangen«, ihre tatsächliche Bedeutung klar machen: Wer oder was sie wirklich sind.

Wenn die Erscheinungen real sind und wirklich eine Begegnung mit einer Existenz nach dem Tod darstellen, würden wir Gefühle erwarten, die zu einer solchen Wahrnehmung von »einer anderen Welt« passen. Die Patienten sollten dann emotionale Regungen zeigen, wie sie William James z. B. in dem Buch *Die religiöse Erfahrung in ihrer Mannigfaltigkeit* (1907) beschrieben hat. Wenn aber die Erscheinungen vollkommen subjektiver Natur sind und weltliche Belange ausdrücken, innere Konflikte und Wünsche oder die »Tagesreste« Freuds, dann würden wir erwarten, daß die dabei auftretenden Gefühle denen des alltäglichen Lebens ähneln.

In der Voruntersuchung wurden unsere diesbezüglichen Erwartungen erfüllt. Die Patienten zeigten in größerem Ausmaß Ruhe und Frieden, nachdem sie eine Erscheinung von Verstorbenen gesehen hatten, als wenn es eine Erscheinung einer lebenden Person war; wobei das letztere ein Anzeichen für eine reine Halluzination ist. Unter der Annahme, daß eine andere Form der Wirklichkeit tatsächlich existiert, ist eine derartige Wirklichkeit für uns nur von Bedeutung, wenn wir sie auch wahrnehmen können. Bei gesunden Menschen sind angebliche Wahrnehmungen des Transzendentalen oder der »anderen Welt« im allgemeinen als »mystische Erfahrungen« bekannt. Sie müssen dabei nicht unbedingt in ihrer großartigsten Form stattfinden. In diesem Zusammenhang können wir eine gewisse Ähnlichkeit zwischen solchen religiösen Erfahrungen und den Erlebnissen der Sterbenden voraussetzen, wenn sie etwas Reales sehen, nämlich die andere Welt. Obgleich unsere statistischen Ergebnisse mit dieser Annahme auf einer Linie liegen, schließen sie andere Erklärungen nicht aus; zum Beispiel Maslows (1970) Interpretation dieser Phänomene als »Gipfelerlebnisse«.

In der Voruntersuchung waren viele Berichte über Gefühle enthalten, die man, obwohl sie schwierig zu beschreiben sind, unter den Hauptgesichtspunkten »religiöse Gefühle« und »Heiterkeit und Friede« einordnen könnte. Im wesentlichen enthielten Berichte über diese Gefühle Beschreibungen wie Frieden, Harmonie, herrlich strahlender Glanz oder, wie es einige der Befragten darstellten: »Sie beginnen zu strahlen.« Leicht zu erkennen sind diese Gefühle aufgrund ihres scharfen Kontrastes zu anderen Emotionen, die so oft mit dem Sterben verbunden sind: Furcht, Depression, Traurigkeit, Resignation, Apathie. Als Beispiel hier der Fall eines etwa 60jährigen Geschäftsmannes mit College-Bildung. Er litt an einer schmerzhaften und tödlichen Infektion. Als die Erscheinung zu ihm kam, wandelte sich der Schmerz in Heiterkeit.

> Nun, es war ein Erlebnis, wie wenn er jemandem begegnete, den er sehr liebte. Er lächelte, richtete sich auf und streckte die Hände aus. Sein Gesichtsausdruck war voller Freude. Ich fragte ihn, was er sah. Er sagte, seine Frau stünde gerade dort und warte auf ihn. Es sah so aus, als ob dort ein Fluß wäre und sie auf der anderen Seite stehen und darauf warten würde, daß er herüberkäme. Er wurde sehr ruhig und friedlich – eine Heiterkeit religiöser Art. Er hatte auch keine Furcht mehr und starb einen sehr friedvollen Tod.

Wie in Kapitel 8 beschrieben, fragten wir ausführlich nach den Gefühlsreaktionen der Patienten. Die Wechselwirkungen zwischen verschiedenen Faktoren und den emotionalen Reaktionen wurden unter zwei Gesichtspunkten analysiert: Heiterkeit gegenüber freudiger Erregung und religiöse gegenüber nicht-religiösen Gefühlen. Die erste Gruppe verglich folgende Faktoren: 1) keine Reaktionen, 2) negative Gefühle, 3) freudige Erregung und Aufregung und 4) Heiterkeit und Frieden. In der zweiten Gruppe wurden verglichen: 1) positive, nicht-religiöse Gefühle, 2) positive religiöse Gefühle und 3) keine Gefühle oder negative Gefühle. Um schließlich einen möglichst wirkungsvollen Vergleich zu haben, vereinfachten wir dieses Schema noch weiter, indem wir die angenommenen jenseitsbezogenen Gefühle – Heiterkeit und Frieden in der ersten Gruppe, religiöse Gefühle in der zweiten – mit den am stärksten weltlich bezogenen verglichen: den negativen oder den nicht vorhandenen emotionalen Reaktionen[18].

Ausgehend von unserer Hypothese von einem Leben nach dem Tod, könnte eine Reaktion mit jenseitigen Gefühlen (religiöse Gefühle, Heiterkeit und Friede) auf eine halluzinatorische Figur dafür sprechen, daß die Erscheinung real ist. Reagierten unsere Patienten nun unterschiedlich auf die Erscheinungen von Verstorbenen und auf die von Lebenden? In der Tat. Schließlich dürfte es auch durchaus angemessen sein, auf religiöse Figuren mit religiösen Gefühlen, Heiterkeit und Frieden zu antworten. Der Prozentsatz der Patienten, die mit Heiterkeit und Frieden auf Erscheinungen von Verstorbenen reagierten, war in den Vereinigten Staaten sechsmal größer (24 Prozent) und in Indien viermal größer (24 Prozent) als bei den Erlebnissen mit Erscheinungen von Lebenden. Doppelt so häufig überkam Heiterkeit die Patienten, wenn die Erscheinung der Verstorbenen das Ziel hatte, sie zu holen. 42 Prozent derer, die religiöse Figuren sahen, reagierten in den Vereinigten Staaten mit Heiterkeit und Frieden, 24 Prozent derselben Gruppe in Indien. Niemand zeigte religiöse Gefühle gegenüber Erscheinungen von Lebenden, nur wenige taten es gegenüber denen von Verstorbenen und viele bei Erscheinungen von religiösen Figuren (58 Prozent in den USA und 35 Prozent in Indien). Die Unterschiede sind statistisch signifikant.

Jenseitsbezogene Erscheinungen sind häufiger mit Gefühlen verbunden, die mit der Religion und einer anderen Welt in Zusammenhang gebracht werden, als das bei den Erscheinungen von Lebenden der Fall ist. Wenn die Erscheinungen aus der anderen Welt eine Grundlage in der äußeren Wirklichkeit hätten, würden wir diese Reaktionen erwarten.

Als wir versuchten, den Grund zu entdecken, warum die indischen Patienten auf religiöse Erscheinungen weniger häufig reagierten (35 Prozent) als die Amerikaner (58 Prozent), fanden wir einen Anhaltspunkt. In Amerika bestanden nur 10 Prozent der Reaktionen der Patienten auf Erscheinungen von religiösen Figuren aus negativen Gefühlen, während sie in Indien 32 Prozent ausmachten. Der Unterschied ist vor dem Hintergrund der indischen Mythologie verständlich. Wie weiter oben erklärt wurde, hat Yama, der Gott des Todes, seine Boten (Yamduts), deren Auftreten von der Lebensführung der sterbenden Person abhängen kann. Diese Todesboten werden oft ziemlich unheimlich dargestellt. Bei der Begegnung mit solchen Yamduts dürfte man sich nicht über eine negative Gefühlsreaktion wundern. Im besten Sinne ist der Hinduismus eine hochentwickelte Religion der Liebe und Selbstverwirklichung. Aber die dunkle Seite der hinduistischen Religion, wie sie von Yama, den Yamduts und verschiedenen Dämonen gekennzeichnet wird, bildet etwa ein Fünftel der religiösen Figuren, die von indischen Patienten gesehen werden. Positive Gefühle begleiten anscheinend Erscheinungen solcher Gottheiten wie Krischna, Schiwa oder anderer wohlwollender himmlischer Wesen (zum Beispiel der Devas).

Allerdings ist es eine allgemeine Erscheinung, daß eine gewisse Art von negativen Gefühlen mit der Religion verbunden ist. Die Bibel spricht innerhalb des Alten Testaments ziemlich häufig von der Furcht vor Gott. Aber für das Christentum ist es ausgesprochen kennzeichnend, daß es die Bedeutung dieser negativen Aspekte vermindert hat. Im Neuen Testament ist nirgends ein Ausdruck wie »die Furcht vor Christus« zu finden. Diese christliche Betonung von positiven religiösen Gefühlen könnte ebenfalls der Grund für die Unterschiede in den Gefühlsreaktionen auf religiöse Figuren bei den Amerikanern und den indischen Patienten sein. Dennoch gibt es mehr Ähnlichkeiten als Unterschiede. Trotz der äußerst verschiedenen kulturellen Bedingungen zeigten viele Patienten in beiden Ländern die gleichen Gefühlsreaktionen, das heißt, Hindus »strahlten« genauso wie die Amerikaner.

Das erklärte Ziel der Erscheinungen von Verstorbenen und religiösen Figuren ist es, den Patienten in Empfang zu nehmen und ihn in eine andere Welt mitzunehmen oder zu führen. Diese Visionen nehmen zu, je näher der Patient dem Zeitpunkt seines Todes kommt. Wenn wir annehmen, daß die meisten Erscheinungen real sind, könnte man glauben, daß sie irgendwie wissen, wie nahe der Betreffende dem Tod ist. Zudem würden wir bei den realen Erscheinungen erwarten, daß sie mit den ihnen entsprechenden Gefühlen begrüßt werden – Heiterkeit und Frieden und religiöse Gefühle –, während diejenigen, die reine Halluzinationen sind, nicht auf die gleiche Art empfangen würden. Dazu zwei Beispiele:

> Eine 68jährige polnische Hausfrau hatte Krebs. Sie war bei klarem Verstand. Sie brachte gerade einige finanzielle Angelegenheiten in Ordnung und verlangte nach ihrer Geldbörse. Sie dachte nicht ans Sterben. Dann sah sie ihren Ehemann, der vor zwanzig Jahren gestorben war. Sie war glücklich in einer Art religiösem Gefühl und, wie ihr Arzt berichtete, verlor sie alle Furcht vor dem Tod. Statt den Tod zu fürchten, empfand sie ihn als etwas Logisches und Richtiges. Sie starb innerhalb von fünf oder zehn Minuten.

> Eine andere Hausfrau starb eine Woche, nachdem sie die Erscheinungen ihrer verstorbenen Tochter und einiger Freunde gesehen hatte; es gab kein dem Jenseits entsprechendes Gefühlserlebnis. Ihre andere Tochter, die Krankenschwester war, erzählte uns: »Sie lag vollkommen ruhig im Bett und sprach mit meinem Vater und mir. Dann rief sie urplötzlich diese Leute beim Namen, als ob sie am Bett stehen würden. Schließlich sprach mein Vater lauter und störte die Situation wahrscheinlich. Es wurde kein Grund genannt (warum sie »kamen«). Das Vorkommnis hatte keine emotionalen Auswirkungen. Es regte sie nicht auf, sie nahm es als normales Ereignis.« Das war es wahrscheinlich auch, nämlich eine Halluzination.

Um dieser letzten Annahme auf den Grund zu gehen, verglichen wir die Prozentsätze der Patienten, die innerhalb einer Stunde starben, mit denjenigen, die in einem Zeitraum zwischen einer und vierundzwanzig Stunden starben, und mit denen, die mehr als vierundzwanzig Stunden nach einem Erlebnis mit Halluzinationen starben. Das geschah für beide Patientengruppen, sowohl für die, die jenseitsbezogene Gefühle erfahren hatten, wie Heiterkeit und religiöse Emotionen, als auch für die, die entweder keine oder negative Emotionen gezeigt hatten. Die mittlere Gruppe (eine bis vierundzwanzig Stunden) variierte, aber die Extremgruppen (bis zu einer Stunde und mehr als vierundzwanzig Stunden) zeigten das erwartete Muster. Wenn unsere amerikanischen Patienten die Erscheinung kurz vor ihrem Tod sahen, dann reagierten sie zweimal so häufig mit Heiterkeit und Frieden oder religiösen Gefühlen, als wenn die Erscheinung mehr als vierundzwanzig Stunden vor dem Tod auftrat.

Können diese Ergebnisse durch die Annahme erklärt werden, daß die Intensität der jenseitigen Gefühle den Organismus überwältigt und so seinen Tod herbeiführt? Es erscheint uns wahrscheinlicher, daß Heiterkeit und Frieden weniger anstrengend sind als negative Gefühle (die meist von Furcht getragen waren), Aufregung oder freudige Erregung. Aber könnten diese zuletztgenannten Emotionen möglicherweise den Tod beschleunigen?

Wenn sie dazu angetan wären, dann taten sie es zumindest nicht in unserer amerikanischen Stichprobe. Tatsächlich war der Verlauf genau umgekehrt. In der Gruppe mit dem kürzeren Zeitraum bis zum Tod gab es viel weniger freudig erregte oder negative Gefühlsreaktionen als heitere und sehr viel mehr in der anderen Gruppe. Diese Beziehung zwischen emotionalen Reaktionen und dem Zeitraum bis zum Tod wird durch andere Ergebnisse, die wir weiter oben beschrieben haben, zusätzlich bestätigt. In den Fällen, in denen es das angebliche Ziel der Erscheinung war, den Patienten in eine Nach-Tod-Existenz mitzunehmen, trat der Tod im Vergleich zu den Fällen, die eine andere Absicht aufwiesen, schneller ein. Von daher zeigten diese beiden Analysen, daß ein Zusammenhang besteht zwischen dem Zeitraum bis zum Eintreten des Todes und der Anwesenheit von Erscheinungen aus dem Jenseits.

Konnten die emotionalen Reaktionen durch medizinische Faktoren erklärt werden? Bei der Suche nach der Antwort auf diese Frage fanden wir als erstes, daß die Art der Krankheiten die Gefühlsreaktionen der Patienten nicht beeinflußt. Aber der halluzinatorische Index, in dem die halluzinatorische Krankheit und Krankengeschichte, wie Fieber und medikamentöse Behandlung, enthalten sind, war von Bedeutung. Je mehr halluzinogene Faktoren vorhanden waren, desto weniger reagierten die Patienten mit jenseitsbezogenen Gefühlen. Patienten, bei denen dieser halluzinogene Index nicht vorhanden war, erfuhren Heiterkeit und Frieden doppelt so häufig wie die, bei denen er festgestellt werden konnte: 44 Prozent gegenüber 22 Prozent in den Vereinigten Staaten und 24 Prozent gegenüber 12 Prozent in Indien (USA – $p = .005$, Indien – $p = .07$).

Auch religiöse Gefühlsreaktionen waren doppelt so häufig bei Patienten, die keine halluzinogenen Krankheiten hatten: 29 Prozent gegenüber 14 Prozent in den Vereinigten Staaten, 22 Prozent gegenüber 11 Prozent in Indien (USA – $p = .05$, Indien – $p = .07$). *Offensichtlich herrschen Heiterkeit und Frieden bei den Patienten vor, deren Organismus relativ frei von Krankheiten und medikamentösen Behandlungen ist, die*

Halluzinationen verursachen können. Andererseits traten negative oder keine Gefühlsreaktionen in beiden Ländern häufiger bei Patienten auf, bei denen es diesen halluzinatorischen Index gab. Deshalb können Emotionen, die dem Besuch aus der anderen Welt entsprechen, anscheinend nicht durch die oben erwähnten medizinischen Faktoren erklärt werden, mit Ausnahme der furchtauslösenden Yamduts. Sie treten im Gegenteil bei Patienten auf, die nicht unter solchen Krankheiten leiden, von denen wir annehmen, daß sie eine außersinnliche Wahrnehmung unmöglich machen. Das stimmt mit unserer Hypothese überein, daß derartige Reaktionen auf einer außersinnlichen Wahrnehmung der Erscheinung beruhen und nicht auf physiologischen Bedingungen.

Die bei den Patienten vorhandene Klarheit des Bewußtseins war ein weiterer Punkt, der auf seinen möglichen Einfluß auf die Gefühle hin betrachtet werden mußte. Bei der Voruntersuchung stellten wir fest, daß Patienten mit klarem Bewußtsein Frieden und Heiterkeit doppelt so häufig erlebten wie diejenigen mit getrübten Bewußtseinsfunktionen. Auch unsere beiden neuen Stichproben bestätigten diese Tendenz. Wir konnten beobachten, daß in den Vereinigten Staaten zweimal so viele Patienten mit klarem Bewußtsein (46 Prozent) heiter und friedvoll waren, während nur 22 Prozent derer mit getrübtem Bewußtsein diese Gefühle erlebten ($p = .01$). In Indien war bei der entsprechenden Gruppe das Gefühl von Heiterkeit und Frieden dreimal so häufig (33 Prozent) wie bei der Gruppe mit eingeschränkten Bewußtseinsfunktionen (11 Prozent, $p = .0004$).

In den Fällen, in denen das Bewußtsein entscheidend getrübt war und die Erscheinung durch psychologische Faktoren erklärt werden könnte, war der Anteil solcher Reaktionen geringer, wie in dem folgenden Fall. Dieses Beispiel betrifft einen 80jährigen Geschäftsführer einer der größten Firmen in den USA. Er hatte die Überseeabteilung unter sich. Während des Erlebnisses war es unmöglich, mit ihm zu kommunizieren. Er war

> ganz davon in Anspruch genommen. Er saß nur da, starrte an die Decke und sprach mit jemandem, der nicht da war; er lächelte wie ein kleines Kind, das den Weihnachtsbaum sieht. Er rief den Namen eines Mädchens und sagte: »Ich habe gewartet und gewartet – ich wußte, du würdest zu mir kommen!«

Die Krankenschwester wußte, wer das Mädchen war.

> Nachdem seine Frau gestorben war, erzählte er mir immer wieder wie aus einer Art Schuldgefühl heraus: »Sie wissen, daß ich meine Frau geliebt habe, aber es war nicht die gleiche Art von Liebe, die ich für mein Mädchen empfand, für meinen Liebling.« Er erzählte mir, wie sie bei einem Autounfall umkam, gerade als sie heiraten sollten. Später sagte er: »Ich habe sie gesehen! Ich wußte, sie würde nicht für immer weggehen, sie würde zurückkommen.« Nun, er hatte mehrere Tage lang vor der Halluzination immer von ihr gesprochen. Sie beschäftigte ihn ständig. Das und die Schuld, die er gegenüber seiner eigenen Frau fühlte, haben diese Halluzination wahrscheinlich ausgelöst.

Wir sind uns in der Deutung mit der Krankenschwester einig. Die Erscheinung zeigte keinerlei Absicht, den Betreffenden wegzuholen, verursachte in ihm auch keine jenseitsbezogenen Gefühle, lediglich Liebe in einem achtzigjährigen Herzen.

Man glaubt im allgemeinen, daß Frauen zum größten Teil gefühlsmäßiger reagieren als Männer. Aber wir stellten fest, daß das Geschlecht der Patienten weder in den Vereinigten Staaten noch in Indien einen Einfluß auf ihre emotionalen Reaktionen hatte; das Alter aber hatte einen. Die älteren Inder reagierten zweimal so häufig mit Heiterkeit und religiösen Gefühlen wie die jüngeren ($p = .05$). In den Vereinigten Staaten war das Verhältnis für die religiösen Gefühle umgekehrt ($p = .04$), aber Heiterkeit wurde vom Alter überhaupt nicht beeinflußt. Obwohl wir nicht wissen, wie wir diese gegensätzlichen Tendenzen erklären sollen, ist es offenbar, daß Heiterkeit und religiöse Gefühle bei den Sterbenden nicht als Folge eines Lebensüberdrusses im Alter erklärt werden können. Viele junge Patienten reagierten mit den gleichen Gefühlen. Vielleicht sollte man auch erwähnen, daß der Bildungsgrad des Patienten anscheinend keinen Einfluß auf die Gefühlserscheinungen hat.

Den ganzen Bericht hindurch haben wir den Einfluß untersucht, den die Religion auf verschiedene Aspekte der Visionen auf dem Sterbebett haben könnte. Unsere Analyse zeigte, daß die Gefühlsreaktionen auf Erlebnisse mit Erscheinungen bei den Amerikanern etwa die gleichen waren, unabhängig davon, ob sie Katholiken oder Protestanten waren. Hindus neigten auf der anderen Seite dazu, verschieden zu reagieren. Die amerikanischen Christen, die Heiterkeit und Frieden doppelt so häufig wie die indischen Hindus erlebten, hatten auch etwas häufiger religiöse Gefühle.

Ist dieser Verlauf auf die Tatsache zurückzuführen, daß die Patienten verschiedenen Nationen angehören oder auf ihre unterschiedlichen Religionen? Die kleine Stichprobe, die wir von Christen in Indien haben, könnte uns bei der Beantwortung dieser Frage helfen. Diese Gruppe reagierte nicht nur sehr viel häufiger mit Heiterkeit und Frieden (43 Prozent) als die Hindus (18 Prozent), sondern übertraf sie auch, was das Auftreten von religiösen Emotionen angeht: 48 Prozent gegenüber 15 Prozent.

Obwohl diese Zahlen darauf hinzuweisen scheinen, daß die Religion für den Unterschied in den Gefühlsreaktionen der Patienten verantwortlich ist, müssen wir in diesem Zusammenhang auch anführen, daß aus unseren Daten hervorgeht, daß die Christen in Indien hinsichtlich der jenseitsbezogenen Gefühlsreaktionen sogar die Amerikaner hinter sich ließen. Das legt den Verdacht nahe, daß der Unterschied nicht ausschließlich von der Religion herrührt, obgleich dieser Faktor durchaus einen gewissen Einfluß haben mag. Es ist möglich, daß die Krankenschwestern, die in Indien häufig christlich getauft sind, ihre Berichte von religiösen Gefühlen bei christlichen Patienten unabsichtlich etwas übertrieben. Da die Christen in Indien eine kleine Minderheit darstellen, könnten sie im Hinblick auf ihre Religion in gewisser Weise eine Verteidigungsstellung einnehmen. Aber selbst wenn wir Hindus mit amerikanischen Christen vergleichen, gibt es immer noch Unterschiede hinsichtlich der Reaktionen von Heiterkeit (Hindus 18 Prozent; amerikanische Christen 35 Prozent) und der religiösen Gefühle (Hindus 15 Prozent, amerikanische Christen 26 Prozent).

Oberflächlich betrachtet erscheint es so, daß die Religion bis zu einem gewissen Grad die Phänomene beeinflußt. Beispielsweise könnte der Hinduismus eher hinderlich sein für Heiterkeit und religiöse Gefühlsreaktionen, während das Christentum sie begünstigen mag. Wenn dem so wäre, dann würden wir erwarten, daß dieser Unterschied bei Patienten, die stark für ihre Religion engagiert sind, besonders groß ist. Aber das war nicht der Fall. Wir ziehen daher die Schlußfolgerung, daß das religiöse Engagement weder in Indien noch in den Vereinigten Staaten einen Einfluß auf jenseitsbezogene emotionale Reaktionen hatte.

Bei einer näheren Untersuchung der persönlichen Merkmale der Patienten sahen wir, daß der Glaube an ein Leben nach dem Tod die Phänomene zu beeinflussen schien. Was diesen Glauben angeht, haben wir über 139 Patienten die Information, daß er vorhanden war, aber nur von 12, daß er nicht vorhanden war. Das ist eine zu kleine Gruppe für einen brauchbaren Vergleich. Aber eine ganze Anzahl der Patienten, die nicht über ihren Glauben sprachen, dürften tatsächlich »Ungläubige« gewesen sein; deshalb stellten wir die Gruppe derer, die daran glaubten, der Gruppe gegenüber, über die wir keine diesbezüglichen Informationen hatten. In den Vereinigten Staaten waren Reaktionen von Heiterkeit und Frieden nicht nennenswert mit dem Glauben verbunden ($p = .48$) und nur in geringem Ausmaß, aber statistisch nicht signifikant, war dies in Indien der Fall ($p = .08$). Wenn diese Gefühle überhaupt vom Glauben beeinflußt werden, dann offensichtlich nur in geringem Umfang. Deshalb können diese heiteren und friedvollen Reaktionen nicht durch den Glauben an ein Leben nach dem Tod erklärt werden.

Andererseits standen religiöse Gefühlsreaktionen in einer signifikanten Beziehung zum Glauben (USA $p = .001$; Indien $p = .0004$). Bei den Patienten, die an ein Leben nach dem Tod glaubten, waren die Einflüsse in beiden Ländern außerordentlich ähnlich: 37 Prozent der Amerikaner und 35 Prozent der Inder reagierten mit religiösen Gefühlen. Von den Patienten, über deren Glauben in dieser Hinsicht nichts bekannt war, reagierten 12 Prozent der Amerikaner und 13 Prozent der Inder auf dieselbe Art und Weise. Demzufolge ist der Glauben an ein Leben nach dem Tod in diesem Punkt ein sehr wichtiger Faktor.

Sind damit die religiösen emotionalen Reaktionen völlig durch den Glauben an ein Leben nach dem Tod erklärt? Nicht unbedingt; wir wissen aus der ASW-Forschung, daß der Glaube an ASW-Phänomene die Fähigkeiten beeinflußt. Diejenigen, die daran glauben, haben im allgemeinen größere Fähigkeiten, und diejenigen, die nicht daran glauben, blockieren oder stören außersinnliche Wahrnehmungen (Schmeidler, 1958). Deshalb könnten wir erwarten, daß für die Visionen auf dem Sterbebett diese Eigenheit ebenfalls gilt, wenn sie außersinnliche Wahrnehmungen einer Existenz nach dem Tod beinhalten.

Würde die Gemütslage des Patienten vor der Wahrnehmung der Halluzination seine Gefühle danach erklären? Die Untersuchung dieser Frage erwies, daß die Korrelation zwischen den beiden Variablen statistisch nicht signifikant ist. Die entsprechenden Gefühle kamen gewöhnlich nach dem Auftreten der Erscheinung. Nun versuchten wir festzustellen, ob die Erwartungen des Patienten, zu sterben oder wieder gesund zu werden, die jenseitsbezogenen emotionalen Reaktionen erklären könnte. Wir verglichen dabei die Gefühlsreaktionen der Patienten, die eine Gesundung erwarteten, mit denen der anderen, die zu sterben erwarteten. In keinem der beiden Länder gab es einen signifikanten Unterschied in der Verteilung.

Wir überprüften auch die Verteilung der klaren Bewußtseinszustände bei Patienten, die mit religiösen Gefühlen reagierten. Die Mehrzahl dieser Patienten fiel in die Gruppe mit klarem Bewußtsein, wenn man sie der Gruppe mit getrübtem Bewußtsein gegenüberstellte: 35 Prozent gegenüber 11 Prozent in den Vereinigten Staaten, 27 Prozent gegenüber 13 Prozent in Indien ($p = .02$ in den USA und in Indien). In der Gruppe mit negativen oder nicht vorhandenen Gefühlen war die genau entgegengesetzte Tendenz festzustellen. Auf diese Art reagierten nämlich mehr Patienten mit getrübtem Bewußtsein als jene, die bis zum Ende klar und zusammenhängend dachten und sprachen. Deshalb ist weder ein getrübter Bewußtseinszustand noch ein Delirium noch ein Koma eine ausreichende Erklärung für Reaktionen der Heiterkeit, des Friedens oder für religiöse Gefühle. Ganz im Gegenteil scheinen dieselben Einschränkungen, die auch eine außersinnliche Wahrnehmung behindern, die Wahrscheinlichkeit eines Vorkommens solcher Reaktionen auf Erscheinungen aus dem Jenseits zu vermindern. Da die Grundlage für die obengenannten Gefühlsreaktionen die außersinnliche Wahrnehmung von Erscheinungen zu sein scheint, können wir darauf hinweisen, daß diese Tendenz auf einer Linie mit der Hypothese von einem Leben nach dem Tod liegt.

Um die Ergebnisse bis hierher zusammenzufassen: Der Verlauf der Wechselwirkungen im Hinblick auf jenseitsbezogene Reaktionen bei der Wahrnehmung von Erscheinungen stimmt sinnvoll mit der Hypothese von einem Leben nach dem Tod überein, paßt aber kaum zu der medizinischen Theorie von einem »kranken Gehirn«, zu den psychologischen Erklärung durch Streß-Reaktionen und Wunscherfüllungen oder zu den Erklärungen, die die kulturellen Bedingungen oder die persönlichen Merkmale des Patienten verantwortlich machen.

4. Die Ärzte und Krankenschwestern

Könnten die Befragten ihre eigenen Philosophien und Glaubenshaltungen in die Mitteilungen und das Verhalten ihrer Patienten im Endstadium hineininterpretieren? Das ist eine wichtige Frage, auf die wir die Antwort durch geeignete Analysen suchten.

Wir untersuchten sorgfältig die Möglichkeit, daß ein Vorurteil der Beantworter unseres Fragebogens die Beobachtungen der Phänomene hätte verfälschen können, die für die Hypothese von einem Leben nach dem Tod von Bedeutung sind. Hätten beispielsweise Berichte über

Erscheinungen von Lebenden, Verstorbenen und religiösen Figuren durch bestimmte Glaubensformen der Ärzte und Krankenschwestern beeinflußt werden können? Wir stellten fest, daß weder in Indien noch in Amerika der Glaube oder Unglaube der Betreffenden an ein Leben nach dem Tod in einer Beziehung zu der Art der halluzinatorischen Figuren stand, von denen sie berichteten, daß ihre Patienten sie gesehen hätten. Auch das religiöse Engagement der Befragten machte keinen Unterschied. Wir können deshalb schlußfolgern, daß die berichteten Beobachtungen sich weitgehend in Übereinstimmung beispielsweise mit den Arten der Erscheinungen (Lebende, Verstorbene oder religiöse Figuren) befinden, wie sie die Patienten gesehen haben. Darüber hinaus spielte es keine Rolle, ob die Berichte über die drei Arten von Erscheinungen von Ärzten, die im Krankenhaus wohnten, erstellt wurden, anderen Ärzten oder Krankenschwestern, und es machte auch keinen Unterschied, ob sie die Patienten persönlich kannten.

Wir nahmen auch Untersuchungen vor, um festzustellen, ob die Absicht der halluzinatorischen Personen von den Beantwortern unseres Fragebogens anscheinend objektiv beobachtet wurde, oder ob es Unterschiede gab, die für ein Vorurteil sprachen. In beiden Ländern fanden wir die Fälle, in denen die Erscheinungen friedlich kamen, um den Betreffenden wegzuholen, ziemlich gleich verteilt. Obgleich Krankenschwestern etwas mehr Fälle als die Ärzte beobachteten, war die Differenz nur 7 zu 9 Prozent. Allerdings wurden die Fälle, in denen die Betreffenden abgeholt werden sollten und sich dagegen wehrten, aus Indien zweimal so häufig von Krankenschwestern wie von Pflichtassistenzärzten oder anderen Ärzten aus dem Klinikpersonal und allgemein tätigen, praktischen Ärzten berichtet.

Hätte im Licht dieser Ergebnisse nun tatsächlich ein positives Vorurteil bei den Krankenschwestern oder ein negatives bei den Ärzten bestehen können, das heißt interpretierten die indischen Krankenschwestern ein aggressives Ziel, den Betreffenden wegzuholen, in Fälle hinein, wo es keines gab? Oder unterließen es die Ärzte aufgrund eines philosophischen Vorurteils, darauf zu achten? Wir haben Grund zu der Annahme, daß die Fälle, in denen der Patient dem Beantworter unseres Fragebogens als Verwandter oder Freund bekannt war, besser beobachtet wurden. Die Patienten schienen im allgemeinen auch einem Verwandten oder Freund gegenüber offener zu sein, der umgekehrt auch aufmerksamer zuhörte. Sowohl in der indischen als auch in der amerikanischen Stichprobe wurden friedliche Formen des Empfangs durch Erscheinungen häufiger von Patienten berichtet, die mit den Befragten befreundet oder mit ihnen verwandt waren. Wenn ein Vorurteil vorhanden war, bestand es offensichtlich nicht in Übertreibungen der Krankenschwestern, sondern in Untertreibungen der Ärzte, die möglicherweise die jenseitige Ausrichtung einiger Fälle übersehen haben. Es ist in diesem Zusammenhang interessant, daß es bei den Patienten, die den Krankenschwestern bekannt waren, etwas weniger Fälle gab, in denen die Betreffenden aggressiv weggeholt wurden. Es besteht die Möglichkeit eines Vorurteils bei den Krankenschwestern in Indien in dem Sinne, daß sie zuviele Fälle gesehen haben, in denen die Absicht der Erscheinung, den Patienten wegzuholen, im Widerspruch zu seinen eigenen Zielen stand. Aber wenn dem so wäre, würde das nur einen kleinen Teil unserer Daten verfälschen und damit unsere Gesamtergebnisse nicht wesentlich beeinflussen.

Natürlich können der Glaube des Befragten an ein Leben nach dem Tod, sein religiöses Engagement und sein Alter Faktoren sein, die ihn in seinen Beobachtungen bezüglich der Absichten der Erscheinungen befangen machen. Obwohl wir weder in der amerikanischen noch in der indischen Stichprobe feststellen konnten, daß der Glaube eines Befragten, sein religiöses Engagement oder der Zeitpunkt des Erwerbs des akademischen Grades irgendeinen signifikanten Einfluß auf seinen Bericht über die Absicht der Erscheinung, den Betreffenden wegzuholen, hatte, gab es im Hinblick auf das Alter gewisse Unterschiede. Die jüngsten der amerikanischen Befragten berichteten weniger Fälle, in denen der Patient abgeholt wurde; die mittlere und ältere Altersgruppe waren darin untereinander praktisch gleich. Es waren darin auch mehr, die einen Patienten persönlich kannten. Von daher können wir schließen, daß die Absicht der Erscheinung, wie sie die Patienten sahen, möglicherweise von einigen Assistenzärzten und jüngeren Angehörigen dieser Gruppe übersehen wurde. In keiner der Untergruppen derjenigen, die uns unsere Fragebogen beantworteten, konnten wir ein positives Vorurteil oder eine Übertreibung hinsichtlich der Häufigkeit der Phänomene entdecken.

Beobachtungen bezüglich der Gefühlsreaktionen der Patienten, die Erscheinungen sehen, könnten leicht dadurch verfälscht werden, daß die in Frage stehenden Reaktionen entweder übersehen oder übertrieben werden. In der Tat stellten wir fest, daß das Gefühl von Heiterkeit und Frieden in unterschiedlichem Ausmaß von Ärzten und Krankenschwestern beobachtet wurde. In der amerikanischen Stichprobe wurden Heiterkeit und Frieden häufiger von Krankenschwestern genannt (25 Prozent) als von Ärzten (14 Prozent). In Indien bestand eine solche

Diskrepanz nicht (25 Prozent der Krankenschwestern gegenüber 26 Prozent der Ärzte). Die indischen Assistenzärzte machten weniger häufig Beobachtungen hinsichtlich der Heiterkeit der Patienten (9 Prozent).

Im ganzen gesehen war die Anzahl der Krankenschwestern in beiden Ländern und der Ärzte in Indien, was die Berichte über die Heiterkeit bei Patienten angeht, bemerkenswert gleich, während die amerikanischen Ärzte und die indischen Assistenzärzte weniger solche Beobachtungen machten. Also müssen wir fragen, ob die Krankenschwestern die in Frage stehenden Emotionen im Übermaß angegeben haben oder die Ärzte sie übersehen haben. Wir prüften auch, ob die Berichte der Krankenschwestern aufgrund ihres Glaubens oder ihrer Religion schwankten, fanden aber hier kein Anzeichen für eine derartige Tendenz. Weder der Glaube der Krankenschwestern an ein Überleben des Todes noch ihr religiöses Engagement hatten irgendeinen Einfluß auf ihre Berichte über die Gefühle der Patienten.

Dann wandten wir uns wieder dem zuverlässigsten Teil unserer Daten zu, den Fällen, in denen der Patient entweder ein Verwandter oder ein Freund des Befragten war. In diesen Fällen von »Bekanntschaft« wurden religiöse Gefühle ebenso oft wie von Krankenschwestern berichtet: amerikanische Krankenschwestern 15 Prozent – »bekannte« Fälle 17 Prozent; indische Krankenschwestern 20 Prozent – »bekannte« Fälle 22 Prozent. Deshalb können wir annehmen, daß die von den Krankenschwestern bekannten Zahlen zuverlässiger sind als die von den Ärzten. Die Berichte von Heiterkeit und Frieden über »bekannte« Fälle in Indien (26 Prozent) kommen ebenfalls sehr nahe an die Zahl der Berichte der Krankenschwestern heran (25 Prozent) und unterscheiden sich von der Zahl, die die im Krankenhaus wohnenden Ärzte berichteten (9 Prozent). In den Vereinigten Staaten waren die Zahlen der Berichte über Heiterkeit bei den Patienten, ob sie den Befragten bekannt waren oder nicht, nicht verschieden; deshalb gibt es in dieser Stichprobe keine Anzeichen für ein Vorurteil. Soweit wir feststellen können, übersahen die Ärzte und insbesondere die Assistenzärzte in Indien einige Gefühle bei den Patienten, aber es gab dafür bei den Krankenschwestern keine entsprechenden Hinweise. Es könnte sehr gut sein, daß Frauen im allgemeinen solche Feinheiten wie Stimmungen und Bewußtseinszustände besser wahrnehmen und deshalb auch genauer über sie berichten.

Wir untersuchten auch die Möglichkeit einer Verfälschung aufgrund von mangelhafter Erinnerung an weit zurückliegende Fälle. Konnten die Fälle im Laufe der Jahre durch Übertreibungen »schöner« geworden sein?

Wir stellten keine derartigen Übertreibungen bei unseren Analysen fest. Es gab diesbezüglich keinen signifikanten Unterschied zwischen älteren und neueren Fällen.

Zum Abschluß können wir sagen, daß die Analyse der Wechselwirkungen tatsächlich sehr viel Neues brachte bei der Betrachtung der Erscheinungsphänomene im Zusammehang mit verschiedenen anderen Faktoren. Die Gegenüberstellung der Erscheinungen mit diesseitigen Inhalten und derjenigen mit dem Ziel, die Betreffenden wegzuholen, ergab im wesentlichen das gleiche: eine Übereinstimmung mit der Überlebenshypothese und eine Bestätigung derselben, wie sie in unserem Modell formuliert ist.

11

Von Depression und Schmerz zu Frieden und Heiterkeit

Der Tod wird im allgemeinen als ein trauriges Ereignis erlebt, bei dem die Familie, die Verwandten und Freunde meistens weinen. Krankenschwestern berichten darüber, wie schwer es für sie ist, sich während der Fürsorge für die Sterbenden vor depressiven Gefühlen zu schützen; die Ärzte sind es gewohnt, den Betroffenen mitzuteilen: »Sein Zustand ist äußerst kritisch«. Die psychoanalytische Literatur beschäftigt sich vielfach mit Todesängsten.

Dennoch befinden sich nicht alle Patienten im Endstadium in einem Zustand der Furcht, der Depression oder Apathie. Bei unserer Voruntersuchung stellten wir eine ziemlich ungewöhnliche Frage: »Haben sie bei Ihren Patienten einen plötzlichen Stimmungsaufschwung bis zu einer freudigen Erregung hin beobachtet?« In 753 Fällen, die von 169 Beobachtern berichtet wurden, war die Antwort »Ja«. Ein Stimmungswandel dieser Art kann den Betreffenden in Phasen kurz vor dem Tod über die Düsternis und den Schmerz des Sterbens hinwegbringen. Die medizinischen Beobachter stellten häufig fest: »Sie beginnen zu strahlen.«

Was bewirkt nun aber, wenn auch nicht bei der Mehrheit, daß einige Patienten in der Nähe des Todes solche Empfindungen haben? Das Sterben in gehobener Stimmung ist natürlich »angenehmer« als ein Tod in Furcht und Schrecken; das ist ein Konzept, das der Vorstellung von einem »guten Tod« entspricht. Vielleicht könnten wir den Patienten helfen, einen guten Tod zu sterben, wenn wir die daran beteiligten Vorgänge verstehen könnten.

Phänomene des Stimmungswandels sind auch für unsere Überlebenshypothese von Bedeutung. Gemäß unserem Modell könnte ein Stimmungsaufschwung kurz vor dem Tod bei einem Patienten durch das Eintreten einer außersinnlichen Wahrnehmung der bevorstehenden Existenz nach dem Tod verursacht werden, von der wir auf der Grundlage unserer Voruntersuchung annehmen, daß es eine gute Seinsform ist. Wir legten theoretisch fest, daß die dabei erhaltenen Informationen entweder mehr oder weniger bewußt erlebt oder auf einen vorbewußten Niveau behalten werden. Aber Stimmungen können aufgrund vieler verschiedener Ursachen schwanken. Deshalb müssen wir zur Wahrheitsfindung die bekannten Ursachen ebenso sorgfältig untersuchen wie die Ursache, die von unserer Überlebenshypothese unterstellt wird.

Wir haben in den Fällen, in denen ein Stimmungsaufschwung vorkam, 174 Interviews durchgeführt (106 in den Vereinigten Staaten, 68 in Indien). Auf diesen Fällen beruht unsere Analyse. In diesem Zusammenhang ist es von Bedeutung, daß wir in den Vereinigten Staaten eine relativ größere Anzahl solcher Fälle fanden als in Indien. Wir werden in einer späteren Erörterung darauf zurückkommen.

Bei den Erhebungen in den USA und in Indien fragten wir in unserem Eingangsfragebogen: »Haben Sie jemals einen plötzlichen Stimmungsaufschwung bei sterbenden Patienten beobachtet, der zu einem Glücksempfinden oder zu Heiterkeit geführt hat?« In ausführlichen Interviews, die diese Fälle betrafen, fragten wir, wodurch sich ein Stimmungswandel im Verhalten des Patienten bemerkbar machte, ob er dies durch Worte ausdrückte und wenn ja, wie dies geschah. Aus den erhaltenen Antworten konnten wir vier Merkmale für einen Stimmungsaufschwung herausarbeiten: die verbale Mitteilung des Patienten über seine Stimmung, ein Anwachsen der Aktivität, soziale Interaktion und religiöse Aktivitäten (wenn vorhanden). So wie die Patienten darüber berichteten, konnte das Phänomen des Stimmungsaufschwungs in zwei Personengruppen eingeteilt werden: die heitere und ruhige einerseits (49 Prozent) und die fröhliche und freudig erregte andererseits (27 Prozent). Es gab auch noch eine dritte Gruppe von geringerer Bedeutung: Das waren die, die plötzlich voller Optimismus waren (20 Prozent) und damit anfingen, Pläne zu schmieden hinsichtlich ihrer Arbeit, eines Urlaubs oder der Heimkehr, sofern sie im Krankenhaus waren. Ferner brachten 4 Prozent der Patienten andere Stimmungen zum Ausdruck (s. Tabelle 8, Anhang II). Durch einen solchen Stimmungsaufschwung wurden viele Kranke innerlich ruhiger und mitteilsamer. Einige zeigten auch Anzeichen stärkerer körperlicher Widerstandskraft. Viele wurden den sie betreuenden Ärzten und Krankenschwestern gegenüber hilfsbereiter und im allgemeinen wohlwollender gegenüber allen sie umgebenden Menschen, indem sie beispielsweise ihre Dankbarkeit zum Ausdruck brachten. Von den 174 Patienten wurde nur bei 21 beobachtet, daß sie beteten, sangen, religiöse Verse rezitierten oder über religiöse Dinge sprachen.

Wie es auch bei den Visionen auf dem Sterbebett der Fall ist, traten die meisten dieser Stimmungsaufschwünge kurz vor dem Tod ein. 41 Prozent der Patienten starben innerhalb von 10 Minuten nach dem Stimmungswandel; mehr als die Hälfte davon starb innerhalb einer Stunde nach dem Beginn des plötzlichen Stimmungswandels in Heiterkeit und Frieden.

Sowohl in den Vereinigten Staaten als auch in Indien schien der Stimmungsaufschwung vom Alter der Patienten unabhängig zu sein. Obgleich die Gruppe der über fünfzigjährigen natürlich die Mehrheit aller Fälle bildet (etwa 60 Prozent), finden sich in unserer Stichprobe alle Altersgruppen (s. Tabelle 10, Anhang II). Aber in dieser Beziehung konnten wir große nationale Unterschiede feststellen. Das Durchschnittsalter unserer Stichprobe in den USA war 61 Jahre, wogegen es in Indien, wo die Lebenserwartung geringer ist, nur 48 Jahre betrug. Ferner erlebten in Indien beträchtlich weniger Frauen einen solchen Stimmungsaufschwung, obgleich in den Vereinigten Staaten das Geschlecht der Patienten keinen Unterschied machte. Das gleiche galt für die Fälle von Erscheinungen. Wie wir bereits in unserer Erörterung der Erscheinungsfälle festgestellt haben, könnte dieser Unterschied der Tatsache zuzuschreiben sein, daß in Indien weniger Frauen als Männer ins Krankenhaus kommen.

In unseren Stichproben war der Bewußtseinszustand der meisten Patienten (80 Prozent) klar; sie waren sich ihrer Umgebung vollständig bewußt. Von den 174 Patienten hatten nur 27 Schwierigkeiten in der Kommunikation mit ihrer Umgebung, 7 waren nicht in der Lage, zu antworten oder Fragen, die an sie gerichtet wurden, zu verstehen. Lediglich 4 Prozent hatten Krankheiten des Gehirns oder Harnvergiftung. Darüber hinaus gab es bei 85 Prozent dieser Patienten weder in ihren Krankengeschichten noch in ihrem gegenwärtigen Befinden Anhaltspunkte, die nach Aussagen der Beantworter unseres Fragebogens den plötzlichen Stimmungsaufschwung erklären könnten. Er wurde kurz vor dem Tod erlebt und kam in vielen Fällen in einer Phase unerträglicher Schmerzen und Belastungen. Etwa die Hälfte der Patienten erhielt keinerlei Beruhigungsmittel, 21 Prozent wurden nur mit so leichten Mitteln behandelt, daß unsere Befragten nicht der Ansicht waren, daß sie durch die medikamentöse Behandlung irgendwie psychologisch beeinflußt worden wären. Lediglich in 11 Prozent der Fälle, in denen sachdienliche Informationen zur Verfügung standen, waren die Patienten durch Beruhigungsmittel mäßig oder stark beeinflußt. Weniger als 3 Prozent hatten eine Körpertemperatur von 39,4 Grad oder mehr. Kurz gesagt, die Mehrheit unserer Patienten war bei vollem Bewußtsein, hatte kein Fieber, stand nicht unter dem Einfluß von Beruhigungsmitteln und litt nicht an Krankheiten des Gehirns oder anderen, die man als ursächlich für Halluzinationen oder Euphorie betrachtet. Das scheint der Hypothese zu widersprechen, daß die medizinischen Bedingungen bei den Patienten die Hauptursache für den Stimmungsaufschwung seien.

Unsere Stichprobe enthielt in der Hauptsache Angehörige zweier größerer Religionen: Christentum und Hinduismus. Nur in 10 von 174 Fällen war die Religionszugehörigkeit der Patienten den Beantwortern unseres Fragebogens unbekannt. Von der Gruppe der bekannten Religionszugehörigkeit machten 56 Hindus 34 Prozent der betreffenden Patienten aus. Weiterhin gab es 39 Protestanten (24 Prozent), 38 Katholiken (23 Prozent) und einige wenige Juden, christlich getaufte Inder, Moslems und andere, die entweder keiner Religion oder einer anderen angehörten.

In den 100 Fällen, in denen wir über eine entsprechende Information verfügten, wurde von 46 Prozent der Patienten berichtet, daß sie stark religiös engagiert waren. Für die Vereinigten Staaten und Indien waren die Zahlen etwa gleich groß. Ferner wurde von 34 Prozent festgestellt, daß sie mäßig religiös engagiert waren. Nur 4 Prozent dieser Patienten waren überhaupt nicht engagiert. Allerdings waren die meisten der 43 Prozent Patienten, die den Befragten gegenüber nicht über ihre Religion sprachen, höchstwahrscheinlich in geringerem Maße religiös engagiert. Im ganzen scheint es, daß die *Religionszugehörigkeit* des Patienten von geringerer Bedeutung für das Auftreten eines Stimmungsaufschwungs ist. Aber der Grad seines *religösen Engagements* kann sehr wohl eine gewisse Rolle spielen.

Wir fragten die betreffenden Ärzte und Krankenschwestern auch, ob sie ihre Patienten vor der Krankheit gekannt hatten. Drei Viertel derjenigen, von denen wir etwas über ihr religiöses Engagement wußten, waren mit den Befragten entweder befreundet oder verwandt. Deshalb dürften wir für diese Gruppe zuverlässigere Zahlen hinsichtlich des religiösen Engagements haben als für die gesamte Stichprobe. Von den 46 Prozent der gesamten Stichproben, die stark religiös engagiert waren, waren 57 Prozent »bekannte« Patienten. Von daher haben wir Grund zu der Annahme, daß die obengenannten Zahlen für das religiöse Engagement in der Tat zu niedrig sein können.

In den Fällen von Stimmungsaufschwung haben wir nur wenig Informationen über den Glauben der Patienten an ein Leben nach dem

Tod. Nur ein Drittel dieser Patienten erörterte seinen Glauben an ein Leben nach dem Tod mit den Ärzten und Krankenschwestern. 93 Prozent dieses Teils glaubten daran. Es ist sehr wahrscheinlich, daß diejenigen, die an einem Leben nach dem Tod nicht interessiert waren, das heißt diejenigen, die keinen starken Glauben daran hatten, auch mit dem medizinischen Personal nicht über diese Dinge sprachen. Wir werden weiter unten unsere sorgfältige Untersuchung der möglichen Einflüsse von Glaubenshaltungen auf die Phänomene des Stimmungsaufschwungs darstellen.

Bei unserer Analyse stellten wir fest, daß dieses Phänomen sowohl bei Nicht-Gebildeten und Analphabeten als auch bei Gebildeten auftrat. Aufgrund der Bildungsunterschiede in den beiden Ländern werden wir sie getrennt behandeln. In den Vereinigten Staaten gingen 34 Prozent der Patienten lediglich zur Grundschule, 36 Prozent auf die höhere Schule und 24 Prozent hatten das College besucht. Da das Durchschnittsalter unserer amerikanischen Patienten 61 Jahre war und die Fälle etwa durchschnittlich drei Jahre zurücklagen, haben wir es hier im großen und ganzen mit einer Generation zu tun, die um die Jahrhundertwende herum geboren wurde. 1920, als der größte Teil der Betreffenden das College besuchte, waren dort nur 8 Prozent der achtzehn- bis einundzwanzigjährigen Bevölkerung eingeschrieben. Das zeigt, daß in unserer Stichprobe der Prozentsatz derer, die das College besucht hatten (24 Prozent), beträchtlich über dem der allgemeinen Bevölkerung dieser Altersgruppe liegt. Das gilt auch für diejenigen, die die höhere Schule besucht hatten. 1920 besuchten 17 Prozent der Siebzehnjährigen die höhere Schule, wohingegen es in unserer Stichprobe 60 Prozent waren, die zumindest die höhere Schule besucht hatten. Auch das liegt wiederum weit über dem nationalen Prozentsatz dieser Altersklassen. Die medizinische Versorgung ist nicht auf gleiche Weise über alle Bildungsgrade verteilt, aber trotzdem scheint es, daß wir mit Sicherheit schließen können, daß der Anteil derer, die das College und die höhere Schule besucht hatten, in unserer Stichprobe größer ist als in der amerikanischen Allgemeinbevölkerung der vergleichbaren Altersgruppen. Man unterstellt, daß Bildung im Gegensatz steht zu Formen des Aberglaubens und tatsächlich unbegründeten Glaubenshaltungen. In unserer Stichprobe steht die Bildung in einer positiven Beziehung zur Häufigkeit des Vorkommens von Stimmungsaufschwüngen kurz vor dem Tod. Von daher ist die Hypothese, daß Aberglauben die Ursache dieser Stimmungsaufschwünge sein kann, durch die Daten unsere Stichprobe widerlegt.

In Indien sammelten wir die betreffenden Daten lediglich in öffentlichen Hospitälern oder Universitätskliniken – ein Chefarzt in Delhi nannte sie »Arme-Leute-Krankenhäuser« –, wo die Behandlung zum größten Teil kostenlos war. Es wurde uns gesagt, daß Akademiker meistens in Privatkliniken gehen. Die indischen Zahlen sind: Analphabeten 20 Prozent, Grundschule 25 Prozent, höhere Schule 35 Prozent und College 20 Prozent. Das ist für Indien eine relativ kleine Zahl von Analphabeten und solchen, die lediglich Grundschulbildung haben, und eine relativ große Zahl von gebildeten Leuten. Das Durchschnittsalter unserer Patienten in Indien war 48 Jahre. Die Fälle lagen im allgemeinen nur etwa ein Jahr zurück. Daher waren die meisten aus der Bevölkerungsgruppe unserer indischen Patienten in den Zwanzigerjahren geboren. Es ist schwierig, nur ungefähre Zahlen über das Bildungsniveau der damaligen Zeit zu bekommen. Aber selbst wenn wir die Zahlen aus der heutigen Zeit verwenden, stellen wir fest, daß die Anzahl derjenigen Personen mit College-Bildung oder höherer Schulbildung in unserer Stichprobe viel größer ist als in der indischen Allgemeinbevölkerung. Natürlich gewannen wir unsere Daten hauptsächlich in Kliniken der Städte, in denen die meisten gebildeten Leute leben. Aber das kann den unverhältnismäßig hohen Anteil von Gebildeten in unserer Stichprobe nicht ausreichend erklären. Somit können wir also in Indien offenbar die gleiche Tendenz feststellen: Die weniger abergläubischen und gebildeteren Patienten erlebten häufiger einen Stimmungsaufschwung.

Dämmerung über Schwarzen Wassern

Dem Sterben geht das Leiden voran. Man muß blind sein, um den Schmerz und das Leid in den Krankenzimmern der Patienten im Endstadium nicht zu sehen. Drei Viertel unserer Patienten litten entweder an Krebs, Herzanfällen oder an postoperativen Schmerzen. Krebs, der sich in Metastasen überall im Körper ausbreitet, bringt in seinem letzten Stadium qualvolle Schmerzen mit sich, die Tag und Nacht unvermindert stark sind. Schwere Herzattacken treten in Schüben außerordentlich starker Schmerzen auf, die vom Brustbereich in die Arme ausstrahlen. Patienten, die eine Operation hinter sich haben oder verletzt sind, sind gewöhnlich bandagiert und geschient und an verschiedene Schläuche angeschlossen. Natürlich mögen einige Patienten unter Schmerz und körperlichen Beschwerden stärker leiden als andere, je nach den vorliegenden medizinischen Bedingungen und den verabreichten

Schmerzmitteln. Dennoch sind diese Endstadien wie ein schwarzes Meer des Leidens. Das ist der nackte Hintergrund, auf dem nach den Berichten einige Patienten kurz vor dem Tod »zu strahlen beginnen« in einem Ausdruck der Harmonie und Heiterkeit. »Eine Dämmerung über schwarzen Wassern« nannte es ein Arzt.

Die Fälle sind sehr unterschiedlich, was die Reichhaltigkeit ihrer Ausdrucksformen und die Menge der Informationen darüber angeht, je nach dem Grad der Vertrautheit des Befragten mit dem Patienten, dem Ausmaß seiner Beobachtungen und der Verfassung des Patienten. Eine Krankenschwester eines großen Krankenhauses in Neu Delhi berichtete uns den folgenden Fall, der sie beeindruckt hatte.

> Eine Patientin von etwa 40 Jahren, die an Krebs litt und während der vorhergegangenen Tage depressiv und schläfrig war, aber bei klarem Verstand, sah plötzlich sehr glücklich aus. Ein Ausdruck der Freude blieb auf ihrem Gesicht, bis sie fünf Minuten später starb.

Wie bei einigen Fällen in Amerika sagte die Patientin überhaupt nichts, während dieses offensichtlichen Stimmungsaufschwungs; nur die ungewöhnliche plötzliche Wandlung ihres Gesichtsausdrucks war tief im Gedächtnis der Krankenschwester eingeprägt. Die Patientin war der Krankenschwester fremd, und so wissen wir nichts über ihren Glauben oder das, was in ihrem Kopf vorging.

Das gleiche galt auch für den folgenden Fall in Amerika, wo die Veränderung des Gesichtsausdrucks in gewisser Weise an Beschreibungen von Ekstasen in der religiösen Literatur erinnert.

> Eine Frau von etwa 70 Jahren, die an einer Lugenentzündung litt, war halb invalide und hatte ein schmerzvolles, unglückliches Leben hinter sich. Ihr Gesicht wurde so heiter, als ob sie etwas Wunderschönes gesehen hätte. Es war geradezu durchdringend erleuchtet in einem unbeschreiblichen Lächeln. Die Züge in diesem alten Gesicht waren fast schön zu nennen. Auch ihre Haut war weich und wie durchscheinend, fast schneeweiß, gänzlich verschieden von der gewöhnlichen Gelbfärbung, die dem Tod folgt.

Die Erklärung der Krankenschwester war, daß sie eine Vision gehabt haben könnte, die »einfach ihr gesamtes Wesen veränderte«. Diese Heiterkeit dauerte an bis zu ihrem Tod, der eine Stunde später eintrat.

Im folgenden Fall handelt es sich um einen Mann von etwa 60 Jahren, der unter Komplikationen litt, die sich aus einer Operation ergeben hatten.

> Ich hatte den Raum für eine Weile verlassen, kam zurück und schaute ihn an. Es war ein Ausdruck des Friedens auf seinem ganzen Gesicht, so friedvoll. Wenige Minuten später war kein Pulsschlag mehr zu spüren; er war gestorben.

Im ganzen hatten unsere Befragten reichhaltige Erfahrungen mit Patienten im Endstadium und schienen durchaus die einfachen Veränderungen des sterbenden Organismus zu kennen, die man mit einem Ausdruck von Heiterkeit oder Frieden verwechseln konnte. Wir hatten auch Fälle, in denen ein Stimmungsaufschwung vorzuliegen schien, aber tatsächlich nicht vorhanden war; zum Beispiel könnten einfache Veränderungen in den physiologischen Prozessen und Entspannungen der Muskeln als Ausdruck des Friedens erscheinen, wie im folgenden Fall:

> Mein Vater wurde entspannter. Seine Körperfunktionen schienen langsamer zu werden. Seine Bewegungen waren locker, und schließlich versank er ins Koma und starb am selben Tag.

Die Verlangsamung sämtlicher Körperfunktionen ist ein physiologischer Vorgang, den man beim Sterben erwarten muß. Er ist für die Parapsychologie nicht von Interesse.

Zudem wird ein Patient manchmal von gerade vorhandenen negativen Gefühlen erlöst. Er ist nicht mehr ärgerlich oder aufgewühlt. Wir mußten bei der Verwendung derartiger Fälle ebenso aufpassen wie bei einer anderen Art von Fällen, in denen die Patienten die Dinge einfach hinnahmen, wie sie kamen. »Nun, ich habe genug davon«, ist eine typische Bemerkung eines Kranken, der von einer Krebserkrankung gequält wird. Es ist, als ob man nichts mehr tun könne und einfach resignieren würde. Dergleichen traurige Resignation ist sicherlich kein Stimmungsaufschwung in unserem Sinne. Da die Möglichkeit besteht, daß die Ärzte und Krankenschwestern einen Gesichtsausdruck falsch interpretierten, zum Beispiel indem sie Frieden sahen, wo tatsächlich nur eine Entspannung des Muskelgewebes im Tod stattfand, werden wir das Ende dieses Kapitels einer sorgfältigen Analyse der möglichen Fehlwahrnehmungen bei unseren Befragten widmen.

Manchmal ist die Wandlung plötzlich und deutlich; die Anzeichen des Jenseitigen treten klar zutage. Ein 46jähriger Mann, der an Leukämie litt und ziemlich depressiv und lethargisch gewesen war, erwachte aus einem Koma, öffnete die Augen und sagte: »Wie wunderschön«. Dann starb er innerhalb von wenigen Minuten.

Der folgende Bericht betrifft eine 59 Jahre alte Frau, die eine Lungenentzündung und gleichzeitig Schwierigkeiten mit dem Herz hatte.

> Der Ausdruck auf ihrem Gesicht war wunderschön. Ihre *Haltung* schien vollkommen verwandelt. Das war mehr, als ein Stimmungswandel, den ich bei ihr vielfach zuvor gesehen hatte . . . Es schien, als ob da etwas gerade ein wenig außerhalb von uns wäre, das nicht von dieser Welt war . . . Es gab etwas, das in uns den Eindruck erweckte, sie würde etwas sehen, das wir nicht sahen. Sie war immer launisch gewesen; während des letzten Jahres wurde sie dazu noch depressiv. Sie hatte nie psychiatrische Hilfe erhalten. Ich bin überzeugt, daß sie eine Begegnung mit dem Jenseits hatte, und das machte sie glücklich.

Bei anderen Gelegenheiten waren die Anhaltspunkte unscheinbarerer Natur und daher leicht zu übersehen. Manchmal erhielten wir einen Hinweis auf die vielfach geäußerte Vermutung, daß die innere Stärke, in der Gnade zu sterben, aus dem Gefühl kommt, daß eine andere Welt existiert. Im Falle eines alten Mannes mit Tuberkulose wurde folgendes berichtet:

> Seine *Heiterkeit* kam so plötzlich. Eines Tages sagte er zu mir: »Frau Jones, würden Sie mir ein großes Glas Wasser mit viel Eis bringen?« Und ich tat das. Er trank es und sagte: »Frau Jones, dieses Wasser wird mir über den Jordan helfen.« Ich glaube, daß er mir mitteilte, daß er sterben würde, indem er das Jordanwasser erwähnte. Er starb nach 90 Minuten. Sie, *die Ärzte*, waren über seinen plötzlichen Tod äußerst überrascht, da es keine sichtbaren Anzeichen für ein bevorstehendes Sterben gegeben hatte.

Manchmal scheint sich der Patient einfach nur besser zu fühlen und ist aktiver oder hat den starken Wunsch zur Aktivität.

> Er war an das Bett gefesselt und wollte viele Dinge tun, die er nicht tun konnte. Er wollte alleine baden, versuchte zum Speisezimmer zu gehen,

um mit der Familie zu essen. Guter Appetit, kaum Schmerzen. Es war keine wirkliche Besserung, schien einfach nur ein Ausdruck gehobener Stimmung zu sein.

Ein anderer aus der Reihe der Befragten berichtete:

Eines Tages trat plötzlich eine vollständige Wandlung ein. Er war bei vollem Bewußtsein; sein Appetit besserte sich. Er konnte Dinge selbständig tun. Er war physisch und psychisch in einer besseren Verfassung. Der Puls war stärker, die Temperatur gleichbleibend, und der Appetit wuchs enorm. Aber er hatte keine endgültige Besserung erlangt; er starb innerhalb von vierundzwanzig Stunden.

Der Befragte jedoch war nicht überrascht. Er sagte: »Ich habe es oft bemerkt, daß Patienten sich manchmal erholen, wieder Notiz von den Dingen nehmen und in anderen Fällen sogar herzhaft essen.«

In manchen Fällen gab es zusätzliche Gesichtspunkte, die im Zusammenhang mit unserem Modell einen Sinn ergeben, wenn zum Beispiel die Patienten die Schmerzen oder körperlichen Empfindungen nicht mehr wahrnahmen. Wäre es möglich, daß der Geist sich »ablöst« und weniger eng mit den körperlichen Vorgängen verbunden ist, wenn der Mensch dem Tod nahe ist? Der folgende Fall ist typisch dafür, daß Schmerz und Elend plötzlich verschwinden. Der Arzt, der ihn berichtete, war der Leiter eines städtischen Krankenhauses in Indien.

Ein Patient, etwa 70 Jahre alt, hatte schwer unter Krebs im fortgeschrittenen Stadium zu leiden. Er hatte große Schmerzen und war immer schlaflos und unruhig. Einen Tag später konnte er ein wenig schlafen; er wachte auf, lächelte, schien plötzlich von allen körperlichen Schmerzen und der Agonie befreit zu sein, losgelöst, ruhig und friedvoll. In den letzten sechs Stunden hatte der Patient nur eine sehr geringe Dosis Phenobarbital erhalten, ein relativ schwaches Beruhigungsmittel. Er verabschiedete sich von allen, einem nach dem anderen, was er zuvor nicht getan hatte, und sagte uns, daß er sterben würde. Er war zehn Minuten lang vollkommen da. Dann fiel er ins Koma und starb friedvoll ein paar Minuten später.

Es handelte sich bei diesem Patienten um den Vater des Arztes. Er erzählte uns, daß sein Vater nach diesem Erlebnis für das Sterben vorbereitet war.

Er war ein religiöser Hindu gewesen, ein gebildeter Mann, glaubte an das Leben nach dem Tod und hatte sich während der letzten Monate seines Lebens religiös zunehmend engagiert. »Losgelöst, ruhig und friedvoll« scheint das zu sein, was die Inder meinen, wenn sie von einem »guten Tod« sprechen.

Nach den traditionellen Glaubenssystemen verläßt etwas in uns, das die »Seele« genannt wird, den Körper zum Zeitpunkt des Todes. Einige wenige Fälle sprechen dafür, daß dieses »Verlassen« doch nicht so plötzlich vor sich gehen dürfte. Während es noch normal funktioniert, könnte sich das Bewußtsein langsam von dem schmerzenden Körper lösen; dieses Bewußtsein oder die Seele könnte sich langsam für den Übergang freimachen. Wenn das so ist, dann wäre zu erwarten, daß die Wahrnehmung der Körperempfindungen langsam abnimmt, wie es bei den folgenden drei Beispielen der Fall war. Natürlich sind auch andere Interpretationen möglich, die nicht von einem Leben nach dem Tod ausgehen; zum Beispiel eine wachsende Dissoziation in verschiedene Persönlichkeitsteile, in die der Geist beim Tod zerfällt.

In unserem ersten Beispiel handelt es sich um einen Patienten von etwa 50 Jahren, der von Darmkrebs im fortgeschrittenen Stadium gequält wurde. Der betreffende Berichterstatter bemerkte, daß dieser Patient, bevor er starb, nicht mehr unter den unerträglichen Schmerzen litt.

> Was meine Aufmerksamkeit erregte, war, daß er seit vierundzwanzig Stunden kein Demerol mehr bekommen hatte. Das fiel völlig aus dem Rahmen des bis dahin Üblichen. Er sagte, er bräuchte keine Schmerzmittel mehr, da seine Schmerzen verschwunden seien und er sich besser fühle. Er fiel ins Koma und starb innerhalb eines Tages.

In einem anderen Fall war ein 80 Jahre alter Schlaganfall-Patient zwar willig, aber er schien das Interesse an den Dingen zu verlieren.

> Er wollte plötzlich keinerlei Beruhigungsmittel mehr. Er schien sie überhaupt nicht zu brauchen. Er schien keine Schmerzen mehr zu haben und war völlig entspannt. Bis dahin hatte er starke Schmerzen gehabt. Blutdruck und Puls hatten sich stabilisiert.

Derartige Fälle zeigen sehr deutlich das Nachlassen von Schmerz, aber sie lassen die Gründe nicht mit ausreichender Klarheit erkennbar werden. Glücklicherweise haben wir auch Fälle, die vollständige Wandlungen und nicht Formen der Desintegration anzeigen, zum Beispiel dadurch, daß die Betreffenden Besorgnis für andere zeigen.

> Ein 50 Jahre alter Patient mit Leukämie war zuvor zwei oder drei Wochen lang reizbar und empfindlich gewesen. Als der Tod näherrückte, schien er zu erkennen, daß es noch mehr im Leben gab als nur Probleme. Er wurde heiterer und sorgte sich um die, die er zurücklassen würde.

Der Zerfallshypothese ziemlich entgegengesetzt sind Aussagen, die eine erweiterte Sicht des Lebens und des Todes zeigen und gut zu der Hypothese einer Ablösung von den Symptomen passen. Die folgende Aussage ist eine dafür typische Bemerkung eines der Befragten.

> Dieser Leukämiepatient war freundlich zu seinen Verwandten und sprach vom Tod wie von einer Tatsache. Er behauptete, daß es ihm körperlich nicht schlecht ginge und wollte keine Beruhigungsmittel.

In einigen Fällen erwähnten die Ärzte und Krankenschwestern, daß das Bewußtsein des Patienten während der Phase des Stimmungsaufschwungs klar wurde, was selbstverständlich nicht sehr gut mit einem Zerfall des Bewußtseins zu erklären wäre. Beinhaltet diese Klarheit außersinnliche Fähigkeiten, die man von einem Geist, der sich vom Körper löst, erwarten würde? In unserer Kultur pflegt man allerdings einer außersinnlichen Wahrnehmung in den Krankenhäusern wenig Beachtung zu schenken. Dennoch war einer der von uns Befragten über einen 22jährigen Mann überrascht, der mit 17 Jahren erblindet war. »Obwohl er blind war, schien er uns zu sehen.«

Das Gegenteil eines Zerfalls des Geistes und der Persönlichkeit kurz vor dem Tod zeigt auch der folgende Fall: »Eine Frau in den Sechzigern mit einer Herzkrankheit. Sie fühlte sich sehr gut. Sie begann zu lachen, wie sie es früher getan hatte. Sie war wieder ganz sie selbst.« Daraufhin wurde noch erzählt, wie sehr sie sich daran erfreute – »wie sie es normalerweise auch tat« –, ihre kleine, eineinhalbjährige Enkeltochter beim Spielen zu beobachten.

Einer von uns (Osis in dem Beitrag *Deathbed Observations*) hatte schon früher über zwei Fälle von chronischen Psychotikern berichtet, die beide jeden Realitätsbezug verloren hatten und bei den medizinischen Beobachtern den Eindruck erweckten, kurz vor ihrem Tod wieder normal zu sein (1961). Dr. Kübler-Ross erzählte uns (in einer persönlichen Mitteilung), daß sie chronisch Schizophrene im Sterben beobachtet hatte. Ihrem Bericht nach hatten viele kurz vor ihrem Tod lichte Augenblicke und wurden normal. Das würde selbstverständlich gut mit der Hypothese übereinstimmen, daß der Geist sich langsam vom Körper löst und vor dem Tod in seinen Funktionen gestört ist. Es ist seltsam genug, daß das sogar anscheinend in Fällen geschah, die ihrer Natur nach zuvor für das Gehirn zerstörend wirkten. Wir haben einen Fall, in dem eine Patientin, eine etwa dreißigjährige Frau mit Gehirnhautentzündung, fast bis zu ihrem Ende psychisch in erheblichem Umfang desorientiert war. Dann

> wurde sie klarer, beantwortete Fragen, lächelte, war ein wenig fröhlich und kam gerade ein paar Minuten vor ihrem Tod zu sich selbst zurück. Davor war sie verwirrt, schläfrig und sprach unzusammenhängend.

Nach dem Modell des Weiterlebens nach dem Tod ist es möglich, sogar einen klaren Geist zu haben, obwohl das Gehirn todkrank ist. Wenn die Existenz nach dem Tod Wirklichkeit ist, dann könnten wir erwarten, daß der Geist sogar ohne jede Beteiligung des Gehirns noch klarer sein könnte. Wir suchten bei unserer Erhebung nicht speziell nach Fällen, in denen schwer gestörte Patienten vor ihrem Tod lichte Augenblicke hatten und wieder normal wurden. Aber wir empfehlen anderen Forschern, solche Fälle in großer Anzahl zu sammeln und mit großer Sorgfalt in besonders dafür entworfenen Untersuchungen zu analysieren.

Ist der Stimmungsaufschwung bei den Indern anders?

In Indien begegneten wir weniger Fällen von Stimmungsaufschwung. Das heißt aber nicht unbedingt, daß die indischen Patienten in einem düstereren Zustand sterben als die Amerikaner. Ein Grund für diesen Unterschied könnte sein, daß die Beobachtungen in Indien eiliger stattgefunden haben, da die Krankenhäuser personell unterbesetzt sind und nicht genügend Krankenschwestern haben. Es gibt etwa doppelt so viele Ärzte wie Krankenschwestern in Indien, und es gibt niemanden, der den amerikanischen Privatkrankenschwestern entspricht. In den Vereinigten Staaten bekamen wir die meisten Beobachtungen hinsichtlich der Stimmungslagen von Privatkrankenschwestern, die offenbar mit den Patienten sehr vertraut waren und damit in der Lage, feinere Beobachtungen zu machen. Aber die diesbezüglichen Fälle, die wir in Indien fanden, schienen sich auf der gleichen Skala zu bewegen wie in den Vereinigten Staaten. Es gab die gleiche Heiterkeit, den gleichen Frieden und die gleiche Loslösung von Schmerz und anderen Symptomen. Typisch ist der Fall einer Frau, die »außerordentlich glücklich war und sich fröhlich mit ihren Verwandten unterhielt«, obwohl sie vorher unerträgliche Schmerzen gehabt hatte. Man beachte den Ausdruck »außerordentlich glücklich«. Die Patienten in Indien schienen häufiger glücklich erregt zu sein als friedvoll; die Befragten zögerten nicht, dies in Superlativen zu beschreiben.

Wir konnten den gleichen Zuwachs von Freundlichkeit und Zugewandtsein gegenüber Freunden und Ärzten beobachten wie bei den amerikanischen Patienten während eines Stimmungsaufschwungs.

> Der Zustand eines Mannes, der an einem Herzanfall litt, war in den letzten Tagen äußerst kritisch gewesen. Plötzlich kam er zu Bewußtsein. Er sah besser und fröhlich aus. Er sprach freundlich mit seinen Verwandten und bat sie, nach Hause zu gehen. Er sagte: »Ich werde selbst auch nach Hause gehen. Die Engel sind gekommen, um mich zu holen.« Er sah erleichtert und froh aus.

Bei den Fällen in Indien, in denen es keine medizinischen Gründe für den Tod gab, stellten wir fest, daß der Stimmungsaufschwung der Patienten von Ankündigungen des Todes begleitet war.

> Eine Frau nach der Operation: Plötzlich sagte sie, sie würde diese Welt verlassen, obgleich wir überhaupt nicht erwarteten, daß sie sterben würde. Sie erzählte das auch Besuchern und den Krankenschwestern und brachte ihnen gegenüber ihre Dankbarkeit zum Ausdruck. Sie war entspannt und bei klarem Verstand. Sie erkannte die Leute. Wir dachten, daß sich ihr Zustand bessern würde. Zuletzt fand ich sie sehr glücklich und entspannt vor. Sie sprach darüber, sehr bald zu sterben. Am nächsten Morgen verschied sie.

Beeinflussen irgendwelche hinduistische Yoga-Übungen die Erlebnisse der Sterbenden? In der Tat fanden wir trotz unserer Fragen keine Fälle von sterbenden Yogis oder Swamis. Wie einer der Ärzte sagte: »Swamis kommen zum Sterben nicht zu uns. Sie ziehen es vor, in ihren Ashrams, umgeben von Schülern, zu sterben oder auf heiligem Boden, wie zum Beispiel in Benares.« Das betreffende Krankenhaus (die Hindu-Universitätsklinik von Benares) lag ein paar hundert Meter außerhalb von Benares. Aber wir begegneten einigen Fällen, in denen Laien die Lehren des Hinduismus ausübten. Ein Mitglied des Lehrkörpers einer medizinischen Hochschule in Benares beschrieb den Tod seines Großvaters, der Yoga praktiziert hatte. Er war ein Menschenfreund, hatte vielen Personen in seiner Umgebung geholfen und war sehr religiös. Die Leute kamen zu ihm, um sich wiederaufrichten zu lassen. In seinem Fall begann der Stimmungsaufschwung 48 Stunden vor dem Tod; der Arzt beschrieb diesen Zustand als vollkommen klares Bewußtsein, gepaart mit Ruhe. Der Betreffende schien eine Ankündigung seines Todes erhalten zu haben, obgleich dafür keine ausreichenden medizinischen Gründe vorlagen. Er bestellte eine Ladung Holz für den Scheiterhaufen und sandte ein Telegramm an seinen Sohn; am letzten Tag um 4 Uhr bat er die Familienmitglieder, etwas zu essen, da er um 5.30 Uhr sterben würde; nach den Bräuchen der Hindus wäre es zu diesem Zeitpunkt niemand erlaubt zu essen. Die Ankündigung bewahrheitete sich, er starb um 5.35 Uhr. Er hatte die Reinigungszeremonien des Hinduismus vollzogen, um sich auf den Tod vorzubereiten. Er zeigte nicht die leiseste Angst, und man sah ihn, wie er Verwandte tröstete, die weinten. Er sagte zu den weinenden Leuten: »Ihr solltet glücklich sein, da ich gehe.« Er hatte sich völlig in der Hand, war furchtlos und ruhig. Er beschrieb Schritt für Schritt, wie der Körper starb, wie die Beine steif wurden, wie ein Teil des Körpers nach dem anderen taub wurde und nicht länger Bestandteil »des ewigen Selbst« war.

Dieser Fall spricht für eine eigenverursachte Ablösung des eigenen Selbst vom Körper, von seinen Schmerzen und Kümmernissen. Diese Art von Ablösung vom Körper ging nach dem Bericht einher mit dem »Vorhandensein eines ruhigen Bewußtseins vom Übergang in eine neue Seinsform, einschließlich einer sehr genauen Vorherkenntnis des Todes«. Womit wäre der Tod eines Yogis mit dem Konzept eines »guten Todes« in unserer vorherrschend christlichen Kultur zu vergleichen? Gewiß hatten wir in den Vereinigten Staaten Fälle, in denen die Patienten in Ruhe und Frieden starben und angeblich die Wahrnehmung von einem Leben nach dem Tod gemacht hatten. Der Unterschied zwischen dem »guten Tod« eines Yogis und dem eines christlichen Heiligen könnte der sein, daß der Yogi sich mehr auf das verläßt, was er selbst zur Vorbereitung des Todes tut, während die Christen sich mehr auf die Gnade durch äußere Hilfe von Gott oder den Geistlichen verlassen. Aber der durchschnittliche Hindu ist kein Yogi und scheint sich ebenso auf äußere Hilfsquellen zu verlassen, wie das die Christen tun. Der ideale »gute Tod« scheint sehr selten zu sein und nur bei außergewöhnlichen Menschen vorzukommen. Für die große Mehrheit der Patienten beider Kulturen ist der Stimmungsaufschwung nicht aufgrund eigenen Bemühens entstanden, sondern er ereignet sich einfach, oder noch häufiger: Er ist gar nicht vorhanden.

Mögliche Ursachen des Stimmungsaufschwungs

Man weiß, daß Stimmungen mit körperlichen Prozessen verbunden sind. Beispielsweise ist ein Mensch, der einen hohen Anteil von Gehirnstromwellen aus dem Alpha-Bereich produziert, gewöhnlich ruhiger als ohne sie. Beruhigungsmittel und antidepressive Arzneien beeinflussen offensichtlich die Stimmungen. Bestimmte Analgetika, wie zum Beispiel Morphium oder Demerol, die häufig Patienten im Endstadium verabreicht werden, können ebenfalls die Stimmungslage verändern. In bezug auf unsere Daten ist es wichtig, die medizinischen Faktoren abzuschätzen, um zu sehen, ob die Phänomene des Stimmungsaufschwungs von ihnen abhängen oder relativ unabhängig davon sind.

Wir beschäftigen uns in unseren Analysen besonders mit den Stimmungslagen, die am deutlichsten in einer Beziehung zu der Hypothese von einem Leben nach dem Tod stehen: Heiterkeit und Frieden und religiöse Gefühle. Bei unserer Auswertung stellten wir nicht nur Heiterkeit und Frieden den Stimmungen freudiger Erregtheit gegenüber, sondern auch religiöse positive Stimmungen den nicht-religiösen positiven. Dann untersuchten wir wiederum, in welcher Beziehung diese Emotionen zu medizinischen Variablen standen. Die Krankheitsformen, die am wahrscheinlichsten den Geist der Patienten beeinflussen dürften, sind Verletzungen und Krankheiten des Gehirns und Harnvergiftungen, die von Fehlfunktionen der Nieren herrühren. Derartige Krankheiten gab es in den Fällen, in denen ein Stimmungsaufschwung vorkam, praktisch nicht. Es waren nur zwei solche Fälle, was das Auftreten von Heiterkeit angeht. Einer betraf freudige Erregung. Bei den religiösen Emotionen kam überhaupt keiner vor. Wir können dazu nur sagen: Was auch immer die Wirkung von Störungen des Gehirns und Harnvergiftungen auf die Persönlichkeit des Patienten sein mag, es ist sicherlich nicht ein Stimmungsaufschwung kurz vor dem Tod. Im Gegenteil scheinen diese Faktoren einen Stimmungsaufschwung zu verhindern.

Wir fragten die Ärzte und Krankenschwestern, ob es irgend etwas in den Krankengeschichten der Patienten gab, das Stimmungsveränderungen bewirken könnte, zum Beispiel psychiatrische Krankengeschichten, Alkoholismus, eine gewisse Form der Senilität usw.. Von allen 174 Patienten mit Stimmungsaufschwung hatten nur 23 derartige Krankengeschichten. Krankengeschichten mit möglichen psychogenen Krankheiten kamen hauptsächlich in der Stichprobe in den USA vor. Nur sechs Fälle davon gab es in Indien. Deshalb war die Möglichkeit, eine Analyse der Wechselwirkungen zu erstellen, ausgeschlossen. Was die Gefühle von Heiterkeit und Frieden anbetrifft, so gab es innerhalb der Stichprobe in den Vereinigten Staaten keine Unterschiede zwischen den Fällen mit und denjenigen ohne derartige Krankengeschichten. Aber hinsichtlich der religiösen Gefühle war der Unterschied groß. Patienten ohne solche Krankengeschichten hatten viermal so häufig eine religiöse Form des Stimmungsaufschwungs (41 Prozent) wie Patienten mit den entsprechenden Krankengeschichten (9 Prozent): $p = .05$. Ein psychogenes Krankheitsbild schien keine religiösen Gefühle zu verursachen. Es schränkte die Möglichkeit des Auftretens dieser Gefühle im Gegenteil fast gänzlich ein.

Eine medikamentöse Behandlung, die die Persönlichkeit des Patienten beeinflussen konnte, stand in keiner Beziehung zu der Art von Stimmungen, die die Patienten hatten. Der halluzinogene Index (s. Seite 91) wurde für die Analyse der zusammengenommenen Daten aus den USA und Indien verwendet, da die getrennten Stichproben zu klein waren. Es war kein nennenswerter Unterschied in der Häufigkeit entweder der heiteren oder der religiösen Gefühle zwischen Patienten festzustellen, die einen halluzinogenen Index hatten, und solchen, bei denen er nicht vorhanden war. Auch der Bewußtseinszustand beeinflußte diese Art von Gefühlen beim Stimmungsaufschwung nicht. Die Untersuchung der Wechselwirkungen von medizinischen Faktoren und Stimmungen bestätigte deutlich die Ergebnisse der Voruntersuchung. Es gab keinerlei Hinweise darauf, daß medizinische Faktoren einen jenseitsbezogenen Stimmungsaufschwung verursachen, der sich in Heiterkeit und Frieden und religiösen Gefühlen äußert. Einige medizinische Faktoren, zum Beispiel Krankheiten des Gehirns und Harnvergiftungen, scheinen einen jenseitsbezogenen Stimmungsaufschwung zu verhindern.

Könnten andere Merkmale des Patienten die Phänomene des Stimmungsaufschwungs vor dem Tod bedingen? Das Alter und der Bildungsgrad der Patienten spielten anscheinend keine Rolle. Das Geschlecht der Betreffenden beeinflußte die Stimmungen von Heiterkeit und Friede nicht nennenswert. Aber in den Vereinigten Staaten hatten Frauen doppelt so häufig religiöse Gefühle wie Männer. (Die Differenz ist statistisch signifikant.) Dieser Verlauf erscheint durchaus sinnvoll, da amerikanische Frauen gewöhnlich religiös engagierter sind als die Männer. Ein solches Ergebnis fand sich allerdings weder in der Voruntersuchung noch bei der Umfrage in Indien.

Stand die Religion der Patienten, die in jeder Kultur ein wesentlich bestimmender Faktor ist, in einer Wechselwirkung mit den Stimmungen der Patienten? Zwischen Katholiken und Protestanten gab es keinen Unterschied. Eine signifikante Differenz war festzustellen, wenn man die Katholiken und Protestanten aus der Stichprobe in den USA mit einer kombinierten Gruppe von anderen Religionszugehörigkeiten und Patienten ohne Religionszugehörigkeit verglich. Diese gemischte Gruppe von nur zwanzig Patienten wies weniger Heiterkeit und Frieden und weniger religiöse Gefühle auf ($p = .04$). Allerdings ist sie aus dermaßen verschiedenen Untergruppen zusammengesetzt, daß eine Interpretation unmöglich ist. In der indischen Stichprobe hatten wir zu wenig andere religiöse Überzeugungen, um einen gültigen Vergleich ziehen zu können.

Ein Vergleich zwischen Hindus und Christen dürfte für unsere Zwecke aufgrund der völlig verschiedenen Lehren über ein Leben nach dem Tod höchst interessant sein. Beispielsweise sind die wesentlich unterschiedlichen Bestimmungsmerkmale: der Glaube an das Jüngste Gericht gegenüber dem an das Karma, der Glaube an Himmel und Hölle gegenüber dem an die Reinkarnation. Die indische Stichprobe enthielt zuwenig Christen (7) für eine Analyse der Wechselwirkungen. Deshalb mußten wir amerikanische Protestanten und Katholiken mit indischen Hindus vergleichen, trotz der darin mit eingehenden nationalen, sozioökonomischen und anderen weltlichen Unterschiede, die wir aus der Analyse nicht ausschließen können.

Oberflächlich gesehen sind die Unterschiede außerordentlich groß. Fast alle Katholiken und Protestanten hatten heitere Stimmungslagen (85 Prozent), während nur die Hälfte der Hindu-Patienten (49 Prozent) heiter waren. Freudige Erregung wurde bei Protestanten und Katholiken nur sehr selten festgestellt (15 Prozent), machte aber bei den hinduistischen Patienten die knappe Mehrheit der Reaktionen aus (51 Prozent).

Ganz abgesehen von der Religion ist die Auswahl der Hindus jedoch durch zusätzliche Bedingungen verfälscht, die die Erlebnisse und Beobachtungen von Stimmungen der Heiterkeit in Richtung auf Stimmungen freudiger Erregung verlagern. Zunächst sind in der Stichprobe in Indien drei Viertel der Patienten männlich. Wir haben weiter oben gesehen, daß männliche Patienten dazu neigen, eher freudig hochgestimmt als heiter zu sein. In der amerikanischen Stichprobe, die natürlich die protestantische und katholische Bevölkerung repräsentiert, gibt es ein leichtes Übergewicht von weiblichen Patienten, die dazu tendieren, eher heiter als hochgestimmt zu sein.

Es könnte dabei auch unabhängig von der Religion ein nationaler Unterschied eine Rolle spielen: daß nämlich die Orientalen gewöhnlich temperamentvoller sind als die Nordamerikaner, die ruhiger und friedvoller zu sein scheinen. Selbstverständlich bestand die Mehrheit der amerikanischen Stichproben aus Personen, die von Einwanderern der nordeuropäischen Länder abstammten, während die Angehörigen der indischen Stichprobe alle aus einem orientalischen Land kamen. Wir stellten auch fest, daß die männlichen Beobachter die feinen Anzeichen der heiteren Stimmungen übersahen, die die weiblichen Beobachter durchaus wahrnahmen. Die protestantischen und katholischen Patienten wurden hauptsächlich von Krankenschwestern (70 Prozent) beobachtet, was lediglich für 34 Prozent der Hindus in Indien galt. Wir haben nur sehr wenige Personen in unserer Stichprobe in Indien, die nicht der Hindu-Religion angehörten (11). In dieser Gruppe gab es ein ganz klein wenig mehr heitere Patienten als in der Gruppe der Hindus. Es ist schwer, zu einer eindeutigen Schlußfolgerung zu kommen. Wenn überhaupt vorhanden, ist der Unterschied aufgrund der Religion gering.

Beim Auftreten von religiösen Stimmungen waren die qualitativen Unterschiede zwischen Protestanten, Katholiken und Hindus minimal. 45 Prozent der Protestanten und Katholiken und 30 Prozent der Hindus erlebten einen religiös anmutenden Stimmungsaufschwung. Diese Differenz liegt durchaus im Bereich von stichprobenbedingten Variationen, insbesondere wenn wir die oben beschriebenen Verfälschungen mit einbeziehen. Wir könnten daher durchaus annehmen, daß die Verteilung für Amerika und Indien die gleiche gewesen wäre, wenn zum einen die Frauen, die dazu neigen, mehr religiöse Gefühle zu haben, gleichermaßen in der Stichprobe der Hindus vertreten gewesen wären, und wenn zum andern genauso viele Hindu-Patienten wie Patienten in der Vereinigten Staaten von Krankenschwestern beobachtet worden wären.

Das Christentum unterscheidet sich außerordentlich vom Hinduismus, was seine Rituale, seinen Glauben und seine Lehre angeht. Offenbar haben diese Aspekte der Religion keinen größeren Einfluß auf die Erlebnisse auf dem Sterbebett. Wir haben Informationen über die Stärke des religiösen Engagements sowohl für die Katholiken als auch für die Protestanten und Hindus. Bei der Stichprobe in Indien war das religiöse

Engagement überhaupt nicht mit den Gefühlen verbunden, aber es bestand eine signifikante Beziehung in der amerikanischen Stichprobe; 96 Prozent ($p = .008$) derjenigen, die stark religiös engagiert waren, erlebten Heiterkeit und Frieden im Vergleich zu 69 Prozent der anderen. Religiöse Gefühle traten in 59 Prozent der Fälle bei den stark religiös engagierten Patienten auf, doch nur in 31 Prozent der Fälle bei den anderen ($p = .04$).

In beiden Ländern beeinflußte der Glaube des Patienten an ein Leben nach dem Tod seine religiösen Gefühle signifikant (Vereinigte Staaten, $p = .00002$; Indien, $p = .02$). 63 Prozent derer, die in den Vereinigten Staaten daran glaubten, hatten religiöse Gefühle, aber nur 18 Prozent von denen, über deren Glauben wir nichts wissen, d. h. die ihren Glauben nicht mit den Ärzten und Krankenschwestern erörterten, hatten solche Gefühle. In Indien hatten 53 Prozent der Gläubigen religiöse Gefühle im Vergleich zu 20 Prozent derer, die ihren Glauben den Befragten nicht mitteilten. Die Gefühle von Heiterkeit und Frieden standen in keiner signifikanten Beziehung zum Glauben in den Vereinigten Staaten ($p = .2$), aber in Indien ($p = .012$). In der Stichprobe der Vereinigten Staaten erlebten 83 Prozent derer, die an ein Leben nach dem Tod glaubten, Heiterkeit, und 71 Prozent von denen, über deren Glauben wir nichts wissen. In Indien erfuhren 76 Prozent der Gläubigen Heiterkeit und Frieden gegenüber lediglich 40 Prozent der Patienten, über deren Glauben keine Informationen vorliegen.

Wir können also den Schluß ziehen, daß der Glaube eines Patienten an ein Leben nach dem Tod und sein religiöses Engagement anscheinend Heiterkeit, Frieden und religiöse Gefühle begünstigen, aber nicht unbedingt bestimmen. Eine beträchtliche Anzahl von Patienten, die nur wenig religiös engagiert waren und nichts über ihren Glauben an ein Leben nach dem Tod sagten, hatten dennoch jenseitsbezogene Gefühle. Das Geschlecht, das Alter und die Bildung der Patienten schienen einen sehr geringen Einfluß zu haben.

Warum erleichtern nun ein Glaube an ein Leben nach dem Tod und das religiöse Engagement anscheinend solche Emotionen, nicht aber andere Faktoren, zum Beispiel der Bildungsgrad? Könnten religiöse Glaubenshaltungen wirklich allein verursachend für einen Stimmungsaufschwung sein? Patienten, die zum Zeitpunkt ihres Todes stark religiös engagiert sind und an ein Leben nach dem Tod glauben, könnten durch ihre religiösen Übungen (zum Beispiel Gebete) und ihren Glauben Trost finden ohne jede außersinnliche Wahrnehmung einer Existenz nach dem Tod und deshalb heiterer werden.

Aber wir stellten fest, daß nur von 12 Prozent der Patienten berichtet wurde, daß sie tatsächlich irgendwelche religiösen Praktiken ausübten; das ist ein unverhältnismäßig kleiner Anteil der gesamten Stichprobe. Wir nehmen an, daß es nicht beobachtete, stille Gebete und andere religiöse Aktivitäten gegeben hat, von denen unsere Befragten nichts wußten. Von daher könnten religöse Aktivitäten einen guten Teil unserer Fälle erklären.

Aber warum treten dann jenseitsbezogene Gefühle hauptsächlich unmittelbar vor dem Tod auf? Warum erleben auch Patienten, die wenig oder gar nicht religiös sind, einen solchen Stimmungsaufschwung? Wir können diese Tendenzen auch innerhalb der Rahmenbedingungen eines Lebens nach dem Tod interpretieren. Von den Annahmen unserer Überlebenshypothese ausgehend, beruht der Stimmungsaufschwung auf einer außersinnlichen Wahrnehmung der Existenz nach dem Tod. Experimentelle Untersuchungen haben allgemein ergeben, daß der Glaube an ASW paranormale Erlebnisse begünstigt, während der Unglaube dazu angetan ist, sie zu blockieren oder zu stören (Palmer, 1971). Deshalb sollten wir mehr eindeutige Effekte bei denen erwarten, die an die Phänomene glauben, wenn die gleichen ASW-Mechanismen bei den Sterbenden vorliegen. Wie oben erwähnt könnte ein derartiges Engagement die Sensibilität der Patienten für eine Nach-Tod-Wirklichkeit vergrößert haben.

Die Dauer der Stimmungsveränderungen der Patienten stand in keiner Beziehung zu ihren Gefühlen. Nur in der Stichprobe der USA hatte jedoch der Zeitraum bis zum Eintritt des Todes einen signifikanten Bezug zu den auf ein Überleben ausgerichteten Gefühlen: Heiterkeit und freudige Erregung, $p = .02$; religiöse und positive Gefühle, $p = .007$. 85 Prozent derjenigen, die in einem Zeitraum von bis zu einer Stunde nach dem Stimmungsaufschwung starben, waren heiter, und 42 Prozent derer, die nach einem längeren Zeitraum starben. Von der Gruppe, die innerhalb einer Stunde starb, hatten 44 Prozent religiöse Gefühle, während von denen, die nach einem längeren Zeitabstand starben, lediglich 16 Prozent solche Gefühle hatten.

Bei der Analyse der Fälle von Erscheinungen stellten wir fest, daß Patienten schneller starben, nachdem sie jenseitsbezogene Erscheinungen gesehen hatten, als wenn sie andere Arten von Halluzinationen gehabt hatten. Entsprechend unserer Hypothese von einem Leben nach dem Tod sind Heiterkeit, Frieden und religiöse Gefühle die Antworten auf eine Begegnung mit einer Existenz nach dem Tod und mit ihren Sendboten.

Wenn es wirklich eine solche Begegnung gibt, dann könnten bei den Stimmungsaufschwüngen die gleichen Bedingungen vorliegen wie bei den Erscheinungen.

Ist ASW die Ursache?

Der Kern unserer Hypothese ist, daß die Sterbenden einer Existenz nach dem Tod vermittels ASW gewahr werden. Über ASW-Vorgänge wissen wir aus einem Jahrhundert Forschung eine ganze Menge. Wenn unsere ASW-Hypothese stimmt, sollte es deshalb möglich sein, für die Phänomene auf dem Sterbebett Merkmale zu finden, die allgemein für ASW-Prozesse gelten. Dr. Louisa Rhine untersuchte eine umfangreiche Sammlung spontaner ASW-Fälle und fand dabei heraus, daß die Empfänger sich manchmal der Botschaft im Moment ihres Eintreffens bewußt sind. Bei anderen Gelegenheiten ist die Botschaft völlig vom Bewußtsein ausgeschlossen, beeinflußt aber trotzdem das Verhalten des Empfängers; zum Beispiel fühlt sich der Betreffende unbehaglich und macht seine Buchung für ein Flugzeug rückgängig, das dann abstürzt. Andere Empfänger solcher Botschaften reagieren auf entfernte Ereignisse lediglich mit einem Gefühl. Demgemäß könnte der Stimmungsaufschwung in der Nähe des Todes ebenso auf einer unbewußten Wahrnehmung des Überlebens nach dem Tod durch den Patienten beruhen. Wenn das stimmt, dann müßte die Wahrnehmung des Patienten von einem Leben danach auch die Erkenntnis einschließen, daß er stirbt. Wir dürften also erwarten, daß in den Fällen, in denen eine solche Wahrnehmung vorhanden ist, die Patienten auch häufiger erkennen, daß sie im Begriff sind zu sterben, als in Fällen ohne eine derartige Wahrnehmung. Veränderten diese Stimmungsaufschwünge wirklich die Erwartungen des Patienten hinsichtlich des Todes oder einer Gesundung? Wir hatten für eine solche Analyse lediglich die amerikanischen Daten zur Verfügung. Obgleich wir interessante Tendenzen fanden, waren sie statistisch nicht signifikant. Von den Patienten im Endstadium, die heitere oder friedvolle Stimmungen erfahren hatten, änderten 32 Prozent ihre bis dahin bestehende Erwartung einer Gesundung und erkannten, daß sie sterben würden. Von denjenigen, die eine freudige Erregung erlebten, taten das nur 7 Prozent. Ein falscher Optimismus, das heißt eine Änderung der Erwartung zu sterben in die Erwartung, wieder gesund zu werden, war in nur 7 Prozent der Fälle von heiteren Patienten vorhanden und etwa dreimal so häufig (20 Prozent) bei freudig erregten Patienten. Das gleiche

Muster ergab sich in Bezug auf religiöse Emotionen. 37 Prozent der Patienten, die religiöse Gefühle hatten, veränderten ihre Meinung diesbezüglich von einer Erwartung der Gesundung in eine Erwartung des Todes; bei denjenigen mit positiven und nicht religiösen Emotionen tat das nur die Hälfte (19 Prozent). Falschen Optimismus gab es bei keinem einzigen Patienten der Gruppe mit religiösen Gefühlen, aber er kam bei 17 Prozent der Patienten mit positiven nicht religiösen Stimmungen vor.

Abgesehen von den Erwartungen der Patienten, zu sterben oder wieder gesund zu werden, hatten wir noch eine andere Informationsquelle bezüglich des falschen Optimismus: die unrealistischen, unbegründet optimistischen Pläne der Patienten für die nahe Zukunft, wie zum Beispiel Reisen, Urlaub, Rückkehr nach Hause und so weiter. Wir stellten Fälle von solch unrealistischem Optimismus den Fällen gegenüber, in denen andere Anzeichen für einen Stimmungsaufschwung gegeben waren. Von den heiteren Patienten in Amerika zeigten nur 10 Prozent einen solchen Optimismus, aber viermal so viele freudig erregte Patienten taten dies (45 Prozent). Die Korrelation ist sehr signifikant ($p = .002$). Für Indien haben wir keine vergleichbaren Daten, da unsere Stichprobe zu klein ist.

Die gleichen Muster zeigten sich auch bei einem anderen Vergleich. -nur 4 Prozent der Patienten in den USA, deren Stimmungsaufschwung religiöser Art war, zeigten unrealistischen Optimismus. Achtmal so viele Patienten mit anderen positiven, aber nicht religiösen Stimmungen (26 Prozent) zeigten diesen Optimismus ($p = .015$). In der indischen Stichprobe brachten 12 Prozent der Patienten mit religiösen Stimmungen und 34 Prozent derjenigen mit nicht religiösen positiven Stimmungen einen derartigen Optimismus zum Ausdruck ($p = .10$). Auf der Grundlage der Überlebenshypothese werden Übereinstimmungen wie die Beziehung zwischen dem Stimmungsaufschwung und dem Ausmaß der Wahrnehmung einer Existenz nach dem Tod erwartet. Freudig erregte Patienten, die eine außersinnliche Wahrnehmung ihrer eigenen herannahenden Existenz nach dem Tod blockieren, tun das auch mit der Wahrnehmung des herannahenden Todes und machen somit unrealistische Pläne.

Es war nun auch interessant zu prüfen, ob die Arten der Gefühle während des Stimmungsaufschwungs zu den Stimmungen der Patienten am Tag davor in Beziehung standen. Wir fanden in keinem der beiden Länder einen solchen Bezug. Daher schlußfolgern wir, daß die Gefühle während des Stimmungsaufschwungs vollkommen neu und nicht einfach eine Fortsetzung vorangegangener Stimmungslagen waren.

Stimmungen werden manchmal mitgeteilt, manchmal aus feinen Anhaltspunkten im Verhalten des Betreffenden geschlossen. Meistens beschrieben die Patienten den von uns befragten Krankenschwestern und Ärzten, wie sie sich fühlten. In anderen Fällen bildeten der Gesichtsausdruck der Patienten, ihre Aktivität, ihre Mitteilsamkeit, die soziale Interaktion usw. die Grundlage für die Urteile der Ärzte und Krankenschwestern. Medizinisches Personal ist darin geübt, objektiv zu beobachten. Von daher beurteilt es die körperlichen Symptome selten falsch. Aber es ist viel leichter möglich, bei solchen Erscheinungen wie Stimmungslagen, Irrtümern oder Fehlwahrnehmungen zu unterliegen. Da das medizinische Personal sich hauptsächlich mit den Symptomen der Patienten beschäftigt, kann es leicht Stimmungen übersehen. Es ist Allgemeingut, daß einige Menschen bemerkenswert feinfühlig für Stimmungen und Gefühle sind, während andere ihnen vollkommen blind gegenüberstehen. Ärzte und Krankenschwestern machen da keine Ausnahme; sie könnten sogar ihre eigenen Gefühle in andere hineininterpretieren, eine wohlbekannte Erscheinung, die Psychologen als Projektion bezeichnen. Das würde unsere Daten ernsthaft beeinflussen.

Stimmungen sind sehr feinsinnige und persönliche Momente, die man gewöhnlich für sich behält. Sie kommen und gehen oft, ohne daß es jemand merkt. Stimmungen scheinen auch nur solchen Menschen anvertraut zu werden, die mit den Betreffenden eng vertraut sind. Die Beobachtung von Stimmungslagen ist somit in gewisser Weise eine gegenseitige Angelegenheit, die einschließt, daß dem Beobachter etwas darüber anvertraut wird und er gleichermaßen zugewandt und verständnisvoll darauf reagiert. Wir würden daher eine genauere Beobachtung in Situationen erwarten, wo Vertrauen und Offenheit herrschen und ein sensibler Mensch dafür auch Zeit hat. Es deutet auch vieles darauf hin, daß Frauen im allgemeinen Stimmungen gegenüber einfühlsamer sind als Männer. Deshalb erwarten wir angemessenere Beobachtungen, 1) wenn der Patient mit dem Befragten verwandt oder befreundet ist, 2) wenn der Patient während eines längeren Zeitraums von dem Betreffenden betreut wurde und 3) wenn der Beobachtende eine Frau ist.

Fast alle unsere weiblichen Beobachter waren Krankenschwestern, die mehr Zeit mit ihren Patienten verbrachten und ihnen psychologisch näher waren. Man könnte genauere Beobachtungen bei denjenigen der Befragten erwarten, deren Beziehungen zu den Patienten nicht von Eile geprägt ist, wie bei einer Betreuung durch Privatkrankenschwestern oder wo der Arzt nur einen Patienten behandelt, der mit ihm verwandt ist und mit dem er zusammen lebt. Wir untersuchten diese Variablen in unseren Daten sorgfältig in ihren wechselseitigen Beziehungen und stellten dabei fest, daß sie tatsächlich eine Rolle spielten.

Um mögliche Verfälschungen zu entdecken, verglichen wir die Beobachtungen von Ärzten und Krankenschwestern. Heiterkeit und Frieden wurden im gleichen Umfang von Ärzten und Krankenschwestern beobachtet.

Andere Stimmungsarten, an denen wir interessiert waren, betrafen Stimmungen, die mit religiösen Erlebnissen verbunden waren, das heißt wo die Gefühle des Patienten anscheinend Antworten auf gewisse transpersonale Aspekte der Wirklichkeit waren. Natürlich könnten einige der Ansicht sein, daß religiöse Gefühle in der Situation des Krankenhauses nicht am Platz sind, und somit könnten sie auch einem unpersönlichen Beobachter verborgen bleiben. Erfahren Krankenschwestern mit ihrer fraulichen Wärme und ihrem weniger offiziellen Autoritätsgebaren mehr Beispiele solcher Erlebnisse als Ärzte? Religiöse Gefühle wurden ähnlich häufig von indischen Ärzten und Krankenschwestern berichtet. In den Vereinigten Staaten entdeckten die Ärzte religiöse Gefühle nur in 13 Prozent der Fälle, während Krankenschwestern sie bei etwa der Hälfte der Patienten, die einen Stimmungsaufschwung erlebten, sahen. Offenbar gibt es eine eindeutige Befangenheit bei den Beobachtern in den Vereinigten Staaten, was die religiösen Gefühle angeht. Wer hat recht und wer hat unrecht?

Wie schon zuvor verglichen wir die Ergebnisse mit dem zuverlässigsten Teil unserer Daten, nämlich den Fällen, in denen der Patient ein Freund oder Verwandter des Befragten war. In solchen Fällen bestand eine vertrautere Beziehung, und der Befragte verbrachte im allgemeinen mehr Zeit mit dem Patienten. Beobachtungen bezüglich Heiterkeit und Frieden waren bei »bekannten« Patienten zahlenmäßig nicht signifikant verschieden von den unbekannten Patienten. In beiden Stichproben wurde von »bekannten« Patienten etwas häufiger über Heiterkeit berichtet (Vereinigte Staaten 87 Prozent gegenüber 72 Prozent; Indien 61 Prozent gegenüber 48 Prozent). Die Daten der »bekannten« Patienten stimmen in größerem Ausmaß mit den Beobachtungen der Krankenschwestern überein als mit denen der Ärzte. Ein Stimmungsaufschwung aufgrund von religiösen Gefühlen wurde doppelt so häufig bei »bekannten« wie bei nicht persönlich bekannten Patienten beobachtet (Vereinigte Staaten 50

Prozent gegenüber 26 Prozent; Indien 54 Prozent gegenüber 23 Prozent). Die Zahlenverhältnisse in beiden Ländern sind bemerkenswert ähnlich und statistisch signifikant. Die amerikanischen Ärzte lagen weit unter diesen Werten, indem sie nur über 13 Prozent religiöse Stimmungen berichteten im Vergleich zu 50 Prozent bei den »bekannten« Patienten. Im ganzen scheinen die indischen Ärzte und Krankenschwestern ebenfalls in zu geringem Umfang über religiöse Stimmungen berichtet zu haben. Ärzte berichteten über 28 Prozent, Krankenschwestern über 33 Prozent, während diese Stimmungen bei 54 Prozent der persönlich bekannten Patienten festgestellt wurden. Die amerikanischen Krankenschwestern liegen ziemlich nahe an den Zahlen der Auswahl von »bekannten« Patienten: 45 Prozent gegenüber 50 Prozent. Unter Anwendung des Kriteriums, daß die Patienten den Befragten persönlich bekannt waren, fanden wir eine starke negative Verschiebung in den Berichten der amerikanischen Ärzte und eine etwas weniger starke in denen der indischen Ärzte und Krankenschwestern; das heißt eine zu geringe Anzahl von Berichten über religöse Gefühle im Hinblick auf ihr tatsächliches Vorkommen.

Es gab ein weiteres unabhängiges Kriterium zur Überprüfung der möglichen Fehlwahrnehmungen bei einem der Befragten; und zwar war das die Arbeitsbelastung des Betreffenden im Umgang mit den Patienten, d. h. die Anzahl der Patienten, die er durchschnittlich am Tag zu betreuen hatte. Wir gingen davon aus, daß der Befragte für jeden Patienten ein beträchtliches Maß an Zeit aufwenden konnte, wenn er bis zu 20 davon betreute. Wenn er aber eine größere Zahl zu versorgen hatte, manchmal 100 oder mehr, dann dürfte er weniger in der Lage sein, eine Beziehung aufzubauen und deshalb wahrscheinlich spärlichere Beobachtungen machen. Heiterkeit und Frieden wurden im gleichen Umfang von den Befragten in Indien beobachtet, ob sie nun einen größeren oder kleineren Anteil von Patienten zu versorgen hatten. Aber in den Vereinigten Staaten, wo der Unterschied signifikant war ($p = .003$), machten die Ärzte und Krankenschwestern mit kleineren Patientengruppen mehr Beobachtungen bezüglich Heiterkeit und Frieden (81 Prozent) als diejenigen, die einen überfüllten Arbeitsplan hatten (67 Prozent). An diesem Kriterium gemessen gab es keinen Hinweis auf eine bestimmte Neigung der Befragten bei der Beobachtung von Heiterkeit und Frieden in den Fällen in Indien, aber die amerikanischen Ärzte schienen wiederum in ungenügendem Maße über solche Gefühle zu berichten.

Was die religiösen Gefühle anbetrifft, ist der Unterschied in der

Stichprobe in den USA sehr viel gravierender und statistisch signifikant. Die amerikanischen Befragten, die weniger Patienten betreuten, beobachteten religiöse Stimmungen in 41 Prozent der Fälle, während nur 21 Prozent von denen beobachtet wurden, die größere Patientengruppen hatten. In Indien sind die Zahlenverhältnisse in diesem Punkt fast identisch: 40 Prozent gegenüber 20 Prozent. Ebenso wie in der Stichprobe der Patienten, die den Betreffenden persönlich bekannt waren, ist hier eine bemerkenswerte Ähnlichkeit in beiden Ländern festzustellen. Auf der Grundlage dieser zwei Kriterien, Anteil der zu betreuenden Patienten und dem Befragten persönlich bekannte Patienten, können wir eindeutig auf eine negative Verschiebung in den Daten schließen; das heißt, daß wichtige Phänomene von Ärzten in den USA und Ärzten und Krankenschwestern n Indien in geringerem Umfang berichtet wurden, als sie tatsächlich vorkamen, obgleich das für die indische Gruppe etwas weniger gilt. In der Stichprobe in den Vereinigten Staaten, in der diese Tendenz stärker ist, erstellten wir eine weitere Analyse: Wir verglichen die Befragten, die vor kürzerer Zeit ihren Berufsabschluß gemacht hatten (innerhalb der letzten fünfzehn Jahre), mit denjenigen im mittleren Alter, die ihn vor sechzehn bis fünfundzwanzig Jahren gemacht hatten, und denen, deren Berufsabschluß mehr als fünfundzwanzig Jahre zurücklag. Heiterkeit und Frieden wurden von den genannten Gruppen in der obigen Reihenfolge wie folgt beobachtet: 55 Prozent, 86 Prozent und 90 Prozent ($p = .003$); religiöse Gefühle: 19 Prozent, 34 Prozent und 52 Prozent ($p = .05$). Offenbar neigte die jüngere Gruppe dazu, das Vorkommen der Stimmungen bei weitem zu »untertreiben«.

Zusätzlich zu den ebenerörterten Faktoren überlegten wir uns, ob der Glaube oder Unglaube eines Befragten an ein Leben nach dem Tod seine Beobachtungen beeinflussen könnte. Wenn dem so wäre, könnte das unsere Daten ebenfalls verfälschen. Bezüglich Heiterkeit und Frieden entdeckten wir keine signifikante Tendenz dieser Art. Aber religiöse Gefühle wurden in ganz verschiedenem Ausmaß von den drei Gruppen der Befragten berichtet. In den Vereinigten Staaten berichteten diejenigen, die glaubten, daß ein Leben nach dem Tod unmöglich sei, in 12 Prozent der Fälle von religiösen Gefühlen; bei den Berichterstattern, die eine solche Möglichkeit einräumten, waren es 14 Prozent und bei denen, die eindeutig daran glaubten, 46 Prozent. In den USA befinden sich die in dieser Beziehung Gläubigen offensichtlich in einer zahlenmäßigen Übereinstimmung mit den Kontrollstichproben der »bekannten Patienten« (50 Prozent) und der Befragten mit kleineren Patientengruppen (41

Prozent). Offenbar entsprechen die Darstellungen der religiösen Gefühle durch die Befragten, die keinen positiven Glauben an ein Leben nach dem Tod hatten, nicht ihrem tatsächlichen Vorhandensein.

In der indischen Stichprobe sind die Verhältnisse ziemlich anders. Ärzte und Krankenschwestern, die nicht an ein Leben nach dem Tod glaubten, berichteten in 44 Prozent der Fälle von religiösen Gefühlen; diejenigen, die ein Leben nach dem Tod als Möglichkeit in Betracht zogen, 8 Prozent; und die, die eindeutig daran glaubten, 30 Prozent. Die Gegenstichprobe der »bekannten« Patienten wies in 44 Prozent der Fälle religiöse Gefühle auf. Es ist seltsam genug, daß die Betreffenden in Indien, die das Überleben entweder als eine entfernte oder halb und halb akzeptable Möglichkeit betrachteten, anscheinend solche Beobachtungen außerordentlich stark unterdrückten. Vielleicht neigten sie zum negativen Extrem, da sie zwischen Glauben und Unglauben schwankten.

Das persönliche religiöse Engagement eines Beobachters könnte ebenfalls von Bedeutung sein. Tatsächlich überlappen sich ein religiöses Engagement und der Glaube an ein Leben nach dem Tod eindeutig. Die Beobachtungen der Gefühle von Heiterkeit und Frieden waren nicht signifikant durch das religiöse Engagement der Befragten beeinflußt, aber bei den Beobachtungen der religiösen Gefühle war das der Fall (Vereinigte Staaten $p = .0015$; Indien $p = .016$). Wir klassifizierten das religiöse Engagement der Befragten als gering, mäßig oder stark. Diese so unterschiedenen drei Gruppen machten zahlenmäßig erheblich verschiedene Beobachtungen von religiösen Gefühlen. Die entsprechenden Prozentzahlen der Fälle waren: 13 Prozent, 25 Prozent, 61 Prozent in den Vereinigten Staaten; 64 Prozent, 17 Prozent, 25 Prozent in Indien. In der Stichprobe in den USA kamen die stark engagierten Befragten nahe an die Zahlenwerte der Kontrollgruppen heran, obgleich sie vielleicht ein wenig mehr Beobachtungen berichteten, während die nicht engagierten und gering engagierten in ihren Beobachtungen bei weitem unter den Werten der Kontrollgruppe lagen. In Indien berichteten die nicht engagierten oder gering engagierten anscheinend etwas zuviele Beobachtungen, während die mäßig engagierten Befragten religiöse Emotionen weit unter ihrem tatsächlichen Vorkommen bei den Patienten anführten.

Wir können daher schlußfolgern, daß unsere Analyse wenig positive Verzerrungen zutage förderte, das heißt eine dem tatsächlichen Vorkommen nicht entsprechende Anzahl von Berichten über jenseitsbezogene Gefühle von Heiterkeit und Frieden und religiösen Empfindungen. Allerdings entdeckten wir bei einigen Gruppen eindeutig eine Neigung zu einer unter den tatsächlichen Verhältnissen liegenden Berichterstattung. Wahrscheinlich geschah das aufgrund negativer Vorurteile der Ärzte und Krankenschwestern, die für ein Überleben sprechende Anzeichen bei den Patienten entweder nicht wahrnahmen oder bei der Berichterstattung stark untertrieben. Es gibt dagegen kein Beweismaterial dafür, daß Ärzte und Pflegepersonal im umgekehrten Fall diese Anzeichen übertrieben hätten.

Wir können nun die Ergebnisse zu diesem Aspekt unserer Untersuchung zusammenfassen. Der Stimmungsaufschwung kurz vor dem Tod wurde auf seine Wechselwirkung mit medizinischen Faktoren, mit Merkmalen der Patienten und ihrem kulturellen Hintergrund untersucht. Die jenseitsbezogenen Stimmungslagen (Heiterkeit und Frieden, religiöse Gefühle) waren unserer Feststellung nach bemerkenswert unabhängig von den meisten der oben angeführten Variablen. Die Eigenheiten, die die Analyse aufdeckte, stimmen mit der Hypothese von einem Weiterleben nach dem Tod überein; sie geht davon aus, daß ein Stimmungsaufschwung vor dem Tod auf einer außersinnlichen Wahrnehmung der herannahenden Seinsform nach dem Tod beruht. Negative Vorurteile bei einigen Untergruppen der Befragten dürften bewirkt haben, daß jenseitsbezogene Merkmale in geringerem Umfang berichtet wurden, als sie tatsächlich vorhanden waren. Es konnten keine signifikanten positiven Verzerrungen festgestellt werden, die jenseitsbezogene Charakteristiken übertrieben hätten.

12

Sie kehrten zurück: Berichte von Patienten, die dem Tode nahe waren.

Nicht alle Patienten, die Erscheinungen sehen, sterben auch. In 120 Fällen, in denen die Patienten von einem todesnahen Zustand zurückkehrten, konnten sie sich an Erscheinungen erinnern. Etwa die Hälfte dieser Leute (47 Prozent) war zu diesem Zeitpunkt so krank, daß sie jede Hoffnung auf eine Gesundung aufgegeben hatten und an den nahen Tod glaubten. Einige davon wurden durch drastische medizinische Eingriffe wiederbelebt und aus ihren todesähnlichen Zuständen geholt. Die Anzahl der Fälle von Zurückgekehrten, die sich an Erlebnisse mit Erscheinungen erinnerten, verteilt sich ziemlich gleichmäßig auf Indien und die Vereinigten Staaten. Über die 120 Patienten hinaus, die Erscheinungen sahen, gab es 43, die über Visionen von einem Leben nach dem Tod berichteten. Diese Visionen werden im nächsten Kapitel erörtert.

Bevor wir fortfahren, sollte es klargestellt werden, daß nur ein kleiner Teil all der ernstlich kranken Personen, die unsere Ärzte und Krankenschwestern betreut hatten, von Erlebnissen mit Erscheinungen berichtete. Die große Mehrheit berichtete den Ärzten und Krankenschwestern keinerlei Erfahrungen dieser Art. Aber wir sind der Ansicht, daß die Zahl der Patienten in Todesnähe, die wirklich Erscheinungsphänomene erlebten, groß genug war, so daß eine Untersuchung berechtigt ist.

Sind die Phänomene, die die Patienten, die dem Tode nahe waren, erlebten, die gleichen wie diejenigen der Sterbenden? Nicht in allen Teilen, aber viele sind ähnlich, wie in dem Fall einer 38 Jahre alten Lehrerin, die sich von einer Schilddrüsenoperation erholte. Sie sah zuerst einen Lichtblitz; dann kam die Erscheinung.

> Sie hatte die Augen geschlossen, die Hände im Gebet gefaltet. Sie sagte, daß sie ihren Vater und ihren Ehemann John sah, die beide gestorben waren. Diese versicherten ihr, daß sie sich ihnen anschließen und sehr glücklich sein würde. Sie bat, mit ihnen allein gelassen zu werden,

indem sie sagte: »Ich weiß, Sie glauben mir nicht, Doktor, aber es macht mich so glücklich und erfüllt mich mit solchem Wohlgefühl, daß ich sie hier um mich haben möchte. Es wird nicht lange dauern. Lassen Sie sie bitte hier für einen Moment mit mir alleine.« Nach der Halluzination empfand sie ein Gefühl des Wohlbefindens. Sie war von allen weltlichen Sorgen befreit. Sie hatte keine Angst mehr zu sterben, aber sie wurde wieder gesund.

Eine große Anzahl dieser Erlebnisse ähnelt den Erscheinungen, wie sie von Patienten im Endstadium berichtet wurden. Einige davon waren von kurzer Dauer, wie es bei den außersinnlichen Visionen der Fall ist. Bei näherer Betrachtung der einzelnen Fälle stellt sich heraus, daß nur eine kleine Minderheit sich von den Fällen im Endstadium unterscheidet. Wie gewöhnlich verfolgten wir die medizinischen und psychologischen Elemente, die uns zu den Ursachen der Halluzination führen könnte. Während die meisten Erlebnisse anscheindend typisch parapsychologische Ursachen hatten, konnte ein kleiner Teil durch medizinische und psychologische Faktoren erklärt werden, beispielsweise der Fall einer 68jährigen Frau:

Sie sah Wachposten aus der Zeit des Bürgerkriegs, die an ihrem Bett Wache hielten. Sie waren in graue Uniformen gekleidet, hielten Gewehre und wachten über sie von ihren Plätzen an den vier Bettpfosten aus. Obgleich die Patientin sie nicht kannte, wurde sie sehr entspannt und ruhig. Sie fühlte sich *geschützt* und wußte, daß sie gesund werden würde. Als der Zustand dieser Patientin sich besserte, verschwanden die Wachposten.

Diese Halluzination erfolgte fortgesetzt, im Gegensatz zu einem ASW-Erlebnis. Die betreffende Frau hatte eine Lungenentzündung und über 39,4 Grad Fieber, was die Erklärung für die Halluzination sein kann. Die Wachposten können bizarre Symbole ihres Bedürfnisses nach Schutz und Ansehen gewesen sein.

Sicherlich verlangen derartige Fälle keine jenseitsbezogene Erklärung; dies gilt auch für den folgenden Fall einer etwa 60jährigen Frau. Sie hatte ihre fünf Kinder vor langer Zeit während einer Diphterie-Epidemie verloren, aber in der Nähe des Todes war sie mit ihren Kindern »wieder vereint«: »Es hatte eine erfreuliche Auswirkung auf sie«, stellte ihr Arzt fest. Er war der Ansicht, daß der Fall erklärt werden könnte durch »den toxischen Effekt der Gelbsucht, die ihren fast komatösen Zustand verursacht hatte«. Sie hatte davor ständig an die verstorbenen Kinder gedacht und oft mit dem Arzt über sie gesprochen. Dieser Fall ist aufgrund medizinischer und psychologischer Ursachen leicht erklärbar. Bei den Patienten, die zurückkehrten, konnten mehr Fälle auf diese Art erklärt werden als bei denen, die im Endstadium waren und starben. Wir erwarteten, bei den Fällen einer Rückkehr der Patienten mehr Erscheinungen von Lebenden zu finden als Erscheinungen von Verstorbenen und religiösen Figuren. Die Daten bewiesen uns das Gegenteil. Jenseitsbezogene Erscheinungen waren bei den Patienten, die zurückkamen, ebenso verbreitet (80 Prozent) wie bei denen, die starben (81 Prozent). Die Gefühlsreaktionen auf diese Erscheinungen waren ebenfalls ziemlich ähnlich – Heiterkeit, Frieden und religiöse Gefühle waren vorherrschend.

In den Stimmungslagen einiger dieser Patienten war ein starker Kontrast zu den sterbenden Patienten feststellbar; dabei handelt es sich um Stimmungslagen, die von einer Botschaft hergerührt haben könnten, die den Patienten durch die Erscheinung überbracht wurde. Ein einfacher Bergarbeiter sagte zu seiner Krankenschwester:

> »Ich sehe Gott.« Er begann zu weinen und zu klagen, daß er sterben würde. Er starrte einfach nach draußen, als ob er wirklich Gott sähe. Als er eine halbe Stunde später wieder zu sich kam, war er völlig verwandelt, stahlend und mit glücklichem Gesichtsausdruck. Er sagte, daß Gott ihm mitgeteilt hätte, daß es für ihn noch nicht an der Zeit wäre zu gehen.

Wir haben in den vorangegangenen Kapiteln gesehen, daß die Sterbenden, anscheinend aufgrund der Einladung durch die Erscheinung, zu sterben und nicht zu leben, heiter und freudig erregt werden. Wir überlegten uns, ob die Erscheinungen in Fällen von Patienten, die dem Tode nahe waren, eher diesseitige Ziele vertreten würden, weil der Patient nicht sterben sollte? Wiederum verglichen wir Fälle, in denen die Absichten der Erscheinungen deutlich waren. Patienten, die zurückkehrten, hatten Erscheinungen mit Absichten, die mit der andern Welt verbunden waren, ebenso oft (78 Prozent) wie diejenigen, die starben und nicht wiederkehrten (77 Prozent).

Obgleich sie nicht typisch dafür waren, hatten wir derartige Fälle mit diesseitigen Inhalten sogar, wenn die Erscheinung die eines Verstorbenen war. Im folgenden Fall brachte die Erscheinung eines Verstorbenen deutlich eine diesseitsbezogene Absicht zum Ausdruck. Der Patient war ein 7jähriger Junge mit einer Brustinfektion in äußerst kritischem Zustand. Er war widerspenstig und weigerte sich, seine Medikamente zu nehmen. Dann sah er plötzlich seinen verstorbenen Onkel, der als Arzt in eben dieser Station des betreffenden Krankenhauses gearbeitet hatte.

> Er (der Arzt) war mit der ganzen Familie eng verbunden gewesen. Der Junge beschwor, daß Onkel Charlie gekommen wäre, sich neben ihn gesetzt und ihn geheißen hätte, seine Medizin zu nehmen. Er hatte dem Jungen auch mitgeteilt, daß er wieder gesund werden würde. Der Junge war absolut sicher, daß Onkel Charlie auf dem Stuhl neben ihm gesessen und ihm diese Dinge gesagt hatte. Nach diesem Erlebnis war der Patient willig. Er war nicht aufgeregt und nahm den »Besuch« des verstorbenen Arztes als die natürlichste Sache der Welt. Am nächsten Morgen ging es dem Jungen viel besser. In seinem Gesundheitszustand war eine entscheidende Wende eingetreten.

In diesem Fall setzte sich die Erscheinung des verstorbenen Arztes für diesseitige Zwecke ein, genau wie er es getan haben würde, hätte er den Jungen als Lebender besucht.

In einer Hinsicht waren die Fälle von Zurückgekehrten anders als diejenigen der Patienten im Endstadium. Von den 73 Fällen, in denen wir eindeutige Informationen über das Ziel der Erscheinung erhielten, hatten 78 Prozent die Absicht, den Betreffenden wegzuholen. Von einem Drittel dieser letztgenannten Erscheinungen wurde gesagt, daß sie den Patienten unzweifelhaft ins Leben zurückgeschickt hatten. In den restlichen Fällen kam keine Zurückweisung oder ein Aufschub zum Ausdruck.

Aber wir haben den begründeten Verdacht, daß eine Zurückweisung tatsächlich in mehr als einem Drittel der Fälle erlebt wurde. Es ist möglich, daß das im Verlauf der Mitteilungen an die Ärzte und Krankenschwestern verlorengegangen ist, die mit den Aktivitäten zur Wiederbelebung vollauf beschäftigt waren. Das könnte auch für das folgende Erlebnis gelten. Eine Frau lag im Sterben, wobei sie offensichtlich einem Ruf ins Jenseits folgte. Sie erholte sich dann jedoch unerwartet.

> Diese Frau war zwischen 30 und 40 Jahre alt. Sie hatte eine Verletzung am Bein, verbunden mit einer schlimmen Infektion, und niemand rechnete mit ihrer Genesung. Sie sah ihre verstorbene Mutter und schien deren Aufforderung, in die andere Welt zu kommen, zu

beantworten: »Ich sehe dich, Mutter. Ich komme, Mutter. Ich werde bei dir sein.«

Bis hierher ist dieser Fall den meisten der sterbenden Patienten ähnlich. Der Ausgang allerdings war anders.

Am nächsten Morgen begann sich ihr Zustand zu bessern. Das Fieber sank, das Bein begann zu heilen. Niemand hatte damit gerechnet, daß sie sich erholen würde.

Manchmal machen die Erscheinungen der Verstorbenen einfach den erwarteten Tod des Patienten rückgängig. Eine etwa 50jährige Buchhalterin hatte einen Herzanfall erlitten mit einem Verschluß der Herzkranzgefäße.

Sie sagte, daß ihr Vater und ihre Mutter (beide verstorben) gekommen waren, um sie zu sehen und sie weit weg zu holen. Alle drei gingen sie daraufhin einen Hügel entlang, als ihre Eltern ihr plötzlich sagten, sie solle zurückkehren. Sie drehte sich um und verließ sie. Am nächsten Morgen, etwa sechs bis acht Stunden nach dem Erlebnis, besserte sich ihr Zustand. Ich (ihr Arzt) hatte ihren Tod für diese Nacht erwartet, denn ihr Zustand war äußerst kritisch gewesen.

Auch religiöse Figuren können den Sterbenden »zurückschicken«. Eine römisch-katholisch getaufte Frau zwischen 30 und 40 war mit einer Lungenentzündung in einer schweren Krise.

Sie hatte ein Muttergottesbild, das sie anschaute. Sie starrte auf das Bild. Später erzählte sie mir, daß Maria aus dem Bild herausgekommen wäre und zu ihr gesagt hätte: »Hab keine Angst. Ich brauche dich noch nicht. Ich werde später wiederkommen.« Diese Frau hatte ein neugeborenes Baby, für das sie sorgen mußte. Als sie dieses Erlebnis hatte, rechnete sie mit dem Tod. Sie war glücklich, Mutter Maria zu sehen; es war ein so schöner Anblick. Zunächst verband sie dieses Erlebnis mit dem Tod, aber dann fühlte sie sich erleichtert. Ihre Zeit war noch nicht um.

Im nächsten Fall handelt es sich um einen etwa 50jährigen Ingenieur, mit einer Koronarthrombose. Sein Arzt berichtete:

Er sah einen »bärtigen Mann«, der am Eingang eines langen, goldenen Ganges stand. Der schüttelte den Kopf und bewog ihn, zurückzugehen, indem er sagte: »Nicht jetzt, später.« Das machte den Patienten sehr glücklich. Er sagte, daß ich ihm keine Medikamente mehr zu geben brauchte: »Man will mich dort nicht.« Unmittelbar nach diesem Erlebnis begann es ihm besser zu gehen.

Man beachte, daß der Ingenieur in diesem Fall die Erscheinung als einen »bärtigen Mann« beschrieb und sich nicht um den Namen kümmerte, zum Beispiel »Gott«, »Jesus« usw. Gefühlvollere Patienten hätten in diesem Fall impulsiv geschlossen, daß der Mann vor dem goldenen Licht eine Gestalt aus ihrem religiösen Glauben darstellte. Das ist der Grund, warum ausführliche Untersuchungen notwendig sind, um hinter die äußere Erscheinungsform dieser Fälle zu kommen.

Obgleich eine Erscheinung in typischer Weise stellvertretend für die andere Welt sein mag, kann sie dennoch eine falsche Information liefern. Eine über 80 Jahre alte Patientin mit Lungenentzündung sah ihren verstorbenen Mann und unterhielt sich mit ihm auf Jiddisch.

Er kam, um ihr zu sagen, daß sie sich überlegen solle, ob sie sich ihm nicht anschließen wolle. Die Halluzination schien sie zu beruhigen, und ihre Kinder glaubten, daß sie sterben würde. Fast unmittelbar danach fiel sie in einen tiefen Schlaf und erwachte sehr erholt. Es ging, ihr rasch besser, ganz gegen ihren Willen. Sie war bereit zu sterben, aber sie starb nicht. (Ein privater Kommentar, den die Krankenschwester dieser Patientin dazu gab: »Nun, auf einige Ehemänner kann man sich einfach nicht verlassen, selbst wenn sie schon tot sind!«)

Eine Patientin, etwa 60 Jahre alt, mit einem Herzanfall, sah den heiligen Josef, ihren Schutzpatron, zu dem sie gewöhnlich betete.

Der heilige Josef wollte, daß sie zu ihm käme, aber sie war nicht dazu bereit. Sie sagte ihm, daß es für sie noch einiges zu tun gäbe und daß sie im Bett bleiben und sich wieder erholen würde. Die Erscheinung beruhigte sie. Sie war heiter und friedvoll in einem religiösen Sinne, und es begann ihr mehrere Stunden später besser zu gehen.

Es ist interessant, daß das Ziel dieser Frau nicht mit dem des jenseitigen Boten übereinstimmte, wie das für so viele Fälle der Patienten im

Endstadium gilt. Natürlich könnte die Wahrnehmung des Lieblingsheiligen in der kritischen Stunde einfach eine Form der Wunscherfüllung sein und außerhalb der Vorstellung der Patientin keinerlei reale Basis haben. Doch manchmal stellt die Erscheinung genau das Gegenteil von dem dar, was der Patient gerne sehen würde, wie in dem folgenden Fall. Die betreffende junge Frau war zwischen 20 und 30 Jahre alt. Sie war durch Komplikationen bei einer Geburt in Todesgefahr.

> Sie dachte, sie sähe ihren Schutzheiligen, zu dem sie gewöhnlich betete. Sie stellte ihn mir (dem Arzt) vor und glaubte, er wäre direkt neben ihr. Ich konnte überhaupt nichts sehen. Es war der heilige Gerard – der »Heilige für das Unmögliche.« Sie war sehr glücklich, ihn zu sehen und in gewisser Weise durch seine äußere Erscheinung überrascht: »O, ich hatte nicht erwartet, dich in diesen Kleidern zu sehen!« Sie sagte, daß er schlicht gekleidet war, wie ein Mönch, in Sandalen und mit einem grauen Gewand angetan. »Ich dachte, du wärest in Samt gekleidet.« Sie hatte den Eindruck, er käme, um ihr bei der Gesundung zu helfen. Sie ist immer noch der Überzeugung, daß er sie gerettet hat.

Wir wollen uns darüber im klaren sein, daß derartige Erscheinungen keine Namensschildchen tragen oder sich vorstellen. Es ist der Patient, der den Namen der Erscheinung und ihre Bezeichnung angibt. Aber die Bedingungen, unter denen der Patient in der Lage ist, die Erscheinung zu erkennen und ihren Namen zu wissen, sind schwer abzuschätzen. Der oben gezeigte Widerspruch zwischen dem tatsächlichen und dem erwarteten Gewand der Erscheinung mag auf die Tatsache zurückzuführen sein, daß die Betreffende eine stereotype Vorstellung von der Kleidung dieses Heiligen hatte. Es kann auch sein, daß die Erscheinung jemand anders war und die Patientin einfach den Namen ihres bevorzugten Heiligen auf die unbekannte Erscheinung anwendete.

Zurückgekehrte Patienten in Indien

Die Erfahrungen der indischen Patienten waren denen der amerikanischen grundsätzlich ähnlich. Vier Fünftel sahen jenseitsbezogene Erscheinungen (Verstorbene oder religiöse Figuren), die die Absicht zeigten, sie in eine andere Welt zu holen. Wiederum wurde der Betreffende in etwa einem Drittel der Fälle »zurückgeschickt«. Die Gefühlsreaktionen bestanden aus Heiterkeit und Frieden, freudiger Erregung und religiösen

Gefühlen, während etwa 20 Patienten negative Gefühle hatten. Die Mehrheit der Hindu-Patienten sah Visionen, die im wesentlichen denen der amerikanischen Christen ähnelten, aber die äußere Ausgestaltung dieser Visionen war in den Fällen von Nicht-Übereinstimmung typisch indisch. Die Vorstellung vom Karma beziehungsweise von einer Aufrechnung der guten und schlechten Taten könnte in einige der Visionen hineinprojiziert worden sein. Der folgende Fall ist ein Beispiel dafür:

> Der Patient schien zu sterben. Nach einiger Zeit kam er wieder zu Bewußtsein. Er erzählte uns dann, daß er von Boten in weißer Kleidung geholt und an einen schönen Ort gebracht worden sei. Dort sah er einen Mann in Weiß mit einem Rechnungsbuch, der zu den Boten sagte, daß sie den Falschen gebracht hätten. Er wies sie an, den Patienten zurückzubringen. Der Ort war so wunderschön, daß der Patient dort bleiben wollte. Nach dem Bericht der Krankenschwester gab es einen anderen Mann gleichen Namens in demselben Krankenhaus. Als der Patient wieder zu Bewußtsein kam, starb der andere Mann.

Wir hatten die Gelegenheit, einen solchen Fall in Zusammenarbeit mit einer Krankenschwester zu überprüfen, von der gesagt wurde, daß sie dabei gewesen war. Sie bestritt, irgend etwas über einen Fall zu wissen, in dem ein Patient desselben Namens gestorben sei, nachdem ein anderer Kranker dieses Namens das Bewußtsein wiedererlangt hatte. Wir begegneten mehreren Fällen, in denen der Patient in eine andere Welt geholt wurde und sich das dann als ein Irrtum der »Bürokratie in der anderen Welt« herausstellte. Obgleich unter den irrtümlich abgeholten Patienten auch indische Christen waren – ein Geistlicher und ein Lehrer –, gab es solche »Irrtümer« in den Vereinigten Staaten nicht.

Typisch indische Inhalte kamen in dem folgenden Fall einer Inderin zum Ausdruck, die an Lungenentzündung litt.

> Sie war ohne Bewußtsein und lag im Sterben. Später erzählte sie mir: »Ich fühlte, daß ich im Himmel war. Es gab dort viele Häuser, und eines war nicht fertiggestellt.« Sie fragte den Boten, der bei ihr war: »Wessen Haus ist das?« Er antwortete: »Es ist für dich, aber es ist noch nicht vollständig fertig, da du deine Tage in der Welt noch nicht beendet hast. Du solltest für die Hochzeit deines Sohnes sorgen. Dein Tag wird kommen nach der Geburt deines Enkels.« Jahre später starb sie tatsächlich nach der Geburt ihres Enkels.

In diesem Fall war die Information aus höchster Quelle zutreffend, aber das ist nicht immer so. Eine Frau mit College-Bildung litt an einer allergischen Reaktion auf eine Penizillinspritze.

> Während der Krise war sie ohne Bewußtsein. Danach erzählte sie uns, daß ein religiöses Wesen zu ihr gekommen sei und sie aufgefordert hätte, es zu begleiten. Sie wurde auf einer Kuh in den Himmel gebracht. Der Weg dorthin war schön geschmückt. Sie gelangte an einen Ort, an dem viele Menschen versammelt waren. Dort entdeckten sie, daß sie die Falsche war. Sie wurde auf dieselbe Art zur Erde zurückgebracht. Sie erzählte diese Geschichte ein paar Minuten, nachdem sie das Bewußtsein wiedererlangt hatte. Die Patientin starb eine Woche später, nicht an der allergischen Reaktion auf das Penizillin, sondern aufgrund einer Infektion der Atemwege.

In einem ähnlichen Fall wurde der Patient für tot erklärt, kam aber wieder zu Bewußtsein.

> Er sagte, daß er in den Himmel eingegangen wäre. »Gott schickte mich zurück.« Angeblich hätte er weiterleben sollen, da er sein Leben noch nicht beendet hätte. Aber er starb zwei Minuten später.

Diese Fälle sprechen dafür, daß derartige Visionen nicht wortwörtlich genommen werden sollten. Erstens vermitteln sie manchmal die falschen Informationen, auch wenn sie in anderen Fällen in Todesnähe tatsächlich zutreffende Informationen beinhalten. Zweitens ist da die Unwahrscheinlichkeit – zumindest für unseren westlichen Verstand – von Ereignissen wie zum Beispiel dem Ritt auf einer Kuh in die Ewigkeit. Wenn einige dieser Visionen auf flüchtigen außersinnlichen Wahrnehmungen der anderen Welt beruhen, so sind sie doch gewiß auch mit religiösen Glaubensinhalten und Symbolen ausgeschmückt, sei es ein Yamdut, der hinduistische Todesbote, oder die Muttergottes. Wir suchten nach grundlegenden Merkmalen der Jenseitserlebnisse, die über die verschiedenen Vorstellungen und Glaubenssysteme hinweg gleichbleiben. Fälle im Endstadium, in denen die Patienten tatsächlich sterben, zeigten solche Übereinstimmungen. Wir wenden uns nun den statistischen Analysen zu, um zu entscheiden, ob die Fälle von zurückgekehrten Patienten ebenfalls Kern-Phänomene aufweisen, die relativ unabhängig von medizinischen, psychologischen und kulturellen Bedingungen sind.

Die Beispiele von zurückgekehrten Patienten zeigen deutlich, daß solche Visionen nicht im buchstäblichen Sinne aufgefaßt werden sollten. Zur Auffindung der möglichen Ursachen dieser Halluzinationen wendeten wir deshalb dieselben Methoden an, die wir zur Feststellung der verschiedenen Elemente benutzt haben, wie wir sie bei den Erlebnissen der Patienten im Endstadium fanden. Diese statistischen Meßmethoden schlossen Häufigkeitsanalysen ein, Korrelationstabellen aller wichtigen Items und die Prüfung der Unterschiede zwischen diesen durch die Anwendung des Chiquadrat-Tests. Aufgrund des begrenzten Umfangs unserer Stichprobe wurden die amerikanischen und die indischen Daten für die meisten Analysen zusammengenommen.

Der Anteil von jenseitsbezogenen Erscheinungen (Verstorbene und religiöse Figuren) war der gleiche, ob sich die Patienten nun im Endstadium befanden oder nicht. Die letztere Gruppe sah jedoch mehr religiöse Figuren und weniger Erscheinungen von Verstorbenen. Erlebnisse, bei denen die Erscheinung die Absicht zeigte, den Betreffenden wegzuholen, traten mit der gleichen Häufigkeit in beiden Gruppen auf. Nur in einem Drittel der Fälle, in denen die Patienten zurückkehrten, wurden sie von der anderen Welt ausgesprochen zurückgewiesen und mit Kommentaren, wie: »du mußt noch arbeiten«, und: »deine Zeit ist noch nicht um, ich werde später wiederkommen«, zurückgeschickt.

Die Reaktionen auf die Erlebnisse mit Erscheinungen waren etwa die gleichen wie bei den Patienten im Endstadium. Ein Drittel der Patienten wollte nicht »gehen«, mehr als die Hälfte (54 Prozent) hatte Gefühle der Heiterkeit oder der freudigen Erregung, und 29 Prozent reagierten mit negativen Gefühlen. Religiöse Gefühle kamen in 24 Prozent der Erlebnisse mit Erscheinungen vor. Von der Gruppe der Patienten, die sich nicht im Endstadium befanden, halluzinierte ein Drittel nur die Erscheinung; dabei blieb die Wahrnehmung der gegenwärtigen Umgebung bestehen.

Im ganzen gesehen waren die Phänomene in beiden Patientenstichproben ähnlich. Während der Durchführung der Interviews kamen wir zu der Ansicht, daß die zurückgekehrten Patienten möglicherweise eine größere Anzahl gewöhnlicher Halluzinationen gehabt haben als die tödlich erkrankten. Die statistischen Untersuchungen bestätigten jedoch diesen Eindruck nicht, bis auf die folgende Ausnahme.

Die Visionen derer, die wieder gesund wurden, waren häufig länger als diejenigen der Patienten, die starben. Bei mehr als der Hälfte (54 Prozent) unserer zurückgekehrten Patienten ging die Halluzination nach 15 Minuten weiter, während das nur bei einem Drittel (34 Prozent) der Sterbenden der Fall war. Wir nahmen an, daß dies darauf zurückzuführen sein könnte, daß ein größerer Teil der Visionen der überlebenden Patienten nicht auf außersinnlichen Wahrnehmungen von einer anderen Welt beruhen (ASW ist im allgemeinen von kurzer Dauer). Wir untersuchten die Daten sorgfältig, um festzustellen, ob Patienten, die relativ kurz dauernde Visionen haben, etwas anderes »sehen« als bei den Erlebnissen von längerer Dauer. Obgleich wir feststellten, daß die letztgenannte Gruppe tatsächlich in geringerem Umfang jenseitsbezogene Phänomene in ihren Halluzinationen hatte, so war der Unterschied doch nicht statistisch signifikant. Sie sahen ein wenig mehr Erscheinungen von Verstorbenen, nur die Hälfte der Anzahl religiöser Figuren und halluzinierten lebende Personen doppelt so häufig wie die Patienten, deren Erlebnisse kürzer waren.

Die Absicht, den Betreffenden wegzuholen, wurde in Halluzinationen von kürzerer Dauer doppelt so häufig zum Ausdruck gebracht wie in denen, die länger dauerten. Ferner wurden die verlängerten Halluzinationen nur sehr selten (5 Prozent) von religiösen Gefühlen begleitet. Offensichtlich sind die jenseitsbezogenen Phänomene in Visionen kurzer Dauer gehäuft, wie das auch bei ASW-Fällen ist. Es erscheint ziemlich wahrscheinlich, daß die Stichprobe der Zurückgekehrten mehr gewöhnliche Halluzinationen enthält, als das bei den tödlich kranken Patienten der Fall war. Könnten tatsächlich alle ihre Visionen durch Störungen des Gehirns aufgrund ihrer Krankheit verursacht worden sein?

Bei dem Versuch, diese Frage zu beantworten, unternahmen wir alles, um alle möglichen Faktoren zu identifizieren, die die Visionen der zurückgekehrten Patienten verursacht haben könnten. Krankheiten des Gehirns und Nierenentzündungen, die Halluzinationen verursachen könnten, wurden zu ähnlichen Anteilen wie bei den Fällen im Endstadium festgestellt. Eine Krankengeschichte, die für halluzinogene Faktoren spricht, war in 18 Prozent der Fälle aufgeführt und konnte nur einen kleinen Teil der Phänomene erklären. Nach Meinung der Befragten waren die Zahlenverhältnisse für die Patienten, deren Bewußtseinszustand durch Arzneien beeinflußt war, ebenfalls die gleichen wie bei der Gruppe der Patienten im Endstadium: 10 Prozent gering, 5 Prozent mäßig und 33Prozent stark beeinflußt. Hohe Temperaturen (über 39,4 Grad) waren in 16 Prozent der Fälle von Zurückgekehrten vorhanden im Vergleich zu 8 Prozent bei den Patienten im Endstadium. Dieser Faktor könnte dazu beigetragen haben, die Häufigkeit der langen, weitschweifigen Halluzinationen bei den Patienten, die nicht starben, etwas zu erhöhen. Bewußtseinstrübungen bei den Betreffenden trat im gleichen Ausmaß in beiden Gruppen – den im Endstadium und den nicht im Endstadium befindlichen Patienten – auf. Offensichtlich konnten halluzinogene medizinische Faktoren in der Mehrheit der Fälle keine Erklärung für die Phänomene darstellen, obgleich sie in einigen unserer Fälle die Ursachen der Visionen gewesen sein könnten.

Die Analyse der Wechselwirkungen zeigte weiter, daß Arzneien, die Halluzinationen hätten verursachen können, weder die Hauptphänomene signifikant beeinflußten noch die Klarheit des Bewußtseins. Wir kombinierten die Fälle von Gehirnschädigung und Nierenentzündung mit denen, die halluzinogene Krankengeschichten hatten. Zusammengenommen standen diese halluzinogenen Krankheiten in einem spürbaren, wenn auch nicht statistisch signifikanten Zusammenhang mit dem Ziel der Erscheinung, den Betreffenden wegzuholen, und den religiösen Gefühlen der Patienten. Die entsprechenden Wechselwirkungen widersprachen der Hypothese von einem kranken Gehirn und bestätigten die Hypothese von einem Leben nach dem Tod: Die Patienten mit halluzinogenen Krankheiten sahen Erscheinungen, die mit der Absicht kamen, sie wegzuholen, dreimal weniger häufig als diejenigen, die von solchen Symptomen frei waren. Patienten mit den oben erwähnten halluzinogenen Bedingungen reagierten auch viel weniger häufig mit religiösen Gefühlen (13 Prozent) als die anderen. Wir können deshalb die Schlußfolgerung treffen, daß die medizinischen Faktoren, wenn sie überhaupt einen Einfluß auf die Wahrnehmung von Erscheinungen hatten, eher dazu führten, die Visionen, die für ein Leben nach dem Tod sprechen, zu verhindern.

Wir untersuchten die Daten, um zu sehen, welche Auswirkungen bevölkerungsstatistische Faktoren auf die Phänomene hatten. Die Ergebnisse zeigten, daß weder die Bildung noch der Beruf noch das religiöse Engagement irgendeinen bedeutsamen Einfluß hatten. Der Anteil von Protestanten, Katholiken und Juden in unserer Stichprobe war ungefähr mit dem Bevölkerungsschnitt der Vereinigten Staaten zu vergleichen. Natürlich bildeten die Hindus die Mehrheit der indischen Stichprobe (70 Prozent), aber in dieser Stichprobe waren die christlichen Inder im Verhältnis überrepräsentiert (25 Prozent). Das könnte auf eine bestimmte Neigung auf Seiten der christlichen Krankenschwestern zurückzuführen sein. Möglicherweise haben sie den christlich getauften indischen

Patienten genauer zugehört. Christlich getaufte Inder machten 14 Prozent unserer kombinierten Stichprobe in den USA und Indien aus. Aber selbst wenn diesbezüglich die Hälfte auf Übertreibungen zurückzuführen wäre, hätte das nur einen nicht signifikanten Bruchteil unserer Daten (7 Prozent) beeinflußt. Wir haben keine Hinweise darauf, daß derartige Verfälschungen tatsächlich vorhanden sind.

Psychologische Faktoren spielen nicht nur bei der Ausformung der Halluzinationen eine gewichtige Rolle, sie können sie auch verursachen. Schwerer Streß ist ein solcher Faktor, von dem man weiß, daß er Halluzinationen verursacht, wie zum Beispiel die Fata Morgana einer Oase, die von einem verdurstenden Reisenden gesehen wird, der sich in der Weite der Wüste Sahara verirrt hat. Wie zuvor schon festgestellt, fanden wir keine Beweise dafür, daß Streß jenseitsbezogene Phänomene bei den Patienten im Endstadium hervorgerufen hat. In 22 Prozent der Fälle von Zurückgekehrten gab es Anzeichen für schwere Belastungen aufgrund von Symptomen wie Angst, Depression, Unruhe usw. Aber weder die angeblichen Absichten der Erscheinungen noch die Gefühlsreaktionen der Patienten hatten die geringste Beziehung zu der Stimmungslage der Patienten vor ihrem halluzinatorischen Erlebnis. Auch der Anteil der Erscheinungen, die auf ein Weiterleben bezogen waren, war davon in keiner Weise beeinflußt.

Die Erwartungen eines Patienten können ebenfalls bei der Gestaltung einer Halluzination im Spiel sein. Personen, die wissen, daß sie sterben, können den Himmel als Erfüllung ihrer Wünsche »sehen«, während diejenigen, die eine Gesundung und eine Rückkehr nach Hause erwarten, sicherlich nicht den Wunsch haben, tot oder in einer anderen Welt zu sein. Etwa die Hälfte (53 Prozent) der zurückgekehrten Patienten erwartete, wieder gesund zu werden; der andere Teil dachte, er würde sterben. Wie bereits weiter oben erwähnt, fanden wir heraus, daß die Erlebnisse mit Erscheinungen bei den Patienten im Endstadium nicht von solchen Erwartungen abhängig waren. Bei den Fällen von Zurückgekehrten gibt es eine – wenn auch nicht statistisch signifikante – Tendenz, die für die Hypothese der Wunscherfüllung spricht. In der Erwartung zu sterben, sahen Patienten doppelt so häufig Erscheinungen, die das Ziel hatten, sie wegzuholen (60 Prozent), als diejenigen, die mit einer Gesundung rechneten (28 Prozent). Es gab keinen Unterschied bei den Gefühlsreaktionen der Betreffenden, aber eine in gewisser Weise erstaunliche Tendenz bei der Art der Erscheinung, die sie sahen. Patienten, die glaubten, sie würden sterben, sahen mehr Verstorbene und weniger religiöse Figuren;

die, die hofften, wieder gesund zu werden, sahen doppelt so viele religiöse Figuren wie Verstorbene. Da sie nicht statistisch signifikant sind, können wir nicht sicher sein, daß diese Unterschiede objektiv sind, aber wenn sie es sind, dann nehmen wir an, daß die Fälle der Zurückgekehrten in einem größeren Ausmaß durch subjektive Faktoren geformt werden, als das bei Patienten im Endstadium der Fall ist. Wir können schlußfolgern, daß die meisten psychologischen Faktoren die Phänomene, die für ein Leben nach dem Tod sprechen, nicht entscheidend bestimmten. Die Erwartungen der Patienten könnten die Hand im Spiel gehabt haben bei der äußeren Ausgestaltung einiger, aber nicht aller Phänomene, die bei den Fällen von Zurückgekehrten festgestellt werden konnten.

Wir wollen nun die Grundfrage betrachten: Entsprechen die Fälle der zurückgekehrten Patienten unserem Modell eines Überlebens nach dem Tod? Wir dachten, daß der Vergleich zwischen derartigen Fällen in Indien und in Amerika einen wichtigen Test für diese Frage darstellen könnte. Gemäß unserem Modell müßten die kulturellen Bedingungen des Patienten seine subjektiven Erlebnisse viel stärker färben als seine objektiven Wahrnehmungen. Waren also die aus Indien berichteten Phänomene in den Fällen der Zurückgekehrten denen ähnlich, die bei den amerikanischen Patienten im Endstadium festgestellt wurden?

Der Anteil jenseitsbezogener Erscheinungen (Verstorbene und religiöse Figuren) war in beiden Ländern ähnlich groß: Vereinigte Staaten 76 Prozent; Indien 84 Prozent. Wie es auch für die tödlich kranken Patienten in den USA zutraf, sahen die amerikanischen Patienten, die zurückkehrten, doppelt so viele Verstorbene wie religiöse Figuren. Dieses Verhältnis war bei unseren indischen Patienten genau umgekehrt. Sie hatten doppelt so viele Visionen von religiösen Gottheiten und deren Boten wie von Erscheinungen verstorbener Verwandter. Die gleichen Unterschiede stellten wir bei unserer Stichprobe der sterbenden Patienten fest und konnten einen Teil davon durch die kulturelle Hemmung der Inder, weibliche Erscheinungen zu sehen, erklären. Der Anteil jenseitsbezogener Erscheinungen ist in beiden Ländern gleich groß. Die Differenzen waren bei Patienten im Endstadium und solchen, die nicht im Endstadium waren, die gleichen.

Das Ziel der halluzinatorischen Figur war das Hauptmerkmal für ein Leben nach dem Tod in den Daten der tödlich kranken Patienten. Sie hatten Erscheinungen, die mit der Absicht kamen, sie wegzuholen, in etwa 80 Prozent der Fälle, wenn man die zweideutigen nicht berücksichtigt. In ähnlicher Weise sahen 72 Prozent der amerikanischen und

80 Prozent der indischen Patienten, die zurückkehrten, Erscheinungen mit gleichartigen jenseitsbezogenen Inhalten. In dieser Hinsicht waren die Erlebnisse bei den Indern und den Amerikanern bemerkenswert ähnlich, unabhängig davon, ob sie starben oder wieder gesund wurden. In beiden Ländern führten etwa ein Drittel der Erscheinungen, die die Absicht hatten, den Betreffenden wegzuholen, ihre Aufgabe bis zu einem gewissen Punkt durch und hießen die Patienten dann zurückzukehren.

Erlebnisse dieser Art sind wiederum in beiden Kulturen von auffallender Ähnlichkeit. Aber die Art, in der die angebliche Vision ausgestaltet war, zeigte kulturell bedingte Ausschmückungen. Die geistigen Führer der Amerikaner wurden als freundlich erlebt und zeigten Verständnis für die Bedürfnisse der Patienten und ihre nicht beendeten Aufgaben, wie in einer typischen Bemerkung deutlich wird: »Du mußt noch arbeiten.« Die indischen Erscheinungen präsentierten sich manchmal bürokratischer. Der Todesbote (Yamdut) konnte beispielsweise den Patienten vor eine Art Richtertisch bringen, wo seine Vergangenheit von einem Mann mit einem weißen Bart geprüft wurde (Karma?). Dann stellte es sich manchmal heraus, daß der Bote aus dem Jenseits den Falschen gebracht hatte.

Wie bei den Patienten im Endstadium wollte etwa ein Drittel der indischen Patienten nicht mit den jenseitigen Sendboten »gehen«. Weiterhin waren die Gefühlsreaktionen der Betreffenden etwa die gleichen wie bei den Patienten, die starben: Die Inder haben mehr negative und auch mehr religiöse Gefühle als die Amerikaner, die häufiger Heiterkeit und freudige Erregung erleben.

Wir kommen daher zu dem Schluß, daß das Ausmaß der kulturellen Einflüsse auf Erlebnisse mit Erscheinungen bei den Fällen der Zurückgekehrten etwa genauso groß ist wie bei denen, die nicht zurückkamen. Diese Ähnlichkeit unterstützt und bestätigt in gewisser Weise die Untersuchungen, die sich vor allem mit Fällen von Wiederbelebten befaßten. Dabei beziehen wir uns auf die Untersuchungen, die Dr. Elisabeth Kübler-Ross (1976) und Dr. Raymond Moody (1977) durchführten, bei denen die Patienten, die wiederbelebt, und diejenigen, die nicht wiederbelebt wurden, dennoch dasselbe berichteten. Die Informationen, die wir in den Fällen unserer sterbenden Patienten erhielten, sind beträchtlich klarer als die Daten, die wir von den zurückgekehrten Patienten haben. Deshalb schlagen wir vor, daß zukünftige Forschungen die nicht tödlich kranken zurückgekehrten Patienten und ihre Berichte über flüchtige Einblicke ins Jenseits nicht vernachlässigen sollten. Viele Fragen sind im Zusammenhang mit dieser wichtigen Kategorie von Fällen bis jetzt noch nicht ausreichend beantwortet.

13

Visionen von einer anderen Welt: Das Leben nach dem Tod aus der Sicht der Sterbenden

Ein 26jähriger Amerikaner wachte aus der Narkose auf und bekam die Standardfrage gestellt, mit der seine Orientierungsfähigkeit getestet werden sollte: »Können Sie mir sagen, wo Sie sind?« »Ja, im Himmel«, antwortete er und sank sofort ins Koma. Er starb eine halbe Stunde später. Hatte dieser Mann eine Wahrnehmung von seiner Bestimmung nach dem Tod oder war er einfach desorientiert?

Was auch immer der Fall sein mag, er stand damit nicht allein, und unter der Annahme, daß er wirklich den »Himmel« sah, können wir sagen, daß bei den Patienten im Endstadium Halluzinationen von Umgebungen anstatt von Personen gar nicht selten sind. Sie reichen von Paradiesgärten bis zu irdischen Fabrikanlagen. Unsere Untersuchungen förderten 112 solcher Fälle zutage. Wir werden sie überprüfen, indem wir spezielle Fragen stellen, um das zentrale Problem abschätzen zu können: Hatten einige dieser Patienten einen flüchtigen Blick in eine andere Seinsform geworfen, oder halluzinierten sie lediglich? Wenn sie etwas Reales erkannt hatten, was offenbaren dann ihre Visionen über die Natur dieser anderen Umgebung? Können wir dem Wahrnehmungsvermögen der Sterbenden trauen?

Unsere Untersuchung zeigt, daß sterbende Patienten fünfmal so häufig Halluzinationen von Personen haben wie von Umgebungen oder Dingen, während durch Arzneien hervorgerufene Halluzinationen häufiger Orte und Dinge darstellen als Personen (Siegel und Jarvik, 1975). Einschließlich der Patienten, die sich von einer Begegnung mit dem Tod erholten, und derer, die starben, stellten wir 703 Fälle von Halluzinationen zusammen. Davon standen bei 591 Patienten die Darstellungen von Personen im Vordergrund; Visionen von Orten und Dingen herrschten nur in 112 der berichteten Halluzinationen vor.

Wir untersuchten, ob eine derartig große Differenz in der Häufigkeit ihre Ursachen in Fehlwahrnehmungen der Befragten haben könnte. Fälle von Erscheinungen mögen eindrucksvoller sein und daher bei den Ärzten und Krankenschwestern besser im Gedächtnis haften bleiben, während Halluzinationen von einer Umgebung leicht mit psychischer Desorientierung verwechselt und vergessen werden können. Zudem mögen Patienten zurückhaltender sein mit Gesprächen über Visionen von einer anderen Welt aus Angst, sich lächerlich zu machen. Bei der Erwähnung eines Besuchs von Onkel John dürften sie weniger zurückhaltend sein.

Wir nehmen an, daß die Ärzte und Krankenschwestern aufmerksamer sind, wenn der Patient ein Verwandter oder ein Freund ist. Fehlwahrnehmungen bei den Befragten können eingeschätzt werden, indem man die Häufigkeit der Fälle, in denen der Patient mit ihnen verwandt oder befreundet war, mit derjenigen vergleicht, wo keine derartigen persönlichen Beziehungen bestanden. Auf dieselbe Art können wir bestimmte Neigungen bei den Patienten feststellen, wenn wir annehmen, daß sie eine ungewöhnliche Erfahrung leichter einem Verwandten oder Freund anvertrauen.

Ein Drittel (31 Prozent) der Visionen wurde durch Verwandte und Freunde berichtet, was sicherlich eine viel größere Anzahl von persönlich vertrauten Patienten bedeutet, als man es in Krankenhäusern erwarten würde. In ähnlicher Weise wurden Erscheinungen zu 24 Prozent von Verwandten und Freunden der betreffenden Befragten erlebt. Der Unterschied ist zu gering, um die Diskrepanz im Sinne einer Fehlwahrnehmung bei den Befragten zu erklären. Wir können für diese Differenz keine Erklärung anbieten.

Wir wollen nun einen Blick auf die Fälle selbst werfen. Wir haben 64 amerikanische und 48 indische Fälle. Etwa zwei Drittel (69) stammen von Patienten im Endstadium, während ein Drittel (43) solche betrifft, die nicht starben. Wie auch bei ASW-Fällen waren die Visionen kurz. Die Hälfte (52 Prozent) der Fälle, über die wir Informationen haben, dauerte von wenigen Sekunden bis zu fünf Minuten. Drei Viertel davon (75 Prozent) waren innerhalb einer Viertelstunde vorüber, während nur 16 Prozent länger als eine Stunde dauerten. Wenn man nur von der Dauer ausgehend urteilt, dann haben 25 Prozent der Fälle keine Ähnlichkeit mit ASW-Erlebnissen, während in 75 Prozent davon ASW in Betracht gezogen werden könnte.

Was sahen sie? Was war der *Hauptinhalt* ihrer Visionen? Zwei Drittel schienen eine andere Welt darzustellen, während 32 Prozent Orte und Dinge aus dieser Welt sahen. Eine typische Vision mit Bildern aus dieser Welt hatte ein etwa 50jähriger Mann, der an einer Kreislaufkrankheit und

Harnvergiftung litt. Er sah »Schiffe mit alten Masten«, die an der Decke des Krankenzimmers entlangsegelten. In seiner Aufregung zeigte er sie der Krankenschwester, die folgendes berichtete: »In seiner Vorstellung sah er sie tatsächlich. Man mußte ihm zustimmen und sagen, daß man sie auch sähe.« In einem anderen Fall hatte eine junge katholische Missionarin hohes Fieber. Sie sah »das Boot zu ihr kommen«. Die Krankenschwester dachte, daß dies vielleicht ein Anzeichen für eine Wahrnehmung ihres bevorstehenden Todes sei, aber es gibt viele Boote, an die sich die Patientin erinnert haben könnte und die kein Todessymbol darstellen. Nach dieser Halluzination fühlte sie sich genau so elend und schlecht wie zuvor.

Aber nicht alle Visionen enden wie diese. Die Frau eines Arztes aus Pennsylvania fand sich selbst in

> einer wunderschönen Umgebung wieder, wo grünes Gras und Blumen wuchsen. Sie schien hocherfreut zu sein und glücklich, daß sie diese schönen Dinge sehen konnte. Sie sagte, daß es wie ein Garten mit grünem Gras und Blumen sei. Sie selbst liebte Blumen und hatte einen Garten zu Hause.

Sie war depressiv und starb an einem Leberleiden im Alter von 80 Jahren. Nach der Vision wurde sie sehr friedvoll und heiter. Die Vision stellte einen Ort »wie einen Garten« dar, aber nicht einen tatsächlichen Garten nach irdischen Begriffen. Ein paar Stunden später starb sie einen heiteren Tod. War das ein flüchtiger Blick ins Jenseits? Könnte das Bild von Gras und herrlichen Blumen aus dieser Welt eine Frau, die zuvor depressiv war, in der Stunde ihres Todes glücklich machen?

Eine ziemlich nüchterne und nicht gefühlsbetonte Einkäuferin eines Warenhauses lag mit Krebs im Sterben. Sie war zwischen 50 und 60, ihr Geist war sehr klar und ihre Urteilsfähigkeit gut.

> Sie sah offene Tore und hatte den Eindruck, daß sie an einen Ort mit Blumen, Licht, Farben und einer Fülle von Schönheit gehen würde. Eine Stimme sagte: »Komm in meinen Garten.« Sie ärgerte sich über mich, da ich sie störte, und beschuldigte mich, sie daran gehindert zu haben, an diesen Ort zu gelangen. Nachdem ich sie gestört hatte, war sie sich der Umgebung des Krankenzimmers bewußt. Sie wurde durch die Vision beruhigt. Sie war davon ergriffen und ärgerlich auf mich.

Diese Patientin sprach nicht über Gott oder die Religion, aber der Friede kam über sie, und sie wurde »ruhiger, beklagte sich weniger und war nicht mehr so rastlos«. Sie hat die Stimme nie identifiziert, aber die Äußerung klingt biblisch.

Eine Frau, die das College besucht hatte und etwa 80 Jahre alt war, litt an einem Herzfehler.

> Sie war eine ungewöhnliche Patientin, sehr aufgeweckt und intelligent und mit einem feinen Sinn für Humor. Sie war ein Mensch, der mit beiden Beinen auf der Erde stand. An diesem Morgen war sie teilnahmslos, aber Temperatur und Puls waren normal. Sie erzählte mir, daß ein Taxifahrer sie zu einem schönen Garten mitgenommen hätte, wo sie weitere wunderschöne, endlose Gärten und alle Arten von Blumen gesehen habe. Sie sagte, daß sie noch nie so etwas gesehen hätte und daß es prachtvoll gewesen sei. Sie wollte nicht zurückkehren, aber der Taxifahrer wartete ungeduldig. Er brauchte viel zu lange, um zurückzukommen, indem er immer den falschen Weg nahm. Sie würde jederzeit dorthin zurückkehren, in diesen herrlich gestalteten Garten. Für mich klang es wie ein Traum, aber für sie schien es real zu sein. Vier Tage später starb sie in Frieden.

Ein Taxi zum Himmel? Das scheint zu weltlich, um es als »jenseitig« zu akzeptieren. Aber wir müssen uns darüber im klaren sein, daß alle Visionen, die in die Sprache dieser Welt übersetzt werden, notwendigerweise auch durch die Vorstellungen aus dieser Welt beeinflußt sind. »Tore«, »Blumen« und »Gras« sind nicht weniger materiell als ein gelbes Taxi oder eine Kuh (das Fortbewegungsmittel beim Übergang einer indischen Frau in die andere Welt). Das Bindeglied ist die besondere Schönheit außerhalb der Wirklichkeit, die der Befragte in dieser Vision feststellen konnte. Wir müssen uns bei unserer Untersuchung eher auf die *Eigenart der Erfahrung als auf die Bilderwelt* verlassen.

In den oben zitierten Fällen war etwas Jenseitiges angedeutet, aber nicht als solches benannt. Die Patientin im folgenden Fall sagte es direkter. Sie war die Witwe eines Bergarbeiters, 50 bis 60 Jahre alt, und litt an einer Herzkrankheit.

> Sie sah einen wunderschönen Garten mit einem Tor. Gott stand dort, und ein Engel war in der Nähe. Sie hielt daran fest, daß ihr Gott erschienen war. Sie würde gesund werden, wenn sie in meiner (des

> Arztes) Obhut bliebe. Sie war gerade in meine Behandlung überstellt worden. Die Vision vermittelte ihr Heiterkeit und Vertrauen auf eine Gesundung. Sie folgte den Lehren der Kirche, ging aber nicht regelmäßig in die Kirche.

Sie wurde wieder gesund.

Eine etwa 20 Jahre alte, offiziell bestallte Krankenschwester litt an einem gefährlich erhöhten Blutdruck, der zu einem Schlaganfall führte.

> Sie sagte, daß sie Tore sah, die in ein weites Land, in einen unendlichen Raum führten. Sie fühlte den vollkommenen Frieden, keine Furcht, keine Sorgen. Als die Tore sich öffneten, begann ihr Zustand sich zu bessern. Ihre Sprache, die beeinträchtigt gewesen war, wurde klarer. Dieses Erlebnis beruhigte sie und beseitigte ihre Furcht vor dem Tod.

Sie wurde geheilt. Psychologisch gesprochen waren die »Tore« real; die Vision hatte Heiterkeit und Frieden zur Folge.

Eine andere Patientin wollte nicht zurückkehren, als der heilige Petrus ihr sagte, daß er noch nicht bereit sei, sie zu empfangen. Der Ort war so schön, daß sie dort bleiben wollte. Wie können die Visionen dermaßen erfüllend sein, daß sie sogar den Wunsch zu leben aufwiegen? Die Patientin konnte das nicht sagen.

Von einer 78jährigen Frau wurde berichtet,

> daß sie immer hinterlistig und sehr böse war. Eines Nachts rief sie mich, damit ich sehen sollte, wie lieblich und schön der Himmel sei. Dann schaute sie mich an und schien überrascht: »O, aber Sie können es nicht sehen, Sie sind nicht hier (im Himmel), Sie sind dort drüben.« Die Patientin wurde sehr friedlich und glücklich. Sie fühlte sich erleichtert, erfreut und legte ihre Gemeinheit ab. Sie wurde um vieles besser. Ich glaube nicht, daß das Halluzinationen sind; es sind Visionen – sehr real.

Und dann gibt es Visionen mit einer Fülle von technologischer Pracht. Eine Krankenschwester berichtete über einen Milchmann von etwa 70 Jahren, der an zerebralen Spasmen litt.

> Urplötzlich ging eine Art Strahlen über sein Gesicht, und er sagte: »Sie kennen diese wundervollen Dinge, die sie heutzutage alle machen, die Sputniks und diese Raketengeschichten da oben.« Und er schaute mich

> an und sagte: »Ich war dort oben, aber sie ließen mich nicht herein.« Er schien glücklich zu sein. Dieses Strahlen – es war fast wie eine Art Trance. Es war sehr seltsam.

Die Krankenschwester dachte nach und beschrieb einen weiteren ungewöhnlichen Vorfall am Ende des Lebens eines Patienten.

> Er starb an einem Dienstag in Connecticut, dem Tag nach dem Tod seiner Schwester in Ohio. Er erwähnte, daß er seine Schwester Mary in dem Krankenhaus sah, aber er wußte nicht, daß sie gestorben war. Er und Mary hatten eine sehr enge Beziehung zueinander.

Häufig verwandeln solche »Gesichte« die Einstellung des Patienten gegenüber dem Sterben. Eine 50jährige Hausfrau aus Philadelphia

> hatte das Gefühl, den Himmel besucht zu haben. Sie sagte, daß sie an diesem wunderschönen Ort gewesen sei. »Wenn der Himmel so aussieht, dann bin ich bereit.« Sie war sehr glücklich darüber und ruhig.

Diese Fälle zeigen das ganze Spektrum der Visionen vom Himmel, wie sterbende Patienten sie sehen. Wir fanden keine Hinweise auf eine ganz bestimmte Örtlichkeit in der Art, die man erwarten würde, wenn mehrere Menschen unabhängig voneinander den Grand Canyon oder New York City beschreiben würden. Die angeblich nicht materielle Wirklichkeit wurde in sehr materiellen Worten geschildert: Ein Garten, in dem das Gras sehr, sehr grün ist und die Blumen sehr, sehr schön sind. Selbstverständlich sagte niemand, daß das Gras so gut wuchs, weil es gedüngt und gewässert wurde oder daß die Blumen aus Kohlenhydraten waren wie irdische Blumen. »Den Himmel zu sehen« rief bei keinem der Patienten derartige Fragen hervor, unabhängig von Bildung oder Beruf. Ob es nun Bäume, Gebäude oder Weltraumraketen waren – alle Visionen stellten den Himmel unter Einsatz von Bildern irdischer Dinge dar. Und doch schienen diese Erlebnisse für die Patienten von großer Bedeutung zu sein und veränderten oft ihre Ansicht vom Leben und Sterben.

Manchmal wird der Himmel als ein abgeschlossener, gut organisierter Ort gezeichnet, wo es so etwas wie einen Einwanderungsoffizier gibt. Der Patient wird »an die Tore gerufen«, aber der Eintritt kann durch den heiligen Petrus aufgeschoben werden, wenn er sagt: »Ich bin nicht für dich bereit.« Zu einer Schwester, die versuchte, den Patienten mit einer

Spritze wiederzubeleben, sagte der Betreffende, sie würde »die Begegnung unterbrechen, die sich nie wieder ereignen wird«.

Hier das Erlebnis einer ziemlich nüchtern denkenden Frau zwischen 60 und 70. Eine Krankenschwester berichtete:

> Die Patientin sagte: »Es sah wie ein großartiger Sonnenuntergang aus; sehr weit, wissen Sie, und wunderschön. Die Wolken schienen plötzlich Tore zu sein.« Sie empfand es so, als ob jemand sie plötzlich zu sich riefe und sie dort hindurchschreiten müßte. »Es war sehr hübsch.«

Der Interviewer fragte: »Sah sie durch die Wolken hindurch?«

> Nein, nein, sie sah nur etwas, das wie Tore aussah, die von den schönen Wolken des Sonnenuntergangs geformt wurden. Sie wurde nicht ausdrücklich gerufen, sie hatte einfach die Vorstellung, zu den Toren hingezogen zu werden, vermute ich. Nach der Vision wurde die Patientin sehr heiter. Sie sagte, sie wäre nun auf das Sterben vorbereitet. Zuvor hatte sie Angst vor dem Sterben gehabt.

Und die Botschaft drang bis zu der Krankenschwester durch:

> Ich muß diesbezüglich irgendwelche Ahnungen gehabt haben, denn sie versuchte ständig, ihre Schwiegertochter zu erreichen. Für mich war das sehr interessant. Es hatte einen starken religiösen Unterton. Das sind Dinge, die man fühlt, aber man kann nicht darüber sprechen.

Die gleiche Erlebnisqualität scheint hinter den »Toren« verborgen zu sein, die eine 70jährige Frau sah:

> Sie fühlte, daß sie starb und im Begriff war, zu den Toren zu gehen. Sie begannen sich für sie zu öffnen. Sie waren leuchtend und wunderschön.

Auch im folgenden Fall wird eine außergewöhnliche »Helligkeit« erwähnt.

> Sie sagte, daß die Himmelstore sich auftäten. Hohe Pforten erglänzten in strahlendem Licht, viel heller als hier auf Erden. Alles erstrahlte in unirdischem Glanz.

»Das Licht« scheint hier die symbolische Botschaft in sich zu vereinigen, die die Mystiker jahrhundertelang zu vermitteln suchten.

Wie häufig »sehen« Patienten »den Himmel«? In hundert Fällen haben wir hinsichtlich dieser Frage genaue Informationen. Ein Drittel (32 Prozent) sind eindeutig Halluzinationen von Orten und Dingen auf dieser Welt, während zwei Drittel jenseitige Dinge betreffen. Am häufigsten (40 Prozent) wurden Bildereindrücke des Himmels berichtet. Gärten und Landschaften mit intensiven Farben, strahlenden Lichtern und von großer Schönheit tauchten in 16 Prozent der Fälle auf; symbolische, architektonische Strukturen machen 5 Prozent aus. Fast alle jenseitigen Umgebungen werden in Form von visuellen Bildern ausgedrückt. Im völligen Gegensatz zu den Halluzinationen der Geisteskranken, die viel mehr »hören« als »sehen«, hörten die Betreffenden nur in 6 Prozent unserer Fälle religiöse Musik von himmlischen Chören. Da ASW-Eindrücke ebenfalls meistens visueller Art sind, stellen wir hier eine weitere Ähnlichkeit zwischen Visionen auf dem Sterbebett und ASW fest.

Wir fanden nur einen einzigen Fall unter allen amerikanischen und indischen Daten, in dem eine Patientin »die Hölle« sah. Wenn diese Visionen aus Vorstellungen stammen, die innerhalb der religiösen Erziehung entstanden sind, sollten wir dann nicht mehr derartige Fälle erwarten? In dem genannten Fall war es eine Hausfrau italienischer Abstammung aus Rhode Island. Ihre Vision trat nach einer Gallenblasenoperation auf.

> Als sie zu sich kam, sagte sie: »Ich dachte, ich wäre tot, ich wäre in der Hölle.« Die Augen traten ihr vor Furcht aus den Höhlen. »Mein Gott, ich dachte, ich wäre in der Hölle.« Nachdem ich sie beruhigt hatte, erzählte sie über ihr Erlebnis und sagte, daß sie der Teufel holen würde. Das war allerdings durchsetzt mit Beschreibungen ihrer Sünden und dessen, was die Leute über sie denken. Als ihre Furcht wuchs, hatten die Krankenschwestern Schwierigkeiten, sie festzuhalten. Sie wurde fast psychotisch, und ihre Mutter mußte hereingerufen werden, um sie zu besänftigen. Sie hatte uralte Schuldgefühle, die möglicherweise von einer Heirat mit einem fünfundzwanzig Jahre älteren Mann herrührten und einer außerehelichen Beziehung, aus der uneheliche Kinder hervorgegangen waren. Der Tod ihrer Schwester, die an der gleichen Krankheit gestorben war, erschreckte sie. Sie glaubte, daß Gott sie für ihre Sünden bestrafen würde.

Man muß kein Psychiater sein, um die weltlichen Ursprünge ihrer »Hölle« auszumachen, den Konflikt zwischen dem »Über-Ich« und dem »Es« in ihrem Liebesleben.

Ein Klempner aus Connecticut hörte ätherische Musik. Trotz starker Schmerzen nach einer Krebsoperation war er »sehr heiter, und es war angenehm für ihn. Er wollte wissen, ob wir es auch hörten, und teilte uns mit, daß es schön wäre«. Offenbar war seine Heiterkeit ansteckend: »Man war gerne mit ihm zusammen, und ihm zu helfen, bedeutete eine tiefe Befriedigung. Das ist so, auch wenn man die Betreffenden nicht retten kann.«

Für die Frau eines Warenhausbesitzers war die halluzinierte Musik einfach »etwas Wundervolles, das sich ereignete«.

In einem anderen Fall schien die Musik einen Vorgeschmack von der anderen Welt zu geben: »Sie hörte Musik wie von einem gewaltigen Chor und sah erfreuliche Dinge um sich herum, wie wenn sie dem Himmel nahe wäre.«

Das Hören von Musik scheint in allen Fällen ein harmonisches Erlebnis zu sein. Heiterkeit und Harmonie wirken bei leidenden Patienten überraschend, wie auch in dem folgenden Fall einer 62jährigen Frau eines Schauspielers, die vom Krebs im fortgeschrittenen Stadium gequält wurde.

> Sie hatte einen sehr seltsamen Ausdruck auf ihrem Gesicht. Ich schüttelte ihre Kissen auf, wobei ich ihren Rücken leicht anhob. Sie hatte einen sehr lichten Augenblick. Ich ging aus dem Raum. Als ich zurückkam, waren ihre Augen offen. Dann hatte sie diesen besonderen Blick in den Augen, war sich meiner Anwesenheit nicht bewußt, lächelte, hob den rechten Arm, als ob sie nach etwas greifen wollte, und wurde wieder ruhig. Sie schien irgendwo anders zu sein; ich kann es nicht erklären – irgendwie in eine andere Welt entrückt. Ich sprach mit ihr, aber sie antwortete nicht. Später erzählte sie mir, daß sie Orgelmusik gehört und Engel in blendendem Weiß gesehen hätte. Sie lächelte noch strahlender, tief erfüllt von dem Ganzen.

Hier können wir die parapsychologische Frage stellen: Wo war ihr Bewußtsein – in ihrem Körper oder wirklich durch eine Seelenexkursion »entrückt«?

Ein 69 Jahre alter Schlaganfall-Patient war teilweise gelähmt und depressiv.

Plötzlich begann sein Gesicht zu strahlen. Der Schmerz war weg, er lächelte. Bis dahin hatte er keine Fröhlichkeit gezeigt. Er sagte: »Wie schön«, als ob er etwas sah, was wir nicht sehen konnten; und darauf: »Kein Körper, keine Welt; Blumen, Licht und meine Mary (verstorbene Ehefrau).« Er war von allem befreit und friedvoll, sank in ein Koma und starb kurz danach.

Ein 19jähriger College-Student starb an Leukämie und hatte zuvor Empfindungen, die für Seelenexkursionen charakteristisch sind.

Er hörte Musik und die Engel singen. Er fühlte sich schweben. Auf die Halluzination folgte Frieden; davor schien er ruhelos gewesen zu sein.

Eine typische Seelenexkursion beschrieb ein 68jähriger Verkäufer, der

das Gefühl hatte, er wäre durch das Fenster nach draußen gegangen. Er fühlte sich frei in der Luft schweben, wie aus dem Bett herausgehoben. Während des Schwebens hatte er keine Schmerzen oder irgendwelche anderen Empfindungen.

Ein Verkäufer aus einer Apotheke, der das College besucht hatte, erlitt einen schweren Herzanfall. Er war Ende 30.

Er dachte, er flöge weit draußen im Weltraum. Er glaubte, in einer Weltraumkapsel zu sein. Dinge und Menschen blieben schwebend hinter ihm zurück. Er versuchte strampelnd, dort herauszukommen.

In diesem Fall scheinen die gleichen Empfindungen in technologischen Bildern des Weltraumzeitalters ausgedrückt zu sein.

Eine Patientin mit Lungenentzündung, die zwischen 60 und 70 Jahren alt war, hatte das Gefühl, sie wäre gestorben.

Sie fand sich selbst oben am Himmel wieder. Es sah wie Wolken aus. Sie ging auf den Wolken. Dort sah sie viele Schlösser. Sie waren in strahlendes Licht gehüllt und sehr schön. Von ihrer Schönheit war sie ungeheuer beeindruckt. Danach wurde sie ruhig und akzeptierte den Tod wirklich.

Wenn wir in Betracht ziehen, daß ein Leben nach dem Tod nichts anderes als eine fortgesetzte Seelenexkursion sein könnte, dann stimmen die

Erlebnisqualitäten in einigen der zitierten Fälle mit der Hypothese von einem Überleben nach dem Tod überein.

Visionen von außergewöhnlich intensivem Licht und Farben sind keineswegs selten. In 17 Fällen werden sie besonders erwähnt, aber man könnte in vielen anderen darauf schließen.

Erlebniseigenheiten mit gefühlsbetontem Hintergrund wurden in 50 Fällen festgestellt. Erfahrungen unermeßlicher Schönheit wurden von 72 Prozent der Fälle berichtet, über die wir Informationen haben. Ein hervorstechendes Merkmal bei 14 Prozent der Patienten war Frieden. In weiteren 14 Prozent der Fälle waren die Visionen drohend oder sonst irgendwie negativ, und die meisten davon spielten sich auf dieser Welt ab; beispielsweise die Vision eines bösartigen Hundes, der einen Patienten angriff, der bei einem Autounfall schwer verletzt worden war.

In den folgenden Fällen war das zentrale Erlebnis der Frieden. Ein 78 Jahre alter, deutschstämmiger Vorarbeiter aus einer Fabrik litt unter schwersten Halsschmerzen.

> Wenn er Visionen hatte, verschwand der Schmerz gewöhnlich, und auf seinem Gesicht erschien ein Lächeln. »Es war so schön, daß man es nicht jedermann erzählen kann. Es war eine atemberaubende Szene, weit atemberaubender als irgend etwas im wirklichen Leben.« Das war alles, was er darüber sagen konnte.

Eine Krankenschwester erzählte von einer holländischen Patientin aus Pennsylvania, die etwa 50 Jahre alt war:

> Als sie krank war, war sie dort im Himmel. »O, es war so voller Frieden«, rief sie aus. Aber sie hatte weiterhin Schmerzen wie zuvor.

Eine junge Frau verblutete fast während einer Geburt.

> Sie dachte, daß sie in eine andere Welt gekommen wäre: »Es war so schön, ruhig, friedvoll und heiter.« Sie wiederholte sich: »Es war so schön.« Die Patientin verlor für eine kleine Weile das Bewußtsein. Sie war kurz vor dem Tod.

Manchmal fanden wir Beispiele von symbolischen Bildern wie aus dem Lehrbuch, beispielsweise im folgenden Fall: »Ein einsamer Veteran wurde sehr aufgeregt und sagte, er sähe einen schönen Raum, und alle

Menschen warteten dort auf ihn, um ihn zu begrüßen.« Ein todkranker Kassierer bemerkte, daß »er jenseits des Flusses ein goldenes Licht gesehen hätte«. Dann sagte er zu den anwesenden Verwandten, daß er »sie auf der anderen Seite sehen würde«. Brücken und das andere Ufer sind verbreitete Symbole des Übergangs.

In nur drei Fällen wurden Erfahrungen ausdrücklich als unbeschreiblich aufgeführt, obgleich man sagt, daß die Unmöglichkeit einer Beschreibung eines der Hauptmerkmale mystischer Erfahrungen und psychedelischer Trips ist (Clark, 1971; Pahnke, 1966; Stace, 1960).

Todessymbole waren in 43 Visionen zu erkennen. Fast alle (84 Prozent) stellten den Tod als einen Übergang in eine andere, zutiefst befriedigende Form der Existenz dar.

Wie zuvor festgestellt, zeigten zwei Drittel der Visionen jenseitige Umgebungen, während ein Drittel eine diesseitige Umwelt betraf. Wir betrachteten die Daten unter einem weiteren Gesichtspunkt, indem wir fragten, wie diese Umgebungen den Patienten erschienen. Auch hier waren weltliche Eindrücke wiederum nur relativ wenig vertreten: drohend 10 Prozent, alltäglich 14 Prozent. Schöne, aber natürliche Umgebungen wurden in 21 Prozent der Fälle gesehen, während außerordentliche Schönheit jenseits dieser Wirklichkeit der häufigste Eindruck war (37 Prozent). Konventionelle christliche, hinduistische oder islamische Vorstellungen von der anderen Welt kamen in überraschend wenigen Fällen (17 Prozent) zum Ausdruck. Offensichtlich hatten weder die Bibel noch die Gita noch der Koran die Mehrheit der Visionen der Sterbenden gestaltet. Das Gepräge konventioneller Bilder, wie zum Beispiel der »zwölf Himmelstüren«, war nur in einem von jeweils sechs Fällen deutlich erkennbar.

Wir haben in diesem Kapitel die Hauptgesichtspunkte der Visionen von einer anderen Welt, wie sie die Sterbenden sehen, herausgearbeitet. Aus unseren Daten gehen sieben Hauptmerkmale hervor:

1. Hauptinhalt der Vision
2. Aussehen von Umgebungen
3. Gefühlsqualitäten der visionären Bilderwelt (Gesichte von großer Schönheit und Frieden)
4. Todessymbole
5. Angeblicher Aufenthaltsort des Bewußtseins des Patienten
6. Emotionale Auswirkungen
7. Religiöse Gefühlsreaktionen

Was können wir über diese Merkmale sagen, nachdem wir sie nun identifiziert haben? Sprechen sie wirklich für eine andere Welt, in der sich die Menschen eines Lebens nach dem Tod erfreuen?

Bis hierher haben unsere Untersuchungen erbracht, daß etwa ein Viertel bis ein Drittel der Visionen ihre Wurzeln in den Dingen dieser Welt haben, während zwei Drittel bis drei Viertel der Fälle aufgrund ihres Inhalts und ihrer Thematik einer anderen Welt zugeordnet wurden. Ausgehend von der Hypothese eines Lebens nach dem Tod müßten die Visionen, die jenseitige Thematiken beinhalten, einige flüchtige außersinnliche Wahrnehmungen einer Nach-Tod-Existenz einschließen, während das restliche Drittel (Visionen mit weltlichen Inhalten) vollkommen subjektiv sein müßte, eine Art Wachtraum also. Unser Modell unterstellt, daß weltliche Halluzinationen gänzlich von halluzinogenen medizinischen Faktoren abhängen müßten, von psychologischen Variablen und kulturellen Zwängen, während die jenseitigen Visionen relativ unabhängig von solchen Faktoren sein müßten aufgrund ihres angeblich äußeren Ursprungs. Wir haben diese Hypothese überprüft, indem wir das Ausmaß untersuchten, in dem die Hauptphänomene durch die obengenannten Faktoren beeinflußt werden.

Erste Frage: Könnten gestörte Gehirnfunktionen die Ursache sein? Krankheiten und Verletzungen des Gehirns, Schlaganfälle und Harnvergiftungen machten nur 10 Prozent der Fälle aus. Daher konnten sie nur einen kleinen Teil der Daten erklären. Verursachten Krankheiten, die das Gehirn beeinflussen, mehr Phänomene, die für eine andere Welt sprechen, als bei Patienten, die keine Störungen der Gehirnfunktionen hatten? Eines von sieben Hauptmerkmalen der Visionen – Gesichte von großer Schönheit und Frieden – wurde dadurch signifikant beeinflußt ($p = .01$); 80 Prozent der Patienten mit gestörten Gehirnfunktionen erlebten Schönheit, während nur 32 Prozent der Patienten mit anderen Diagnosen Szenen großer Schönheit und des Friedens sahen. Keines der übrigen Merkmale wies eine in dieser Beziehung signifikante Korrelation auf, aber vier der restlichen sechs wurden davon in ähnlicher Weise beeinflußt. Das heißt: Patienten mit gestörten Gehirnfunktionen berichteten etwas häufiger von Visionen mit jenseitigen Merkmalen. Desgleichen reagierten diese Patienten weniger häufig mit positiven und religiösen Gefühlen als andere Patienten. Die gleiche Tendenz konnten wir bei den Fällen von Erscheinungen feststellen. Diese Ergebnisse sind gemäß unserer Hypothese von einem Überleben nach dem Tod gewiß nicht zu erwarten. Sie sprechen nämlich dafür, daß das Erlebnis von Schönheit und Frieden (bei den hier in Frage stehenden Visionen) durch Störungen des Gehirns verursacht sein könnte. Aber unsere Stichprobe, die hier nur aus zehn Patienten mit Krankheiten des Gehirns besteht, ist zu klein, um für gesicherte Schlußfolgerungen auszureichen. Wir müssen die Ergebnisse in Verbindung mit der Untersuchung der übrigen medizinischen Faktoren betrachten.

Betäubungsmittel und psychedelische Substanzen können bei ihren Einwirkungen auf das Gehirn schöne Visionen verursachen. Könnten die Visionen einfach als eine andere Form des »Drogentrips« gedeutet werden, die durch ein chemisch oder in anderer Weise gestörtes Gehirn verursacht werden? Bei 94 Patienten hatten wir Daten über die medikamentöse Behandlung. Nach dem Urteil der Befragten war das Bewußtsein in 18 Prozent der Fälle durch Arzneimittel beeinflußt. Aber da es nur 9 Prozent mit mäßig oder stark getrübtem Bewußtsein waren, war der Effekt zu gering, um die Hälfte dieser Patienten maßgeblich zu beeinflussen. Wir untersuchten die Wechselwirkungen zwischen den verabreichten Arzneien und den sieben Hauptmerkmalen der Visionen. Es gab jedoch keine wie auch immer geartete Beziehung zwischen den Arzneimitteln und den Erlebnismerkmalen, die für ein Leben nach dem Tod sprechen.

Krankengeschichten und Hintergrunddiagnosen, die Halluzinationen verursachen könnten, waren in 21 Prozent der Fälle vorhanden. Wie wir weiter oben erklärt haben, ist dieses Maß zu streng, da es vielfach eher auf einem vagen Verdacht der Ärzte als auf Tatsachen beruht. Aber zwischen den genannten Faktoren und irgendeinem der sieben Merkmale bestand keinerlei signifikante Wechselwirkung.

Eine Körpertemperatur über 39,4 Grad gab es bei diesen Patienten praktisch nicht (7 Prozent), und daher kann sie auch nicht für die Erlebnisse verantwortlich sein. Das Ausmaß der Klarheit des Bewußtseins zur Zeit der Vision war in 96 Fällen eindeutig festzustellen. Bei 35 Prozent war die Klarheit des Bewußtseins normal; etwas getrübt bei immer noch möglicher Kommunikation war sie in 27 Prozent und stark getrübt in 37 Prozent der Fälle. Im völligen Gegensatz zu den Visionen von Erscheinungen war die Klarheit des Bewußtseins während der Visionen von Umgebungen drastisch reduziert.

Hatten nun hauptsächlich die Patienten mit getrübtem Bewußtsein Visionen, deren Merkmale für eine andere Welt sprechen? Das war nicht der Fall. Es bestanden keine signifikanten Wechselwirkungen mit einem der sieben Hauptmerkmale der Phänomene, abgesehen von einer

Ausnahme: 77 Prozent der Betreffenden mit getrübtem Bewußtsein fühlten sich, als ob sie »anderswo« wären, während 50 Prozent der voll bewußten Patienten sich beispielsweise in einen schönen Garten »transportiert« fühlten. Diejenigen, die bei klarem Bewußtsein waren, erlebten eine andere Welt, Schönheit und Frieden, Todessymbole und entsprechende Gefühle mit etwa der gleichen Häufigkeit wie die mit getrübtem Bewußtsein. Offensichtlich gestaltet eine Eintrübung des Bewußtseins die Phänomene nicht in einem wesentlichen Ausmaß.

Unsere Ergebnisse zeigen, daß die Merkmale der Visionen von Umgebungen in beträchtlichem Umfang von medizinischen Bedingungen unabhängig sein können, obgleich in Fällen von Krankheiten des Gehirns Visionen davon verursacht werden können.

Das Geschlecht der Patienten beeinflußt keines der Merkmale der Visionen in bedeutsamer Weise, obwohl es einen eindeutigen Unterschied gibt. Frauen erlebten mehr jenseitige Inhalte und auch mehr jenseitige Umgebungen. Das Alter steht in keiner signifikanten Beziehung zu irgendeinem der betreffenden Merkmale.

Die Bildung der Kranken korrelierte nur mit einer Variable signifikant ($p = .01$). Patienten mit höherer Schulbildung sahen mehr jenseitige Visionen (89 Prozent) als die mit geringerer Schulbildung (57 Prozent) oder diejenigen, die das College besucht hatten (61 Prozent). In diesem Punkt gelangten wir zu keiner Interpretation.

Der Glaube der Patienten an ein Leben nach dem Tod verdoppelte die Häufigkeit der Visionen, die den Tod als einen befriedigenden Übergang darstellten ($p = .003$), ebenso die Reaktionen mit religiösen Gefühlen ($p = .006$). Der Glaube beeinflußte die Häufigkeit der Erlebnisse von Schönheit und Frieden und die Häufigkeit der Bilder von einer anderen Welt jedoch nicht nennenswert. Offenbar verändert der Glaube an ein Leben nach dem Tod nur in geringem Ausmaß die Bilder selbst, aber er bestimmt die religiösen Gefühle und verstärkt in hohem Maße eine positive Bewertung des Todes durch den Betreffenden.

Der Hauptinhalt der Visionen wurde durch das religiöse Engagement der Patienten überhaupt nicht beeinflußt. Stark engagierte Patienten sahen Gärten, Tore und den Himmel nicht häufiger als diejenigen mit einem geringeren oder gar keinem Engagement. Auch die Erlebnisse großer Schönheit und des Friedens waren unabhängig vom Grad des religiösen Engagements der Patienten. Aber ein großes religiöses Engagement vermehrte die symbolischen Darstellungen des Todes als einen Übergang in eine befriedigende Existenz außerordentlich, das heißt von

27 Prozent auf 53 Prozent (p= .06). Es bewirkte auch eine mehr als doppelt so große Häufigkeit von Reaktionen, die mit religiösen Gefühlen verbunden waren, nämlich von 23 Prozent auf 62 Prozent (p= .006). Augenscheinlich sind die visionären Bilder, die einer anderen Welt entsprechen, nicht von einem starken religiösen Engagement abhängig, aber bei stark religiös engagierten Patienten sind positive Gefühlsreaktionen auf den Tod häufiger.

Die Patienten, die glaubten, wieder gesund zu werden, und die, die mit dem Tod rechneten, sahen mit gleicher Häufigkeit Visionen von einer anderen Welt. Ihre Erwartungen oder ihr Wunschdenken bewirkten offenbar die Visionen nicht.

Die festgestellten Anzeichen von Streß, wie zum Beispiel Angst, Unruhe und Depressionen, hatten keinen Einfluß auf das Vorkommen der jenseitigen Visionen. Patienten, bei denen keine derartige Symptome von Streß vorhanden waren, erlebten Bilder einer anderen Welt ebenso häufig wie die Patienten, bei denen sie vorlagen. Offensichtlich werden die Visionen von einer anderen Welt nicht produziert, um unerträglichen Streß dadurch zu bewältigen, indem man fröhliche Bilder des Himmels beschwört.

Im ganzen konnten wir feststellen, daß die Merkmale der Visionen, die für ein Leben nach dem Tod sprechen, von den oben erörterten psychologischen Faktoren anscheinend unabhängig sind. Der Glaube an ein Leben nach dem Tod und das religiöse Engagement verändern den Inhalt der Visionen nicht, aber sie vermehren signifikant die positiven Todessymbole und die Reaktionen mit religiösen Gefühlen.

Erfahrungen des Himmels in Indien und in Amerika

Sehen die Inder und die Amerikaner den Himmel auf die gleiche Art, oder sind ihre Visionen so verschieden wie die Bibel von den Veden? Findet dabei nur eine Wiederholung der Lehren aus den heiligen Schriften und den Traditionen statt, oder sehen die Patienten beider Kulturen grundsätzlich das gleiche? Wenn die andere Welt nicht existiert, dann muß als Hauptinhalt der Visionen eine solche Wiederholung erwartet werden. Wenn die Sterbenden jedoch tatsächlich eine Nach-Tod-Wirklichkeit wahrnehmen – wenn auch in begrenztem Umfang –, dann sollten ihre Beobachtungen einander in gewisser Weise ähnlich sein.

Für die Stichprobe in den USA wurde die Wechselwirkung der Phänomene mit der Religion der Patienten bestimmt. Es konnten keine signifikanten Beziehungen festgestellt werden. Leider hatten wir zuwenig Patienten in Indien, die nicht der Hindu-Religion angehörten, um einen entsprechenden Vergleich durchzuführen. Alles, was wir tun können, ist, die Visionen in Indien mit den amerikanischen zu vergleichen.

Jenseitige Inhalte waren in den indischen Visionen etwas häufiger dargestellt (77 Prozent) als in den amerikanischen (62 Prozent). Beide Kulturen wiesen in dieser Hinsicht nur wenige Unterschiede auf. Eine weitere Untersuchung der Erscheinungsformen von Umgebungen zeigte ebenfalls eine bestehende Ähnlichkeit. Konventionelle Bilder des Himmels zusammengenommen mit »Orten außergewöhnlicher Schönheit jenseits der Wirklichkeit« waren in Indien ebenso verbreitet (52 Prozent) wie in den Vereinigten Staaten (58 Prozent). Während 17 Prozent der amerikanischen Patienten bedrohliche Umgebungen sahen (hauptsächlich aus dieser Welt), berichtete keiner der indischen Patienten über derartige Visionen. Wir wollen uns in diesem Zusammenhang daran erinnern, daß die Inder bedrohliche Erscheinungen viel häufiger als die amerikanischen Patienten sahen. Vielleicht projizieren die Amerikaner ihre Ängste auf Orte, während die Inder sie auf Personen übertragen.

Die Inder betrachteten ihre Visionen etwas häufiger als religiös (67 Prozent) als die Amerikaner (55 Prozent). Soweit symbolische Darstellungen des Todes mit Sicherheit festgestellt werden konnten, zeichneten sie den Tod in beiden Ländern als einen Übergang zu einer befriedigenden Wirklichkeit (Vereinigte Staaten 77 Prozent; Indien 90 Prozent). Große Schönheit und Frieden herrschten in den Visionen beider Kulturen vor (Vereinigte Staaten 82 Prozent; Indien 94 Prozent). Die Erlebnisse sind in beiden Ländern im wesentlichen ähnlich. Die kleinen Unterschiede, die wir beobachten konnten, liegen durchaus im Bereich der Stichprobenvarianz und der Verschiebungen in den Darstellungen durch die Ärzte und Krankenschwestern. Allerdings sind die gefühlsmäßigen Auswirkungen der Erlebnisse nicht signifikant verschieden. Die Inder reagieren eher gefühlsbetont und erlebten mehr positive Gefühle (Indien 66 Prozent; Vereinigte Staaten 57 Prozent) und weniger negative (Indien 9 Prozent; Vereinigte Staaten 19 Prozent).

Ein weiterer Blick auf die Gefühlsreaktionen zeigte, daß die Inder mit religiösen Gefühlen doppelt so häufig wie die Amerikaner reagierten, das heißt mit 47 Prozent gegenüber 24 Prozent. Die Differenz ist jedoch statistisch nicht signifikant ($p = .10$).

Die indischen und die amerikanischen Patienten hatten die gleiche Art von Visionen, aber die Gefühlsreaktionen waren bei den Indern lebhafter, positiver und religiöser. Nach diesen Statistiken scheint es so, daß die Inder der himmlischen Wohnstatt mit glücklicheren Gefühlen entgegensehen als die Amerikaner.

Wir wollen nun einen kritischen Blick auf die Visionen selbst werfen, die von den Indern berichtet werden. Wir haben wiederum zwei Arten von Erlebnissen vor uns: diejenigen von der materiellen Welt und die von einer anderen Welt.

Ein junger Mann aus Agra, der an einer Schußwunde im Brustbereich starb, berichtete von einer sehr weltlichen Feier.

> »Ich bin bei einem Jahrmarkt in einem Dorf, und es sind viele Leute dort.« Er beschrieb das so lebendig, als ob er die Dinge im Vorführraum tatsächlich sähe.

Visionen von dem, was jenseits dieses Lebens liegt, hatten wiederum den Wahrnehmungsinhalt des intensiven »Lichts«. Ein Ingenieur zwischen 40 und 50 erlitt einen Herzanfall.

> Er beschrieb Dinge, die in strahlend helles Licht getaucht waren und unmittelbar vor seinem Tod auf ihn zukamen. Er sagte: »Nun werde ich sterben. Bitte stört mich nicht – keine Medizin.«

Seine Stimmung wandelte sich in Heiterkeit und Frieden, und er starb innerhalb von zehn Minuten.

Nachdem er das Bewußtsein wiedererlangt hatte, erzählte ein Hindu, der früher auf einem Bauernhof gearbeitet hatte, daß er an einem sehr schönen Ort gewesen sei. Es sah wie *Swarag* – der Himmel – aus.

Aber wie sieht *Swarag* aus? Eine Hausfrau aus Allahabad, Angehörige der Hindu-Religion, erzählte ein wenig mehr: »Schaut, ich sehe den Himmel. Dort gibt es liebliche Gärten mit Blumen.« Bis dahin klingt das, was sie sagte, wie vieles in den amerikanischen Visionen, aber dann fügte sie noch ein wenig indische Herzlichkeit dazu: »Kinder spielen und singen hier. Viele Menschen gibt es und hohe Häuser. Da sehe ich auch Gott. Es sieht alles wunderschön aus.« Der uns das berichtete, sagte: »Sie fühlt sich selbst jetzt, wenn sie das Erlebte Jahre nach ihrer Genesung beschreibt, sehr glücklich.«

Ein Hindu-Student von etwa 20 Jahren starb in Aligarh an Pocken. Sein Erlebnis scheint der Vorstellung vom Himmel einen akademischen Akzent zu verleihen.

Zwanzig Minuten nach der Halluzination berichtete mir der Patient: »Ich habe schöne Gebäude gesehen und Gärten, die von Hügeln umgeben waren. Ich habe vornehme Menschen, gebildete Menschen gesehen. Alle waren sehr glücklich und fröhlich.« Dann erkannte er: »Ich werde sterben«, und danach begann er zu weinen.

Augenscheinlich war der Hindu-Himmel ebenso schön und heiter wie das christliche Paradies, aber der Student war nicht bereit zu gehen.

Eine junge Krankenschwester, die aufgrund einer Heirat vom Christentum zum Islam übergetreten war, verblutete infolge eines Risses in der Gebärmutter.

Sie sah alle Bequemlichkeiten des nächsten Lebens, wunderhübsch ausgestattete Innenräume mit Sofas usw.; keine Traurigkeit, nichts Häßliches – alles ist heiter und glücklich dort. (Dann fügte der Arzt trocken hinzu: Sie wollte dort mehr weltlichen Komfort haben, als ein gutgestellter Arzt in dieser Welt überhaupt besitzen kann.)

(Offenbar fehlt es einem an nichts, wenn man »da oben« ist.)

Ein 40jähriger Mann mit einer Magenkrankheit erzählte seiner Krankenschwester das folgende:

»Ich sehe einen Tempel mit verschlossenen Türen. Öffnet die Türen für mich, ich muß zu Gott.« Später sah er Todesboten in schwarzen Kleidern: »Sie kommen, um mich zu holen.«

Er wurde heiter. Anscheinend war das das hinduistische Gegenstück zu den christlichen »Toren«, ebenso die entsprechende Art des Eintritts.

Ein Hindu zwischen 40 und 50 aus Bihar litt an Brand und war dem Tode sehr nahe.

Am nächsten Morgen sagte er: »Gestern war ich an einem schönen Ort. Dort gab es hübsche Gärten und einen Tempel, in dem viele Götter residierten«. Seine Beschreibung erweckte den Anschein, daß er den Himmel gesehen hatte.

Der Mann war davor in einer unglücklichen Verfassung gewesen und wurde nach der Vision heiter und friedlich. Er erholte sich. Wie die Schau des christlichen Himmels vermittelte ihm die Vision eine heitere Fähigkeit zur Bejahung des Todes.

Die Vision einer indischen, christlich getauften Krankenschwester war den Erlebnissen der Hindus ähnlich, außer daß sie ihren Herrn sah:

> Ich fühlte, wie ich nach oben ging. Dort war ein herrlicher Garten, voll von Blumen. Ich saß dort. Plötzlich fühlte ich strahlendes Licht, und Jesus Christus kam zu mir. Er setzte sich hin und sprach mit mir. Überall war Licht.

Sie wurde von tiefem Frieden erfüllt und erholte sich allmählich von einem Typhus-Fieber.

Eine junge indische Hausfrau lag aufgrund einer Infektion während der Schwangerschaft zwei Tage im Koma. Ihr Himmel sah anders aus. »Sie sah große Schachteln voller feiner Kleider und wertvoller Juwelen. Davon legte sie das Beste an und tanzte«. Aber sie tanzte nicht ganz bis in den Himmel – denn sie wurde wieder gesund.

Ein 17 Jahre altes Hindu-Mädchen wurde bei einem Unfall schwer verletzt und war zwölf Stunden ohne Bewußtsein. Sie sah einen schönen Garten mit gutaussehenden Mädchen, die dort spielten. »Laßt mich gehen und in dem Garten spielen, es ist ein sehr hübscher Garten. Laßt mich gehen.« Anstatt sie gehen zu lassen, befand das medizinische Personal, daß sie zu unruhig wäre, und man gab ihr eine Morphiumspritze.

Wir fanden in Amerika keine Visionen, in denen getanzt und gespielt wurde. Vielleicht ist unser Himmel dafür zu feierlich. Aber warum kamen sie alle von derartig schönen Orten zurück? Im folgenden nun Beispiele von solchen, die nicht zurückkehren wollten.

Ein etwa 30jähriger Patient, der das College besucht hatte, hatte ein Leberleiden; er dachte, er wäre tot und erzählte der Krankenschwester später folgendes:

> Nach meinem Tod kam ich in den Himmel. Dort sah es wunderschön aus. Es gab liebliche Gärten voller Blumen, ich sah Yamduts (Todesboten) von schwarzem Aussehen. Ich sah auch Yamaraj (den König des Todes), ganz in Schwarz, hochgewachsen und von robuster Statur.

Dieser Patient wollte nicht zurückkommen; er wollte dort bleiben. Hier angelangt, traf er seine Wahl zugunsten des Sterbens – eine Wahl, vor der er sich vor der Vision sehr gefürchtet hatte.

Ein etwa 20jähriger Mann mit College-Bildung wollte sein Leben durch

Selbstmord mit Schlaftabletten beenden. Er fühlte sich im Himmel, aber der Arzt sah das anders.

> Der Patient redete Unsinn, denn er sagte: »Ich bin im Himmel. So viele Häuser sind um mich herum, so viele Straßen mit großen Bäumen, die süße Früchte tragen, und kleine Vögel singen in den Bäumen«.

In den Vereinigten Staaten ähnelten einige Fälle den Seelenexkursionen des Schwebens und des Fliegens. Einige Inder berichteten ebenfalls davon, im leeren Raum zu schweben. Ein Hindu, ein Geschäftsinhaber, erzählte seinem Arzt: »Ich zog meine Kreise am Himmel – eine sanfte Reise«. Der Arzt fragte ihn, mit was für einem Fortbewegungsmittel, aber der Mann war sich dessen nicht sicher.

Eine christlich getaufte Krankenschwester mußte sich einem Kaiserschnitt unterziehen. »Ich wurde auf den Operationstisch gelegt, ich betete, ich fühlte, wie ich selbst höher und höher stieg und war voller Frieden. Ich fühlte, daß das Sterben ein sehr friedvolles Erlebnis ist.«

Eine Hausfrau in Farrukhabad, die etwa 40 Jahre alt war, schien an Lungenentzündung gestorben zu sein.

> Die Patientin wurde für tot gehalten. Wiederbelebungsversuche wurden unternommen. Keine Reaktion – etwa 10 – 15 Minuten lang. Sie war ohne Bewußtsein. Dann erholte sie sich und öffnete die Augen. Sie sagte, daß sie tot gewesen wäre. »Ich ging in den Weltraum hinaus. Es gab nichts um mich herum als den Raum«. Sie wollte jedoch nicht dorthin zurückkehren.

Ein Mitglied der indischen kommunistischen Partei mit College-Abschluß war Anhänger der materialistischen Philosophie. Während eines Herzstillstandes

> fühlte er sich selbst zwischen den Wolken fliegen. Er dachte, daß dies ein wunderschöner, aber unirdischer Ort wäre. Er fühlte sich sehr leicht und ritt auf den Wolken. Er hörte Musik und auch Gesang im Hintergrund. Sobald er erkannte, daß er am Leben war, überkam ihn Traurigkeit, weil er diesen schönen Ort verlassen mußte. Als er darüber berichtete, schien es, als ob er das Erlebnis genossen hatte. Er war ein fröhlicher Mensch und machte gerne Scherze. Er war in keiner Weise sentimental, auch nicht religiös, sehr unabhängig von seiner Familie

und liebte das Kino. Er sagte: »Das war der Werbespot bei meiner Krankheit: aus dem Elend und dem Leiden der Menschheit heraus zu sein«.

Für einen Ungläubigen fürwahr eine seltsame Reise.

Im folgenden eine Patientin mit Herzinfarkt: »Sie kam an einen Ort, wo sie hohe, schneebedeckte Berge sah. Alles war weiß. Es gab keine Anzeichen von Leben. Sie freute sich, dort zu sein«. Kein Amerikaner sah ein schneebedecktes Paradies, aber in Indien wird der Schnee mit der Erhabenheit des Himalaya assoziiert.

Ein 50jähriger Patient hatte Darmkrebs. »Der Patient sagte, daß er sich fühlte, als ob er in Benares, Allahabad, Mathava und anderen heiligen Orten wäre. Danach, so meinte er, käme er in den Himmel«. In anderen Fällen waren die heiligen Orte, die die Betreffenden »besuchten«, Varanasi und das Taj Mahal. In den Vereinigten Staaten fanden wir keine Fälle von »Astralreisen«.

Wir hatten in Amerika viele Fälle, in denen die Patienten sich darüber ärgerten, daß die Tore des Paradieses für sie verschlossen blieben; die Ärzte reanimierten den Patienten, der ihnen das übelnahm. Die Daten in Indien enthielten ähnliche Fälle von Ärger gegenüber den Ärzten, weil diese dem Patienten das Leben gerettet hatten.

> Einem Hindu-Polizisten wurde wegen einer fortgeschrittenen Tuberkulose die Lunge entfernt. Eines Tages dachten wir, er wäre tot, und wendeten eine Herzmassage an. Etwa 1–2 Minuten lang kein Herzschlag. Er war 2–3 Minuten ohne Bewußtsein. Dann begann das Herz wieder zu schlagen, und er wandte sich an die Krankenschwestern: »Warum habt ihr mich zurückgerufen? Ich war in einem wunderschönen Garten, einem sehr guten Garten, den ich nicht beschreiben kann«. Zwei Stunden lebte er noch, dann starb er. Er war glücklich über dieses Erlebnis, aber sehr traurig darüber, daß er von seinem herrlichen Ort zurückgeholt worden war.

Auch hier herrschte wieder das Erlebnis von Schönheit vor und der Ärger über die Wiederbelebung wie in einigen amerikanischen Fällen.

> Ein Hindu-Bauer zwischen 60 und 70 hatte einen Herzstillstand. Er wurde innerhalb weniger Minuten durch das ärztliche Team wiederbelebt. Der Patient erzählte, daß er an einem Ort ganz aus Silber gebracht

worden sei; die Möbel waren aus Silber und mit seidenen Kissen bestückt. Einige schöne Frauen, die herrlichen Schmuck trugen, saßen in einem Wasserbecken, als ob sie nur auf ihn gewartet hätten. Alle fünf Führer des Dorfes (Richter) hatten sich in der Mitte des Palastes niedergelassen, um ihn willkommen zu heißen. Der Palast war von Wohlgerüchen erfüllt. Der Patient war sehr glücklich über dieses Erlebnis in einem lieblichen Palast. Er wurde ziemlich ärgerlich auf den Arzt: »Warum haben Sie mich gerettet?«

Die Vision dieses armen Bauern war eher sinnlich als spirituell, aber dennoch gab es darin große Schönheit. Wir haben verschiedene amerikanische Fälle beschrieben, in denen der Patient aus der anderen Welt zurückgewiesen wurde. Zahllose indische Patienten wurden ebenfalls »zurückgeschickt«, aber auf dramatischere Art und Weise.

Ein junges Hindu-Mädchen wurde für tot gehalten, erlangte aber das Bewußtsein wieder. Der Arzt erzählte ihre Geschichte wie folgt:

Zwei Boten banden sie mit Stricken auf eine Bahre und brachten sie hinauf zu Gott. Da sah sie schöne Menschen – Frauen. Sie bereiteten Mahlzeiten zu. Das Mädchen war versucht zu essen. Auf einem erhöhten Standort sah sie eine sehr einflußreiche Person in einem geschmückten Stuhl sitzen. Dieser Mann sagte zu den Boten: »Warum brachtet ihr sie?« Dann beschrieb er genauer jemand anderes, der hätte gebracht werden sollen. Die Boten schickten sie daraufhin zurück. Sie wollte nicht zurückkommen – der Ort war so schön. Danach konnte man die Spuren der Stricke auf ihren Beinen sehen.

Die Inder haben den Brauch, den Körper eines Verstorbenen auf einer Trage festzubinden, die dann zum Scheiterhaufen gebracht wird.

Eine islamische Hausfrau mit höherer Schulbildung war nach einer Operation der Gebärmutter in einem kritischen Zustand.

»Ich sah vier Personen in schwarzen Kleidern, die mich aufforderten, mit ihnen zu kommen. Ich hatte Angst vor ihnen; sie schleppten mich mit. Im Himmel war ein offener, grüner Raum. Dort saß Gott. Er fragte mich nach meinem Namen. Er sagte, daß ich nicht hätte heraufgebracht werden sollen. Sie schickten mich zurück«. Später beklagte sie sich bitterlich bei der Krankenschwester: »Schwester, warum haben Sie mich gerettet? Ich mochte diesen Ort. Ich möchte dorthin zurück«.

Auch christlich getaufte Inder erlebten diese Art von Zurückweisung: »Du bist der Falsche«. Ein schwedischer Missionar war ebenfalls in einen solchen Irrtum verwickelt und wurde fälschlicherweise »hinaufgebracht«.

Über einen Büroangestellten aus Westbengalen, der Christ war, wird berichtet:

> Der Patient war tot, alle Vorbereitungen für das Begräbnis wurden getroffen. Plötzlich kam er wieder zu Bewußtsein. Er klagte über Schmerzen im Körper. Als man ihn genauer danach fragte, erzählte er, daß er hinuntergestoßen worden wäre und sich dabei verletzt hätte. Er erinnerte sich, daß er über eine lange Treppe hinaufgebracht worden war. Dann sah er eine schöne Szene und liebliche Blumen. Er sah einen Mann in Weiß, der mit einem offenen Buch dasaß. Der schaute in das Buch und sagte zu den Männern, die ihn dorthin gebracht hatten, daß sie den Falschen gebracht hätten. Daraufhin stießen ihn die Boten wieder hinunter.

Er beschrieb nicht, wie seine Seele eigentlich mißhandelt worden war, aber als er ankam, hatte er Schmerzen im Körper.

Es ist charakteristisch für Indien, daß ein autoritäres Gebaren nur den niedrigeren Rängen des himmlischen Personals zugeschrieben wird, den Boten. Der Mann mit dem »Rechnungsbuch« wird immer als ein wohlwollender Herrscher dargestellt. Eine Aura der Heiligkeit umhüllt ihn, gleichgültig ob er »der Mann in einer weißen Robe« oder »Gott« genannt wird. Dieselbe Aura der Heiligkeit taucht in den Visionen religiöser Figuren auf, die von Patienten in den Vereinigten Staaten gesehen werden. Wenn sie erscheinen, beginnt der Patient »zu strahlen«.

Wird dieser Heiligenschein jeder der in den Visionen auftauchenden Umgebung zugeordnet? Alle himmlischen Wohnstätten sind nach der Wirklichkeit dieser Welt gestaltet: Blumen, Bäume, Gärten, Flüsse, Tore, hohe Gebäude, Schlösser, Silberpaläste, Tempel und sogar Treppen. Der gemeinsame Nenner ist nicht eine besondere Art der himmlischen Form oder »eines spirituellen Stoffs«, aus dem die Form sich bildet, aber die irdischen Erscheinungsformen erstrahlen häufig in einer visionären Intensität und Perfektion. Das einzig Gemeinsame, was die vielfältige Verschiedenheit der Bilderwelt übersteigt, ist mehr erlebnishafter Natur als eine Wahrnehmung. Den meisten Visionen ist das Erlebnis von »großer Schönheit jenseits der Wirklichkeit«, Freude, Frieden und Heiterkeit eigen. Die meisten Sterbenden scheinen etwas vollkommen

Befriedigendes zu erleben, die Erfüllung einer Wertvorstellung – sie wollen nicht »zurückkommen«. Manchmal scheinen diese Erlebnisqualitäten die Besucher durch strahlende Helligkeit und intensive Farben zu verklären.

Wenn sie tatsächlich eine Wirklichkeit darstellen, scheinen die Bilder selbst symbolisch zu sein – Anzeichen, die auf eine Seinsform jenseits unserer Wahrnehmungsmöglichkeiten hindeuten, die jedoch nicht mit unserer Realität übereinstimmt. Wenn die Sterbenden wirklich von einer anderen Welt berichten, dann sind Ausdrücke der Schönheit, der Harmonie, des Friedens und der erfüllten Wertvorstellungen am ehesten in der Lage, sie zu beschreiben.

14

Die Bedeutung des Todes: Erfahrungen, die wir aus dieser Untersuchung gewonnen haben

Wir sind nun am Ende einer langen Reise, nachdem wir mehr als 1000 Sterbeerlebnisse und Erfahrungen in der Nähe des Todes von Patienten zweier Kontinente betrachtet haben. Jedes Erlebnis wurde entweder in direkter Form anhand der zitierten Berichte von Ärzten und Krankenschwestern oder aber in statistischen Durschnittswerten dargestellt, die wir berechneten. Die Statistiken sind natürlich nur Abstraktionen dieser Erlebnisse, Abstraktionen der Schmerzen, der unsicheren Hoffnungen und der plötzlichen Durchbrüche in eine freudebringende Einsicht, die Menschen aus Fleisch und Blut hatten. Gleich getrockneten Blumen sind Statistiken nur ein schaler Abklatsch der Wirklichkeit. Aber die statistischen Daten, die auf einer großen Zahl von Erlebnissen der Patienten mit verschiedenen Krankheiten, Erziehungshintergründen, kulturellen Voraussetzungen und Glaubenshaltungen beruhen, haben uns geholfen, einen neuen Einblick in das Geheimnis der Bedeutung des Todes zu gewinnen. Wir hätten dieses Wissen auf keinem anderen Weg erlangen können. Unsere Reise war die erste ihrer Art und damit notwendigerweise dem oberflächlichen Durchkämmen eines unbekannten Gebietes vergleichbar. Wie zu den Zeiten, als die Wagen der amerikanischen Siedler zum ersten Mal in den »Wilden Westen« rollten, gab es bei dieser Untersuchung keine ausgebauten Straßen. Wir hoffen daher, es ist verständlich, daß die Erkenntnisse, die wir von dieser Reise mitgebracht haben, nur etwa annähernd das darstellen können, was andere Forscher nach uns zutage fördern werden, wenn sie mit neuer Erfindungsgabe, größerer methodischer Strenge und umfangreicheren Hilfsmitteln an die Sache herangehen, als wir Pioniere das konnten.

Wir haben diese Erkenntnisse in den vorangegangenen Kapiteln dargestellt. Sie sollen hier nun zusammengefaßt werden, und wir wollen versuchen, Schlußfolgerungen zu ziehen, Markierungspunkte auf unserer Landkarte, um denen zu helfen, die nach uns kommen.

Die Kern-Phänomene

Welches sind die grundlegenden Merkmale der Visionen auf dem Sterbebett? Allgemein stellten wir fest, daß die Phänomene, die für eine Existenz nach dem Tod sprechen, von kürzerer Dauer sind als die diesseitsbezogenen. Kurze Erlebnisse führen meistens zu jenseitigen Phänomenen, während sich längere gewöhnlich in weltlichen Bildern und Gefühlen ergehen. Aus verschiedenen parapsychologischen Untersuchungen wissen wir, daß ASW-Erlebnisse gewöhnlich nicht lange dauern. Gemäß unserer Hypothese von einem Leben nach dem Tod beinhalten Visionen auf dem Sterbebett außersinnliche Wahrnehmung eines Bereichs nach dem Tod und seiner Sendboten. Deshalb schlossen wir, daß die Visionen von kurzer Dauer sein müßten. Sie waren es tatsächlich.

Hat ein Patient jenseitsorientierte Erlebnisse, so tritt der Tod schneller ein, als wenn die gleiche Art von Phänomenen auf weltliche Belange bezogen ist. Nach der Hypothese von einem Weiterleben nach dem Tod sind diese Phänomene Begleiterscheinungen des Übergangs und erfolgen gemeinsam damit. Wir fanden eine bedeutsame Anzahl von Fällen, in denen die Patienten in Übereinstimmung mit dem »Ruf« durch die Erscheinung starben, selbst wenn die medizinische Prognose eine Genesung voraussagte. Selbstverständlich gilt dieses Merkmal des Zeitraums zwischen dem Erlebnis und dem Eintreten des Todes nicht für Fälle, in denen die Patienten nach der Wahrnehmung einer Erscheinung oder Vision einer jenseitigen Umgebung nicht starben.

In seiner Monographie *Deathbed Observations* betonte Osis, daß innerhalb der Visionen auf dem Sterbebett die Halluzinationen von Personen hauptsächlich jenseitige Boten darstellen, das heißt Erscheinungen von Verstorbenen und religiösen Figuren. Andererseits beinhaltet nur eine kleine Minderheit der Halluzinationen solche jenseitigen Erscheinungen. Die neuen Erhebungen zeigen deutlich, daß dies tatsächlich zutrifft. Sowohl in den Vereinigten Staaten als auch in Indien herrschten in den Visionen der Sterbenden und der Patienten in der Nähe des Todes überwiegend (in einem Verhältnis von vier zu eins) Erscheinungen Verstorbener und religiöser Figuren vor. Dieses Ergebnis ist klar und deutlich: *Wenn die Sterbenden Erscheinungen sehen, werden sie fast immer als Boten einer Seinsform nach dem Tod erlebt.* Die menschlichen Gestalten in den Visionen der Sterbenden waren in der Mehrzahl verstorbene nahe Verwandte. Das deckt sich mit unserer Hypothese, daß nahe Verwandte die natürlichen Helfer bei einem Übergang in ein Leben nach dem Tod sind. In den Halluzinationen der geistig kranken Patienten und bei Visionen, die von Arzneimitteln hervorgerufen wurden, treten nur selten nahe Verwandte auf.

Die Voruntersuchung offenbarte das aufregendste Charakteristikum der Erscheinungen am Sterbebett: Ihre Absicht, den Patienten in eine andere Welt zu holen. *Sowohl bei den amerikanischen als auch bei den indischen Patienten war dies das am häufigsten genannte Ziel der Erscheinungen – sowohl bei Sterbenden als auch bei Zurückgekehrten.* Die Erscheinungen zeigen anscheinend einen eignen Willen. Es besteht eine klare Übereinstimmung zwischen dem deutlichen Überwiegen dieses Zieles in beiden Kulturen und unserem Modell. Sie sind nicht Ausdruck der Wünsche und innerpsychische Vorgänge der Patienten. Wenn es ein »Leben danach« gibt, dann erscheint es wahrscheinlich, daß die Verstorbenen uns bei dem Übergang in ihre Art des Seins die Hand reichen.

Bei der Voruntersuchung ergab sich, daß die Patienten auf jenseitige Erscheinungen äußerst überraschend reagierten: Sie wollten »gehen«, das heißt sterben. Einige machten denen, die sie erfolgreich wiederbelebt hatten, sogar bittere Vorwürfe – dies geschah sowohl bei Patienten in Indien als auch bei solchen in Amerika. Fast alle amerikanischen Patienten und zwei Drittel der indischen waren nach der Wahrnehmung einer Erscheinung, die das Ziel hatte, sie wegzuholen, bereit zu gehen. *Die Begegnungen mit angeblichen Boten aus der anderen Welt schienen so befriedigend zu verlaufen, daß sie den Wert dieses Lebens leicht aufwogen.* Auf der Grundlage der Voruntersuchungen hatten wir nicht erwartet, daß sich ein Drittel unserer indischen Patienten gegen dieses »Abholen« wehren würden. Dieses Verhalten ist wohl auf religiöse Einflüsse oder auf nationale Ursachen zurückzuführen.

Die Gefühlsreaktionen auf die Erlebnisse mit Erscheinungen waren bei den Sterbenden und bei denen, die sich von einer nahen Berührung mit dem Tod wieder erholten, die gleichen. Unter dem Gesichtspunkt des allgemeinen Elends und der Schmerzen, wie sie von sehr kranken Patienten erlebt werden, sind die Reaktionen erstaunlich. Nur bei einem Viertel unserer Patienten konnten keine Gefühle beobachtet werden. Die meisten von denen, die überhaupt reagierten, hatten positive Gefühle: Heiterkeit, Frieden, freudige Erregung. Heiterkeit und Frieden könnten durchaus als angemessene Antworten auf eine transzendentale Wirklichkeit betrachtet werden. Von einem Drittel dieser positiven Gefühle wurde gesagt, daß sie religiöser Art gewesen seien, zum Beispiel diejenigen, die »in der Schau Gottes« erlebt wurden. Nicht selten waren auch negative

Gefühle vorhanden, aber sie traten hauptsächlich entweder bei Patienten auf, die Halluzinationen mit diesseitigen Inhalten hatten, oder bei indischen Patienten, die nicht gehen wollten.

Patienten die Erscheinungen mit diesseitigen Belangen sahen, erfuhren in seltenen Fällen Heiterkeit, Frieden oder religiöse Gefühle. Die Reaktionen mit Gefühlen, die einem »Besuch aus dem Jenseits« entsprechen, sind mit der Hypothese von einem Überleben des Todes im Einklang.

Die positiven Gefühlsreaktionen waren in noch stärkerem Maße vorherrschend, wenn die Patienten Visionen hatten, die vor allem Umgebungen beinhalteten (Himmel, schöne Gärten usw.); dabei handelte es sich hauptsächlich um Heiterkeit, Frieden, freudige Erregung oder religiöse Gefühle. Der restliche, kleine Teil der Patienten halluzinierte meist diesseitige, weltliche Szenerien.

Während die meisten Visionen von Umgebungen eine andere Welt zeichneten, waren ein Drittel reine Halluzinationen von Orten und Dingen aus dieser Welt. Obgleich die jenseitigen Bilder nach Szenen dieser Welt gestaltet waren, waren sie viel stärker und höher entwickelt. Die Helligkeit und Intensität der Farben wurde erwähnt. Bei der Stichprobe in den USA stellte sich heraus, daß etwa die Hälfte der jenseitsbezogenen Bilder konventioneller Art mit den entsprechenden religiösen Schriften übereinstimmen. Wir konnten nicht mit Sicherheit feststellen, was in Indien in diesem Sinne herkömmlich ist. Fast alle Visionen einer anderen Welt drückten Schönheit, Frieden und Harmonie aus, wobei große Schönheit die hervorstechendste Erlebnisqualität war. Weiterhin schienen in den Berichten, die genügend Informationen für eine Interpretation enthielten, in fünf von sechs Fällen die Visionen den Tod als einen Übergang in eine befriedigende Existenz darzustellen.

Einige der Patienten, die keine wie auch immer gearteten Visionen hatten, wurden ebenso heiter und freudig erregt wie die, die jenseitigen Boten begegneten. Bei mehr als der Hälfte aller Fälle, bei denen ein Stimmungsaufschwung zu verzeichnen war, wurden Heiterkeit und Frieden empfunden, während ein Drittel der Patienten freudige Hochstimmung erlebte und der Rest verschiedene andere Stimmungen hatte. Heiterkeit, Frieden und religiöse Gefühle korrelierten nicht mit den Stimmungslagen am Tag zuvor. Statt dessen schienen sie als etwas Neues erlebt zu werden, das aus der Düsternis des Sterbens hervorbrach. Entsprechend unserer Hypothese von einem Überleben nach dem Tod waren Heiterkeit und Frieden und religiöse Gefühle die Reaktionen auf eine außersinnliche Begegnung mit der transzendenten Wirklichkeit.

Wir stellten fest, daß der Stimmungsaufschwung in der Nähe des Todes denjenigen ASW-Fällen ähnelt, in denen jemand mit entsprechenden Gefühlen auf ein entferntes Ereignis reagiert, auch wenn er sich des Geschehens nicht unmittelbar bewußt wird. Beispielsweise erlebt eine Mutter plötzlich eine schwere Depression gerade in dem Augenblick, in dem ihr Sohn im Kampf fällt, und das *bevor* sie durch das Eintreffen eines Telegramms darüber informiert wird. Sterbende Patienten fühlten sich ohne offensichtlichen Grund heiter. Viele versuchten dieses Gefühl durch einen falschen Optimismus im Hinblick auf ihre Situation zu rationalisieren: Sie dachten, das wäre ein Anzeichen einer bevorstehenden Gesundung und machten somit Pläne für einen Urlaub oder ähnliches. Diese Eigenheiten sind ASW-Fällen sehr ähnlich.

Es gab einige Fälle, in denen die Patienten keine Schmerzen mehr fühlten. Gemäß unserer Hypothese von einem Weiterleben nach dem Tod können der Geist oder die Seele sich von den Empfindungen körperlicher Schmerzen und des Leidens lösen, als ob er bzw. sie sich allmählich von ihrer körperlichen Bedingtheit befreien würde. In einigen wenigen Fällen wurde von Patienten berichtet, die an Krankheiten des Gehirns oder an Schizophrenie litten und die kurz vor dem Tod wieder so normal und klar denken konnten wie in gesunden Zeiten.

Wie auch andere Phänomene in der Nähe des Todes kann der Stimmungsaufschwung anders als durch ein Weiterleben gedeutet werden. Wir versuchten den Wert anderer Erklärungsmöglichkeiten festzustellen, indem wir das Ausmaß untersuchten, in dem medizinische, psychologische und kulturelle Faktoren die Fälle beeinflußten. Im folgenden die Zusammenfassung unserer Ergebnisse zu diesem Bereich.

Andere Erklärungen als die des Weiterlebens nach dem Tod: eine kritische Beurteilung

Bereits ganz zu Anfang unserer Forschungen achteten wir auf die vollkommen andersartigen Erklärungsmöglichkeiten der Kern-Phänomene bei den Visionen auf dem Sterbebett. Unsere Forschungsmethoden waren danach ausgerichtet, systematisch Daten zu sammeln, die die allgemein verbreiteten medizinischen, psychologischen und anthropologischen Erklärungen belegen könnten. Wir werden zunächst diese Faktoren kritisch betrachten, dann andere Bedingungen überprüfen, um zu sehen, ob sie unsere Daten verfälscht haben. Solche Bedingungen sind zum Beispiel persönliche Eigenheiten der Beantworter unseres Fragebogens, Verzerrungen in den Antworten der Patienten, unsere Auswahlmethoden und mögliche Vorurteile bei uns selbst.

Bei jeder kritischen Beurteilung der Erlebnisse auf dem Sterbebett müssen *medizinische Faktoren* in Betracht gezogen werden. Mögliche Ähnlichkeiten mit Visonen, die durch halluzinogene Drogen hervorgerufen werden, lagen nahe. Morphium, Demerol und andere wirksame Halluzinogene werden häufig bei Sterbenden eingesetzt, um die Schmerzen zu lindern. Nur eine kleine Minderheit der Patienten, die Visionen auf dem Sterbebett hatten, wurden mit derartigen Arzneien behandelt. Diejenigen, die eine medikamentöse Behandlung erhielten, hatten Visionen von einem Leben nach dem Tod nicht häufiger als andere Patienten. Was auch immer diese Arzeneimittel bewirkten, *sie riefen keine Phänomene auf dem Sterbebett hervor, die für ein Leben nach dem Tod sprechen.*

Störungen der Gehirnfunktionen, wie sie durch Krankheiten, Verletzungen oder Harnvergiftungen verursacht werden, waren nicht immer in bedeutsamer Weise mit der Wahrnehmung von Erscheinungen verbunden. Die Tendenz war klar: Entweder verminderten sie die Anzahl der jenseitsbezogenen Phänomene oder beeinflußten sie überhaupt nicht. Deshalb *gibt es kein akzeptierbares Beweismaterial für die Feststellung, daß Störungen der Gehirnfunktionen derartige Phänomene verursachen.* Eine mögliche Ausnahme sollte in diesem Zusammenhang erwähnt werden. Bei einem kleinen Teil unserer Daten, die Visionen von Umgebungen betreffen, hatten wir zehn Patienten mit Störungen des Gehirns oder Nierenentzündung. Acht davon erlebten hauptsächlich Visionen, die von besonderer Schönheit waren. Wir haben dafür keine Erklärung.

Es wurde spekuliert, daß ein Mangel an Sauerstoff (Anoxie) bei sterbenden Patienten Halluzinationen hervorrufen könnte. In der Luftfahrtmedizin wurden die Folgen reduzierter Sauerstoffzufuhr anhand von ausführlichen Experimenten und Fallstudien erforscht. Eine gründliche Recherche, die für uns in der Aeromedical Library (Luftfahrtmedizinische Bibliothek) der U.S. Air Force School of Aerospece Medicine in San Antonio, Texas, durchgeführt wurde, erbrachte keinen Beweis für diese Annahme.

Das Vorhandensein einer Krankengeschichte, die für halluzinogene Faktoren spricht, vergrößerte die Häufigkeit von jenseitsbezogenen Erfahrungen ebenfalls nicht. Im ganzen fanden wir auch einige Hinweise darauf, daß medizinische Faktoren, die die Kommunikation mit der äußeren Umwelt lähmen, ebenso die jenseitsbezogenen Phänomene einschränken. Diese Ergebnisse stimmen fast völlig mit der Hypothese von einem Leben nach dem Tod überein, wie sie in unserem Modell aufgezeichnet ist.

Psychologische Faktoren, wie zum Beispiel schwerer Streß und hohe Erwartungen, könnten Halluzinationen verursachen. Beispielsweise könnte ein durstiger Wüstenreisender eine Halluzination von Wasser haben. Wir stellten deutlich fest, daß die Phänomene, die für ein Überleben nach dem Tod sprechen, in keiner Beziehung zu Anzeichen von Streß stehen, zu den Erwartungen der Betreffenden hinsichtlich einer Gesundung oder des Todes, oder zu dem Wunsch des Patienten, einen ihm lieben Menschen zu sehen. In unserer Stichprobe fanden sich keine Beweise dafür, daß psychologische Faktoren, von denen man weiß, daß sie Halluzinationen begünstigen, auch Visionen auf dem Sterbebett verursachen, die auf das Weiterleben bezogen sind.

Der kulturelle Hintergrund spielt für die Gestaltung des menschlichen Erlebens und Verhaltens eine außerordentlich wichtige Rolle. Ausgehend von unserem Modell, müßten kulturelle Kräfte die Phänomene in hohem Maße beeinflussen, wenn die Zerstörungshypothese richtig ist. Ein nur mäßiger Einfluß sollte vorliegen, wenn es ein Leben nach dem Tod gibt, da die Menschen in stärkerem Maße in dem übereinstimmen, was sie wahrnehmen, als in den Dingen, die sie sich vorstellen. Kulturell bedingte Schwankungen können in zweierlei Hinsicht beobachtet werden:

1. Das Ausmaß, in dem die Visionen den kulturellen Prägungen entsprechen, zum Beispiel durch die Bibel bei den amerikanischen Patienten.
2. Wie sehr sich die Phänomene aus den Stichproben in den Vereinigten Staaten und in Indien unterscheiden.

Tatsächlich waren die kulturellen Einflüsse sehr viel schwieriger zu beurteilen als die Wechselwirkungen zwischen den medizinischen und den psychologischen Faktoren. Beispielsweise ist es eher eine Sache der Einschätzung als der Messung, wenn ein Einfluß als »mäßig« bezeichnet wird. Das wird noch komplizierter durch die Tatsache, daß die außersinnliche Wahrnehmung noch mehr mit subjektiven Ausschmükkungen, symbolischen Darstellungen und Verschiebungen behaftet ist, als das für die Sinneswahrnehmungen gilt. Die Zusammensetzung der subjektiven Verzierungen, die die Phänomene betreffen, wird natürlich von kulturellen Faktoren und persönlichen Eigenarten der Betreffenden abhängen. Wir nahmen aber an, daß die allgemeinen Kern-Phänomene gleichbleibender seien als besondere Einzelheiten, die in einem subjektiven Wirrwarr zusammengemischt sein könnten, selbst wenn sie tatsächlich flüchtige außersinnliche Wahrnehmungen einer anderen Welt einschlossen. Wir haben diese Kern-Phänomene auf den vorhergehenden Seiten beschrieben und sie auf Tafel 2 zusammengefaßt.

TAFEL 2

VERGLEICH DER FÜR EIN LEBEN NACH DEM TOD SPRECHENDEN KERN-PHÄNOMENE BEI PATIENTEN AUS DEN USA UND AUS INDIEN*

Erwartete Phänomene gemäß unserem Modell	Vorhandene Phänomene bei Patienten USA	Vorhandene Phänomene bei Patienten Indien
1. Die Dauer der Erlebnisse, die für ein Leben nach dem Tod sprechen, ist wie bei ASW kurz	×	×
2. Erscheinungen werden hauptsächlich als aus einer anderen Welt kommend gesehen	×	×
3. Die meisten Erscheinungen stellen religiöse Figuren dar		×
4. Die meisten Erscheinungen stellen Verstorbene dar	×	
5. Die meisten Erscheinungen menschlicher Gestalten sind nahe Verwandte	×	×

6. Die Mehrheit der Erscheinungen »kam, um den Patienten wegzuholen«	×	×
7. Die meisten Patienten reagieren auf die Erscheinung mit der Bereitschaft zu »gehen«, das heißt zu sterben	×	×
8. Eine beträchtliche Minderheit der Patienten wehrte sich dagegen zu »gehen«		×
9. In einigen Fällen, in denen die Patienten nicht im Endstadium waren, wurden sie von der Erscheinung zurückgeschickt	×	×
10. Die häufigsten Gefühlsreaktionen auf Erscheinungen sind Heiterkeit, Frieden, freudige Hochstimmung und religiöse Gefühle	×	×
11. Kurz vor dem Tod einiger Patienten tritt ein Stimmungsaufschwung ein	×	×
12. Visionen stellen hauptsächlich jenseitige Umgebungen dar	×	×
13. Visionen von Umgebungen drücken meist Schönheit, Frieden und Harmonie aus	×	×
14. Visionen von Umgebungen symbolisieren den Tod als einen Übergang in eine befriedigende Existenz	×	×

*X = bei der Erhebung bestätigte Phänomene

Diese statistische Auswertung macht deutlich, daß die Ähnlichkeiten die Unterschiede bei weitem überwiegen. Einige der Charakteristiken, die vermutlich nichts mit den Vorstellungen von einer anderen Welt zu tun haben, sind ebenfalls durch die Kulturen hindurch verschieden, aber sie sind nicht Bestandteil dieser Tafel. Beispielweise sehen die Inder vorwiegend ältere männliche Erscheinungen, während die Amerikaner eher weibliche – meist jüngere – Erscheinungen sehen. Diese Unterschiede interpretierten wir anhand von rein weltlichen Ursachen.

Nach unserer Einschätzung sind die Ähnlichkeiten zwischen den Kern-Phänomenen in den Visionen auf dem Sterbebett in beiden Ländern klar genug, um als Beleg für die Hypothese eines Überlebens nach dem Tod betrachtet zu werden.

Wir fanden noch eine zusätzliche Ergänzung zu unserem Beweismaterial: Innerhalb der einzelnen Kulturen stimmen die Phänomene häufig nicht mit *dem religiösen Jenseitsglauben* überein. Die Patienten sehen etwas Neues, Unerwartetes und im Gegensatz zu ihren Glaubenssystemen Stehendes. Die christlichen Vorstellungen des »Gerichts«, der »Erlösung« und der »Verdammnis« spiegelten sich in den Visionen unserer Amerikaner nicht. Darüber hinaus waren Visionen der Hölle oder von Teufeln praktisch überhaupt nicht vorhanden, während wir viele Berichte über Visionen des Himmels hatten. Die jenseitigen Figuren und Umgebungen, die von Christen erlebt wurden, waren alle wohlwollend und angenehm.

Einige grundlegende hinduistische Vorstellungen von einem Leben nach dem Tod waren niemals in den Visionen der Inder dargestellt. Die verschiedenen vedischen »Locas« eines Lebens nach dem Tode – der Himmel der Hindus – wurden in keinem einzigen Fall erwähnt; auch nicht die Reinkarnation oder die Vereinigung mit Brahma, dem formlosen Aspekt des Göttlichen, die das Ziel des spirituellen Strebens der Inder ist. Die Vorstellung vom Karma – Aufrechnung der Verdienste und Sünden – mag vage in den Berichten von einem »weißgekleideten Mann mit einem Rechnungsbuch« auftauchen. In beiden Kulturen schien der visionäre Kontakt mit Gottheiten und anderen religiösen Figuren befriedigend und wertvoll zu sein. Mit Ausnahme einiger indischer Yamduts schienen die weißgekleideten Figuren eine Aura der Numinosität um sich zu haben. Wir gelangten zu dem Eindruck, daß eine kulturelle Prägung durch christliche oder hinduistische Lehren teilweise durch die visionären Erlebnissen der Sterbenden widerlegt ist. Uns scheint, daß die Patienten im Endstadium – außer in den symbolischen Darstellungen, die auf erworbenen Glaubenshaltungen beruhen – etwas »sehen«, das unerwartet und für die Betreffenden völlig überraschend ist und zudem nicht in ihrer Erziehung gelehrt wurde.

Die andere Welt: Welche Gewißheit haben wir darüber?

Es ist jetzt an der Zeit, die kritischen Fragen zu stellen. Der Leser hat nun selbst die Geschichten gelesen, wie sie von Sterbenden und Patienten in der Nähe des Todes erzählt werden, Geschichten, die sich immer wieder auf Begegnungen mit jenseitigen Boten beziehen und auf Visionen von schönen und friedlichen Umgebungen. Obgleich wir versuchten, diese Erlebnisse im Sinne der bekannten medizinischen und psychologischen Ursachen für Halluzinationen zu erklären, fand sich in den Daten kein Beleg für solche Argumente. Auch die Einflüsse der religiösen oder anderer kultureller Faktoren konnten nicht für eine Erklärung der Phänomene herangezogen werden. Könnte man die beobachteten Tendenzen als statistische Artefakte betrachten, die von ungewöhnlichen Schwankungen in den zufälligen Auswahlmethoden unserer Stichprobe herrühren? Oder sind sie das Ergebnis der Art, wie wir unsere Daten in Gruppen anordneten?

Da sich die Muster, die in der Voruntersuchung herausgearbeitet wurden, aus einer Vielzahl von Möglichkeiten herausschälten, konnten wir sie nicht mit absoluter Gewißheit als tatsächliche Effekte betrachten. Aufgrund der pionierhaften Art unserer Arbeit konnten wir Hypothesen über Tendenzen aufstellen, die zu erwarten waren. Allerdings waren wir auf der Grundlage der Ergebnisse aus der Voruntersuchung in der Lage, die wahrscheinlichen Muster vorauszusagen, denen die Phänomene bei den beiden Erhebungen folgen würden. Die Tendenzen, die bei der Voruntersuchung deutlich wurden, und diejenigen, wie sie unser Modell vorschlägt, machten es für uns möglich, das Spektrum der erwarteten, aus den statistischen Analysen hervorgehenden Muster einzugrenzen. Überall in diesem Buch haben wir immer wieder auf die zwei Hauptübereinstimmungen innerhalb der Phänomene hingewiesen.

1. *Übereinstimmung der Erhebungen in Indien und Amerika*, beispielsweise das bei den Erscheinungen vielfach vorherrschende Ziel, den Betreffenden wegzuholen.
2. *Die Übereinstimmung der grundlegenden Ergebnisse in bezug auf die verschiedenen untersuchten Phänomene*, Erscheinungen, wie sie von Patienten im Endstadium gesehen werden, Erscheinungen, wie sie von Patienten in der Nähe des Todes gesehen werden, Visionen von Umgebungen und Fälle von Stimmungsaufschwung.

Nicht jedes Phänomen, das wir in den Vereinigten Staaten entdeckten, konnten wir auch in Indien feststellen. Beispielsweise starben die Inder, die Erscheinungen hatten, die sie »wegholen« wollten, nicht viel früher als diejenigen, die andere Arten von Erscheinungen sahen; das heißt außer in den Fällen, in denen der Patient sich dagegen wehrte zu »gehen«. Aber im ganzen gesehen herrschten in allen drei Erhebungen ähnliche Muster vor. Unser Vertrauen wurde durch derartige Übereinstimmungen erheblich gestärkt. Sie zeigten, daß wir es bei unseren Daten mit wirklichen Effekten zu tun hatten und daß wir nicht von launischen Variationen innerhalb der Stichproben getäuscht wurden.

Allerdings waren die Übereinstimmungen bei den verschiedenen Gruppen von Phänomenen in unseren Ergebnissen nicht ganz ohne Ausnahmen. Aber die gemeinsame Grundlage war weit deutlicher als die Unterschiede. Übereinstimmungen unter den einzelnen Klassen von Phänomenen – zusätzlich zu den Ähnlichkeiten der einzelnen Ergebnisse der drei Erhebungen – vermindern um ein weiteres die Wahrscheinlichkeit, daß Zufallseinflüsse für unsere Ereignisse verantwortlich sein könnten.

Besteht die Möglichkeit, daß unsere Forschungsmethoden verborgene Fehler enthalten, die dazu führen, daß die Daten betont werden, die für die Hypothese von einem Leben nach dem Tod sprechen? Da wir bestrebt waren, eine große Zahl von Beobachtungen für die statistische Auswertung zu sammeln, mußten wir uns auf die Berichte der Ärzte und Krankenschwestern verlassen, anstatt mit den Patienten selbst zu sprechen. Unsere medizinischen Beobachter konnten uns nicht derartig reichhaltige Beschreibungen der Erlebnisse geben, wie sie ein direktes Befragen der Patienten zu vermitteln scheint – Berichte aus erster Hand, direkt von den Patienten, so wie sie Moody (1977) dargestellt hat. Die Berichte der Ärzte und Krankenschwestern, die wir befragt haben, waren gewöhnlich knapp und kurz gehalten. Natürlich ist das medizinische Personal darin geübt, objektiv zu beobachten und in seinen medizinischen Berichten eigene Meinungen und flüchtige Eindrücke zu vermeiden. Aus diesem Grund hofften wir, daß in dieser Weise geübte Beobachter Daten liefern würden, die objektiver wären als Informationen, die von den Patienten selbst kämen, denn diese könnten ihre Geschichten ausschmükken, da sie sie wieder und wieder erzählen.

In unseren Erhebungen waren Prüfsteine und Ausgleichsmomente eingebaut für derartig mögliche Quellen bestimmter Vorurteile und Neigungen bei den Befragten, wie religiöse Glaubenshaltungen, Einstellung gegenüber Halluzinationen, Dauer des Kontakts mit den Patienten, Anzahl der zu betreuenden Patienten und Beziehung zu den Patienten (das heißt als nur beruflich engagierte Person, als Freund oder Verwandter). Nach einer ausführlichen Untersuchung der Daten fanden wir keine ernsthaften Tendenzen bei den Befragten, die jenseitsbezogenen Phänomene zu übertreiben. Allerdings zeigten einige Gruppen der Betreffenden eine recht starke Neigung, die Phänomene weniger häufig darzustellen, als sie tatsächlich vorkamen. Diese Neigung herrschte bei jungen Ärzten besonders in Amerika vor. Erfahrenere Ärzte und Krankenschwestern schienen die zuverlässigsten Daten zu liefern. Wir fanden keinerlei Hinweis darauf, daß irgendeine Gruppe unter unseren Befragten die Daten durch grobe Übertreibungen der jenseitigen Phänomene verfälschte. Daher kamen wir zu dem Schluß, daß unsere Daten einen *geringeren* Anteil an jenseitsbezogenen Erlebnissen zeigen, als tatsächlich vorhanden waren.

Eine weitere mögliche Störquelle ist die Tatsache, daß unsere Fälle erst einige Zeit, nachdem sie sich ereignet hatten, berichtet wurden. Wir überprüften das Vorhandensein solcher Irrtümer, indem wir neue Fälle mit älteren verglichen. Innerhalb der gleichen Altersgruppe der Befragten gab es nur geringe Unterschiede. Beispielsweise konnten sich zahlreiche Ärzte und Krankenschwestern, die ältere Fälle berichteten, nicht an die Stimmungslage des Patienten am Tag vor dem Eintreten des Ereignisses erinnern. Aber es konnten keine größeren Verfälschungen der Phänomene selbst festgestellt werden.

In unserer amerikanischen Erhebung benutzten wir die gängigen Methoden der zufälligen Stichprobenauswahl, beispielsweise indem man jeden siebten Assitenzarzt aus einer alphabetischen Liste auswählt. Aber in Indien mußten wir eine andere Methode einsetzen. Wir konnten Antworten von praktisch dem gesamten medizinischen Personal in ausgewählten Untergruppen sammeln, zum Beispiel in der medizinischen Abteilung, der chirurgischen Abteilung und in der Abteilung für Geburtshilfe in einem Lehr-Krankenhaus. Wir sind der Ansicht, daß beide Methoden sinnvolle Zufallsstichproben garantieren. Die amerikanische Stichprobe ist jedoch etwas unsicherer, da nur 20 Prozent die Fragebogen zurücksandten. Zunächst hegten wir den Verdacht, daß nur diejenigen geantwortet hätten, die der Hypothese von einem Leben nach dem Tod positiv gegenüberstehen, denn wir waren von der Annahme ausgegangen, daß wirkliche Enthusiasten die Gelegenheit beim Schopf ergreifen und rascher antworten würden als die Skeptiker. Aber wir fanden keinerlei Bezug zwischen der Antwortschnelligkeit und den berichteten Phänomenen. Telefonische, stichprobenartige Überprüfungen derer, die nicht antworteten, zeigten, daß ihre Einstellung den Phänomenen gegenüber nicht wesentlich anders war als bei denen, die geantwortet hatten.

Ebenso wurden die möglichen Verschiebungen in den Antworten der Patienten selbst untersucht. Auch hier konnten wir wiederum keine Übertreibungen der jenseitsbezogenen Erlebnisse feststellen. Tatsächlich zeigten unsere Analysen das genaue Gegenteil: Die Patienten schienen zu zögern, ihre jenseitigen Erlebnisse den skeptischen Ärzten und Krankenschwestern anzuvertrauen, außer wenn es zufällig Freunde oder Verwandte waren. Diese Art von Verzerrung der Antworten würde eher dazu führen, eine Kommunikation darüber einzuschränken, als Übertreibungen der Erfahrungen zu bewirken, die mit einem Überleben nach dem Tod verbunden sind.

Wir ziehen daher den Schluß, daß *unsere Erhebungen weniger Phänomene entdeckt haben könnten, die für die Hypothese von einem Überleben nach dem Tod sprechen, als die Patienten tatsächlich erlebt hatten.* Das stärkt wiederum unser Vertrauen in die Ergebnisse der interkulturellen Erhebungen. Unserer Einschätzung nach haben diese Erhebungen realistische Daten geliefert. Wir sind der Ansicht, daß unsere Pionierarbeit neue, bedeutungsvolle Erkenntnisse gebracht hat.

Bei jeder Untersuchung besteht immer die Möglichkeit, daß die Forscher selbst einen Einfluß darstellen, der die Daten in gewisser Weise verfälscht. Aber wir sind uns der Tatsache vollkommen bewußt, daß einseitige Darstellungen einer vollständigen Erhellung der Wahrheit entgegenwirken, und deshalb taten wir unser Bestes, um objektiv zu sein. Wir haben eine weitere Vorsichtsmaßnahme getroffen, indem wir uns bemühten, unsere persönliche Philosophie deutlich darzulegen, so daß der kritische Leser sie ebenfalls mit einbeziehen kann. Als Osis mit der Voruntersuchung begann, war er ziemlich kritisch eingestellt. Nachdem er jedoch viele übereinstimmende Berichte der Ärzte gehört hatte, die die Theorie eines Überlebens nach dem Tod unterstützten, änderte er langsam seine Einstellung. Haraldsson war anfangs gleichermaßen reserviert, aber seine Einstellung war die des suchenden Forschers. Allmählich ließ er sich von den Daten aus den vielen Interviews, die er durchführte, beeindrucken. Das Ergebnis der langwierigen Bemühungen um eine statistische Auswertung bewog ihn, in noch stärkerem Maße die Hypothese von einem Weiterleben nach dem Tod als die angemessenste

Erklärung unserer Daten zu bejahen. Osis schließt sich dieser Interpretation an. Wir versuchten, unsere Forschungen von einem neutralen, in der Mitte gelegenen Standpunkt aus durchzuführen. Darüberhinaus haben wir uns bemüht, unsere Daten objektiv und unabhängig von den beiden Glaubenssystemen (materialistisches und theologisches) darzustellen, die in unserer Gesellschaft vorherrschen.

Natürlich ist Wissenschaft die Bemühung einer Gruppe, in der viele Forscher mit verschiedenen Methoden und ebenso verschiedenen theoretischen Standpunkten so zusammenarbeiten, daß die Fehler einiger Forschungsarbeiten eventuell durch die Anstrengung anderer ausgeglichen werden. Die jenseitsbezogenen Phänomene befinden sich noch in einem relativ frühen Forschungstadium; es wäre deshalb falsch, endgültige Antworten geben zu wollen. Um jedoch das Problem in die richtige Perspektive zu rücken, müssen die Forschungen anderer Untersucher im Zusammenhang mit unserer eigenen betrachtet werden. Das wollen wir im folgenden tun.

Haben andere Forscher ähnliche Phänomene entdeckt?

In welcher Beziehung stehen unsere Forschungen und Ergebnisse zu anderen Unternehmungen dieser Art, die die Beschäftigung mit Erlebnissen der Sterbenden oder mit Patienten in der Nähe des Todes einschließen? Doktor Kübler-Ross teilte uns 1976 privat mit, sie habe die Phänomene, die wir untersucht haben, häufig beobachtet und die gleichen Hauptmerkmale festgestellt: ein Vorherrschen von Erscheinungen, die sich auf ein Überleben beziehen, die Absicht dieser Erscheinungen, den Betreffenden wegzuholen, und die beeindruckenden Gefühlsreaktionen eines Stimmungsaufschwungs, der Heiterkeit und des Friedens. Ähnliches berichtet Moody über die Erlebnisse vieler Menschen, die wiederbelebt wurden. Viele dieser Patienten, die sich in Todesnähe befanden, erzählten, daß sie ». . . die Gegenwart anderer spiritueller Wesen in ihrer Nähe wahrgenommen hätten. Diese Wesen seien offensichtlich gekommen, um ihnen den Übergang in den Tod zu erleichtern oder aber um ihnen – wie in zwei Fällen geschehen – anzukündigen, daß die Zeit zu sterben für sie noch nicht gekommen sei, weshalb sie zu ihrem stofflichen Körper zurückkehren müßten«[19]. Moody führt in seinem Buch auch an, daß wiederbelebte Patienten häufig »einem Lichtwesen« begegnen, dem seiner Ansicht nach in Anlehnung an die religiöse Orientierung des

Patienten ein Name gegeben wird. Dieses Wesen wird dann von einem Christen als Christus oder von einem Anhänger des jüdischen Glaubens als »Engel« identifiziert. Moody stellt zudem fest, daß Begegnungen mit »Lichtwesen« auch bei Patienten stattfinden, die keinen religiösen Glauben haben oder sich nicht religiös betätigen. Diese Form der Begegnung ist ein häufiges Element in den entsprechenden Berichten »und mit Sicherheit dasjenige, das auf den Einzelnen die tiefste Wirkung ausübt«[20]. Seine Feststellung entspricht in hohem Maße den vielen Patientenberichten über das, was wir »Erscheinungen von religiösen Figuren« genannt haben[21].

Allerdings halten gewisse andere Forscher, die sich mit der Frage des Überlebens nach dem Tod beschäftigt haben – wie zum Beispiel Noyes und Kletti – an dem traditionellen psychiatrischen Standpunkt gegenüber den verschiedenen Erlebnissen auf dem Sterbebett fest. Sie interpretieren diese im Sinne einer Depersonalisation (Noyes und Kletti, 1976). Sie definieren das *Depersonalisationssyndrom* ausschließlich als bestehend aus: einer veränderten Selbstwahrnehmung, Gefühlen der Fremdheit und Unwirklichkeit, Gefühlsverlust, Loslösung, Zeitverlangsamung, Verschiebung des Raumes und eine Abstumpfung der Empfindungen. Die von ihnen befragten Personen unterschieden sich sehr von unseren; es waren hauptsächlich Überlebende von Unfällen, wie zum Beispiel Stürzen, Ertrinken oder Autounfällen und keine Patienten im Endstadium. Sie mußten Alternativfragen (Ja/Nein) beantworten, die eine ausführlichere Darstellung der Feinheiten der Erlebnisse unmöglich machten. Wie bei dem sogenannten Beispiel 1 der Autoren deutlich wird, wurde für die Erlebnisse einer anderen Welt behauptet, daß sie ein Gefühl der Unwirklichkeit vermittelten. Sie stellten bei diesen Depersonalisationserlebnissen mystische Erfahrungen fest, die das Selbst transzendierten – Freude, ein Gefühl der Harmonie oder Einheit und ein Aufhören der Todesangst. Derartige Erfahrungen werden in Übereinstimmung mit den älteren psychiatrischen Konzepten von Heim und Schilder interpretiert. Noyes und Kletti bemühen sich nicht, diese Forschungsergebnisse mit denen der Parapsychologie in Zusammenhang zu bringen, die ein Leben nach dem Tod wahrscheinlich machen. Nach dieser Ansicht, die der Zerstörungshypothese verwandt ist, sind die Phänomene, wie wir sie hier erörtert haben, psychologische Abwehrmechanismen gegen die Erkenntnis des bevorstehenden Todes. Noyes unterscheidet zwischen Sterben und Tod. Wir fürchten das Sterben – sagt er – aber nicht den Tod. Der Schmerz, das Leiden und die Depersonalisation beim Sterben rufen demgemäß diese Phänomene auf dem Sterbebett hervor; sie sind nichts anderes als komplizierte Fluchtwege aus der brutalen Wahrheit der endgültigen Vernichtung des Lebens. Der Tod selbst jedoch ist einfach ein Zustand des Nichtseins. Als solcher bietet er keinen Anlaß für die Empfindungen und Gefühle von Schmerz und Leiden. Bei allem Respekt vor den Forschungen von Noyes und Kletti und anderen auf diesem »Sektor« müssen wir betonen, daß unsere Ergebnisse hinsichtlich der Erlebnisse der Sterbenden nicht in den Rahmen psychiatrischer Erklärungen passen, wenn man sie einschließlich der medizinischen, psychologischen und kulturellen Faktoren in Einzelheiten untersucht.

In einer späteren Veröffentlichung scheinen Noyes und Slymen (1984) Nachgedanken gehabt zu haben. Sie fanden die Fälle mit Unfallbeteiligten – die große Mehrzahl ihrer Testpersonen – so verschieden von den Fällen der »ernsthaft Erkrankten«, daß sie letztere aus ihrer Hauptanalyse ausschlossen. Sie baten uns zu Recht, zwischen zwei Gruppen von Antwortenden zu unterscheiden: jenen, die physisch dem Tode nahe waren und jenen, die ihm nur psychologisch gegenüberstanden. *Der Tod – ein neuer Anfang* basiert ausschließlich auf Berichten von Personen, die entweder gestorben sind oder physisch dem Tode nahe waren, das heißt Menschen, die dem letzten Mysterium selbst gegenüberstanden und nicht nur der Gefahr einer nahen Berührung mit dem Tod. Dies könnte einen Teil der Unterschiede zwischen unseren Erkenntnissen und denen von Noyes und anderen erklären.

Das Erlebnis des Körperaustritts könnte das Vorspiel zur endgültigen Trennung des Selbst vom Körper zum Zeitpunkt des Todes sein. In den Kapiteln 4, 10 und 13 gaben wir davon Beispiele, haben uns aber nicht darauf konzentriert. Unsere Daten basieren auf Berichten von außenstehenden Beobachtern (Ärzten und Krankenschwestern), denen die Details fehlten, die einem mit diesen Dingen Vertrauten bekannt wären, Details, die zu einer Bewertung außerkörperlicher Phänomene nötig sind. Hier hat die spätere Forschungsarbeit der Ärzte Ring, Gabbard, Twemlow und besonders Sabom die Lücke geschlossen.

Der Kardiologe Michael Sabom (1982) konzentrierte seine Forschungsbemühungen auf die außerkörperlichen Erlebnisse von wiederbelebten Patienten. Er war fasziniert von den detaillierten Beobachtungen der Patienten über den Wiederbelebungsvorgang, der stattfand, während sie bewußlos waren. Er untersuchte sorgfältig die Möglichkeit, daß sich Patienten solche Informationen auf die übliche Weise verschafft hatten, zum Beispiel, daß sie hörten, was geschah, während sie sich in bewußtlosem Zustand befanden; Krankenhauspersonal, das ihnen über den Wiederbelebungsvorgang erzählte; Wissen, das sie sich durch das Ansehen von Fernsehsendungen über Medizin und so weiter erworben hatten. Nach mühsamen Untersuchungen kam Sabon zu dem Schluß, daß

> »während des autoskopischen Teils des Nahtodes-Erlebnisses Überlebende aus Todesnähe behaupteten, in der Umgebung ihrer eigenen bewußtlosen physischen Körper aus einer entfernten, erhöhten Position Dinge gesehen und gehört zu haben. Die Einzelheiten dieser Wahrnehmungen wurden in allen Punkten als korrekt festgestellt, wo gemeinsame Beweise verfügbar waren. Darüber hinaus schien es keine plausible Erklärung für die Genauigkeit dieser Beobachtungen mit den üblichen fünf Sinnen zu geben. Ein außerkörperlicher (außersinnlicher) Mechanismus würde sowohl die persönliche Interpretation erklären, die diesen Erlebnissen von denen gegeben wurde, die sie hatten (zum Beispiel »der Geist« verließ den Körper), als auch die visuelle Genauigkeit der autoskopischen Beobachtungen. Meine eigene Überzeugung in dieser Angelegenheit tendiert in diese Richtung. Die Hypothese der Außerkörperlichkeit scheint einfach am besten zu den vorhandenen Daten zu passen« (Seite 184).

Ring führt ebenfalls Fälle an, die mit Saboms Ansichten übereinstimmen, und konstatiert: »Auf der Grundlage der Trennungshypothese stimme ich jedoch der Feststellung zu, daß Bewußtsein (mit oder ohne zweiten Körper) unabhängig vom physischen Körper funktionieren kann.« (Ring, 1980, Seite 233).

In medizinischen Kreisen wurden außerkörperliche Erlebnisse oft als Zeichen einer geistigen Störung mißdeutet. Zwei Psychiater, Gabbard und Twemlow (1984), haben sich mit diesem Problem befaßt. Sie sammelten Fragebogen von 339 Fällen und verwendeten ihre Sachkenntnis, um sie mit solchen psycho-pathologischen Gegebenheiten wie Persönlichkeitszerfall und schizophrenen Verzerrungen des Körperschemas zu vergleichen. Sie fanden in jeder Kategorie die außerkörperlichen Erlebnisse total verschieden von den Syndromen geistiger Störungen. Zum Beispiel wurde von Noyes und seinen Mitarbeitern die Entpersönlichung betont, während Gabbard und Twemlow Unterschiedlichkeiten feststellten, wie man aus der folgenden Tabelle, die wir reproduziert haben, ersehen kann.

Vergleich zwischen Persönlichkeitszerfall und AKE

Persönlichkeitszerfall	AKE
Beobachtendes Selbst betrachtet das aktive Selbst	Beobachtendes Selbst und aktives Selbst werden als Einheit empfunden (der physische Körper ist nicht aktiv)
Fühlt sich für gewöhnlich nicht außerhalb des Körpers	Muß sich per definitionem außerhalb des Körpers fühlen
Traumähnliches Erlebnis	Erlebnis nicht traumähnlich
Typischerweise unangenehm	Typischerweise angenehm
Auswirkungen: Angst, Panik, Leere	Auswirkungen: Freude, Ekstase, Gefühl der Ruhe und des Friedens
Oft hervorgerufen durch Streß (sympathisch)	Für gewöhnlich hervorgerufen in der Entspannung (parasympathisch)
Als pathologisches und fremdartiges Erlebnis empfunden	Als religiöses, geistiges und noetisches Erlebnis empfunden
Altersgruppe 15–30 Jahre, kaum über 40	Keine charakteristische Altersgruppe
Geschlechterverteilung: 2 : 1 weiblich	Gleichmäßige Geschlechterverteilung

Gabbard und Twenlow fanden auch 34 Fälle von Nahtodes-Erlebnissen, von denen 14 unter Drogeneinfluß oder unter Narkose standen, während die restlichen 20 davon nicht beeinflußt waren. Diese Anzahl von Personen erscheint uns zu klein für zuverlässige Interpretationen.

Hinter den außerkörperlichen Erlebnissen steckt mehr, als die Medizin gemeinhin annimmt. In der parapsychologischen Literatur wird über die Auswertung von Fragebögen, über anthropologische Studien außerkörperlicher Phänomene in verschiedenen Kulturen und über Laborversuche berichtet. Die Interpretationen jedoch weichen immer noch weit voneinander ab. Während die Reduktionisten versuchen, außerkörperliche Erlebnisse auf pathologische oder psychologische Faktoren, und die außerkörperliche Wahrnehmung auf gewöhnliche ASW zu reduzieren (Blackmore, 1982), tauchten auch positive Beiträge auf, die die Einmaligkeit dieser Erfahrungen beschreiben.

Der Psychologe Charles Tart, ein Experte für Parapsychologie und veränderte Bewußtseinszustände, bahnte der modernen Forschung den Weg. Er war der erste, der während des außerkörperlichen Zustandes Gehirnwellenmuster (EEG) feststellte, und der die erste Systemtheorie lieferte, um die Daten zu interpretieren (1974, 1977). Einem der Autoren dieses Buches war es möglich, einige der EEG-Muster zu verifizieren (Osis und Mitchell, 1977). Karlis Osis entwickelte Spezialgeräte und Methoden für Laborversuche zu außerkörperlichen Projektionen. Er fand Anzeichen dafür, daß die außerkörperliche Wahrnehmung von entfernten Objekten einige von gewöhnlicher ASW verschiedene Charakteristika aufweist. Osis und McGormick (1980) gelang die Registrierung einer außerkörperlichen Gegenwart mittels eines Spannungsmessers. Die physikalischen Effekte, die an dem Ort auftreten, wohin eine außerkörperliche Projektion »geschickt« wurde, sind ein starker Hinweis auf die Echtheit solcher Phänomene.

Die englische Klinikpsychologin Morgot Grey sammelte 38 Nahtodes-Erlebnisse und war beeindruckt von den Berichten der Patienten über das Verlassen ihrer Körper. Sie beendet ihren Bericht über außerkörperliche Phänomene mit den Worten: »Nachdem ich die Berichte über Wiederbelebungsvorgänge gründlich geprüft habe und, wo immer möglich, die Informationen durch Mitglieder des Ärzteteams bestätigen ließ oder alternativ versuchte, Aussagen von anderen zu bekommen, die zum Zeitpunkt der Todesnähe anwesend waren, bin ich gezwungen, aufgrund der Beweise, die ich fand, zu der Schlußfolgerung zu kommen, daß es so aussieht, als ob die bewußte Wahrnehmung den physischen Tod überlebt« (Grey, 1985, Seiten 40–41).

Wir waren in der Lage, deutlich aufzuzeigen, daß die Erlebnisse von Patienten zum Zeitpunkt ihres Todes nicht als »Drogentrips«, hervorgerufen durch Medikamente, die das Bewußtsein beeinflussen, erklärt werden können (siehe Anhang Tabellen 3, 6, 9).

Dann wurde entdeckt, daß vom menschlichen Organismus sehr starke Substanzen, ähnlich den Morphinen – »endogene Opiate« – produziert und im Gehirn ausgeschüttet werden, das in bestimmten Zonen spezifische Rezeptoren für diese Substanzen hat. Bald wurde gefragt: Könnten Erlebnisse in Todesnähe durch die Ausschüttung von Endorphinen im sterbenden Gehirn ausgelöst werden, wie Träume bei Opiumrauchern?

Der Kardiologe Michael Sabom (1982, Seite 172) verglich die Reaktionen von Patienten, denen B-Endorphine gespritzt worden waren mit den Erlebnissen von Patienten in Todesnähe. Die Reaktionen waren verschieden: Endorphine brachten Schmerzlinderung, die länger anhielt, aber nicht von Dauer war, wie das bei Nahtodes-Erlebnissen der Fall ist. Während Endorphin die Wachsamkeit unterdrückt und oft eine einschläfernde Wirkung hat, berichteten Patienten, die dem Tod nahe waren, daß sie während ihrer Erlebnisse hellwach waren. Auch die Psychiater Gabbard und Twemlow wiesen die Endorphin-Hypothese zurück.

Bei weitem die gründlichste, am besten informierte und nüchternste Diskussion über die mögliche Rolle von Endorphinen bei Nahtodes-Erlebnissen kommt von dem Endokrinologen Carr (1984) von der Harward Medical School. Er sagt, der Schlüssel zum Problem sei, daß zum Zeitpunkt physischen Stresses endogene Peptidhormone ausgeschüttet werden und zählt dazu folgendes auf: »Infektion, Hypoxie (geringe Sauerstoffversorgung), Hypoglykämie (niedriger Blutzucker), psychologischer Streß (zum Beispiel Einschränkung der Erlebnissphäre oder Leiden), Elektroschock-Therapie, Sport und Äthernarkose« (Seite 128). Er schließt: »Mit anderen Worten, ich schlage vor, gewisse Peptiden, die auf das Verhalten wirken, eine Führungsrolle als ›endogenes Halluzinogen‹ im Zustand der Agonie einzuräumen« (Seite 131). Eine bescheidene und vorsichtige Schlußfolgerung, weit davon entfernt, zu behaupten, daß die Ausschüttung von Endorphinen der einzige Grund für Nahtodes-Erlebnisse ist. Carr sieht die enorme Komplexität dieses Themas und läßt die Türen weit offen: »Schließlich, selbst wenn sorgfältige wissenschaftliche Untersuchungen über jeden Zweifel hinaus die physiologischen Grundlagen des Sterbens bewiesen, hätten sie immer noch keine Relevanz für die philosophische Bedeutung des Todes oder seine religiösen Aspekte« (Seite 133).

Wir fanden keinen tatsächlichen Zusammenhang zwischen Anzeichen von Streß (wie von unseren medizinischen Antworten beobachtet) und der Häufigkeit der untersuchten Kernphänomene (Seite 84–85). Dies schließt jedoch die Möglichkeit nicht aus, daß ein gewisser Einfluß von Endorphinen bei unseren einfachen Messungen unentdeckt blieb. Einige Patienten unserer Testreihe erhielten Injektionen von Morphinen und anderen Substanzen, die Endorphinen stark ähnelten, jedoch traten in dieser Gruppe Erlebnisse, die sich mit einem Leben nach dem Tod in Verbindung bringen ließen, nicht verstärkt auf. Wenn diese medizinisch verabreichten Substanzen die Phänomene nicht hervorriefen, warum sollten sie sie dann verursachen, wenn sie vom Körper abgesondert werden?

Garfield, der eine Position einnimmt, die eher mit der unseren übereinstimmt, stellt die transzendentalen Eigenarten der Erlebnisse auf dem Sterbebett heraus. Dabei erwähnen die Patienten östliche Vorstellungen, wie Ablösung, Befreiung von den Gebundenheiten des Selbst und sogar die Auflösung des Ich jenseits der Grenzen von Zeit und Raum. Obgleich diese östlichen Konzepte in unseren Interviews nicht auftauchten, fanden wir in den Visionen auf dem Sterbebett viele transzendentale Aspekte. Garfield verweist auf eine »vermehrte Wahrscheinlichkeit von Erfahrungen der Erleuchtung unmittelbar vor dem Tod«[22].

Wir entdeckten auch Ähnlichkeiten zwischen den Erlebnissen der anderen Welt bei den Sterbenden und bei Mystikern. Beide verspüren den gleichen Hauch von Heiligkeit. Maslow beschreibt ursprüngliche, religiöse »Gipfel-Erlebnisse« als den Höhepunkt der Selbstverwirklichung im Leben eines jeden (1971). Wir sahen auch, daß die Begegnungen der Patienten mit Visionen einer anderen Welt häufig alles, was sie sonst bewegte, überstrahlte. Erlebnisse dieser Art können so befriedigend und wertvoll sein, daß der Patient nicht ins Leben zurückkehren möchte und deshalb dem Wiederbelebungs-Team Vorwürfe macht.

In den Visionen des überirdischen Lichts erscheinen alle Dinge schön und harmonisch. Die Härten der menschlichen Existenz versinken in der Ferne. Visionen auf dem Sterbebett scheinen durch eine Art märchenhafte Unwirklichkeit verklärt zu sein: »Und so lebten sie glücklich bis auf den heutigen Tag.« Schriftsteller wie Aldous Huxley (1970) mahnen uns, daß die bloße Berührung mit der anderen Welt die menschliche Rasse unmöglich so verändern könnte, daß sie kaum mehr wiederzuerkennen wäre, so daß es keine Konflikte und Kämpfe mehr gäbe und keine neurotischen Verstrickungen. C. S. Lewis beschreibt in einem lesenswerten kleinen Buch über den christlichen Himmel und die Hölle, *The great Divorce* (1946), wie eine bereits verstorbene tyrannische Mutter kommt, um ihren sterbenden Sohn für sich in Anspruch zu nehmen, und eine nörglerische Ehefrau, die ihren Mann zum Wahnsinn getrieben hat, verlangt, ihn beherrschen zu dürfen. Bei unseren Untersuchungen begegneten wir in den Beschreibungen der Figuren, die kamen, um die Patienten wegzuholen, keinen streitsüchtigen Verwandten oder sadistischen Tyrannen aus der Nachbarschaft. Aber was würde passieren, wenn die verstorbenen Familienmitglieder des Patienten wirklich grausam wären? Vielleicht ist dann ein erfahrener Fachmann vonnöten, damit anstatt dieser »nicht so beliebten Personen« religiöse Figuren erscheinen. Möglicherweise ist das einer der Gründe, warum in den indischen

Visionen so viele religiöse Gestalten auftauchen. Dort ist die alte Familienstruktur noch autokratischer: Die Eltern arrangieren Heiraten, und das Familienoberhaupt verlangt Gehorsam. Sicherlich ist diese Möglichkeit eine intensivere Erforschung wert.

Die von uns gesammelten Visionen auf dem Sterbebett liefern nur flüchtige Ausblicke in eine angenommene andere Welt. Wir haben keine Berichte über länger dauernde Ausflüge. Uns liegen viele Beschreibungen der Anfangszustände einer Nach-Tod-Existenz vor, aber nichts über das, was am nächsten Tag oder im darauffolgenden Jahr passiert. Wie das »Leben« nach dem Tod wirklich aussieht – seine Aktivitäten, seine Ziele, seine Freuden und Leiden, auch darüber wissen wir nichts. Was geschieht hinter dem »Vorhang des Schweigens«?

Es gibt viele Bücher, die Kenntnisse vermitteln über diejenigen, die für eine gewisse Zeit »auf der anderen Seite« gewesen sind. Obwohl diese Quellen den Rahmen unseres Buches übersteigen, wäre das Problem des Überlebens nach dem Tod nur einseitig betrachtet, ließe man sie völlig außer acht. Alle Weltreligionen berichten darüber: die Bibel, die Upanischaden, das *Tibetanische Totenbuch.* Allerdings sind die empirischen Grundlagen dieser Bücher äußerst schwer nachzuprüfen. Es wird vielfach behauptet, daß eine Kommunikation mit den Verstorbenen möglich sei. Nach einer nationalen Meinungsumfrage, die von Greely (1975) durchgeführt wurde, sagt jeder Vierte in Amerika, daß er oder sie Kontakte mit Verstorbenen hätte. Haraldsson (1976) kam in Island zu ähnlichen Resultaten, und mache Menschen erklären sogar, sie hätten mit den Verstorbenen gesprochen (Rees, 1971). Doch sind legitime wissenschaftliche Untersuchungen solcher Kommunikationen sehr selten.

Menschen, die angeblich die andere Welt jenseits ihrer anfänglichen äußeren Form gesehen haben, behaupten, sie wären in der Lage, ihre Bewohner zu »sehen» oder zu treffen. Mystiker wie der heilige Paulus oder die heilige Theresa erzählen, dorthin »transportiert« worden zu sein. Leute, die zu Seelenexkursionen fähig sind – wie der schwedische Philosoph Emanuel Swedenborg oder Zeitgenossen wie J. H. M. Whiteman, ein Mathematiker (1961), und Robert Monroe, ein Ingenieur (1972) – beschreiben ihre »Reisen« ausführlich. Ein Psychologe an der Universität von Kalifornien in Davis, Dr. Charles Tart, hat für die Seelenexkursionen realistische Interpretationen gefunden (1974, 1975).

Manche Medien gehen den umgekehrten Weg und behaupten, daß die andere Welt zu ihnen kommt; das heißt, daß die Geister Verstorbener sie besuchen, mit ihnen oder durch sie sprechen, ihnen Szenen aus dieser anderen Welt zeigen, Texte schreiben, indem sie die Hand des Mediums kontrollieren (automatisches Schreiben) oder sogar Besitz von ihnen ergreifen (Hart, 1959; Heywood, 1961; Cummins, 1965). Die Beschreibungen des Lebens nach dem Tod unterscheiden sich beträchtlich, je nach der kulturellen Untergruppe, in der der betreffende Seher lebt (Pearce-Higgins, 1973; Roll, 1974). Viele amerikanische und britische Medien sprechen von einem »Sommerland«, in dem das Leben wie gewöhnlich weiterzugehen scheint, nur eben idealistischer. Diese »Geist-Boten« schildern im wesentlichen die gleiche Art von Leben, der sie sich zu ihren Lebzeiten erfreut haben. Allerdings entspricht die philosophische Ebene und das Bildungsniveau in den Kommunikationen häufig – wenn auch nicht immer – dem Niveau des Mediums und nicht dem der Verstorbenen, die die Unterhaltung angeblich führen.

Man sagt, daß die Seelen der Verstorbenen sehr viel Zeit damit verbringen, wohlwollend in das irdische Leben ihrer Lieben einzugreifen. Es wird von ihnen behauptet, daß sie »über dich wachen und dir immer helfen«. Sie scheinen niemals müde zu werden oder von dem alltäglichen Kleinkram im Leben ihrer Verwandten gelangweilt zu sein.

Unglücklicherweise ist der Bereich des Okkulten, abgesehen von den obengenannten Personen, mit skrupellosen Ausbeutern überschwemmt, die Keen und Spraggett die »Psychic Mafia« genannt haben (1976). So schildern die beiden Autoren in ihrem Buch beispielsweise, wie der verstorbene Bischof James Pike von Arthur Ford offensichtlich betrogen wurde. Das schmälert natürlich in keiner Weise den Wert wirklicher Leistungen, die in streng kontrollierten spiritistischen Sitzungen zu Forschungszwecken erreicht wurden. Die Elite aus der Vielzahl der Medien hat Informationen von so hoher Qualität vermittelt, daß die besten Köpfe ihrer Zeit, zum Beispiel William James, davon beeindruckt waren (Murphy und Ballou, 1969). Ein ehemaliger Premierminister Englands, Lord Balfour, verbrachte viele Jahre mit der Untersuchung medialer Kommunikationen (Salter, 1961).

Einige dieser Unterhaltungen enthalten erstaunlich viele klare Kenntnisse über das Leben verstorbener Personen. Das schließt vielfach auch sehr private Dinge ein, die keiner der in der Sitzung Anwesenden wissen kann. Der hervorragende amerikanische Psychologe Gardner Murphy (1961) schildert berühmte Fälle von »Kreuz-Korrespondenzen«, das heißt Botschaften, die von Medien, die sich nicht kannten, in Großbritannien, Amerika und Indien empfangen wurden. Die betreffenden Äußerungen sind wie Teile eines Zusammensetzspiels: Die Bedeutung der

Botschaft wird erst offenbar, nachdem die einzelnen Teile durch Forscher zusammengefügt worden sind. Einige von Murphy's Aussagen enthielten alte griechische und lateinische Sätze, die auf eine Vertrautheit mit sehr unzugänglichen Quellen der klassischen Literatur schließen ließen. Diese Kenntnisse gingen weit über den Horizont des Mediums hinaus, deckten sich jedoch weitgehend mit den Interessen und dem Wissen derjenigen, die sie vermutlich übermittelt hatten – zwei humanistische Gelehrte namens Myers und Butcher (Saltmarsh, 1939).

Englische Gelehrte des viktorianischen Zeitalters versuchten mit bewundernswerter Sorgfalt und Geschicklichkeit, mögliche diesseitige Ursachen der medialen Botschaften zu erforschen. Die Abschätzung der Beweiskraft einzelner Fälle wurde zu ihrer Passion. Sie fanden dabei eine große Anzahl von Daten, die für die Hypothese von einem Überleben nach dem Tod sprachen. Hart (1959), Jacobson (1971) und Salter (1961) bieten ausführliche Überblicke über die frühen Forschungen. Aber wir kennen keine umfassenden statistischen Erhebungen über Aussagen von Medien aus verschiedenen Kulturen. Eine derartige Untersuchung würde die allgemeinen Merkmale der Medien und ihrer Kommunikationen in ähnlicher Weise darstellen wie unsere Studie der Erlebnisse auf dem Sterbebett. Da aber bislang keinerlei derartige Forschungsarbeit geleistet wurde, ist es schwierig, das Wesen medialer Kommunikationen zu beurteilen. Wir haben keine Möglichkeit festzustellen, ob die in diesen Botschaften enthaltenen Elemente der persönlichen Philosophie des Mediums zuzuschreiben sind, nationalen und/oder internationalen Tendenzen, oder ob sie wirklich zentrale Merkmale jenseits des Einflusses der persönlichen Eigenarten und des kulturellen Hintergrundes des Betreffenden sind. Doch man kann guten Gewissens sagen, daß die ernsthaften Forschungsberichte über Medien Fälle von Kommunikationen mit Verstorbenen beinhalten, die nur sehr schwer mit diesseitigen Informationsquellen zu erklären sind (Hart, 1959; K. Richmond, 1939; Z. Richmond, 1938; Saltmarsh, 1939; Gauld, 1966–72). Obgleich viel Beweismaterial zusammengetragen worden ist, das für die Existenz eines Lebens nach dem Tod spricht, gibt es kaum Erkenntnisse darüber, wie ein solches »Leben« im einzelnen aussieht (Pearce-Higgins, 1973). Wir haben beide reichhaltige Erfahrungen im direkten Umgang mit Medien. Ihre Botschaften weisen eine gewisse Ähnlichkeit mit den Daten auf, zu denen wir in unseren Erhebungen gelangten. Beispielsweise berichten Medien über Geister von verstorbenen Verwandten und besondere »Geist-Führer«, die die Sterbenden auf dieselbe Art empfangen wie die Figuren in den von uns geschilderten Visionen. Ihren Beschreibungen des Himmels scheinen ebenfalls Bilder aus dieser Welt zugrundezuliegen. Aber zwischen den Berichten der Medien und denen unserer Informanten gibt es einen auffallenden Unterschied. Wenn man die Medien hört, geht das Leben wie gewöhnlich weiter, nur glücklicher, in »anderen Dimensionen« oder dem »Sommerland«. Von den Verstorbenen wird behauptet, daß sie im wesentlichen dieselben Interessen verfolgen, dieselben Gewohnheiten und Bindungen aufrechterhalten wie in ihrem diesseitigen Leben. Aber bei unseren Patienten werden diese Dinge schon durch eine kurze Begegnung mit dem »Jenseits« erheblich verändert. Sie fördert ihr Wohlwollen gegenüber anderen und wandelt ihre Interessen, Wertbegriffe und Gefühle weitgehend. Was auch immer das »Leben nach dem Leben« charakterisieren mag, es scheint sicherlich nicht »dieselbe alte Geschichte in Grün« zu sein. Statt einer Fortsetzung des weltlichen Lebens mündet das Überleben nach dem Tod anscheinend in eine völlig neue Existenzform und Erlebnisweise.

Nach dem Philosophen H. H. Price aus Oxford (Toynbee, 1970) gibt es grundsätzlich zwei Arten, die andere Welt zu sehen:

1. *Als eine halbmaterielle Wirklichkeit,* die auf einer Art »höherer Materie« oder einer ätherischen Substanz beruht; die Bewohner dieser Welt haben »Astralkörper«. Aus dieser »höheren Materie« ist eine reale, äußere Umgebung geformt, die man sehen, in der man sich bewegen und an die man sich anpassen kann.
2. *Als eine Art Traumwelt* – die »Umgebung« würde in diesem Fall aus vollkommen subjektiven Bildern bestehen, die nicht mit anderen geteilt werden können, wie das auch bei Träumen der Fall ist. Diese persönlich gestaltete »Welt« würde je nach unseren Wünschen, Bedürfnissen und Ängsten ebenso einem Wandel unterliegen, wie wir auch unsere Tagträume verändern können. Jede Seele darin wäre in ihrer eigenen, völlig privaten Umwelt abgeschlossen, die niemand sonst sehen könnte. Telepathie wäre die einzige Kommunikationsmöglichkeit zwischen diesen entkörperlichten Wesen.

Nils. O. Jacobson (1971), ein schwedischer Psychiater, beschreibt eine verwickelte Theorie einer Traumwelt, wie sie von einem dänischen Schriftsteller, Martinus, aufgestellt wurde; er behauptete, in Form von Seelenexkursionen eine andere Welt besucht zu haben. Diese Theorie beschreibt die verschiedenen Sphären und Örtlichkeiten der anderen Welt sehr umfassend; sie schildert ebenso ausführlich verschiedene hierarchische Bereiche des Himmels, durch die man im Rahmen der persönlichen Entwicklung hindurchgehen muß, und Vorstellungen des Karmas, der Reinkarnation, Geistererscheinungen usw.

Die visionären Erlebnisse sterbender Patienten scheinen den Grundzügen der Traumwelt-Theorie zu widersprechen. Erstens beweisen Erscheinungen häufig einen eigenen Willen, der den Wünschen und Erwartungen der Patienten entgegengesetzt ist.

Zweitens existieren die Umgebungen anscheinend unabhängig von der Motivation des Patienten. Im Gegensatz zur Traumwelt-Theorie ändert sich die Szenerie nicht je nach seinen Wünschen oder Ängsten. Die Theorie von Martinus geht davon aus, daß nur wesensverwandte Personen auf dem gleichen Niveau spiritueller Entwicklung in der Lage sind, einander wahrzunehmen; eine Kommunikation mit den übrigen wäre unmöglich. Das war in den Visionen der Sterbenden nicht der Fall. Nahe Verwandte, nicht wesensverwandte Menschen sind in der Hauptsache die Figuren, die den Betreffenden wegholen. Deshalb decken sich die Beobachtungen am Sterbebett weit mehr mit der Ansicht, daß die Sterbenden tatsächlich eine Begegnung mit etwas »dort draußen« haben. Zudem haben wir Grund zu der Annahme, daß die Figuren, die den Kranken holen, unabhängige Wesenheiten und keine Gedankenprojektionen sind. Als solche sind sie anscheinend ein Teil des Wahrnehmungsbereichs des Patienten und kommen nicht in einem eigenen, für den Betroffenen unzugänglichen »Raum«.

Die einzige gemeinsame Basis der Traumwelthypothese und unserer Daten ist die große Ähnlichkeit von jenseitigen Bildern mit Szenerien aus dieser Welt. Träume entstehen durch eine Neukombination der Elemente der Sinnes-, der Wahrnehmungswelt; desgleichen die Visionen vom Himmel. Aber es gibt eine Möglichkeit, diese Diskrepanz aufzulösen. Nehmen wir an, die andere Welt ist eine tatsächliche äußere Wirklichkeit, unabhängig vom Geist des Patienten. Nehmen wir weiter an, daß sie aus etwas anderem besteht als den physikalischen Energien und der Materie, mit denen wir aufgrund der Wissenschaften und unserer Sinne vertraut sind. Wenn das stimmt, dann dürften die zur Einsicht in diese Welt erforderlichen Wahrnehmungsprozesse Schwierigkeiten bereiten. Fast alle Formen der Wahrnehmung sind gelernt. Im Säuglingsalter sehen wir wenig mehr als verschwommene, nebelhafte Eindrücke. Wir lernen im Laufe der Entwicklung unseres Wahrnehmungsapparats wahrzunehmen; das wird letztlich durch Interaktionen mit der körperlichen Welt erreicht.

Daher könnte dieses Rüstzeug der Wahnehmungseindrücke und Kategorien (Schemata) in einer Welt, die nach anderen Regeln verläuft, nutzlos sein. Das einzige, was wir in solch einer mißlichen Lage tun könnten, wäre, unseren alten Wahrnehmungsapparat und unsere alten Bilder – die jedoch ungeeignet sind – in der neuen Umgebung einzusetzen. Das wäre so lange besser als nichts, bis wir die Möglichkeit hätten, in einem neuen Lernprozeß der Wahrnehmung neue Kategorien zu entwickeln. Unter der Voraussetzung, daß die Gedanken und Gefühle anderer Menschen nicht stofflich sind, hätten wir bis zum Tod die einzige Übungsmöglichkeit für die Wahrnehmung unkörperlicher Dinge in der Telepathie. In diesem Fall wären wir eher in der Lage, nichtstoffliche Personen zu »sehen« als unkörperliche Dinge. Das könnte der Grund dafür sein, daß sehr viel mehr sterbende Patienten über die Wahrnehmung von Personen als von Dingen berichten. Es könnte auch der Fall sein, daß in die ASW-Fähigkeiten des Einzelnen individuelle Faktoren eingehen. Wenn dem so wäre, dann würde das die Möglichkeiten eines Patienten, die andere Welt zu »sehen«, beeinflussen. Einige wären von Natur aus eher dazu veranlagt, auf der Grundlage paranormaler Wahrnehmung Erlebnisse auf dem Sterbebett zu haben; das würde auch erklären, warum nicht alle Sterbenden Wahrnehmungen von der anderen Welt haben.

Abschließend können wir dazu also folgendes feststellen: Unsere Erhebungen über die Erlebnisse der Sterbenden und der wiederbelebten Patienten stimmen sinnvoll mit dem überein, was andere Forscher herausgefunden haben, besonders Elisabeth Kübler-Ross, Raymond A. Moody und Charles Garfield. Berichte über mediale Phänomene sprechen ebenfalls für die gleiche Art von Erlebnissen im Tod, wie sie von unseren Patienten geschildert werden. Die Beschreibungen der Natur der anderen Welt und der Fortsetzung des »Lebens« dort unterscheiden sich jedoch erheblich und sind schwer zu beurteilen.

Nach den Visionen auf dem Sterbebett: eine neue Lebenseinstellung

Zu Dr. Moody sagte ein wiederbelebter Patient: »Ich muß mich noch erheblich verändern, bevor ich hier weggehe«[23]. Die wenigen wiederbelebten Patienten, die einer der beiden Autoren (Osis) interviewte, sagten ebenfalls, daß das Erlebnis für sie von größter Bedeutung gewesen sei. Die alten gewohnten Vorstellungen über das Leben und den Tod stimmten nicht. Eine Überprüfung und Erweiterung war notwendig und wurde von den Betreffenden auch versucht. Wir fanden dennoch keinen einzigen Patienten, der wie ein entpuppter Schmetterling sofort in einen Heiligen verwandelt wurde. Obwohl die Metamorphose nicht dermaßen vollkommen war, wies sie in die Richtung einer zukünftigen Menschlichkeit.

Ebenso wie die betroffenen Einzelpersonen in eine Wandlung gedrängt werden, könnten auch verschiedene Bereiche der Wissenschaft und der Gesellschaft im Licht eines wahrhaftigeren Verstehens der Bedeutung des Todes radikale Veränderungen erfahren. Aber die Sterbenden betonen, daß der tiefere Sinn der Botschaft seiner Natur nach eine Erfahrung ist und denen nur schwer zugänglich, die in ihren Erinnerungen nichts Vergleichbares haben, aus dem sie schöpfen können. Der bekannte Psychologe Maslow (1972) nannte solch lebensverwandelnde Erscheinungen »Gipfel-Erlebnisse«. Er äußerte sich dahingehend, daß die Gründer der großen Religionen, die eine Vielfalt von Gipfel-Erlebnissen hatten, »Gipfelstürmer« seien, während Theologen häufig »keine Gipfelstürmer« seien, das heißt einfach Verstandesmenschen, die niemals derartige Erlebnisse hatten. Laut Maslow laufen ihre Schriften häufig darauf hinaus, daß die »Nicht-Gipfelstürmer« die »Gipfelstürmer« darüber belehren, wie ihre Erfahrungen eigentlich aussehen müßten! Gleichermaßen pessimistisch war Jesus, als er sagte, daß »sie ihm nicht glauben würden«, wenn Lazarus aus der Welt der Verstorbenen zum Hause des reichen Mannes gesandt würde.

Was aber wenn Hunderte von Lazarussen immer wieder kämen oder es wie in diesem Buch Tausende von Zeugen gäbe? Wir können nur hoffen, daß sie von einigen Mitgliedern der Welt der Wissenschaft bemerkt werden und daß dieses Zeugnis Anlaß genug ist, die Theorien von dem, was die Menschen sind und wie unser Universum gebaut ist, zu erweitern. Es ist sicherlich nicht realistisch oder im Einklang mit dem Geist der Wissenschaft, die grundlegende Bedeutung des Todes und die Vielzahl diesbezüglich wissenschaftlich untersuchter Fakten zu übergehen. Eine erweiterte Erkenntnis von uns selbst und von den Hintergründen der menschlichen Existenz würde sicherlich in vielen Bereichen unseres Lebens Anwendung finden; nicht nur im praktischen alltäglichen Leben, sondern auch in der Wissenschaft, der Erziehung und in der Religion.

Was geschähe zum Beispiel, wenn einige der führenden Psychologen und Psychiater einen Herzstillstand hätten und nach der Wiederbelebung mit der Erfahrung von jenseitigen Erlebnissen, wie wir sie hier beschrieben haben, aufwachten? Dem großen Psychologen aus der Schweiz, C. G. Jung, widerfuhr genau das. Er schilderte sein Erlebnis in der Nähe des

Todes als das größte Ereignis seines Lebens bis zu diesem Zeitpunkt – er war Ende sechzig –, und es bedeutete einen entscheidenden Wendepunkt in seinem Werk. Vielleicht müßten die Angehörigen der sozialen Berufe – wie auch ein wiederbelebter Patient – in ihrem eigenen Lebensbereich eine Menge Veränderungen treffen. Ärzte, Physiologen und Biologen müßten gleichermaßen erkennen, daß sie die Parapsychologie ignoriert haben und damit eine Vielzahl von Erkenntnissen, die mit den ihren zusammenhängen. Wenn die Welt nach dem Tod existiert und auch eine Seele, die dorthin »gehen« kann, dann müssen neuartige Dimensionen, die mit unserem eigenen Raum-Zeit-Kontinuum verwoben sind, erforscht und neue Konzepte entwickelt werden.

Tausend Erlebnisse mit der anderen Welt dürften für die Religion sicherlich von Bedeutung sein. Es braucht Zeit bis wissenschaftliche Ergebnisse gelesen werden und ihren Eingang in das theologische Denken finden. Zum Beispiel äußerte sich der berühmte deutsche Theologe Hans Küng ausgesprochen negativ, ohne auch nur irgendeine relevante englischsprachige Forschungsarbeit zu erwähnen (Küng, 1981). Wir erfreuen uns einer Religionsfreiheit von vielerlei Konfessionen, die aus unzähligen ideologischen Gruppen und aus völlig neuen religiösen Ausdrucksformen bestehen. Es ist schwierig, in diesem Zusammenhang zu sagen, welche Erfahrungen der Sterbenden für jede einzelne dieser Gruppen besonders nützlich wären. Zumindest könnte das für die geistlichen Würdenträger, die diesseitigen Dingen nachjagen und Politik machen, eine Mahnung sein, daß das Heilige, das Transzendente – »die andere Welt« – schließlich doch Wirklichkeit zu sein scheint und in einer anderen Dimension wirksam ist.

Die zentrale Botschaft unserer Forschungsarbeit betrifft uns jedoch einfach als Männer und Frauen, die in einer menschlichen Gemeinschaft leben. Wir sind alle schon mit dem Tod eines Verwandten oder eines Freundes konfrontiert worden, und auch wir werden – ob wir wollen oder nicht – eines Tages sterben. Was könnten wir einem Freund sagen, dem nach einer ärztlichen Prognose der Tod bevorsteht? Wie sollen wir mit seiner Familie umgehen? Sicherlich würde es uns helfen, wenn wir etwas über die Visionen auf dem Sterbebett wüßten, die Menschen hatten, die »den guten Tod« starben. Wir hoffen, daß all diejenigen, die beruflich mit Patienten im Endstadium und mit ihren Familien zu tun haben, diese neuen Erkenntnisse über den jenseitigen Aspekt der Sterbeerlebnisse einsetzen, um ihre Arbeit bedeutungsvoller und wirksamer zu gestalten. Wie es auch bei Kübler-Ross (1977) zum Ausdruck kommt, gibt es den

Ärzten und Krankenschwestern letzten Endes eine größere Befriedigung und ein besseres Gefühl, den Patienten den *Übergang* zu erleichtern, als ihnen im Glauben an ein *absolutes Ende* beistehen zu wollen. In diesem Bereich gibt es noch viel Raum für kreatives Denken und Handeln. Vor allem bedarf es weiterer Forschungen.

Epilog

Stellen wir uns vor, es würde ein moderner Lazarus mit Hörgerät und Prothese auferstehen und im Rundfunk oder in einer Talk-Show zu uns sprechen. Was würde er sagen? Seine Mitteilung könnte so lauten.

»Wenn dein Herz stillsteht und die Todesstunde kommt, wirst du nicht wie das Eis in den Stromschnellen zerbrechen und zertrümmert werden. Statt dessen wird es wie das Eintauchen in eine neue Form der Wirklichkeit sein. Du wirst dich auf eine ganz besondere Art wohlfühlen und glücklich sein – ›der Friede, der jenseits allen Verstehens liegt‹. Kummer, Schmerzen und Traurigkeit werden zusammen mit den Leinentüchern auf dem Krankenbett zurückbleiben. Du wirst von innen heraus erstrahlen, und dann wirst du jemanden sehen, der liebevoll und besorgt darauf wartet, dich zu empfangen. Wenn deine eigenen nahen Verwandten der Aufgabe entsprechen können und du ihnen entsprichst, dann wird einer davon wie lebendig ›vorbeikommen‹, so voller Liebe wie damals, als du ihn zum letzten Male gesehen hast. Es wird ihn jedoch ein seltsamer Hauch von Heiterkeit umwehen. Wenn die Situation fachmännische Hilfe verlangt, wird eine religiöse Figur in strahlendem Licht erscheinen. Wer immer sie sind; die Besucher werden dich ›verwandeln‹. Etwas unsäglich Mildes aber Mächtiges wird dich einhüllen. Du wirst dich wie in den schönsten Augenblicken deines Lebens fühlen – wie auf einem Berggipfel, in einer Kirche, in einem Tempel – und noch viel besser. Es mag sein, daß dir dann die Worte dafür fehlen – *Heiligkeit, Licht, Liebe.* Nein, keines kann es wirklich beschreiben, aber du wirst es zutiefst in deinem Wesen fühlen.

Wo immer du hinschaust, du wirst alles anders sehen. Die fiebernden Bemühungen der Ärzte und Krankenschwestern bei der Wiederbelebung, die dich retten sollen, werden dir vollkommen fehl am Platz erscheinen, als ob sie an dem Körper von irgend jemand anderem arbeiteten. Die herzzerreißenden Ängste und das Weinen der Verwandten wirst du als kindisch und unangemessen empfinden. Alles, was dir am wichtigsten war, die unerfüllten Zukunftsträume, die Pflichten gegenüber denen, die du liebst, der Beruf, alles, was du jemals sehnsüchtig erwartet hast, wird klein und unwichtig werden, dahinwelken wie vertrocknende Blumen. Plötzlich wird dich eine Welle von Freude durchströmen, und du wirst bereit sein zu gehen.

Wenn du Hindu bist, wirst du höchstwahrscheinlich die gleichen Dinge erleben, aber du wirst vielleicht eher von einem Yamdut empfangen als vom ›Fachmann‹ selbst. Aber verzweifle nicht; du wirst zu dem Mann in der weißen Robe gebracht werden, und er ist immer ein wohlwollender Herrscher mit einer Aura von Heiligkeit um sich.

Es mag dich an deine Reisen auf der Erde erinnern, die Ankunftshalle eines internationalen Flughafens, wo du durch den Zoll mußt. Aber tatsächlich dürfte die Halle eher wie dein wundervoller Garten mit Toren und Tempeln aussehen, und die Tische dürften Thronen ähnlich sein. Mach dir deshalb keine Sorgen. All deine Vorstellungen sind nur wie ein vages Abbild, etwa wie die trockenen Blätter des vergangenen Jahres in deinem irdischen Garten. Bald wirst du klarer sehen; im Augenblick ist es noch ›dunkel hinter der Scheibe‹, aber ›dann werden dir die Augen geöffnet‹. Du wirst mehr lernen, als du es in irgendeiner Schule getan hast. Es wird sich gut anfühlen und schön aussehen. Du wirst voller Frieden und erfüllt sein bis zur nächsten – «.

Bei den Zuhörern werden einige Hände in die Höhe gehen. »Was sind die nächsten Stufen des Lebens nach dem Tod?«

Der moderne Lazarus im Fernsehen wird zögern. »Was kommt dann? Nun, das kann dir jetzt nicht erklärt werden. Jeder von euch hat einen persönlichen Ausweis, der es ihm eventuell möglich machen wird, das zu erleben, aber das Wissen darüber ist für dieses Stadium der Existenz bislang noch nicht freigegeben.«

Lazarus und tausend andere haben gesprochen. Nach unserem Dafürhalten wäre es weise, der eigentlichen Botschaft Aufmerksamkeit zu zollen, die sie uns in der Stunde des Todes zugeflüstert haben.

Die Autoren

Dr. phil. Karlis Osis wurde 1917 in Riga in Lettland geboren. Er ist einer der wenigen Psychologen, die einen philosophischen Doktor aufgrund einer Dissertation erhalten haben, die sich mit außersinnlicher Wahrnehmung beschäftigt (Universität München, 1950).

Als wissenschaftlicher Mitarbeiter des Parapsychology Laboratory an der Duke Universität arbeitete Osis von 1951 bis 1957 mit Dr. J. B. Rhine zusammen. Bei seinen dortigen Forschungsarbeiten machte Osis erstmals Experimente mit ASW bei Tieren und arbeitete auch mit Menschen, um ASW durch die Dimensionen von Raum und Zeit hindurch zu untersuchen. Als er dann das Spektrum seiner Aktivitäten vergrößerte, betätigte er sich als Forschungsdirektor bei der Parapsychology Foundation in New York, wo er neuartige Experimente mit Medien durchführte; außerdem stellte er eine umfangreiche Erhebung bei Ärzten und Krankenschwestern über Visionen auf dem Sterbebett an, 1957–62. Ferner befaßte er sich mit verschiedenen Fällen, in denen mehrere Personen gleichzeitig eine Erscheinung beobachtet hatten, und mit Poltergeistphänomenen.

Von 1962 bis 1975 war Osis Forschungsdirektor bei der American Society for Psychical Research in New York. Derzeit ist er bei der ASPR Inhaber eines Chester-F.-Carlson-Forschungsstipendiums. Während dieser Zeit führte Osis eine Anzahl bahnbrechender Untersuchungen in der Parapsychologie durch. Er betrieb seine zweite Umfrage bei Ärzten und Krankenschwestern über Visionen auf dem Sterbebett, um Daten zu sammeln, die für ein Leben nach dem Tod sprechen. Bei einer Befragung kreativer Künstler stellte Osis fest, daß veränderte Bewußtseinszustände in einer Beziehung zu denjenigen Bewußtseinszuständen stehen, die zu ASW führen. Veränderte Bewußtseinszustände, wie sie von der Meditation hervorgerufen werden, untersuchte er in einem Vierjahresprojekt. Osis erforschte auch die Beziehung zwischen medialer Begabung und

ASW in Laboratoriumsexperimenten mit kleinen, sorgfältig ausgewählten Gruppen von erfahrenen Meditierenden. Mit Hilfe der Faktorenanalyse wurden die Grundzüge der Meditationserfahrung herausgearbeitet.

Osis ist weithin bekannt für seine ASW-Distanzexperimente, die über mehr als tausend Kilometer Entfernung stattfanden, und für seine Forschungen über den ASW-Kanal, das heißt einer unbekannten Energie, die ASW überträgt.

In den Siebzigerjahren führte Osis umfassende Laboratoriumsexperimente mit Seelenexkursionen durch. Das beinhaltete Messungen der Wahrnehmung, der physiologischen und der physikalischen Bedingungen (EEG). In Zusammenarbeit mit Dr. Erlendur Haraldsson erstellte er eine umfangreiche Erhebung über die Erlebnisse sterbender Patienten in Indien, die die Daten für einen interkulturellen Vergleich zwischen Indien und den Vereinigten Staaten lieferte. Beide untersuchten auch parapsychologische Phänomene bei ausgewählten Yogis, besonders bei Sri Sathya Sai Baba in Südindien.

Osis ist ehemaliger Präsident der Parapsychological Association und Mitglied der American Psychological Association, der Eastern Psychological Association, der American Association for the Advancement of Science, der Society for Scientific Study of Religion und verschiedener anderer Organisationen, die mit der Untersuchung der parapsychologischen Phänomene und der menschlichen Persönlichkeit befaßt sind.

Dr. phil. Erlendur Haraldsson wurde 1931 in Reykjavik in Island geboren. Nachdem er sein Studium am Gymnasium (College) beendet hatte, arbeitete er einige Jahre als Journalist und Schriftsteller und machte ausgedehnte Reisen in Westasien und Indien. Während dieser Zeit schrieb er ein Buch über die Erziehung bei den Kurden im Irak, das in Island und in Deutschland veröffentlicht wurde.

Nachdem er an den deutschen Universitäten Freiburg und München Psychologie studiert hatte, erhielt Haraldsson das Diplom im Fach Psychologie, ein akademischer Grad, der dem Master of Arts in den Vereinigten Staaten entspricht. Von 1969 bis 1970 war er wissenschaftlicher Mitarbeiter an Dr. J. B. Rhines Institute of Parapsychology in Durham in Northcarolina.

Innerhalb der klinischen Psychologie machte Harladsson von 1970 bis 1971 ein Praktikum in der psychiatrischen Abteilung der Universität von Virginia in Charlottesville. Einen Großteil dieser Zeit verbrachte er an der parapsychologischen Unterabteilung dieser Universität.

Anfang 1972 bekam Haraldsson seinen philosophischen Doktortitel im Fach Psychologie an der Universität von Freiburg für eine Arbeit über »Vasumotorische Reaktionen als Indikatoren der außersinnlichen Wahrnehmung«. Auch er ist einer der wenigen Psychologen, die ihren Doktor der Philosophie aufgrund der Erstellung einer Doktorarbeit über außersinnliche Wahrnehmung erhalten haben. Außerdem war Haraldsson von 1972 bis 1973 wissenschaftlicher Mitarbeiter der American Society for Psychical Research. Seit 1974 ist er außerordentlicher Professor der Psychologie an der Universität von Island in Reykjavik.

Die Forschungsaktivitäten Haraldssons verteilen sich etwa zu gleichen Teilen auf Felduntersuchungen und rein experimentelle Arbeiten. Seine experimentellen Untersuchungen betrafen folgende Bereiche: die Beziehungen zwischen physiologischen Variablen und ASW, die Erforschung der Auswirkung von Feedback, Traumerinnerung, Persönlichkeit und Einstellungsfaktoren auf ASW-Leistungen. Mehrere Jahre lang beschäftigte sich Haraldsson mit der Untersuchung der medialen Fähigkeiten und der Probleme, die mit einem Überleben nach dem Tod verbunden sind, wobei er zum Beispiel in einem Bereich wie den Visionen auf dem Sterbebett in Indien Erhebungen durchführte. Eine seiner neuesten Arbeiten ist eine nationale Umfrage über spontane paranormale Erlebnisse in Island, insbesondere im Zusammenhang mit Phänomenen, die für ein Leben nach dem Tod sprechen. Darüber hinaus hat Haraldsson drei Reisen nach Indien gemacht, um paranormal begabte Yogis zu untersuchen, wobei er den Schwerpunkt auf Sri Satya Sai Baba legte.

Haraldsson ist Mitglied der Parapsychological Association, der American Psychological Association und der isländischen Psychologenvereinigung. Er hat in den größeren parapsychologischen Zeitschriften Amerikas und Europas mehrere Beiträge veröffentlicht. Außerdem gehört er der Redaktion des *European Journal of Parapsychology* an.

Anhang I

Name und Adresse werden
streng vertraulich behandelt

FRAGEBOGEN

Dieser Fragebogen ist Teil einer psychologischen Untersuchung, die sich mit Beobachtungen von Ärzten und Krankenschwestern befaßt, die sie bei sterbenden Patienten gemacht haben. Wir wären Ihnen dankbar, wenn Sie die folgenden Fragen beantworten und den Fragebogen so bald wie möglich zurückschicken würden.

Nur für Auswertungszwecke

A. Wie oft waren Sie nach Ihrer Einschätzung tatsächlich zugegen, wenn ein Patient starb?

1) ☐ 0 – 10 6) ☐ 51 – 60
2) ☐ 11 – 20 7) ☐ 61 – 70 11
3) ☐ 21 – 30 8) ☐ 71 – 80
4) ☐ 31 – 40 9) ☐ 81 – 90 12
5) ☐ 41 – 50 10) ☐ öfter (wie oft?) ____________
13

B. Wie viele Patienten mit einer tödlichen Krankheit hatten Sie etwa in Behandlung? ____________ 14

C. Hatten Sie irgendwelche Patienten, die irgendwann während einer tödlich verlaufenden Krankheit Halluzinationen folgender Art zu haben schienen:

1) *Personen:* Halluzinationen, die sich in erster Linie mit Personen und nicht mit Umgebungen beschäftigen.

Hatten die Patienten Halluzinationen von Personen, die in Wirklichkeit nicht da waren? 15
Zahl der Fälle ____________ 16

Konnten die Patienten oder irgend jemand anders die wahrgenommene(n) halluzinatorische(n) Person(en) identifizieren als:
a) lebende Person Zahl der Fälle ____________ 17 18
b) verstorbene Person Zahl der Fälle ____________ 19 20
21 22
c) religiöse Figur oder 23 24
mythologisches Wesen Zahl der Fälle ____________ 25 26

d) irgendeine Kombination der obigen — Zahl der Fälle ______
e) Nicht identifiziert — Zahl der Fälle ______

Schildern Sie bitte einen charakteristischen Fall 27
einer solchen Halluzination von Personen: 28
______ 29
______
______ 30

2) *Umgebungen:* Halluzinationen, die sich in erster Linie mit anderen Dingen und nicht mit Personen beschäftigen

Wie viele dieser Halluzinationen wurden im religiösen Sinne als »andere 31
Welt« erlebt und wie viele waren nicht religiöser Art? 32

a) Halluzinationen von 33
»einer anderen Welt« — Zahl der Fälle ______ 34
b) Halluzinationen nicht religiöser Art — Zahl der Fälle ______

Schildern Sie bitte einen charakteristischen 35
Fall eines solchen Erlebnisses: 36
______ 37
______ 38

D. Hatten Sie irgendwelche Patienten, die Halluzinationen folgender Art zu haben schienen, obwohl sie nach einem Zustand in Todesnähe wieder gesund wurden?

1) *Personen:*
Hatten die Patienten zu irgendeinem Zeitpunkt während ihrer
Krankheit Halluzinationen von Personen, die in Wirklichkeit nicht 39
da waren? 40
Zahl der Fälle ______

Konnten die Patienten oder irgend jemand anders die wahrgenommene(n) halluzinatorische(n) Person(en) identifizieren als: 41 42
43 33
a) lebende Person — Zahl der Fälle ______ 45 46
b) verstorbene Person — Zahl der Fälle ______ 47 48
49 50

c) religiöse Figur oder mythologisches Wesen — Zahl der Fälle ______
d) irgendeine Kombination der obigen — Zahl der Fälle ______
e) nicht identifiziert — Zahl der Fälle ______

Schildern Sie bitte einen charakteristischen Fall einer solchen Halluzination von Personen: 51 52

____ 53

____

____ 54

2) *Umgebungen:*
Wieviele dieser Halluzinationen wurden im religiösen Sinne als »andere Welt« erlebt und wieviele waren nicht religiöser Art? 55 56

a) Halluzinationen von »einer anderen Welt« — Zahl der Fälle __________ 57

b) Halluzinationen nicht religiöser Art — Zahl der Fälle __________ 58

Schildern Sie bitte einen charakteristischen Fall eines solchen Erlebnisses: 59 60

____ 61

____

____ 62

E. Haben Sie jemals einen Stimmungsaufschwung bei sterbenden Patienten beobachtet, der zu einem Glücksempfinden oder zu Heiterkeit geführt hat? 63 64

Zahl der Fälle __________ 65

Bitte schildern Sie einen charakteristischen Fall:

____ 66

____ 67

____ 68

____

F. Fällt Ihnen beim Nachdenken über diese Fragen irgend etwas ein, das Sie gerne bemerken möchten? 69 70

____ 71

____ 72

____ 73

Name: __________ Beruf: __________ Berufspraxis (in Jahren): __________

Adresse
Straße: __________ Wohnort: __________ Land: __________

Telefon: __________

Datum: __________

Name und Adresse werden streng vertraulich behandelt

Anhang II

Tabelle 1

Merkmale der Erlebnisse mit Erscheinungen bei Patienten im Endstadium

Variable	Merkmale	Zahl der Fälle USA	Indien	Gesamt	Insgesamt (in %) *
a) Dauer der Erscheinung	1 Sek. – 5 Min.	85	83	168	48
	6 – 15 Min.	17	43	60	17
	16 – 60 Min.	11	50	61	18
	61 Min. – 1 Tag	13	31	44	13
	Länger	4	10	14	4
	Keine Angaben	86	38	124	–
b) Zeitraum zwischen Erscheinung und Todeseintritt	0 – 10 Min.	17	36	53	12
	11 – 60 Min.	7	59	66	15
	61 Min. – 6 Stdn.	26	64	90	20
	7 – 24 Stdn.	28	41	69	15
	Länger	117	52	169	38
	Keine Angaben	21	3	24	–
c) Identität der Erscheinung	Lebende Person	30	38	68	18
	Verstorbene Person	124	54	178	47
	Religiöse Figur	22	93	115	30
	Kombination der obigen	11	7	18	5
	Keine Angaben	29	63	92	–
d) Geschlecht der Erscheinungsfigur	Männlich	59	103	162	57
	Weiblich	91	30	121	43
	Keine Angaben	66	122	188	–

Tabelle 1

Merkmale der Erlebnisse mit Erscheinungen bei Patienten im Endstadium

Variable	Merkmale	Zahl der Fälle USA	Indien	Gesamt	Insgesamt (in %)*
e) Absicht der Erscheinungsfigur	Als Besucher	14	28	42	14
	Zum Trost des Patienten	13	4	17	6
	Um den Patienten wegzuholen (mit Einverständnis)	40	102	142	47
	Um den Patienten wegzuholen (ohne Einverständnis)	1	53	54	18
	Um den Patienten zurückzuschicken	0	2	2	1
	Drohend	4	13	17	6
	Wiederauflebende Erinnerungen	26	1	27	9
	Keine Angaben	118	52	170	–
f) Gefühlsreaktionen, 1. Gruppe	Keine Wirkung oder Entspannung	60	65	125	30
	Heiterkeit	46	40	86	20
	Freudige Erregung	56	32	88	21
	Negative	33	91	124	29
	Keine Angaben	21	27	48	–
g) Gefühlsreaktion, 2. Gruppe	Keine Wirkung oder Entspannung	60	65	125	30
	Negative	33	91	124	29
	Positive, nicht religiöse	77	36	113	27
	Positive, religiöse	25	36	61	14
	Keine Angaben	21	27	48	–

* In den Prozentzahlen sind die Fälle, in denen keine Angaben gemacht wurden, nicht enthalten.
Wo die Summe der Prozentzahlen nicht 100 ergibt, wurden die Dezimalstellen gerundet.

Tabelle 2

Identität der Erscheinungsfiguren*

Variable	Identität	Zahl der Fälle USA	Indien	Gesamt	Insgesamt (in %)
a) Weltlich	Mutter	60	16	76	23
	Vater	15	16	31	9
	Ehepartner	49	10	59	18
	Geschwister	27	15	42	13
	Kind	27	17	44	13
	Andere Verwandte der älteren Generation	5	7	12	4
	Andere Verwandte derselben Generation	2	10	12	4
	Andere Verwandte der jüngeren Generation	0	4	4	1
	Nicht identifizierte Verwandte	9	14	23	7
	Freunde, Bekannte	21	8	29	9
	Nicht identifizierte Personen	25	61	86	–
	Gesamt:	240	178	418	
b) Religiös	Gott oder Jesus	13	17	30	28
	Schiwa, Rama, Krischna	0	13	13	12
	Maria, Kali, Durga	5	4	9	8
	Todesgott und Boten	0	18	18	17
	Heilige und Gurus	3	5	8	8
	Engel, Devas etc.	9	17	26	24
	Dämonen und Teufel	1	2	3	3
	Nicht identifizierte andere religiöse Figuren	2	31	33	–
	Gesamt:	33	107	140	

* Die Gesamtzahlen enthalten Fälle, in denen mehrere Figuren von einem Patienten gesehen wurden.

Tabelle 3

Medizinisches Zustandsbild der Patienten im Endstadium, die Erscheinungen sehen

Variable	Medizinisches Zustandsbild	Zahl der Fälle USA	Indien	Gesamt	Insgesamt (in %)
a) Primärdiagnose	Krebs	79	28	107	23
	Herz-Kreislauf-Krankheiten	61	39	100	22
	Verletzung und nachoperativer Zustand	10	62	72	16
	Krankheit der Atmungsorgane	9	26	35	8
	Verletzung oder Krankheit des Gehirns, Urämie	28	26	54	12
	Vermischt	25	64	89	19
	Keine Angaben	4	10	14	–
b) Sekundärdiagnose, möglicherweise halluzinogen	Vorhanden	68	40	108	25
	Nicht vorhanden	137	187	324	75
	Keine Angaben	11	28	39	–
c) Körpertemperatur (oral)	Weniger als 37,7°	128	129	257	58
	37,7° – 39,4°	55	94	149	34
	Über 39,4°	16	20	36	8
	Keine Angaben	17	12	29	–
d) Medikamentöse Behandlung, die das Bewußtsein beeinflußt	Keine	94	165	259	61
	Behandlung ohne Einfluß	39	40	79	19
	Geringer Einfluß	31	18	49	11
	Mäßiger Einfluß	22	10	32	8
	Starker Einfluß	5	1	6	1
	Keine Angaben	25	21	46	–
e) Klarheit des Bewußtseins	Klar	98	100	198	43
	Wenig getrübt	31	103	134	29
	Stark getrübt	36	39	75	17
	Schwankend	38	12	50	11
	keine Angaben	13	1	14	–

TABELLE 4

MERKMALE DER PATIENTEN IM ENDSTADIUM, DIE ERSCHEINUNGEN SEHEN

Variable	Merkmale	Zahl der Fälle USA	Indien	Gesamt	Insgesamt (in %)
a) Alter	1 – 30	19	68	87	19
	31 – 50	22	97	119	25
	Über 50	174	90	264	56
	Keine Angaben	1	0	1	–
b) Geschlecht	Männlich	99	175	274	58
	Weiblich	117	80	197	42
c) Schulbildung	Keine, Vorschule	13	77	90	21
	Grundschule	57	59	116	27
	Höhere Schule	73	65	138	32
	College	45	38	83	20
	Keine Angaben	28	16	44	–
d) Beruf	Akademiker, Geistliche, Manager	56	29	85	30
	Büroangestellte, Verkäufer, Handwerker	9	40	49	17
	Bauern, Arbeiter, Hilfskräfte, Hausfrauen	70	83	153	53
	Keine Angaben	81	103	184	–
e) Religion	Hindus		214	214	48
	Christen (Indien)		26	26	6
	Moslems		12	12	3
	Protestanten (USA)	97		97	22
	Katholiken (USA)	68		68	15
	Juden	12		12	3
	Andere oder keine	14		14	3
	Keine Angaben	25	3	28	–
f) Grad des religiösen Engagements	Kein Engagement	12	3	15	5
	Wenig	27	12	39	14
	Mäßig	44	48	92	33
	Stark	64	65	129	47
	Keine Angaben	69	127	196	–
g) Glaube an ein Leben nach dem Tod	Vorhanden	69	70	139	92
	Nicht vorhanden	6	6	12	8
	Keine Angaben	141	179	320	–

Tabelle 5

Merkmale der Erlebnisse mit Erscheinungen bei nicht im Endstadium befindlichen Patienten

Variable	Merkmale	Zahl der Fälle USA	Indien	Gesamt	Insgesamt (in %)
a) Dauer der Erscheinung	Bis zu 5 Min.	16	9	25	35
	6 – 15 Min.	2	6	8	11
	16 – 60 Min.	5	14	19	27
	61 Min. – 1 Tag	5	6	11	15
	Länger	4	4	8	11
	Keine Angaben	24	25	49	–
b) Identität der Erscheinung	Lebende Person	11	8	19	20
	Verstorbene Person	25	14	39	40
	Religiöse Figur	9	27	36	37
	Kombination der obigen	3		3	3
	Keine Angaben	8	15	23	–
c) Geschlecht der Erscheinungsfigur	Männlich	22	29	51	70
	Weiblich	14	8	22	30
	Keine Angaben	20	27	47	–
d) Absicht der Erscheinungsfigur	Als Besucher	3	7	10	11
	Zum Trost des Patienten	9	1	10	11
	Patienten wegholen				
	(mit Einverständnis)	6	15	21	24
	(ohne Einverständnis)	2	16	18	20
	Patienten zurückschicken	5	13	18	20
	Drohend	2	4	6	7
	Wiederauflebende Erinnerungen	5	1	6	7
	Keine Angaben	24	7	31	–
e) Gefühlsreaktionen, 1. Gruppe	Keine Wirkung oder Entspannung	8	11	19	17
	Heiterkeit	19	14	33	29
	freudige Erregung	14	14	28	25
	Negative	12	20	32	29
	Keine Angaben	3	5	8	–
f) Gefühlsreaktionen, 2. Gruppe	Keine Wirkung oder Entspannung	8	11	19	17
	Negative	12	20	32	29
	Positive, nicht religiöse	23	11	34	30
	Positive, religiöse	10	17	27	24
	Keine Angaben	3	5	8	–

Tabelle 6

Medizinisches Zustandsbild der nicht im Endstadium befindlichen Patienten, die Erscheinungen sehen

Variable	Medizinisches Zustandsbild	Zahl der Fälle USA	Indien	Gesamt	Insgesamt (in %)
a) Primärdiagnose	Krebs	4	2	6	5
	Herz-Kreislauf-Krankheiten	14	8	22	19
	Verletzung und nachoperativer Zustand	12	14	26	22
	Verletzung oder Krankheit des Gehirns, Urämie	7	2	9	8
	Infektionen und Krankheiten der Atmungsorgane	9	18	27	23
	Vermischt	9	17	26	22
	Keine Angaben	1	3	4	–
b) Sekundärdiagnose, möglicherweise halluzinogen	Vorhanden	15	4	19	18
	Nicht vorhanden	37	49	86	82
	Keine Angaben	4	11	15	–
c) Körpertemperatur (oral)	Weniger als 37°	24	28	52	46
	37,7° – 39,4°	18	24	42	38
	Über 39,4°	7	11	18	16
	Keine Angaben	7	1	8	–
d) Medikamentöse Behandlung, die das Bewußtsein beeinflußt	Keine	29	34	63	57
	Behandlung ohne Einfluß	12	16	28	25
	Geringer Einfluß	7	4	11	10
	Mäßiger Einfluß	2	4	6	5
	Starker Einfluß	1	2	3	3
	Keine Angaben	5	4	9	–
e) Klarheit des Bewußtseins	Klar	18	24	42	36
	Wenig getrübt	17	15	32	27
	Stark getrübt	9	21	30	25
	Schwankend	11	3	14	12
	Keine Angaben	1	1	2	–

Tabelle 7

Merkmale der nicht im Endstadium befindlichen Patienten, die Erscheinungen sehen.

Variable	Merkmale	Zahl der Fälle USA	Indien	Gesamt	Insgesamt (in %)
a) Alter	1 – 30	8	21	29	24
	31 – 50	11	28	39	33
	Über 50	37	15	52	43
	Keine Angaben	0	0	0	–
b) Geschlecht	Männlich	23	30	53	44
	Weiblich	33	34	67	56
c) Schulbildung	Keine, Vorschule	4	16	20	18
	Grundschule	13	18	31	28
	Höhere Schule	18	16	34	31
	College	16	10	26	23
	Keine Angaben	5	4	9	–
d) Beruf	Akademiker, Geistliche, Manager	15	8	23	27
	Büroangestellte, Verkäufer, Handwerker	1	4	5	6
	Bauern, Arbeiter	8	21	29	35
	Hausfrauen	8	19	27	32
	Keine Angaben	24	12	36	–
e) Religion	Hindus		45	45	38
	Christen (Indien)		16	16	14
	Moslems		3	3	3
	Protestanten (USA)	27		27	23
	Katholiken (USA)	19		19	16
	Juden	4		4	3
	Andere oder keine	3		3	3
	Keine Angaben	3		3	–
f) Grad des religiösen Engagements	Kein Engagement	3	1	4	5
	Wenig	5	2	7	8
	Mäßig	20	16	36	43
	Stark	16	21	37	44
	Keine Angaben	12	24	36	–
g) Glaube an ein Leben nach dem Tod	Vorhanden	26	21	47	90
	Nicht vorhanden	2	3	5	10
	Keine Angaben	28	40	68	–

Tabelle 8

Merkmale des Stimmungsaufschwungs vor dem Tod

Variable	Merkmale	Zahl der Fälle USA	Indien	Gesamt	Insgesamt (in %)
a) Dauer des Stimmungs-schwungs	Bis zu 10 Min.	17	11	28	17
	11 – 60 Min.	19	18	37	22
	61 Min. – 1 Tag	34	26	60	36
	Länger	30	11	41	25
	Keine Angaben	6	2	8	–
b) Zeitraum vom Ende des Stimmungs-aufschwungs bis zum Tod	Bis zu 10 Min.	49	20	69	41
	11 – 60 Min.	7	14	21	13
	61 Min. – 1 Tag	29	23	52	31
	Länger	17	9	26	15
	Keine Angaben	4	2	6	–
c) Art des Stimmungs-wandels, Gruppe 1	Kein Wandel oder Entspannung	11	1	12	7
	Heiterkeit	65	29	94	57
	freudige Erregung	21	28	49	30
	Negativer Stim-mungswandel	8	2	10	6
	Keine Angaben	1	8	9	–
d) Art des Stimmungs-wandels, Gruppe 2	Kein Wandel oder Entspannung	11	1	12	7
	Negativer Stim-mungswandel	8	2	10	6
	Positiver, nicht religiöser	57	40	97	59
	Positiver, religiöser	29	17	46	28
	Keine Angaben	1	8	9	–

Tabelle 8

Merkmale des Stimmungsaufschwungs vor dem Tod

Variable	Merkmale	Zahl der Fälle USA	Indien	Gesamt	Insgesamt (in %)
e) Verbale Beschreibung des Stimmungswandels durch den Patienten	Heiter, friedvoll	62	18	80	49
	Freudig erregt, fröhlich	17	28	45	27
	Optimistisch, Pläne schmiedend	17	16	33	20
	Andere	5	1	6	4
	Keine Angaben	5	5	10	–
f) Zunahme von Aktivitäten, die einen Stimmungswandel ausdrücken	Körperliche Widerstandskraft	10	6	16	18
	Gesprächiger	9	18	27	31
	Weniger aufgewühlt	31	8	39	45
	Andere	3	2	5	6
	Keine oder keine Angaben	53	34	87	–
g) Soziale Interaktionen, die einen Stimmungswandel ausdrücken	Williger	21	6	27	36
	Wohlwollend	8	12	20	27
	Hat mehr Freude an Gesellschaft	6	10	16	22
	Selbstbeherrschung	5	5	10	14
	Andere	0	1	1	1
	Keine oder keine Angaben	66	34	100	–
h) Religiöse Aktivitäten, die einen Stimmungswandel ausdrücken	Beten, Singen	13	8	21	100
	Keine oder keine Angaben	93	60	153	–

Tabelle 9

Medizinisches Zustandsbild der Patienten im Endstadium, die einen Stimmungsaufschwung erleben.

Variable	Medizinisches Zustandsbild	Zahl der Fälle USA	Indien	Gesamt	Insgesamt (in %)
a) Primärdiagnose	Krebs	47	15	62	36
	Herz- und Kreislaufkrankheiten	29	14	43	25
	Verletzung und nachoperativer Zustand	10	12	22	13
	Verletzung oder Krankheit des Gehirns, Urämie	3	4	7	4
	Infektionen und Krankheiten der Atmungsorgane	6	4	10	6
	Vermischt	9	17	26	15
	Keine Angaben	2	2	4	–
b) Sekundärdiagnose, möglicherweise halluzinogen	Vorhanden	17	6	23	15
	Nicht vorhanden	81	52	133	85
	Keine Angaben	8	10	18	–
c) Körpertemperatur (oral)	Weniger als 37,7°	63	47	110	69
	37,7° – 39,4°	27	17	44	28
	Über 39,4°	4	1	5	3
	Keine Angaben	12	3	15	–
d) Medikamentöse Behandlung, die das Bewußtsein beeinflußt	Keine	43	43	86	54
	Behandlung ohne Einfluß	20	14	34	21
	Geringer Einfluß	18	3	21	13
	Mäßiger Einfluß	12	3	15	9
	Starker Einfluß	1	2	3	2
	Keine Angaben	12	3	15	–
e) Klarheit des Bewußtseins	Klar	87	51	138	80
	Wenig getrübt	11	16	27	16
	Stark getrübt	3	1	4	2
	Schwankend	4	0	4	2
	Keine Angaben	1	0	1	–

Tabelle 10

Merkmale der Patienten, die einen Stimmungsaufschwung erleben.

Variable	Merkmale	Zahl der Fälle USA	Indien	Gesamt	Insgesamt (in %)
a) Alter	1 – 30	8	8	16	9
	31 – 50	19	33	52	30
	Über 50	78	27	105	61
	Keine Angaben	1	0	1	–
b) Geschlecht	Männlich	51	50	101	58
	Weiblich	55	18	73	42
c) Schulbildung	Keine, Vorschule	5	13	18	11
	Grundschule	33	16	49	30
	Höhere Schule	35	23	58	36
	College	23	13	36	22
	Keine Angaben	10	3	13	–
d) Beruf	Akademiker, Geistliche, Manager	38	10	48	33
	Büroangestellte, Verkäufer, Handwerker	9	12	21	14
	Bauern, Arbeiter	21	20	41	28
	Hausfrauen	19	16	35	24
	Keine Angaben	19	10	29	–
e) Religion	Hindus		56	56	34
	Christen (Indien)		7	7	4
	Moslems		3	3	2
	Protestanten (USA)	39		39	24
	Katholiken (USA)	38		38	23
	Juden	11		11	7
	Andere oder keine	9	1	10	6
	Keine Angaben	9	1	10	–
f) Grad des religiösen Engagements	Kein Engagement	4	0	4	4
	Wenig	11	5	16	16
	Mäßig	25	9	34	34
	Stark	30	16	46	46
	Keine Angaben	36	38	74	–
g) Glaube an ein Leben nach dem Tod	Vorhanden	35	17	52	93
	Nicht vorhanden	3	1	4	7
	Keine Angaben	68	50	118	–

Tabelle 11

Merkmale der Visionen von Umgebungen bei im Endstadium befindlichen und nicht im Endstadium befindlichen Patienten

Variable	Merkmale	Zahl der Fälle USA	Indien	Gesamt	Insgesamt (in %)
a) Dauer der Visionen	Bis zu 5 Min.	18	11	29	52
	6 – 15 Min.	5	8	13	23
	16 – 60 Min.	2	3	5	9
	Länger als 1 Std.	5	4	9	16
	Keine Angaben	34	22	56	–
b) Haupt-inhalt	Orte und Dinge aus dieser Welt	23	9	32	32
	Himmel, Tore etc.	12	29	41	41
	Gärten, Landschaften	16		16	16
	Symbolische Architektur	5		5	5
	Musik, Klänge	5	1	6	6
	Keine Angaben	3	9	12	–
c) Erscheinungsform der Umgebungen	Drohend	7		7	10
	Alltäglich	6	4	10	14
	Schön, aber natürlich	4	11	15	21
	Außerordentliche Schönheit jenseits der Wirklichkeit	11	16	27	37
	Bilder der anderen Welt	13		13	18
	Keine Angaben	23	17	40	–
d) In den Visionen zum Ausdruck kommende Gefühlsqualitäten	Schönheit	24	12	36	72
	Frieden	4	3	7	14
	Negativ, drohend etc.	6	1	7	14
	Keine oder keine Angaben	30	32	62	–

Tabelle 11

Merkmale der Visionen von Umgebungen bei im Endstadium befindlichen und nicht im Endstadium befindlichen Patienten

Variable	Merkmale	Zahl der Fälle USA	Indien	Gesamt	Insgesamt (in %)
e) Visionen mit symbolischen Darstellungen des Todes	Der Tod als Übergang zu einer befriedigenden Existenz	17	19	36	84
	Der Tod als neutrale oder erschreckende Existenz	3	1	4	9
	Andere symbolische Darstellungen	2	1	3	7
	Keine oder keine Angaben	42	27	69	–
f) Gefühlsreaktionen auf die Visionen, Gruppe 1	Keine Wirkung oder Entspannung	14	12	26	25
	Heiterkeit	24	16	40	38
	Freudige Erregung	9	15	24	23
	Negative	11	4	15	14
	Keine Angaben	6	1	7	–
g) Gefühlsreaktionen auf die Visionen, Gruppe 2	Keine Wirkung oder Entspannung	14	12	26	25
	Negative	11	4	15	14
	Positive, nicht religiöse	19	9	28	27
	Positive, religiöse	14	22	36	34
	Keine Angaben	6	1	7	–

Tabelle 12

Medizinisches Zustandsbild von im Endstadium befindlichen und nicht im Endstadium befindlichen Patienten, die Visionen von Umgebungen sehen

Variable	Medizinisches Zustandsbild	Zahl der Fälle USA	Indien	Gesamt	Insgesamt (in %)
a) Primär-diagnose	Krebs	12	5	17	17
	Herz- und Kreislaufkrankheiten	17	8	25	24
	Verletzung und nachoperativer Zustand	12	10	22	21
	Verletzung oder Krankheit des Gehirns, Urämie	10	0	10	10
	Infektionen und Krankheiten der Atmungsorgane	10	13	23	22
	Vermischt		6	6	6
	Keine Angaben	3	6	9	–
b) Sekundärdiagnose, möglicherweise halluzinogen	Vorhanden	17	4	21	21
	Nicht vorhanden	42	35	77	79
	Keine Angaben	5	9	14	–
c) Körpertemperatur (oral)	Weniger als 37,7°	31	22	53	53
	37,7° – 39,4°	20	20	40	40
	Über 39,4°	4	3	7	7
	Keine Angaben	9	3	12	–
d) Medikamentöse Behandlung, die das Bewußtsein beeinflußt	Keine	25	31	56	60
	Behandlung ohne Einfluß	16	5	21	22
	Geringer Einfluß	6	2	8	9
	Mäßiger Einfluß	2	4	6	6
	Starker Einfluß	2	1	3	3
	Keine Angaben	13	5	18	–
e) Klarheit des Bewußtseins	Klar	23	11	34	32
	Wenig getrübt	11	15	26	25
	Stark getrübt	14	22	36	34
	Schwankend	9		9	9
	Keine Angaben	7		7	–

Tabelle 13

Merkmale der im Endstadium befindlichen und nicht im Endstadium befindlichen Patienten, die Visionen von Umgebungen sehen.

Variable	Merkmale	Zahl der Fälle USA	Indien	Gesamt	Insgesamt (in %)
a) Alter	1 – 30	7	11	18	16
	31 – 50	10	22	32	29
	Über 50	47	15	62	55
	Keine Angaben				–
b) Geschlecht	Männlich	31	28	59	55
	Weiblich	33	20	53	45
c) Schulbildung	Keine, Vorschule	1	13	14	15
	Grundschule	14	11	25	26
	Höhere Schule	21	15	36	38
	College	13	7	20	21
	Keine Angaben				–
d) Beruf	Akademiker, Geistliche, Manager	18	8	26	30
	Büroangestellte, Verkäufer, Handwerker	14	4	18	21
	Bauern, Arbeiter	4	16	20	23
	Hausfrauen	13	10	23	26
	Keine Angaben	15	10	25	–
e) Religion	Hindus		35	35	36
	Christen (Indien)		11	11	11
	Moslems		2	2	2
	Protestanten (USA)	31		31	32
	Katholiken (USA)	15		15	15
	Juden	1		1	1
	Andere oder keine	2		2	2
	Keine Angaben	15		15	–
f) Grad des religiösen Engagements	Kein Engagement	1	1	2	3
	Wenig	6	1	7	11
	Mäßig	14	9	23	35
	Stark	17	17	34	52
	Keine Angaben	26	20	46	–
g) Glaube an ein Leben nach dem Tod	Vorhanden	21	22	43	96
	Nicht vorhanden		2	2	4
	Keine Angaben	43	24	67	–

Anmerkungen

[1] H. Carrington und J. R. Meader, *Death: Its Causes and Phenomena with Special Reference to Immortality*, London 1911.
[2] Für alle Leser, die an zusätzlicher Literatur interessiert sind, haben wir in der Bibliographie eine Reihe von interessanten Büchern zu diesem Thema zusammengestellt. Die betreffenden Werke lassen sich mit Hilfe der Jahreszahlen auffinden, die im laufenden Text jeweils hinter dem Namen des Autors in Klammern angegeben sind.
[3] Osis (1961) definiert Halluzinationen von der Art der Erscheinungen als »das Sehen« eines Verstorbenen, während zu gleicher Zeit die Wahrnehmung von der tatsächlichen Umgebung und ein entsprechendes Reaktionsvermögen erhalten bleiben.
[4] G. Murphy (1961) definiert eine Kreuz-Korrespondenz als »... eine Reihe von fragmentarischen Wortverbindungen oder Sätzen, die für sich genommen eigentlich ohne Bedeutung sind, aber zusammengesetzt eine klare Mitteilung ergeben«.
[5] Sir William Barrett, Death-bed Visions, London 1926, S. 11–12
[6] Ebenda, S. 14
[7] Für 1,75 Dollar erhältlich bei der Parapsychology Foundation, 29 West 57th Street, New York, N. Y. 10019.
[8] Siehe jedoch das Buch von John Fuller über das Testament James Kidds und die gerichtliche Testamentseröffnung, *The Great Soul Trial*, New York 1969. Es enthält unter anderem klare Schilderungen sachkundiger Zeugnisse von einem Leben nach dem Tod.
[9] Ebenda, S. 300.
[10] K. Osis, *Deathbed Observations by Physicians and Nurses*, New York 1961.
[11] Ebenda, S. 53.
[12] Es gibt verschiedene Theorien über Halluzinationen. Ein weites Spektrum ausführlicher Erklärungen von Halluzinationen findet sich bei R. K. Siegel und L. J. West (Hrsg.), *Halluzinations: Behavior, Experience and Theory*, New York 1975.
[13] Diese Zahl, 73 %, gilt für die gesamte erwachsene Bevölkerung. Der Glaube an ein Leben nach dem Tod mag bei älteren Personen – und sie sind bei unseren Stichproben in der Mehrzahl – beträchtlich häufiger vorhanden sein. Haraldsson (1976) stellte in Island fest, daß der Glaube an ein Überleben des Todes mit dem Alter zunimmt. In der Altersgruppe der Dreißig- bis Vierzigjährigen erwarteten 10 % kein Weiterleben nach dem Tod; 20 % zogen es als Möglichkeit in Betracht und 62 % glaubten daran. Andererseits betrugen die Prozentsätze in der Gruppe der Sechzig- bis Siebzigjährigen entsprechend 1 %, 7 % und 77 %. (Einige hatten dazu keine Meinung.)

[14] Die Zahlenverhältnisse sind in der Stichprobe in den USA statistisch signifikant: p = 04 (53 Prozent gegenüber 18 Prozent).

[15] K. Osis, *Deathbed Observations by Physicans and Nurses*, New York 1961, S. 67.

[16] Ebenda, S. 67–68.

[17] K. Osis, *Deathbed Observations by Physicany and Nurses*, New York 1961, S. 71.

[18] Trotz der Tatsache, daß die Reaktionen auf Erscheinungen, die auf ein Weiterleben bezogen sind, teilweise überlappen, ordneten wir in diese Gruppe auch negative Emotionen ein. Diese Überlappungen würden eventuelle Unterschiede zu den jenseitsbezogenen Emotionen nicht etwa betonen, sondern verringern. Wir halten diese vorsichtige Vorgehensweise für methodisch gerechtfertigt.

[19] R. A. Moody, *Leben nach dem Tod*, Reinbeck bei Hamburg 1977, S. 62.

[20] Ebenda, S. 65.

[21] R. A. Moody, *Nachgedanken über das Leben nach dem Tod*, Reinbeck bei Hamburg 1978.

[22] C. Garfield, »Consciouness Alteration and Fear of Death«, *Journal of Transpersonal Psychology*, 7/1975, S. 172.

[23] R. A. Moody, *Leben nach dem Tod*, Reinbeck bei Hamburg 1977, S. 101.

Bibliographie

Barrett, W. F.: *Death-Bed Visions*, Methuen, London 1926.

Blackmore, S. J.: *Beyond the Body: An Investigation of Out-of-the-Body Experiences*, Heinemann, London, 1982.

Carr, D. B.: »Pathophysiology of stress-induced limbic lobe dsyfunction: a hypothesis relevant to near-death experiences« in B. Greyson and C. P. Flynn (Hrsg.): *The Near-Death Experience: Problems, Prospects, Perspectives*, Charles C. Thomas, Springfield, Ill., 1984, 125–139.

Clark, W. H.: *Chemische Ekstase*, Müller, Salzburg 1971.

Cohen, S.: *The Beyond Within*, Atheneum, New York 1964.

Collins, H. M.: *Changing Order: Replication and Induction in Scientific Practice*, Sage Publications, Beverly Hills CA, 1985.

Cummins, G.: *Swan on a Black Sea*, Routledge and Kegan Paul Ltd., London 1965.

Deikman, A. J.: »Experimental Meditation« in *Journal of Nervous and Mental Disease* 1963, S. 136, 329–342.

Ducasse, C. J.: *A Critical Examination of the Belief in a Life After Death*, Charles C. Thomas, Springfield/Ill. 1961.

Gabbard, G. O. und Twemlow, S. W.: *With the Eyes of the Mind: An Empirical Analysis of Out-of-Body States*, Praeger, New York, 1984.

Gallup, G. und Proctor, W.: *Begegnungen mit der Unsterblichkeit. Erlebnisse im Grenzbereich zwischen Leben und Tod*, Universitas, Tübingen, 1983.

Garfield, C.: »Consciousness Alteration and Fear of Death« in *Journal of Transpersonal Psychology* 7/1975, S. 147–175.

Gauld, A.: »A Series of ›Drop In‹ Communicators in *Proceedings of the Society for Psychical Research* 55/1966–1972, S. 273–340.

Gauld, A.: *Mediumship and Survival: A Century of Investigations*, Heinemann, London, 1982.

Greeley, A. M.: *Sociology of the Paranormal: A Reconaissance*, Sage Publications, Beverly Hills Calif., 1975.

Green, C. und McCreery, C.: *Apparitions*, Hamish Hamilton, Ltd., London 1975.

Grey, M.: *Return from Death: An Exploration of the Near-Death Experience*, Arkana, an insignia of Routledge and Kegan Paul, London, 1985.

Greyson, B. und Blynn, C. P. (Hrsg.): *The Near-Death Experience: Problems, Prospects, Perspectives*, Charles C. Thomas, Springfield, Ill., 1984.

Haraldsson, E. u. a.: »National Survey of Psychical Experiences and Attitudes Towards the Paranormal in Iceland« in E. G. Roll, R. L. Morris und J. D. Morris (Hrsg.): *Research in Parapsychology 1976*, Scarecrow Press, New Jersey 1977.

Haraldsson, E.: »Representative national surveys of psychic phenomena: Iceland, Great Britain, Sweden, USA, and Gallup's multinational survey« in *Journal of the Society for Psychical Research*, 1985, *53*, 145–158.
Hart, H.: *The Enigma of Survival*, Charles C. Thomas, Springfield/Ill. 1959.
Hart, H.: »ESP Projection: Spontaneous Cases an the Experimental Method« in *Journal of the American Society for Psychical Research* 48/1954, S. 121–146.
Hart, H.: Six Theories About Apparitions« in *Proceedings of the Society for Psychical Research* 50/1953–56, S. 153–239.
Heywood, R.: *Beyond the Reach of Sense*, E. P. Dutton and Co., New York 1961.
Huxley, A.: *Die Pforten der Wahrnehmung – Himmel und Hölle*, 3. Aufl., Piper, München 1992[15]
Huxley, A.: *The Perennial Philosophy*, World Publishing Co., Cleveland 1962.
Hyslop, J. H.: *Psychical Research and the Resurrection*, Small, Maynard and Co., Boston 1908.
Jacobson, N. O.: *Leben nach dem Tod*, Bastei-Lübbe, Bergisch-Gladbach 1979.
James, W.: *Die religiöse Erfahrung in ihrer Mannigfaltigkeit*, Hinrich'sche Buchhandlung, Leipzig 1907.
Keene, M. L.: *The Psychic Mafia*, As told by A. Spraggett, St. Martin's Press, New York 1976.
Kübler-Ross, E.: *Interview mit Sterbenden*, Gütersloh 1992[16].
Kübler-Ross, E.: *Kinder und Tod*, Kreuz, Zürich 1984[5].
Kübler-Ross, E.: Personal Communications, 1976.
Kübler-Ross, E. (Hrsg.): *Reif werden zum Tode*, 3. Aufl., Kreuz, Berlin 1977.
Kübler-Ross, E.: *Was können wir tun*, Gütersloh 1990[6].
Küng., H.: *Ewiges Leben?* München 1990[5].
Lewis, C. S.: *The Great Divorce*, Macmillan Co., London 1946.
Ludahl, C. R. (Hrsg.): *A Collection of Near-Death Research Readings, Scientific Inquiries into the Experiences of Persons Near Physical Death.* Nelson-Hall Publishers, Chicago, 1982.
McClelland, D. C.: *Motivation und Kultur*, Huber, Bern/Stuttgart (vergriffen).
McKenzie, A.: *Apparitions and Ghosts: A Modern Study*, Barker, London 1971.
McKenzie, A.: *Hauntings and Apparitions*. London: Heinemann, 1982.
McClenon, J.: *Deviant Science: The Case of Parapsychology.* University of Pennsylvania Press, Philadelphia, PA, 1984.
Maslow, A. H.: *The Farther Reaches of Human Nature*, Viking Press, New York 1971.
Maslow, A.: *Religions, Values and Peak Experiences*, Viking Press, New York 1970.
Monroe, R.: *Der Mann mit den zwei Leben*, Knaur, München 1986.
Moody, R. A.: *Leben nach dem Tod*, Rowohlt, Reinbek bei Hamburg 1977.
Moody, R. A.: *Nachgedanken über das Leben nach dem Tod*, Rowohlt, Reinbek bei Hamburg 1978.
Murphy, G.: *Challenge of Psychical Research*, Harper & Row, New York 1961.
Murphy, G. und Ballou, R. O. (Hrsg.): *William James on Psychical Research*, Viking Press, New York 1961.
Myers, F. W. H.: *Human Personality and Its Survival of Bodily Death*, 2 Bde., Longmans, Green, London 1903.
Noyes, R.: »The Experience of Dying« in *Psychiatry* 35/1972, S. 174–183.
Noyes, R. und Klett, R.: »The Experience of Dying From Falls« in *Omega* 3/1972, S. 45–52.

Noyes, R. und Klett, R.: »Depersonalization in the Face of the Life-Threatening Danger: A Description« in *Psychiatrie* 39/1976, S. 19–27.
Noyes, R., Jr. und Slymen, D. J.: »The subjective response to life-threatening danger« in B. Gryson and C. P. Flynn (Hrsg.): *The Near-Death Experience: Problems, Prospects, Perspectives,* Charles C. Thomas, Springfield, Ill., 1984, 19–24.
Osis, K.: *Deathbed Observations by Physicians and Nurses,* Parapsychology Foundation Inc., New York 1961.
Osis, K., Bokert, E. und Carlson, M. L.: »Dimensions of the Meditative Experience« in *Journal of Transpersonal Psychology* 5/1973, S. 109–135.
Osis, K. und Haraldsson, E.: »Five Out-pof-Body Cases of Sri Satya Sai Baba«, unveröffentlicht.
Osis, K. und Haraldsson, E.: »Deathbed Observations by Physicians and Nurses: A Cross-Cultural Survey« in *Journal of American Society for Psychical Research* 71/1977, S. 237 bis 259.
Osis, K. und McCormick, D.: »Kinetic effects at the ostensible location of an out-of-body projection during perceptual testing« in *Journal of American Society for Psychical Research* , 1980, 74, 319–329.
Osis, K. und Mitchell, J. L.: »Physiological correlates of reported out-of-body experiences« in *Journal of American Society for Psychical Research,* 1977, 49, 525–536.
Otto, R.: *Das Heilige,* Beck, München 1991.
Pahnke, W. N.: »Drugs an Mysticism: An Analysis of the Relationship between Psychdelic Drugs and Mystical Conciousness«, Dissertation, Harvard Univerity, Cambridge 1964.
Palmer, J.: »Scoring in ESP Tests as a Function of Belief in ESP, Part 1, The Sheep-Goat Effect« in *Journal of American Society for Psychical Research* 65/1971, S. 373–408.
Palmer, J. und Dennis, M.: »A Community Mail Survey of Psychic Experiences« in W. G. Roll, R. L. Morris und J. D. Morris (Hrsg.): *Research in Parapsychology 1974,* Metuchen, Scarectow Press, New York 1975, S. 130–133.
Pearce-Higgins, C. J. D. und Whithy, S.: *Life, Death and Psychical Research,* Rider & Co, London 1973.
Price, H. H.: »Wie sieht das Jenseits aus?« in A. Toynbee u. a., *Vor der Linie,* Fischer, Frankfurt 1970, S. 358–366.
Rees, W. D.: »The Hallucinations of Widowhood« in *British Medical Journal* 4/1971, S. 37–41.
Rhine, J. B.: »Incorporeal Personal Agency: The Prospects of a Scientific Solution« in *Journal of Parapsychology* 24/1960, S. 279–309.
Rhine, J. B. Comments: »Psi Methods Reexamined« in *Journal of Parapsychology* 39/1975, S. 38–58.
Rhine, L. E.: *Hidden Channels of the Mind,* Sloane, New York 1961.
Rhine, K. E.: »Subjective Forms of Spontaneous Psi Experiencesc« in: *Journal of Parapsychology* 17/1953, S. 77–114.
Richmond, K.: *Evidence of Identity,* G. Bell, London 1939.
Richmond, Z.: *Evidence of Purpose,* G. Bell, London 1938.
Ring, K.: *Life at Death. A Scientific Investigation of Near-Death Experience,* Coward, McCann and Geoghegan, New York, 1980.
Ring, K.: *Heading Toward Omega. In Search of the Meaning of the Near-Death Experience,* Quil, William Morrow, New York, 1984.
Roll, W. G.: »A New Look at the Survival Problem« in: J. Beloff, *New Directions in Parapsychology,* Elek Science, London, 1974, S. 144–164.

Roll, W. G.: »Survival Research: Problems and Possibilities», in E. D. Mitchell und J. White (Hrsg.): *Psychic Exploration: A Challenge of Science*, G. P. Putnam's Sons, New York 1974, S. 397–424.
Sabom, M.: *Erinnerungen an den Tod*, Goldmann, München (vergriffen)
Salter, W. H.: Zoar: *Or the Evidence of Psychical Research Concerning Survival*, Sidgwick and Jackson, London 1961.
Saltmarsh, H. F.: *Evidence of Personal Survival from Cross Correspondence*, G. Bell, London 1939.
Schmeidler, G. R. und McConnell, R. A.: *ESP and Personality Patterns*, Yale Univerity Press, New Haven 1958.
Sidwick, H. u. a.: »Report on the Census of Hallucinations« in *Proceedings of the Society for Psychical Research* 10/1894, S. 25–422.
Siegel, R. K. und West, J. L. (Hrsg.): *Hallucinations: Behaviour, Experience and Theory*, John Wiley & Sons, New York 1975.
Siegel, R. K.: »The psychology of life after death« in *American Psychologist*, 1980, *35*, 911 bis 931.
Smith, H.: *The Religions of Man*, Harper & Row, New York 1958.
Smith, H.: *Forgotten Truth: The Primordial Tradition*, Harper and Row, New York, 1976.
Smith, H.: *Beyond the Post-Modern Mind*, Crossroad Publishing, Co., New York, 1982.
Stace, W. T.: *Mysticism and Philosophy*, J. L. Lippincott, New York 1960.
Stevenson, I.: *Cases of the Reincarnation Type, Volume 1. Ten Cases in India*, University Press of Virginia, Charlottesville, VA, 1975.
Stevenson, I.: *Cases of the Reincarnation Type, Volume 2. Ten Cases in Sri Lanka*, University Press of Virginia, Charlottesville, VA, 1977.
Stevenson, I.: *Cases of the Reincarnation Type, Volume 3, Twelve Cases in Lebanon and Turkey*, University Press of Virginia, Charlottesville, VA, 1980.
Stevenson, I.: *Cases of the Reincarnation Type, Volume 4. Twelve Cases in Thailand and Burma*, University Press of Virginia, Charlottesville, VA, 1983.
Stevenson, I.: *Reinkarnation – Der Mensch im Wandel von Tod und Wiedergeburt*, Aurum, Freiburg 1992[6]
Stevenson, I.: *Unlearned Language, New Studies in Xenoglossy*, University Press of Virginia, Charlottesville, VA, 1984.
Stevenson, I.: *Xenoglossy: A Review and Report of a Case*, University Press of Virginia, Charlottesville 1974 (b).
Tart, C.: »Out-of-the-Body Experiences« in E. D. Mitchell und J. White (Hrsg.): *Psychic Exploration: A Challenge for Science*, G. P. Putnam's Sons, New York 1974, S. 349–373.
Tart, C. T.: *Psi, Scientific Studies of the Psychic Realm*, E. P. Dutton, New York, 1977.
Tart, C.: *States of Consciousness*, E. P. Dutton & Co., New York 1975.
Tart, C. (Hrsg.): *Transpersonale Psychologie*, Walter, Solothurn (vergriffen).
Toynbee, A. u. a.: *Vor der Linie*, Fischer, Frankfurt (vergriffen)
Tyrell, G. N. M.: *Apparitions*, Macmillan Co., New York 1962.
West, D. J.: »A Mass Observation Questionnaire on Hallucinations«, in *Journal of the Society for Psychical Research* 34/1948, S. 187–196.
West, L. J. (Hrsg.): *Hallucinations*, Grune and Stratton, New York 1962.
Whiteman, J. H. M.: *The Mystical Life*, Faber and Faber, London 1961.

Index

Ärztestand:
Halluzinationen und 83
Visionen auf dem Sterbebett erklärt von 73
Vorstellung vom Tod 19, 20
Zerstörungshypothese und 58, 59
American Society for Psychical Research
Chester F. Carlson und 40, 41
Erhebungen in den USA durch 39, 40
Erhebungen in Indien durch 42–45
James Kidd und 41, 42
Anoxie 220
Arzneimittel:
Bizarre Wahrnehmungen und 23
Erscheinungen und 54, 66, 87, 100–104, 148, 149
Halluzinationen und 203
Patienten in der Nähe des Todes und 197, 198
Stimmungsaufschwung und 173
Visionen von einer anderen Welt und 216, 234
ASW 52, 62, 64, 83
Dauer von Erscheinungen 91, 229
Halluzinationen 84, 136, 139
Modell der Visionen auf dem Sterbebett und 73, 74, 129, 210, 232
Vom Leben nach dem Tod 158, 179, 180, 215, 229

Bedeutung des Todes 228–257
Andere Erklärungsmöglichkeiten als Leben nach dem Tod 232–238
Drogen 239
Kultureller Hintergrund 234–236
Medizinische Faktoren 233
Psychologische Faktoren 233, 234
Störungen der Gehirnfunktionen 233
Die andere Welt: Welche Gewißheit haben wir? 238–242
Fehlerquellen in den Forschungsmethoden 239–242
Prüfsteine und Ausgleichsmomente 239
Stichprobentechnik 240
Übereinstimmung der Muster 238
Verschiebungen in den Antworten der Patienten 240, 241
Zeitspanne 240
Kernphänomene 229–232
Absicht der Erscheinung 230
ASW und 229
Gefühlsreaktionen 230, 231
Hauptinhalt der Visionen 231
Heiterkeit und Frieden 231
Nähe des Todes und Visionen 229
Stimmungsaufschwung 232
Verstorbene und religiöse Figuren 229, 230
Wunsch zu »gehen« 230
Nach den Visionen auf dem Sterbebett 255–259
Unterstützung durch andere Forscher 242–255
Depersonalisationssyndrom 243
Literatur und 250
Medien und 250–253
Mystiker und 249
Theorie einer halbmateriellen Wirklichkeit 253–255
Traumwelt-Theorie 253–255

Depersonalisationssyndrom 243

Erscheinungen 32, 39, 51, 81–89
Abmachungen mit 69
Gefühlsreaktionen auf 98–101, 143–153
Halluzinationen und 52–54, 63, 64, 83–85, 136
»Nicht so beliebte Personen« und 250
Patienten im Endstadium und 90–110
Bildung und 107–109
Das Wesen der Erlebnisse 91–100
Drei Arten von 81, 82
Einem eigenen Willen folgende 69, 120, 230
Geschlecht und Alter 105
Hintergrundbedingungen des Patienten 100–108
Medizinische Bedingungen und 101–104
Religion und Glauben und 105–107
Welche Absicht hatte sie? 95–97
Wen sahen sie? 92–95
Wie kurz vor dem Tod trat die Vision auf? 91, 92, 229
Wie lange dauerte die Vision? 91
Wie reagierte der Patient? 97–100
Ursachen der Erlebnisse mit 85, 86
Absicht der Erscheinung 114–124
Analysen 114
Ärzte und Krankenschwestern 153–157
Geschlecht und 133–135
Identität der Erscheinung 124–130
Interkultureller Vergleich 121–124
Medizinische Faktoren 115, 116
Psychologische Faktoren 116, 117
Schwerer Streß und 117–121
Total-Halluzinationen und 136–143
Verschiedene Generationen und 130–133
Wechselwirkungen der verschiedenen Faktoren 111–113
Wiederauflebende Erinnerungen und 81
Zurückhaltung bei der Erörterung von 35, 98
Ethisches Argument für ein Leben nach dem Tod 24

Frieden und Heiterkeit vor dem Tod 20, 22, 23, 51, 55, 61, 66, 68, 70, 86, 88, 97, 112, 113, 143–153, 203–227
Alter und 160
ASW und 179, 180
Von einem Leben n. d. Tod und 158
Befangenheit der Ärzte und Krankenschwestern und 181–186
Bewußtseinszustand und 160, 161, 169
Bildung und 162, 163
Gesichtsausdruck und 164–166
Glaube an ein Leben nach dem Tod und 161, 162
Indische Patienten und 170–173
Nähe des Todes und 160
Negative Gefühle und 165
Religion und 161, 175
Seele und 168
Stimmungsaufschwung und 173–179

»Guter Tod« 20, 158
Tod eines Yogis und 172, 173
Halluzinationen:
Bewußtseinszustand und 102, 149, 150, 153, 216, 217
Definition 83, 84
Dem Tode nahe 187–194
Diesseitige 53, 57, 59, 60, 112
Fata Morgana und 119
Fragebogen 77, 78
Hohes Fieber und 102
Hypothese von einem »kranken Gehirn« 53, 54, 83, 84, 87, 101–104, 124, 125, 139, 140, 197, 215, 216, 233
Interviews und 78, 79
Jenseintsorientierte 81–84, 88
Modelle der Visionen auf dem Sterbebett und 73–76
Psychologische Faktoren und 77, 78, 116, 117
Siehe auch Erscheinungen
Todesursache und 103
»Total«- 63, 64, 136–143
Von Erscheinungen 52–54
Vorhersagen des Todes und 21, 22, 36, 37, 62–71
Halluzinogener Index 104
Historisches Argument für ein Leben nach dem Tod 24

Interkulturelle Untersuchung, Vorgehensweise bei 76–80

Kernphänomene 229–232
Kontakt mit den Verstorbenen 33, 34

»Law of Parsimony« 28, 29
leben nach dem Tod:
Andere Erklärungsmöglichkeiten als 232–237
Beweismaterial für 21
Fälle von Zurückgekehrten und 200–202
Glaube an 23, 24, 107, 151, 152, 177
Halluzinationen und 82–84, 92–95, 112, 113
Gefühlsreaktionen auf 143–153
Kultur und 124–130
Klarer Geist und 169, 170
Nachprüfbarkeit der Vorstellung 28–34
Entscheidungsexperiment und 30, 31
Literatur über 31–33
Seelenexkursionen und 212, 213
Stimmungsaufschwung und 158, 159
Visionen von einer anderen Welt und 217
Wissenschaft und 26, 27

Medien 25, 32, 250–253
Medizinische Bedingungen:
Stimmungsaufschwung verursacht von 173, 174
Visionen a. d. Sterbebett verursacht von 73, 101–104, 115, 116, 139, 140, 148, 233
Visionen von einer anderen Welt und 216, 217
Mystiker 25, 32, 55, 249

Ontologisches Argument für ein Leben nach dem Tod 24

Panoramatische Erinnerungen 51
Parapsychologie 29, 30, 66
Halluzinationen und 83
Parapsychological Foundation 38, 39
Voruntersuchung durch 50–56
Patienten, die dem Tod nahe waren, Berichte von 187–202
Arzneien und 198
Bevölkerungsstatistiken und 198, 199
Dauer der Visionen 197
Diesseitige Erscheinungen und 189, 190
Erwartungen der Patienten und 199, 200
Fälle von Zurückweisung 190–193
Im Vergleich zu Patienten im Endstadium 187–189
Indische 193–196
Negative Reaktionen 196
Psychologische Faktoren und 199
Religion und 191–193
Störungen der Gehirnfunktionen und 197, 198
Ursachen der Visionen bei 196–202
Physikalische Phänomene 67, 68

Quote der Verstorbenen 130–133

Schmerz, Verschwinden von 167–169
Seele 168
Seelenexkursionen 32, 63–65, 138, 212, 223, 224, 253, 254
Sensitive 32
Streß, schizoide Reaktion 117–121

Thanatologie 26, 27
Teleologisches Argument für ein Leben nach dem Tod 24
Transzendentale Wirklichkeit 86

Visionen auf dem Sterbebett:
Beschreibungen 19, 20, 36, 37
Erforschung der 36, 37
Inhalte von 73–76
Kulturelle Faktoren und 76, 88, 89, 105–107, 121–130, 142, 198, 199, 234–237
Modell der 72–80
Pathologische 58
Psychologische Faktoren und 75
Religion und 150–152
Siehe auch Erscheinungen, Halluzinationen
Ursachen der 73
Von Gott 62, 63, 69, 88, 95, 128, 129, 137, 189, 192, 220, 222, 225, 226
Von Licht und Helligkeit 36, 37, 39, 60, 63, 88
Vorgehensweise bei der Untersuchung von 76–80

Zeitraum bis zum Tod von den 91, 92, 229
Visionen von einer anderen Welt 203–227
Alter und Geschlecht und 217
Arzneimittel und 216
Bewußtseinszustand und 216, 217
Bildung und 217
Der Hölle 210
Des Himmels 205–214
Erlebnisse in Indien und Amerika 218–227
Erwartungen der Patienten und 218
Frieden und 213
Gefühlsreaktionen auf 219, 220
Glaube an ein Leben nach dem Tod und 217
Halluzinationen von Personal und 203
Hauptinhalt von 204
Medizinische Bedingungen und 217
Musik und 211
Religion und 214, 217, 218
Störungen der Gehirnfunktionen und 215, 216
Todessymbole in 214, 217, 218
Zusammenfassung der 214
Voraussagen des Todes:
Bei Personen, die eine Gesundung erwarteten oder eine günstige Prognose hatten 60–63, 120, 121, 171, 172
Fälle von »Nicht-Übereinstimmung« und 121, 124, 128
Frieden und Heiterkeit und 167
Halluzinationen und 21, 22, 36, 37, 62–71, 124

Weiterleben nach dem Tod, *siehe* Leben nach dem Tod
Wiederauflebende Erinnerungen 81, 82
Wille zu leben 23
Wissenschaft 26–29, 40

Yogis 172, 173

Zerstörungshypothese 58, 59
Modelle der Visionen auf dem Sterbebett und 73–76

Verlag Hermann Bauer · Freiburg im Breisgau

Huston Smith

Eine Wahrheit, viele Wege

Die großen Religionen der Welt

470 Seiten, gebunden, ISBN 3-7626-0465-7

Eine Wahrheit, viele Wege, mit 1500000 verkauften Exemplaren Bestseller in den Staaten, will den interessierten Laien mit den großen spirituellen Traditionen der Menschheit vertraut machen und zeigen, wie diese Weisheitslehren in das menschliche Leben hineinwirken. Ungemein lebendig und direkt wird hier die zugrunde liegende Einheit, die gemeinsame kosmische Quelle aller Religionen sichtbar gemacht. Erklärte Absicht des Autors: nicht trockene Daten und Fakten zu vermitteln, sondern Verständnis, Einfühlung, Wissen zu mehren und Toleranz zu wecken für die Vielfalt der Wege, denn »alle Wege führen zum Gipfel«.

Verlag Hermann Bauer · Freiburg im Breisgau

Verlag Hermann Bauer · Freiburg im Breisgau

Hans-Dieter Leuenberger

Schule des Tarot in drei Bänden

Band 1: Das Rad des Lebens

Ein praktischer Weg durch die großen Arkana

5. Aufl., 318 S. mit 22 s/w-Abb. und 9 Zeichn. geb.
ISBN 3-7626-0243-3

Dieser Band bietet eine eingehende Analyse der zweiundzwanzig Großen Arkana und eine Einführung in die Sprache der Bildsymbolik. Der Leser lernt Inhalt und Bedeutung der einzelnen Tarotbilder kennen und wird systematisch in der Methodik geschult. Bildsymbole zu entschlüsseln und zu interpretieren.

Band 2: Der Baum des Lebens

Tarot und Kabbala

3. Aufl., 400 S. mit 13 Zeichn. geb. ISBN 3-7626-0244-1

Band 2 behandelt die sechsundfünfzig Kleinen Arkana und legt dar, in welcher Weise der Tarot als Ganzes mit der Kabbala verbunden ist. Hier wird der Leser mit den Grundzügen des kabbalistischen Denkens vertraut gemacht.

Band 3: Das Spiel des Lebens

Tarot als Weg praktischer Esoterik

304 Seiten mit 32 Zeichnungen, gebunden

Der dritte Band zeigt auf, wie der Leser seine erworbenen Kenntnisse in sein persönliches Leben integrieren kann. In *Das Spiel des Lebens* liegt der Akzent besonders auf der praktischen Anwendung des Tarot. Der Leser erfährt, wie er mit Hilfe des Tarot die alltägliche Konfrontation mit seinen vielfältigen Lebensaufgaben und Problemen besser und in Einklang mit der großen kosmischen Ordnung bewältigen kann.

Verlag Hermann Bauer · Freiburg im Breisgau